Les ENTREPRISES de SERVICES

Une approche client gagnante

Les Éditions Transcontinental
1100, boul. René-Lévesque Ouest
24ᵉ étage
Montréal (Québec)
H3B 4X9
Tél. : (514) 392-9000 ou, sans frais, 1 800 361-5479

Données de catalogage avant publication (Canada)
Paquin, Benoît
Les entreprises de services : une approche client gagnante
(Les affaires)
Comprend des références bibliographiques et un index.
ISBN 2-89472-074-2

1. Services (Industrie) - Gestion.   2. Service à la clientèle.   3. Relations avec la clientèle.
4. Services (Industrie) - Qualité - Contrôle.   5. Services (Industrie) - Marketing.
I. Turgeon, Normand   II. Titre.   III. Collection : Collection Les Affaires (Publications Transcontinental).

HD9880.5.P38 1998   658   C98-941452-3

Révision et correction :
Louise Dufour, Jacinthe Lesage

**Mise en pages et conception
graphique de la couverture :**
Studio Andrée Robillard

Paru en 1ʳᵉ édition aux Éditions Agence d'Arc sous le titre *Entreprises de services, gestion de la qualité*.

Imprimé au Canada

© Les Éditions Transcontinental inc., 1998
Dépôt légal : 4ᵉ trimestre 1998
Bibliothèque nationale du Québec
Bibliothèque nationale du Canada

ISBN 2-89472-074-2

Les Éditions Transcontinental remercient le ministère du Patrimoine canadien et la Société de développement des entreprises culturelles du Québec d'appuyer leur programme d'édition.

Benoît Paquin
Normand Turgeon

Les ENTREPRISES de SERVICES

Une approche client gagnante

Les Éditions
TRANSCONTINENTAL inc.

Note de l'éditeur

Indépendamment du genre grammatical, les appellations qui s'appliquent à des personnes visent autant les femmes que les hommes. L'emploi du masculin a donc pour seul but de faciliter la lecture de ce livre.

À ma femme, Marie-Claude

À mon fils, Laurent

Préface de Monsieur Denis Klécha
Manager Qualité, Disneyland Paris

Intuitivement, chacun appréhende la qualité de service à sa manière. Les entreprises y voient un véritable avantage concurrentiel, ou en tous cas un discours incontournable. Lorsqu'il s'agit de concevoir la qualité, de la standardiser sans la dépersonnaliser, et d'y former les employés, chacun affirme ses convictions. Les méthodologies sont plus rares. Benoît Paquin et Normand Turgeon sont parvenus, dans cet ouvrage, à développer clairement l'ensemble du processus qui permettra non pas de philosopher sur l'importance de la démarche qualité, mais bien de désigner les outils pour la définir et l'installer dans la durée.

Partager la magie des personnages et des dessins animés Disney : voici comment les « invités » définissent leur attente avant leur visite à Disneyland Paris. Imaginez, par conséquent, que nous concevions notre métier comme celui de gestionnaires de parcs à thème, de restaurateurs, de vendeurs ou d'hôteliers : s'agit-il de servir un café ou de servir un client ?

Parler d'« invités » pour évoquer le client, de *cast members* pour parler d'employés peut surprendre. En réalité, cela nous renvoie au discours des auteurs : la culture d'une entreprise, et l'organisation qu'elle sous-tend, déterminent sa capacité à générer des processus et des comportements qui placent systématiquement le client en son centre. Et toute culture n'est-elle pas structurée par ses mots et son langage ? Il ne s'agit pas d'inventer le nouveau vocabulaire de l'entreprise, mais bien de s'adapter pour que nos pratiques fassent écho aux attentes des clients. Nos visiteurs viennent se divertir, et aiment rencontrer des employés souriants, décontractés, qui jouent avec les enfants. La première journée de tous les nouveaux *cast members* est consacrée à la Tradition Disney. Ils y découvrent l'entreprise de spectacle dans laquelle ils seront acteurs sur scène. Ils y accueillent des invités pour lesquels ils font partie intégrante du spectacle. Leur rôle dépasse leur seul métier, qui prend sa véritable dimension dans le plaisir de faire plaisir.

Les valeurs de chaque entreprise organisent une philosophie, une façon de penser, d'idéaliser sa représentation. La culture d'organisation est déterminante par sa vocation à mettre les pratiques en cohérence avec la philosophie qui les fonde. Notre entreprise a connu de grandes difficultés après l'ouverture en 1992, dues essentiellement à la crise en Europe et à une structure organisationnelle défaillante. Il s'agissait de construire l'ensemble de nos processus et systèmes à partir du client. Nous nous étions aperçus que, plus les lignes hiérarchiques étaient nombreuses, et plus chacun parlait *des* invités, au lieu de parler *aux* invités! Ce sont les employés en contact immédiat avec le client qui l'enchantent ou le déçoivent, nous le savons tous. Il s'agit donc de leur octroyer une mission claire: satisfaire le client. Et puisque chacun a un avis sur la manière de procéder, la méthode la plus sûre consiste à définir les attentes et à construire des standards de qualité de service pour partager une même définition. Les auteurs décrivent avec minutie les séquences et la méthode d'élaboration de ces standards.

Comment motiver les employés pour qu'ils délivrent le niveau de service attendu par le client, et le dépasse spontanément? Voici le type de problématique qui mobilise des salles entières à l'occasion de conférences qui traitent de la question. Là encore, les auteurs déroulent logiquement ce que l'entreprise peut mettre en œuvre.

Les clients de Disneyland sont en majorité européens. Les enquêtes nous montrent que leur satisfaction est fortement liée à la capacité des *cast members* de parler leur langue, voire de partager leur culture. Le recrutement (casting) devient, dès lors, un enjeu stratégique pour la qualité de service, et devra s'efforcer de faire correspondre au plus juste la proportion des *cast members* d'un pays donné avec celle des clients.

La motivation pose également la question de la valorisation des métiers de service. Lorsqu'un très bon vendeur veut être «reconnu», il finit souvent par être promu à un poste d'encadrement. Il devient «chef» parce que c'est le cours «normal» des choses. Pourtant, il peut être un formidable vendeur et faire demain un piètre leader. Les compétences nécessaires ont peu de points communs. En généralisant à l'entreprise, si les meilleurs deviennent «chefs», ceux qui sont moins performants et moins motivés devront faire face au client! Au lieu de développer les métiers de service, en valorisant ceux et celles qui sont capables de transmettre et de coacher leurs pairs, de nombreuses entreprises privilégient une verticalité des organigrammes, en contradiction avec les véritables enjeux de la qualité de service.

Vous lirez avec beaucoup d'intérêt le chapitre consacré au «personnel», où les auteurs décrivent les critères de recrutement décisifs pour les métiers de service: l'adaptabilité, la polyvalence et la connaissance. Ils sont pertinents et ambitieux, et font clairement apparaître le rôle décisif de la formation et du management.

À Disneyland Paris, nous sommes passés, en 1995, de dix à quatre niveaux hiérarchiques. C'était la création des «Small Worlds» (inspiré du nom d'une attraction), petites équipes opérationnelles de 50 *cast members*, avec à leur tête un Small World Manager. Entre l'équipe et le manager nous avons supprimé tous les niveaux hiérarchiques. Un nouveau rôle a été créé dans les équipes, celui du «coach», responsable de transmettre son savoir-faire et d'accroître les talents. Pourquoi cette révolution? L'objectif était de développer l'initiative et la performance des *cast members*. Pour cela, il fallait un leader unique, responsable des dimensions service aux clients, professionnalisation des *cast members*, et gestion. Des leaders exemplaires, autonomes et citoyens.

Nous ne remercierons jamais assez nos invités de nous transmettre leurs plaintes, des informations gratuites qui nous permettent souvent d'améliorer considérablement la qualité de nos services. Ainsi, en conjuguant les commentaires liés au manque de renseignements avant la visite et au temps d'attente à l'enregistrement des Hôtels, nous avons pris certaines décisions : l'enregistrement s'organise désormais directement à bord des trains à grande vitesse (TGV) affrétés à Londres, Bruxelles ou Amsterdam par Disneyland Paris. Dans le train, des *cast members* informent les voyageurs, procèdent à l'enregistrement de l'hôtel et distribuent les billets d'entrée au Parc. À l'arrivée, dans la gare de Disneyland Paris, un service bagages organise le transfert des valises vers l'hôtel. Désormais, nos visiteurs peuvent accéder immédiatement au Parc, les files d'attente de nos hôtels sont considérablement réduites, et la présence dans le train permet d'offrir un service de qualité en amont de l'arrivée à Disneyland Paris. Cet exemple ne fait qu'illustrer les étapes et les enjeux que décrivent de façon très précise les auteurs lorsqu'ils évoquent le système de livraison du service (SLS), avant et pendant, et le traitement des informations que nous livre le client par la suite.

Ces témoignages ont pour but d'expliciter l'apport résolument pratique de cet ouvrage. Satisfaire le client est un objectif tellement trivial qu'il en évacue le caractère complexe d'une véritable politique qualité. Ce livre est orienté client, sa véritable force est là : il pose clairement le problème, suit les étapes logiques de la mise en place d'une stratégie ambitieuse, et fournit progressivement les outils méthodologiques indispensables. De plus, Benoît Paquin et Normand Turgeon n'envisagent pas un instant une lecture passive : ils ponctuent chaque apport méthodologique par une capsule pédagogique intitulée *Quelques minutes de réflexion*, qui accompagnera votre diagnostic et guidera votre action.

Avant-propos

Les entreprises d'aujourd'hui, qu'elles soient petites, moyennes ou grandes, privées ou publiques, doivent lutter plus que jamais pour assurer leur survie. D'une part, la mondialisation des marchés repousse constamment les frontières de la concurrence ; d'autre part, le contexte économique se charge rapidement d'éliminer les organisations qui ne sont guère à l'écoute de leurs clients.

Afin d'aider les entreprises à conserver leurs acquis et même à développer de nouveaux marchés, le marketing demeure sans contredit l'un des meilleurs outils dont disposent les gestionnaires. Malheureusement, une bonne part des entreprises de services, qui, rappelons-le, comptent pour près de 70 % de l'économie des pays occidentaux, luttent tant bien que mal à l'aide des outils traditionnels du marketing, à savoir les fameux 4 « P » (produit, prix, distribution, communication). Pourtant, bon nombre de spécialistes suggèrent de plus en plus l'ajout de nouvelles variables au mix marketing des entreprises.

Ainsi, en plus d'aborder des notions fondamentales comme les particularités des services, le processus de la satisfaction des clients et l'importance de la qualité pour l'entreprise, ce livre explique comment trois nouveaux « P », c'est-à-dire le **système de livraison des services (SLS)**, le **personnel** et les **évidences physiques**, sont devenus des outils inestimables dans la gestion de la qualité des services avant la visite du client. De plus, plusieurs autres outils, comme l'éducation de la clientèle et la gestion des plaintes et compliments, sont présentés aux gestionnaires dans le but de les aider à améliorer la qualité des services pendant et après la visite du client.

Ce livre est le résultat d'un travail d'équipe. Nous tenons à remercier les Éditions Transcontinental pour la confiance témoignée à l'égard de ce projet. De plus, nous remercions le professeur Michel Patry, directeur du Service de la recherche de l'École des Hautes Études Commerciales, de son appui. Des remerciements sont également adressés à monsieur Denis Klécha, de Disneyland Paris, pour avoir signé la préface. Merci aussi à madame Hélène Bineau pour son excellent travail de secrétariat. Enfin, nous sommes reconnaissants envers nos proches respectifs, en particulier Marie-Claude Allard pour son aide, ses conseils et les nombreux encouragements qu'elle a témoignés tout au long de la réalisation de cet ouvrage.

Pour toute suggestion, n'hésitez pas à communiquer avec les auteurs aux adresses électroniques indiquées ci-dessous.

Benoît Paquin
benoitpaquin@yahoo.com

Normand Turgeon
normand.turgeon@hec.ca

Table des matières

PARTIE 1
Services et qualité : une vue d'ensemble. 19

CHAPITRE 1
Apprécions l'industrie des services. 21

1.1 Qu'est-ce qu'un service ? 23
    1.1.1 Le modèle moléculaire 23
    1.1.2 Le degré de contact 26
1.2 Quelques aspects économiques 28
1.3 Les services: une occasion pour l'industrie 30
1.4 Un secteur en effervescence sur les plans de l'enseignement
    et de la recherche 33
Conclusion 36
Notes 37

CHAPITRE 2
Tout ce que vous devriez savoir sur les services, mais... 39

2.1 Les particularités des services 39
    2.1.1 L'intangibilité 40
    2.1.2 La simultanéité/inséparabilité de la production et de la consommation. . 42
    2.1.3 L'hétérogénéité 44
    2.1.4 La non-permanence 47
2.2 Des approches de classification des services 48
    2.2.1 Le service intensif en équipement ou en personnel 49
    2.2.2 Le marketing destiné aux consommateurs par rapport
        au marketing destiné aux entreprises 50
    2.2.3 La relation client-fournisseur et le degré de participation du client 52
    2.2.4 La nature et la livraison du service 54
    2.2.5 Le type de livraison et le degré d'engagement du client 57
    2.2.6 D'autres classifications 59
    2.2.7 L'utilité des classifications 61
2.3 L'offre de services 64
Conclusion 68
Notes 69

CHAPITRE 3
LA QUALITÉ, EN CHIFFRES ET EN LETTRES 71

3.1 Les causes de la non-qualité 73

    3.1.1 Une gestion limitée à la servitude 74

    3.1.2 Une stratégie mal définie 77

    3.1.3 L'entreprise publique piégée dans le « un service pour tous et chacun » . . 81

    3.1.4 Le rôle claustrophobe de la division du service 85

    3.1.5 Les difficultés d'implantation 87

    3.1.6 L'attitude du public 88

3.2 Les frais de la qualité et les frais de la non-qualité 90

3.3 Une définition opérationnelle de la qualité 94

Conclusion 96

Notes 98

PARTIE 2
LA QUALITÉ DANS L'ENTREPRISE DE SERVICES 101

CHAPITRE 4
RETOUR À LA CASE MARKETING 103

4.1 Le concept de marketing : l'efficience et l'efficacité 105

4.2 L'analyse d'un modèle marketing de la qualité des services 107

    4.2.1 Écart 1 : définir adéquatement les attentes des clients 108

    4.2.2 Écart 2 : transformer les attentes en standards de qualité 111

    4.2.3 Écart 3 : offrir des services en fonction des standards 113

    4.2.4 Écart 4 : publiciser ce qu'il est réellement possible d'offrir 113

    4.2.5 Écart 5 : mettre tout en œuvre pour obtenir un verdict positif 115

4.3 Un modèle étendu de la qualité des services 117

4.4 Le lien entre la qualité et la satisfaction du client 118

4.5 L'évolution des besoins et la notion de minimum requis 125

Conclusion 130

Notes 133

CHAPITRE 5
VERS DES SERVICES DE QUALITÉ 137

5.1 Volet 1 : avoir le feu sacré 138

    5.1.1 L'importance de la culture d'entreprise 139

    5.1.2 La prise des « pouls » ! 140

5.1.3 L'introduction d'une culture orientée vers la prestation
d'un service de qualité 145

5.1.4 De la parole aux actes 148

5.1.5 Le service est l'affaire de *tous* dans l'organisation 150

5.1.6 La communication et la gestion participative. 154

5.1.7 La mise en œuvre 156

5.1.8 Mon supérieur devrait se renseigner sur la qualité totale 158

5.1.9 Le marketing interne 159

5.2 Volet 2 : concevoir des standards de qualité adéquats 163

5.2.1 Les dimensions clés 164

5.2.2 Les signaux 173

5.2.3 Les standards. 175

Conclusion 177

Notes 179

PARTIE 3

**LA GESTION DE LA QUALITÉ: AVANT, PENDANT
ET APRÈS LA VISITE DU CLIENT** 183

Quelques mots d'introduction 185

AVANT LA VISITE DU CLIENT 187

CHAPITRE 6

CHOISIR ET CONCEVOIR UN SYSTÈME DE LIVRAISON DES SERVICES (SLS) . 189

6.1 La productivité et la qualité des services. 190

6.2 Le système de livraison des services: une revue des principaux modes 191

6.2.1 Le mode traditionnel 191

6.2.2 Le mode manufacturier 192

6.2.3 Le mode segmental 199

6.2.4 Le mode intégratif 202

6.3 Le choix d'un mode de livraison des services 204

6.4 Le schéma du système de livraison des services 209

6.4.1 Concevoir et schématiser les étapes du processus de service 210

6.4.2 Prévoir les étapes vulnérables et créer un sous-processus
pour y remédier. 213

6.4.3 Établir des temps standard et analyser la profitabilité 214

6.4.4 Les moments de vérité. 215

6.4.5 La participation des clients. 217

Conclusion 227

Notes 229

CHAPITRE 7

La gestion du SLS 233

7.1 Répondre à la demande 234

    7.1.1 Le *statu quo* 235

    7.1.2 Le lissage quasi idéal de la demande 242

        7.1.2.1 L'incitatif de prix 243

        7.1.2.2 La création de la demande en périodes creuses. 243

        7.1.2.3 La mise sur pied de services périphériques 244

        7.1.2.4 Créer un système de réservation. 244

        7.1.2.5 Se laisser déborder par le travail 245

        7.1.2.6 Sélectionner les clients. 245

        7.1.2.7 Faire du démarketing 247

        7.1.2.8 Détourner la clientèle. 248

    7.1.3 L'élasticité quasi idéale de la capacité 249

        7.1.3.1 Utiliser des employés à temps partiel 249

        7.1.3.2 Proposer des heures supplémentaires 251

        7.1.3.3 Modifier les horaires de travail 251

        7.1.3.4 Partager la capacité de servuction avec une autre organisation. . 251

        7.1.3.5 Sous-traiter temporairement. 252

    7.1.4 La hausse fixe de la capacité 253

        7.1.4.1 Engager un sous-traitant. 253

        7.1.4.2 Investir 255

        7.1.4.3 Faire participer les clients. 255

        7.1.4.4 Favoriser l'efficience du SLS 256

7.2 La gestion du téléphone. 258

7.3 La communication interne. 266

Conclusion 269

Notes 270

CHAPITRE 8

Le personnel 273

8.1 La sélection. 274

8.2 La formation 281

8.3 La motivation et la performance 288

Conclusion 295

Notes 296

CHAPITRE 9

LES ÉVIDENCES PHYSIQUES 299

9.1 L'apparence du personnel 302

9.2 Les éléments tangibles 306

    9.2.1 Les principales catégories d'éléments tangibles 307

    9.2.2 La gestion des éléments tangibles 313

9.3 Les installations physiques 316

9.4 L'environnement 319

    9.4.1 Les facteurs composant l'environnement 323

Conclusion 333

Notes 335

PENDANT LA VISITE DU CLIENT 339

CHAPITRE 10

LA GESTION DE LA QUALITÉ DURANT LA SERVUCTION 341

10.1 Qu'est-ce que la transformation? 341

10.2 Le contrôle transformationnel 344

10.3 Le temps d'attente 345

10.4 L'affectation des tâches 350

10.5 L'éducation de la clientèle 357

    10.5.1 Un guide d'utilisation 358

    10.5.2 Les sources d'information 359

        10.5.2.1 Les ressources matérielles 359

        10.5.2.2 Les ressources humaines 362

        10.5.2.3 Les autres clients 364

10.6 Le lien entre les clients 364

10.7 Le management baladeur 371

Conclusion 374

Notes 375

APRÈS LA VISITE DU CLIENT 377

CHAPITRE 11

LES CONTRÔLES RÉACTIFS DE LA QUALITÉ 379

11.1 La gestion des plaintes et des compliments 380

    11.1.1 La gestion des plaintes 380

11.1.1.1 L'attitude négative des entreprises en ce
qui a trait aux plaintes 380

11.1.1.2 Le nombre de plaintes en tant qu'indicateur de la qualité 383

11.1.1.3 Six règles pour tirer profit des plaintes 384

11.1.2 La gestion des compliments 388

11.1.2.1 Six règles relatives aux compliments 389

11.2 Les cartes-commentaires 391

11.2.1 L'analyse et l'interprétation des cartes-commentaires 393

11.2.2 Le contenu idéal d'une carte-commentaires 393

11.3 Le suivi de l'achat 396

11.3.1 Quelques objectifs du suivi de l'achat 396

11.3.2 Les outils permettant de suivre l'achat 399

11.4 Le questionnaire d'enquête 402

11.4.1 Les objectifs et le contenu du questionnaire d'enquête 403

11.4.2 Les avantages et les inconvénients du questionnaire 403

11.5 L'inspection 405

11.5.1 Les types d'inspecteurs marketing 405

11.5.2 La fiche d'évaluation 408

11.6 Les récompenses et les pénalités externes 409

Conclusion 415

Notes 416

INDEX 419

**Partie
1**

Services et qualité :
une vue d'ensemble

Chapitre 1
Apprécions l'industrie des services

Chapitre 2
**Tout ce que vous devriez savoir
sur les services, mais...**

Chapitre 3
La qualité, en chiffres et en lettres

Chapitre 1

Apprécions l'industrie des services

Selon Theodore Levitt, professeur renommé de la Harvard Business School, *toutes* les industries sont pourvues d'une composante destinée au service. Peu importe la place réservée à celle-ci, chaque organisation doit *servir* ses clients[1]. Levitt cite en exemple le fabricant IBM, qui compte environ 270 000 employés, dont plus de la moitié entretient des liens directs avec la clientèle.

Ne fût-ce que par les services publics, nous sommes tous quotidiennement en contact avec l'industrie tertiaire. En outre, de nombreuses anecdotes nourrissent nos conversations de salon à propos des expériences, heureuses parfois, mais souvent désagréables, que nous faisons avec certaines entreprises. Les journaux relatent parfois, à ce sujet, des témoignages pour le moins troublants.

Encadré 1

Un exemple parmi d'autres de services inadéquats

Foudroyé près de l'urgence, il meurt dans l'ambulance détournée

L'agent de sécurité de la nouvelle aile de la Cité de la santé à Laval, pris d'un malaise cardiaque à quelques centaines de mètres de l'urgence, est décédé d'un infarctus parce que l'hôpital détournait ce jour-là, le 6 février, le trafic ambulancier.

L'homme de 67 ans, dont la famille a préféré taire l'identité, est resté dans l'ambulance immobilisée dans le stationnement de la Cité de la santé pendant près d'une demi-heure. Les ambulanciers d'Urgences-Santé ont finalement opté pour l'hôpital du Sacré-Cœur, situé à 20 minutes de là.

Monsieur L., qui travaille pour la compagnie Paldec chargée de la construction de la nouvelle aile, a fait un nouvel infarctus dans l'ambulance au moment où elle entrait à l'hôpital du Sacré-Cœur. Une cinquantaine de minutes se seraient écoulées entre l'arrivée des ambulanciers à la Cité de la santé et la prise en charge du patient à Sacré-Cœur.

La famille de Monsieur L. a décidé de se battre jusqu'au bout pour connaître la vérité. Elle va porter plainte à Urgences-Santé et demander le rapport complet de l'opération. « Nous allons écrire au ministre de la Santé et dans les deux hôpitaux concernés. S'il faut aller jusqu'au procès, on ira », a révélé la fille de Monsieur L. [...]

Source : Adapté de Marie-France Léger, *La Presse*, Montréal, 16 février 1992, p. A3.

L'indignation que suscite de tels cas constitue une excellente raison pour étudier de plus près la question de la qualité des services. En lisant ce livre, le lecteur se rendra compte que les anomalies dans les services ne sont généralement pas le fruit du hasard. Au contraire, celles-ci sont la conséquence d'une **mauvaise gestion de la qualité**. Cet ouvrage se veut une base solide qui permettra d'aider les entreprises à mieux gérer la qualité de leurs services.

1.1 QU'EST-CE QU'UN SERVICE ?

La meilleure méthode pour concevoir ce que sont les services consiste à comparer ces derniers aux produits. Par exemple, lorsqu'une personne fait son épicerie dans un marché d'alimentation, consomme-t-elle des produits, des services, ou les deux à la fois ? Que vend, au juste, le responsable d'un tel établissement ?

Dans le même ordre d'idées, les tactiques de marketing qui permettent la *vente* d'automobiles sont-elles les mêmes que celles utilisées pour la *location* d'automobiles ? Sinon, pourquoi pas ? On parle pourtant d'automobiles dans les deux cas ! Le **modèle moléculaire** proposé par G. Lynn Shostack apporte des éclaircissements à ce sujet.

1.1.1 Le modèle moléculaire

Shostack trouve illogique de définir les services comme une catégorie de produits appelés produits intangibles[2]. Selon elle, l'intangibilité est intrinsèque au service, de sorte que celui-ci ne peut être considéré comme une variété de produits. Peut-on, par exemple, faire reposer le marketing d'une banque sur les mêmes critères que ceux qui ont fait du savon Tide un succès ? Non. **Il y a, d'une part, les produits et, d'autre part, les services.**

Afin de distinguer ces deux phénomènes, Shostack propose l'emploi d'un modèle moléculaire, dont le mérite est d'accorder autant d'importance aux services qu'aux produits. Selon ce modèle, chaque objet de consommation est constitué d'éléments tangibles et intangibles dans une proportion donnée. En mesurant cette proportion et en désignant le groupe d'éléments prédominants, on pourra alors définir et classer un objet de consommation[3].

Ainsi, il est possible de dresser une liste de produits et de services, que nous appelons un continuum, selon l'importance des éléments tangibles ou intangibles qui les composent. Par exemple, la figure 1 démontre que l'enseignement est de dominance nettement **intangible**, ce qui en fait un service pur, alors qu'on observe l'inverse en ce qui concerne le sel.

Figure 1

L'échelle des entités de marché

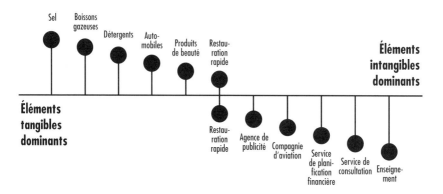

Source : Traduit de G. Lynn Shostack, « Breaking Free from Product Marketing », *Journal of Marketing*, vol. 41, n° 2, avril 1977, p. 77, American Marketing Association.

Shostack précise également que la classification d'un bien de consommation demeure fort sensible. En effet, une variation d'un seul élément, sur le plan de la tangibilité et de l'intangibilité, est en mesure d'influencer le positionnement d'une entité. Cette sensibilité nous permet d'affirmer que certaines entités se trouvant au milieu du continuum peuvent être qualifiées de **variables**.

Prenons la restauration en guise d'exemple. Le célèbre Da Giovanni de la rue Sainte-Catherine, à Montréal, est reconnu pour la qualité de ses plats italiens et pour ses prix défiant la concurrence. Aux heures de pointe, il y a une file d'attente à l'extérieur. Le service est courtois, l'atmosphère est vivante et l'aménagement des tables est conçu de façon à recevoir le plus grand nombre de convives possible. Le midi, la clientèle avoisinante apprécie l'efficacité de l'organisation, qui permet un service rapide malgré l'affluence. En soirée, les clients sont moins pressés, de sorte que leur évaluation tiendra compte davantage de la qualité des produits qu'on leur offre. Pour cet établissement, la dominante tangible-intangible n'est donc pas statique mais **dynamique** ; la gestion de la qualité doit tenir compte de ces variations et il serait néfaste, par exemple, de réduire radicalement le nombre d'employés pour la période du midi (le service pourrait alors être moins rapide), ou de standardiser les menus en soirée (la variété des plats pourrait alors en souffrir).

De nombreux commerces de détail se situent près du centre du continuum de la figure 1. Pensons à **l'industrie du vêtement**. Certains magasins mettent davantage l'accent sur le rapport qualité-prix, la variété ou la nouveauté de leur marchandise, alors que d'autres, au contraire, jouent sérieusement la carte du service, avant, pendant et après la vente. Dans ces deux cas, la dominante diverge et une juste perception du positionnement sur le continuum est essentielle si l'on veut atteindre une bonne gestion de la qualité. L'enjeu ne consiste plus uniquement à déterminer la catégorie à laquelle appartient l'offre de l'entreprise, mais *jusqu'à quel point* cette offre fait partie de cette catégorie. Les responsables du marketing doivent conserver à l'esprit que plus les éléments intangibles sont **substantiels**, plus les approches de marketing utilisées dans la commercialisation devront être **différentes** des approches élaborées pour la mise en marché des produits de consommation[4].

Quelques minutes de réflexion

- En utilisant le modèle moléculaire proposé par Shostack, diriez-vous que l'organisation dont vous faites partie offre davantage d'éléments tangibles que d'éléments intangibles ?

- Quels sont les dangers, sur le plan du marketing, que représente l'utilisation quotidienne et routinière du terme « produit », au lieu de « service », dans une firme du secteur tertiaire ?

- Est-il logique qu'une banque, une agence de voyages ou une compagnie d'assurances parle de « produits » et non pas de « services » ? Quel langage utilisez-vous dans votre entreprise ?

- Si vous faites partie d'une entreprise de services, dans quelle mesure votre marketing est-il différent du marketing traditionnel des produits de consommation ?

1.1.2 Le degré de contact

La mesure du « degré de contact » est également une approche valable pour distinguer les services des produits.

Lorsqu'un client entre dans un restaurant, par exemple, ce dernier sera tôt ou tard en contact direct avec quelques-uns des membres du personnel. Selon Richard B. Chase, la présence plus ou moins prononcée (contact) du client à l'intérieur du système de livraison des services justifie qu'on adopte une approche managériale différente de celle d'un système de fabrication de biens. Le degré de contact est défini comme étant le temps nécessaire pour servir un client, par rapport au temps total que ce client passe dans le système[5]. Pour Chase, il s'agit du facteur clé idéal pour classifier les types d'entreprises (voir le tableau 1). De façon générale, l'on peut stipuler que moins il y a de contact, plus il est facile de rationaliser la productivité et le contrôle.

L'avantage d'une firme dont la nécessité de contact est peu élevée réside dans le fait qu'elle peut isoler son processus de production du reste de ses activités. À la manière d'une usine dans l'usine, cette division des activités permet à une entreprise de services d'utiliser les techniques de l'industrie secondaire. Dans ces cas, les normes de qualité sont mesurables et la main-d'œuvre doit avoir principalement des compétences techniques. Au contraire, une entreprise de services à contact élevé doit compter sur une main-d'œuvre qui possède des aptitudes sur le plan des relations interpersonnelles, en plus de devoir faire face à des problèmes d'évaluation de la qualité.

Il est utile que le manager connaisse la nature des exigences d'exploitation auxquelles est soumise son entreprise de services. Pour classer son entreprise sur l'échelle présentée au tableau 1, le gestionnaire peut utiliser la technique industrielle de l'**échantillonnage de travaux**. Avec cette technique, on prend un échantillon représentatif des activités de l'entreprise et on calcule le temps où le système est en contact avec la clientèle. Bien entendu, plus la proportion de contact avec la clientèle est élevée, plus il s'agit d'un **service pur**.

Tableau 1

La classification des systèmes de services selon la nécessité de contact avec la clientèle

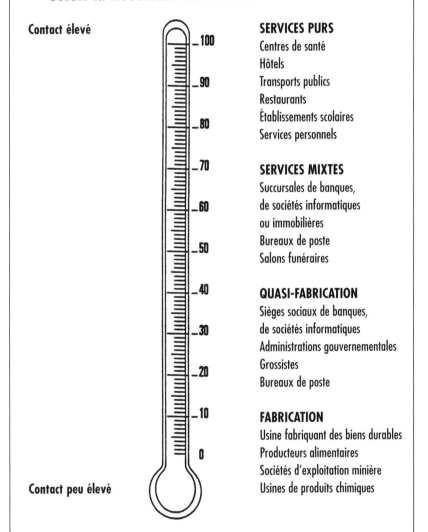

Contact élevé

SERVICES PURS
Centres de santé
Hôtels
Transports publics
Restaurants
Établissements scolaires
Services personnels

SERVICES MIXTES
Succursales de banques,
de sociétés informatiques
ou immobilières
Bureaux de poste
Salons funéraires

QUASI-FABRICATION
Sièges sociaux de banques,
de sociétés informatiques
Administrations gouvernementales
Grossistes
Bureaux de poste

FABRICATION
Usine fabriquant des biens durables
Producteurs alimentaires
Sociétés d'exploitation minière
Usines de produits chimiques

Contact peu élevé

Source : Traduit et adapté de Richard B. Chase, « Where Does the Customer Fit in a Service Operation ? », *Harvard Business Review*, vol. 56, n° 6, novembre-décembre 1978, p. 138.

Il est intéressant d'établir un lien entre l'approche de Shostack et celle de Chase. En effet, il semble que plus nous nous déplaçons, sur notre continuum, vers des services à dominante intangible, plus nous retrouvons des firmes à contact élevé. Par conséquent, nous pouvons répondre à la question : « Qu'est-ce qu'un service ? », en stipulant qu'un service est quelque chose d'immatériel, où il y a présence simultanée d'un client et d'un serveur (humain ou mécanique). Nous verrons en détail ces particularités au chapitre 2.

Quelques minutes de réflexion

- Votre entreprise est-elle à contact élevé ou peu élevé ?

- Comme une usine dans l'usine, pouvez-vous isoler de la clientèle certaines parties de vos activités, afin d'accroître la productivité ?

1.2 QUELQUES ASPECTS ÉCONOMIQUES

L'industrie des services a connu une croissance fulgurante au cours des dernières décennies. De fait, pour bon nombre de pays industrialisés, l'industrie tertiaire occupe désormais une place plus importante dans le PIB que les industries primaires et secondaires réunies. Les données suivantes donnent un aperçu de l'ampleur du phénomène.

- Aux États-Unis, au début des années 1980, près de 45 % du budget familial moyen était consacré aux services[6]. Vers la fin des années 1980, les activités de services représentaient environ 68 % du PNB et 71 % des emplois[7].

- Au Canada, les industries productrices de services représentent maintenant 66 % du produit intérieur brut[8]. De plus, 73 % des emplois dépendent de ce secteur d'activité[9]. À titre de comparaison, ce pourcentage était de 47 % en 1951 et de 31 % en 1891[10].

- Il y a une vingtaine d'années, en France, environ 55 % de la population active était déjà à l'emploi des entreprises du secteur tertiaire[11]. En 1992, près de 69 % de la population salariée avait un emploi dans l'industrie tertiaire[12].

Christopher H. Lovelock énumère quatre facteurs qui permettent d'expliquer cette révolution du secteur des services dans l'économie internationale[13].

- La déréglementation gouvernementale a permis d'élargir le marché potentiel des entreprises, non seulement sur le plan géographique (ex. : transport aérien, téléphonie), mais, également, en ouvrant à certaines catégories de services (ex. : secteur des assurances) des marchés autrefois inaccessibles. Elle permet, en outre, d'accroître la compétition en ce qui concerne les prix et d'éliminer nombre de barrières aux entrants potentiels.

- Les changements en ce qui concerne les standards des associations professionnelles (ex. : médecine, droit), notamment en ce qui touche à la publicité et à la promotion, font accroître la concurrence entre les divers prestataires.

- L'ordinateur et les innovations technologiques ont permis l'amélioration, voire la création de nouveaux services. On peut songer, notamment, aux multiples services offerts dans Internet ainsi qu'aux nombreux systèmes libres-services dont les consommateurs peuvent de plus en plus bénéficier. Par exemple, il est possible d'effectuer soi-même plusieurs opérations bancaires par téléphone ou de louer un film jour et nuit grâce à des machines distributrices. La technologie permet également aux entreprises de centraliser leurs services à la clientèle. St-Hubert, Mike's et Donini ont, par exemple, leur propre ligne téléphonique centrale pour toute commande de livraison. Le système garde en mémoire l'adresse du client et on transmet la commande au restaurant le plus près, ce qui contribue à garantir un service **rapide.** Les banques de données permettent, en outre, d'orienter la promotion de façon précise.

- La croissance des franchises a permis d'accroître l'efficience et l'efficacité des services, notamment par l'automatisation et la standardisation (ex. : la réparation de silencieux ou la restauration rapide). Aussi, des gestionnaires spécialisés travaillent dans un bureau central, tandis que les sites de services arborent des marques de commerce, où les prix sont standardisés et où les employés portent des uniformes.

1.3 LES SERVICES : UNE OCCASION POUR L'INDUSTRIE

L'importance actuelle du secteur des services n'est pas que le fruit des facteurs énumérés précédemment. De nombreuses firmes industrielles ont également évolué vers le tertiaire. On observe que cette transition peut se faire selon les principes déjà connus de l'intégration verticale ou de la diversification.

Dans le tableau 2, Irving D. Canton définit 10 voies à suivre pour passer de l'industrie au service[14]. Par exemple, DuPont a su tirer parti de son savoir-faire en matière de santé et de sécurité au travail en créant une filiale qui offre de tels services. GMAC, pour sa part, offre un service de crédit pour le financement des stocks de ses distributeurs ainsi que pour le paiement des achats des consommateurs. Quant à Xerox, elle commercialise l'équipement qu'elle produit, grâce à son propre réseau de magasins.

Une autre voie d'accès des industries au secteur des services, non répertoriée par Canton, mérite d'être soulignée : il s'agit de l'**ouverture de l'usine au public**, c'est-à-dire le tourisme industriel. En effet, plusieurs industries, de nos jours, organisent des visites libres ou guidées, individuelles ou en groupe, de leurs lieux de production. Ainsi, la brasserie Anheuser-Busch initie le visiteur aux diverses étapes de la fabrication de la bière et, du même coup, génère certains revenus grâce à la boutique placée stratégiquement à la fin du tour.

BMW reçoit, à Munich, des milliers de clients venus prendre livraison de leur nouveau véhicule. Après avoir signé le registre officiel, reçu une plaque commémorative et posé pour une photo-souvenir, le consommateur visite l'usine d'assemblage, le centre de design et de recherche ainsi que le Musée BMW[15].

Tableau 2

10 voies d'accès au secteur des services

1. La vente de prestations sur le marché des affaires

Ce mode de pénétration est lié aux produits déjà existants chez le fabricant, à son savoir-faire et à sa clientèle. Au lieu de vendre un produit, l'idée consiste à vendre la solution à un problème que se pose le client. Ex. : le ciment tout prêt.

2. La vente de prestations sur le marché de la consommation

Le principe est similaire à la voie d'accès précédente. Par exemple, au lieu d'acheter des fertilisants pour la pelouse et divers produits servant à contrôler la repousse des mauvaises herbes, le consommateur jugera qu'il est plus pratique de faire appel à une entreprise spécialisée, qui s'occupera de tout. Ce genre de prestations apporte aide et assistance aux consommateurs.

3. Tirer parti du savoir-faire de l'entreprise

Plusieurs entreprises industrielles possèdent des connaissances qui ne sont utilisées jusqu'à présent qu'à des fins internes ou proposées gratuitement pour faciliter la vente des produits. Ex. : DuPont.

4. Tirer parti des ressources physiques

Lorsqu'une firme travaille en sous-capacité, que cela implique des ordinateurs ou des entrepôts, il lui est possible de tirer parti des ressources non utilisées.

5. Financer la consommation des clients

Toute entreprise dont les clients ont besoin de louer ses produits ou d'emprunter à une institution financière pour pouvoir acheter ses produits devrait réfléchir à l'idée de créer une filiale qui serait une société de crédit. Une telle filiale permet au fabricant d'accroître ses profits liés à son volume de transactions, et de créer une relation plus étroite et plus durable avec ses clients. Ex. : la GMAC (General Motors Acceptance Corporation).

6. S'engager par des contrats de gestion et de participation

Aujourd'hui, n'importe quel fabricant d'équipements utilisés par des entreprises commerciales peut desservir un marché pour lequel il sait plus de choses que le client sur la manière d'utiliser les produits. Ex. : Dans le domaine de l'informatique, les fournisseurs de systèmes de traitement des données proposent des contrats de gestion pour équiper, fournir le personnel et gérer les systèmes des entreprises clientes.

7. Créer des chaînes de distribution

Une entreprise industrielle qui fabrique des produits pour des consommateurs individuels ou des entreprises commerciales sur un plan local ou régional devrait être en mesure de créer une chaîne de distribution au niveau national, et même international. Ex. : les concessionnaires d'un fabricant automobile.

8. Aller plus loin dans le circuit de distribution

Au lieu de vendre ses produits par des intermédiaires, certaines entreprises peuvent elles-mêmes prendre en charge une partie, voire la totalité de leurs réseaux de distribution. Cette avenue, qui gagne en popularité, permet aux détaillants d'offrir la gamme complète des produits du fabricant. Les vendeurs deviennent des spécialistes de la marque, et les clients, parfois fanatiques de celle-ci, magasinent alors dans un environnement qui leur est familier. L'enjeu de la satisfaction du client est fondamental, car advenant un échec, le client peut délaisser non seulement le commerce mais aussi la marque... Ex. : Xerox, Nike Factory Store, Maison Sony, Tupperware.

9. Privatiser des services publics

De nombreuses municipalités font appel aux entreprises privées pour assurer en tout ou en partie le ramassage des ordures, la réparation des routes, les services de parcomètres, le nettoyage des rues, etc. Aussi, certaines firmes doivent leur existence à un besoin des entreprises auquel le secteur public n'avait pas répondu. Ex. : la compagnie Federal Express et ses concurrents n'auraient peut-être jamais vu le jour si le service gouvernemental United States Post Office avait su reconnaître plus tôt la nécessité de créer un service express d'acheminement du courrier.

10. Savoir réagir aux événements inattendus

L'acquisition d'entreprises, par exemple, constitue une opportunité supplémentaire d'accéder au marché des services. Ex. : Il y a quelques années, Brunswick a dû assumer la propriété de deux cents académies de bowling connaissant des difficultés financières. Aujourd'hui, la firme vend toujours des équipements pour le bowling à des distributeurs indépendants, mais elle dirige aussi la plus grosse chaîne de loisirs des États-Unis en utilisant ses propres équipements de bowling et de billard.

Source : Adapté de Irving D. Canton, « Apprenons à apprécier l'économie de services », *Harvard-L'Expansion*, n° 46, automne 1987, p. 59-68.

Plusieurs entreprises sont en fait de véritables musées thématiques qui peuvent intéresser à la fois les étudiants et les adeptes de la marque. D'ailleurs, selon Jacques Stoquart, la demande pour ce genre de tourisme dépasse l'offre dans la majorité des pays. Ce marketing-spectacle, dans la mesure où il respecte certaines conditions précitées dans l'ouvrage de Stoquart, permet à l'entreprise d'améliorer son image de marque en plus de réaliser des ventes *in situ*[16].

Ainsi, des milliers de firmes de l'industrie secondaire possèdent les ressources nécessaires pour effectuer le grand saut dans le secteur des services et, du coup, pour stimuler l'évolution de la qualité des services.

Quelques minutes de réflexion

• Dans le cas où vous travaillez pour une entreprise industrielle, pensez-vous qu'il est possible, chez vous, de concevoir et d'offrir un nouveau service en tirant parti du savoir-faire de l'entreprise ?

1.4 UN SECTEUR EN EFFERVESCENCE SUR LES PLANS DE L'ENSEIGNEMENT ET DE LA RECHERCHE

L'éducation et la recherche ont un rôle à jouer dans la productivité, la qualité et la commercialisation des services. Bien que ce rôle n'ait pas toujours été reconnu par les chercheurs universitaires[17], les auteurs du présent ouvrage, lors d'une étude réalisée en 1992, ont heureusement constaté un virage positif puisqu'un grand nombre de livres et d'articles spécialisés sur le sujet ont été publiés[18]. La tendance semble d'ailleurs se poursuivre (voir le tableau 3[19]).

Toutefois, cela n'empêche pas que de nombreux articles et volumes, traitant d'administration des affaires, fourmillent d'exemples au sujet d'entreprises telles que Procter & Gamble et General Motors, mais demeurent discrets à propos des entreprises de services. Qui plus est, certains auteurs inscrivent le terme *produit* entre guillemets lorsqu'ils évoquent des exemples concernant les banques, les arts ou les firmes d'avocats, et d'autres remplacent malencontreusement l'expression *produits* par *produits et services*, comme si tout ce qui s'applique à l'un pouvait être transposé intégralement à l'autre !

Tableau 3

Les principaux magazines traitant de marketing, de services et de qualité

En français :
- Gestion
- Harvard-L'Expansion
- Qualité Totale
- Revue française du marketing

En anglais :
- Business Horizons
- Harvard Business Review
- Journal of Advertising Research
- Journal of Consumer Affairs
- Journal of Consumer Research
- Journal of Marketing
- Journal of Marketing Research
- Journal of Professional Services Marketing
- Journal of Retailing
- Journal of Travel Research
- Quality Digest
- Quality Progress
- Retail Control
- Services Marketing Today
- The Cornell Hotel and Restaurant Administration Quarterly
- The Journal of Consumer Marketing
- The Journal of Services Marketing
- The Service Industries Journal

On constate que beaucoup de gestionnaires, de diplômés des écoles de gestion voire des universités utilisent souvent une approche des sciences de la gestion qui s'apparente surtout à la notion de gestion industrielle. On parle de «production à la chaîne», de «stock de produits en cours», de «produits finis»: bref, on exploite encore le langage ou le jargon des industries primaires et secondaires.

Encadré 2

Avis aux intéressés !

Lancement d'un programme de gestion marketing des entreprises de services

L'**Institut de gestion de services** et l'**Académie Tremblant** lancent un programme de gestion du marketing destiné aux cadres et aux propriétaires des entreprises de services.

Ce programme, auquel est associé le **Centre de villégiature Tremblant**, sera offert au mont Tremblant à partir de mai prochain. Il conduit à un diplôme en gestion des services. Par entreprises de services, on entend aussi bien les institutions financières et les organismes de services publics que les restaurants, les sociétés aériennes et autres entreprises dont le produit principal est intangible.

Selon **Michel Langlois**, président de l'Institut, «la plupart des formations en marketing sont axées sur les entreprises de fabrication, avec les 4 "P" (prix, produit, promotion, place), plutôt que sur les entreprises de services».

Le programme comprend cinq modules. Le premier module porte sur le développement stratégique des affaires dans les services commerciaux. On enseignera aux étudiants comment faire un plan d'action de marketing rentable pour une entreprise de services.

Le deuxième module montre comment gérer sa clientèle et son personnel. «Les entreprises de services gèrent un tunnel d'émotions d'une durée limitée. Contrairement aux produits fabriqués, on ne peut pas toucher ou voir le service d'avance. Par conséquent, la référence des autres clients est beaucoup plus importante qu'elle ne l'est pour les entreprises de fabrication», a expliqué M. Langlois. [...]

Le troisième module est consacré à la maîtrise du face-à-face client. Y seront enseignés les 20 comportements et attitudes requis pour un employé en contact avec les clients. Le quatrième module porte sur l'attitude et la gestion de soi, soit la façon de gérer les principaux facteurs de stress qui influencent les attitudes et le comportement. Enfin, le cinquième module concerne le leadership et la gestion des équipes en contact avec la clientèle de façon à optimiser la satisfaction des clients. [...]

Les cours sont accrédités par la **Société québécoise de développement de la main-d'œuvre** et peuvent être crédités comme formation professionnelle au sens de la loi québécoise, qui oblige les entreprises à consacrer au moins 1% de leur masse salariale à la formation.

Source : Adapté de Francis Vailles, *Les Affaires*, 5 avril 1997, p. 43.

En 1994, le professeur de marketing Philip Kotler, reconnu internationalement, conseilla aux écoles de commerce d'introduire, dans l'enseignement, le thème « marketing des services » afin de mieux former la nouvelle génération de professionnels[20]. Au Québec, ce virement s'effectue petit à petit, tant à l'échelle collégiale qu'universitaire. Il est permis d'espérer que la tendance se poursuivra...

Quelques minutes de réflexion

- Quels ouvrages traitant de services avez-vous lu dernièrement ? Croyez-vous que votre formation en matière de gestion d'une entreprise de services est adéquate ?

- Les cadres de votre entreprise sont-ils au fait des dernières théories en ce qui concerne le marketing des services, la qualité des services ou la gestion des opérations d'une entreprise de services ?

CONCLUSION

L'industrie tertiaire occupe aujourd'hui une place prépondérante dans l'économie. Malgré cela, la recherche, l'enseignement et la pratique de la gestion de la qualité dans les services n'en sont qu'à leurs balbutiements. Ce retard des *services* par rapport aux *produits* s'explique par le fait qu'on a considéré longtemps les premiers comme les dérivés des seconds.

À notre avis, ce n'est qu'en pensant, parlant et vivant *services* que ceux-ci pourront atteindre l'autonomie qui leur convient. Le vocabulaire utilisé et les notions parcourues, dans ce chapitre et dans le suivant, constituent donc une base essentielle pour qui veut gérer adéquatement la qualité des services.

NOTES

1 LEVITT, Theodore (1972), « Production-Line Approach to Service », *Harvard Business Review*, vol. 50, n° 5, septembre-octobre, p. 41-52.

2 SHOSTACK, G. Lynn (1977), « Breaking Free from Product Marketing », *Journal of Marketing*, vol. 41, n° 2, avril, p. 73-80.

3 Dans son article, Shostack démontre la façon de mesurer le poids relatif des deux catégories d'éléments. SHOSTACK, G. Lynn, *op. cit.*, p. 74.

4 SHOSTACK, G. Lynn, *op. cit.*, p. 75.

5 De cette façon, plus le ratio s'approche de 100 %, plus le degré de contact avec le client est élevé. Voir CHASE, Richard B. (1978), « Where Does the Customer Fit in a Service Operation ? », *Harvard Business Review*, vol. 56, n° 6, novembre-décembre, p. 137-142.

6 BERRY, Leonard L. (1980), « Services Marketing is Different ». Reproduit dans l'ouvrage *Services Marketing : Text, Cases & Readings*, Englewood Cliffs, N. J., Prentice-Hall, 1984, p. 29-37.

7 QUINN, James Brian et Christopher E. GAGNON (1987), « Après la production, le déclin des services ? », *Harvard-L'Expansion*, n° 46, automne, p. 94-104.

8 Voir les données de Statistique Canada, catalogue 15-001, mai 1997, p. 12.

9 *Ibid.*, catalogue 71-001, décembre 1996, p. B-4.

10 Presse Canadienne d'Ottawa (1992), « La classe moyenne est menacée par le secteur des services », *La Presse*, Montréal, 12 mars, p. D5.

11 LANGEARD, Eric (1980), « Le comportement du consommateur de services », I. A. E. d'Aix-en-Provence, W. P., n° 176, janvier.

12 Voir les données de l'*Annuaire Statistique de la France*, tableau C.01-6, édition 1996, vol. 99, Nouvelle série n° 41, p. 127, 128.

13 LOVELOCK, Christopher H. (1984), « Distinctive Aspects of Service Marketing », *Services Marketing : Text, Cases & Readings*, Englewood Cliffs, N. J., Prentice-Hall, p. 1-9.

14 CANTON, Irving D. (1987), « Apprenons à apprécier l'économie de services », *Harvard-L'Expansion*, n° 46, automne, p. 59-68.

15 (1997), « Votre BMW directement de la compagnie... », *L'économique*, vol. 2, n° 1, mars-avril, p. 48.

16 STOQUART, Jacques (1991), *Le marketing événementiel*, Paris, Les Éditions d'organisation, 129 p.

17 Voir à ce sujet les inquiétudes relevées par Berry dès 1980. BERRY, Leonard L., *op. cit.*, p. 30.

18 PAQUIN, Benoît et Normand TURGEON (1992), *La gestion de la qualité dans les entreprises de services : une bibliographie sélective / Quality Management in the Services Industry : A Selective Bibliography*, Montréal, École des hautes études commerciales, cahier de recherche n° 92-09, février, 42 p.

19 FABIEN, Louis (1994), *La gestion du marketing dans les entreprises de services : une bibliographie sélective / Marketing Management in the Services Industry : A Selective Bibliography*, Montréal, École des hautes études commerciales, cahier de recherche n° 93-06, version révisée, janvier, 214 p.

20 (1995), «Le marketing n'est pas une fonction, mais un processus», *Expansion Management Review*, n° 76, mars, p. 50.

Chapitre 2

Tout ce que vous devriez savoir sur les services, mais...

Dans la section qui suit, nous exposons les particularités propres aux services ainsi que les conséquences de ces dernières sur la gestion de la qualité. Nous proposons ensuite quelques façons de classer les services et, enfin, nous expliquons le concept de l'offre de services, des notions « ... que vous n'avez peut-être jamais osé demander » !

2.1 LES PARTICULARITÉS DES SERVICES

Quatre grands facteurs font en sorte que les services se distinguent des produits : ils sont **intangibles**, la production et la consommation s'effectuent **simultanément**, ils sont **hétérogènes** et, enfin, ils sont **périssables**.

Voyons en quoi consiste chacun de ces facteurs.

2.1.1 L'intangibilité

Un produit de nature tangible est un objet qui se caractérise aisément, qui se touche et se possède matériellement (il suffit de l'acheter), et ce, jusqu'à ce qu'on le jette, le donne ou le revende. À l'opposé, obtenir un service équivaut à vivre une expérience, à consommer une performance, qui ne peut être possédée matériellement. Par conséquent, un service est composé d'éléments majoritairement **intangibles**. Ainsi, un abonnement à la télévision par câble ou le transport en train TGV sont des services, bien que ceux-ci reposent sur une installation matérielle onéreuse et complexe. L'élément dominant ou l'essence fondamentale de ces services est intangible.

L'intangibilité constitue la principale distinction entre les services et les produits. Certains spécialistes prétendent même que les autres particularités des services dérivent de celle-ci[1]. Toutefois, il faut préciser que les services purs, très intangibles, constituent l'exception et non la règle. Par exemple, un client qui loue un téléviseur, plutôt que de l'acheter, a tout de même la liberté de choisir son appareil, selon ses goûts pour la couleur, pour le son, pour la grandeur de l'écran, etc. ; ainsi, selon Jean-Paul Flipo, la partie tangible du service devient plus importante que le service proprement dit[2] ! Toutefois, l'aspect dominant qui en fait malgré tout un service, par rapport à l'achat d'un appareil, réside dans la particularité **temporelle** de l'achat. En effet, la location d'un produit lie l'acquéreur à l'entreprise pour une période de temps prédéterminée. Par surcroît, le contrat, qu'il soit écrit, verbal ou tacite, impose certaines contraintes d'usage.

Notons également que les produits purs, donc très tangibles, sont tout aussi rarissimes. Ne fût-ce que par la garantie, les constructeurs d'automobiles, par exemple, vendent forcément une partie d'éléments immatériels. En outre, même si un individu teste un produit en magasin, rien ne l'assure que celui qu'il obtiendra sera identique à celui qu'il a testé. Comme le mentionne Theodore Levitt, l'acheteur d'un produit se procure essentiellement « *des promesses de satisfaction*[3] ». Puisque ces promesses sont, de prime abord, immatérielles aux yeux du consommateur, il n'y a rien d'étonnant à ce que les fabricants tentent par tous les moyens de les concrétiser davantage. Levitt précise que l'emballage, les métaphores, les comparaisons, les brochures ou l'apparence d'un vendeur deviennent des substituts à la matérialité.

Bref, toutes les entreprises vendent une part d'éléments immatériels et matériels, quelle que soit la nature de ce qu'elles fabriquent. Comme nous l'avons vu au chapitre précédent, l'intangibilité n'est donc pas exclusive aux services, mais elle y est **prédominante**. En fait, il n'y a pas de véritable frontière entre les services et les produits ; tout est une question de degré et de pondération. L'évaluation de ce degré est toutefois capitale, en ce qui a trait au marketing, car la publicité émise par un fabricant d'automobiles, par exemple, sera différente de celle d'une compagnie de location d'automobiles.

L'intangibilité engendre également une incompréhension mutuelle entre le client et le fournisseur du service. D'une part, la nature exacte d'un service abstrait n'est pas toujours claire pour le client. Par exemple, comment un client peut-il réellement comprendre ce qu'offre un psychologue s'il n'en a jamais utilisé les services ? De quelle façon pourra-t-il choisir son psychologue, s'il ne peut obtenir une description préalable du travail de quelques-uns d'entre eux ?

D'autre part, les organisations prestataires de services doivent fournir un effort laborieux en ce qui concerne la segmentation du marché. Cela s'explique par le fait qu'il est ardu, pour ces firmes, de communiquer efficacement leurs avantages différentiels[4]. Il n'en demeure pas moins que le « système de production du service doit être conçu pour remplir un besoin spécifique, et on peut montrer le degré de [correspondance] entre le service identifié [par le client] et la conception du système de production de service, seulement si on a une bonne spécification du service. Cette spécification provient d'une pénétration de la psyché de l'utilisateur pour savoir ce qu'il attend[5] ». Malheureusement, il n'est pas toujours facile pour les clients d'exprimer avec exactitude la nature du service désiré. En somme, l'intangibilité des services complique la conciliation entre les attentes des uns et les offres des autres.

L'intangibilité rend également complexe l'établissement des prix. Si les fabricants peuvent réussir à calculer un coût unitaire, un coût standard ou une marge brute, en revanche, dans les entreprises de services, le lien entre le prix à demander et les coûts de production est flou (surtout pour les firmes qui ont beaucoup de personnel). Selon Dan R. E. Thomas, il n'existe pas de formule qui permette de faire reposer ce prix sur la valeur du service[6]. Le juste prix dépend de la valeur attribuée au service par le consommateur et, bien sûr, des prix fixés par la concurrence. Les personnes qui paient plusieurs milliers de dollars pour améliorer l'apparence de leurs dents à l'aide d'appareils d'orthodontie en savent quelque chose !

 • Pourquoi l'intangibilité des services engendre-t-elle une incompréhension mutuelle entre la clientèle et l'entreprise ? Que fait votre organisation pour solutionner ce problème ?

2.1.2 La simultanéité/inséparabilité de la production et de la consommation

Pour lire ce livre, vous utilisez probablement le service d'un producteur d'électricité afin de vous éclairer. On voit donc que, *contrairement* aux produits généralement fabriqués puis vendus par un réseau de distribution, les services sont habituellement vendus d'abord, puis produits et consommés simultanément. Le canal de distribution est court ; pensons, par exemple, aux transferts de fonds par un système électronique.

Pierre Eiglier et Eric Langeard ont qualifié de *servuction* cette façon contiguë de rendre un service[7]. Le terme « servuction » devrait donc s'employer dans l'industrie des services aussi fréquemment que le terme « production » l'est dans l'industrie manufacturière. Ajoutons que le terme « producteur » (ou travailleur) pourrait aussi être remplacé par le terme « servucteur », désignation plus honorable que « serveur ».

La servuction donne naissance à un problème d'ordonnancement des commandes, délicat à résoudre. En effet, dans la plupart des commerces, le premier arrivé est le premier servi. Cela compromet l'efficience du système, en comparaison à celle que l'on peut atteindre dans l'industrie secondaire, là où l'on exploite davantage les notions mathématiques de recherche opérationnelle. Le temps d'attente, une dimension importante dans l'évaluation de la qualité, est une résultante directe de la servuction.

En bref, si les fabricants doivent veiller à ce que leurs produits soient physiquement distribués aux bons endroits et aux bons moments, les entreprises de services, quant à elles, doivent aussi surveiller de près la *façon* dont elles livrent leurs services[8]. L'interaction personnalisée engendre un degré d'engagement psychologique plus élevé de la part du consommateur[9], puisque ce dernier participe davantage au processus de production.

La **présence physique du client** dans le système est particulière. Le consommateur sert d'intrant, est ensuite « transformé », puis sort en extrant avec une valeur ajoutée. C'est pourquoi le climat, l'aménagement des lieux et le personnel sont des facteurs qui jouent sur la perception qu'a le client de la qualité. Ces aspects seront traités ultérieurement.

Le fait d'avoir **plusieurs clients** dans un même établissement de services peut également occasionner des difficultés d'interactions. Imaginons, à titre d'exemple, l'atmosphère qui règne lorsqu'un client, mécontent d'une réparation sur son automobile, exige avec vigueur une rectification *immédiate* de la part du gérant de service! Ce genre d'événement bouscule l'horaire de tout le monde.

Finalement, une centralisation, afin d'offrir une servuction de masse, est difficile à concevoir. Les services doivent se trouver là où les gens en ont besoin, près de la demande. Il faut toutefois considérer que plus l'avantage compétitif d'une firme est fort, plus l'entreprise peut se permettre de centraliser ses opérations, les clients étant enclins à se déplacer (ex. : les magasins-entrepôts Price Costco par leurs prix alléchants).

Quelques minutes de réflexion

• Pouvez-vous envisager d'autres formules que le principe « premier arrivé, premier servi » ?

2.1.3 L'hétérogénéité

De nombreux services, et plus particulièrement ceux qui comportent un grand capital humain, sont **difficiles à standardiser**. Le préposé à la caisse d'une succursale bancaire, par exemple, peut difficilement donner un service égal et régulier, client après client, jour après jour. De plus, tout en suivant les règles de la succursale, son service différera de celui du caissier voisin, à plus forte raison de celui du caissier d'une autre succursale. On constate que les variables **temps** et **espace** compromettent la standardisation des services[10].

En ce qui concerne le contrôle de la qualité, nous sommes très loin de l'automatisation d'une chaîne d'assemblage automobile ! En plus d'être sujette à la variabilité, la livraison des services souffre donc d'un problème de contrôle de la qualité, d'autant plus que le facteur de l'intangibilité rend toute quantification ardue.

Encadré 1

Une même compagnie, une qualité de service parfois différente : un bon exemple de l'hétérogénéité des services

Un vol d'Air Transat pour Acapulco est retardé de 24 heures*

Quelque 350 passagers d'un vol d'Air Transat pour Acapulco qui a été annulé hier matin ont été avisés hier soir que leur avion allait finalement décoller de Mirabel ce matin à 9 h, soit avec plus de 24 heures de retard.

Ces vacanciers devaient finalement monter ce matin à bord d'un appareil de la compagnie Nationair dont le départ est prévu pour 9 h. À l'origine, le groupe devait quitter Mirabel à bord d'un Lockheed d'Air Transat à 8 h 10 hier matin. « Il y a beaucoup de gens âgés et ça commence à paniquer », disait hier soir Daniel Clavet, de Shawinigan, avant même d'apprendre que le départ était remis à aujourd'hui. Comme les mesures de sécurité ont été renforcées dans la plupart des aéroports, M. Clavet avait suivi les consignes habituelles et s'était présenté à Mirabel plusieurs heures à l'avance. En fait, il était là depuis 4 h hier matin !

Les passagers ont connu une autre déception en soirée puisqu'on les avait fait monter peu avant 19 h à bord d'un appareil de Nationair qui devait les amener à bon port à la place de l'avion retardataire. Mais à 21 h, les vacanciers ont été priés de débarquer.

À la direction de l'aéroport, on a indiqué qu'un problème avait empêché le départ de cet appareil de Nationair. Quant à celui d'Air Transat, il semble qu'il ait été retenu à Cancun pour une raison inconnue. Impossible d'obtenir plus de renseignements chez Air Transat, un répondeur interceptant tout appel aux bureaux de la compagnie à Mirabel.

Un autre passager, Alain Bélisle, de Montréal, a pour sa part pris les devants et fait circuler, parmi les voyageurs en attente désespérée de soleil, une liste pour inscrire les éventuels partants... pour un recours collectif contre le transporteur Air Transat.

Des félicitations à Air Transat**

Je voudrais prendre quelques lignes de vos pages pour faire connaître un côté de la médaille souvent méconnu dans le domaine du voyage.

Le 14 mars dernier, nous nous apprêtons à entreprendre des vacances auxquelles nous rêvons depuis des mois. Arrivés à Mirabel à 4 h 30 du matin, nous apprenons, en recevant nos billets, que le vol prévu pour 8 h 40 est retardé à 16 h 25. Et vlan ! Par contre, on nous avise que la société Air Transat a déjà pris les dispositions pour pallier cette attente.

Après avoir pris soin de nous offrir le petit-déjeuner, on nous dirige à l'hôtel Mirabel. Déjà, le choc est moins grand. Après quelques heures de sommeil, un dîner nous est servi à l'hôtel. De retour à l'aéroport, à 13 h 30, nous apprenons qu'une heure de plus a été ajoutée à notre retard. À 17 h 30, tout le monde est à bord de l'avion, prêt à quitter le sol. À peine les roues ont-elles quitté le sol qu'un agent de bord nous annonce que l'atterrissage prévu à l'aéroport de Cienfuego, à Cuba, a été changé pour celui de Varadero qui, soit dit en passant, est situé à cinq heures de notre hôtel.

À 3 h du matin, le 15 mars, nous arrivons enfin au Club Costasur où nous sommes accueillis chaleureusement en dépit de l'heure tardive ou matinale. À partir de ce moment, et tout au cours de notre séjour, tout se déroulera parfaitement au point que nous en oublierons presque la journée du 14 mars.

Le 21 mars, date de notre retour, on nous avise que Air Transat prendra les dispositions nécessaires pour dédommager ses clients du contretemps. Dès lors, Air Transat prouve son intérêt pour ce que l'on appelle le «service après vente». Le 28 mars, je me rends chez Voyages Trans Atlantique pour remettre une lettre à l'intention du service à la clientèle de la compagnie Air Transat, lettre réclamant une somme de 250 $ en guise de compensation. À ma grande surprise, on me remet un chèque provenant d'Air Transat, daté du 20 mars (nous étions toujours au soleil) au montant de 300 $.

Merci à Air Transat et bravo ! C'est de cette façon que cette compagnie améliorera sa place sur un marché de plus en plus compétitif.

* *La Presse*, Montréal, 17 février 1991, p. A3.
** *La Presse*, Montréal, 25 avril 1992, p. 15.

Non seulement la livraison d'un service est-elle hétérogène, mais l'évaluation de sa performance l'est également. Nous devons distinguer deux types d'évaluation : d'une part, l'évaluation **interne**, que fait l'employeur lorsqu'il juge le travail d'un employé ; d'autre part, l'évaluation **externe** exercée par le client. L'évaluation interne est sujette à la subjectivité et, par conséquent, à l'erreur. Il est, par exemple, peu logique qu'un gérant mesure la performance de ses vendeurs uniquement en fonction du nombre de clients servis, étant donné que certains vendeurs portent une plus grande attention à un plus petit nombre de grands acheteurs[11]. Dans la même ligne de pensée, le responsable d'un supermarché d'alimentation ne peut prétendre qu'un caissier est lent si, par exemple, ce dernier s'occupe de servir une personne âgée qui requiert une attention spéciale.

L'évaluation externe de la qualité du service est encore plus complexe. Eisenhower C. Étienne mentionne que ce qui représente un bon service pour une personne peut être un mauvais service pour une autre. L'interprétation de la qualité du service dépend du profil psychologique de chaque utilisateur, et il y a autant de profils psychologiques qu'il y a d'utilisateurs. En outre, ce qui est un bon service pour un utilisateur actuellement peut être un mauvais service pour le même utilisateur ultérieurement, suivant son humeur ou son statut social[12].

Bien que cette remarque puisse s'appliquer à de nombreux produits, il n'en demeure pas moins qu'il est généralement plus difficile d'obtenir un service exactement comme on s'y attend. En effet, il est impossible de commander ou d'évaluer un service de façon aussi précise qu'on peut le faire à l'égard d'un produit, dont on spécifie la dimension ou le poids, comme dans le cas de l'achat de boulons ou de beurre d'arachide.

• En quoi l'hétérogénéité de vos services peut-elle nuire à l'image de votre entreprise ?

2.1.4 La non-permanence

Le nivelage de la production par une bonne gestion des stocks favorise les industries primaires et secondaires. Ces firmes, en effet, peuvent utiliser le stock en guise de tampon, afin d'absorber les fluctuations de la demande. Dans l'industrie tertiaire, cette flexibilité est ardue puisqu'il n'est guère possible de stocker quelque chose d'intangible ! Ainsi, lorsque la capacité de servuction de l'entreprise excède la demande, le surplus est perdu à jamais et ne peut être stocké pour une période ultérieure. Voilà pourquoi les services sont dits « périssables », c'est-à-dire non permanents. Pensons aux salles de quilles qui sont parfois désertes et aux autobus publics qui roulent avec peu de passagers le dimanche.

Malheureusement, lorsque la demande dépasse la capacité de servuction de l'entreprise, la répercussion sur la qualité des services est évidente : possibilité de manque de personnel, de manque d'attention, de files d'attente et de clients non servis, tout cela parce que l'entreprise de services ne peut disposer d'un inventaire de secours. À la limite, par exemple, un transporteur public pourrait bien ajouter des autobus dans un circuit achalandé. Là encore, il ne s'agirait pas pour autant d'un inventaire de secours mais bien d'un ajout dans la capacité de servuction, ce qui est tout à fait différent[13]. Nous y reviendrons au chapitre 7.

Quelques minutes de réflexion

• Quels moyens utilisez-vous pour niveler le plus adéquatement possible la demande des clients et la capacité de servuction de votre entreprise ? Pourriez-vous en imaginer d'autres ?

2.2 DES APPROCHES DE CLASSIFICATION DES SERVICES

Il est relativement facile de classer les produits suivant leur type de processus de fabrication. On utilise d'ailleurs des termes évocateurs, tels que la production à l'unité, sur commande, par lot ou à la chaîne. Les produits peuvent également être classés suivant leur nature propre. Ainsi, de nombreuses études se consacrent uniquement aux produits durables (automobiles, électroménagers, etc.), alors que d'autres traitent exclusivement des produits non durables (alimentation, produits récurrents, etc.).

En ce qui concerne l'industrie tertiaire, la situation n'est pas aussi simple. Malgré tout, avant de parler de qualité et de satisfaction du client, il est essentiel d'avoir accès à une classification de l'ensemble des services offerts. Cette section représente en quelque sorte une carte géographique des services. Le lecteur découvrira en fait une panoplie de classifications, chacune ayant ses avantages et ses inconvénients.

Sur le plan historique, les premières typologies adjoignent les services aux produits, de sorte qu'on obtient une vue d'ensemble macro de la production économique. Le modèle moléculaire de Shostack et le degré de contact de Chase font partie de cette catégorie. Puisque ces classifications avaient pour objectif de faire comprendre aux lecteurs les principales distinctions qui existent entre un service et un produit, il nous a semblé préférable de les exposer dès le premier chapitre.

Un deuxième type de typologies se limite uniquement à la production de l'industrie tertiaire. Certaines d'entre elles divisent les services selon un seul facteur. Nous verrons la classification de Dan R. E. Thomas, qui répertorie les services selon leur type de ressources en équipement ou en personnel, de même que celle de Philip D. Cooper et Ralph W. Jackson, qui établit une nuance entre les services aux consommateurs et les services aux entreprises. D'autres classifications, tout aussi pertinentes, divisent les services suivant un plan en deux dimensions. C'est le cas des travaux d'Éric Langeard, de A. «Parsu» Parasuraman et de Cathy Goodwin, que nous analyserons également plus loin.

Nous verrons en détail l'utilité des classifications : Comment les exploite-t-on ? De quelles façons peuvent-elles contribuer à améliorer les opérations de l'entreprise ? Comment peuvent-elles mener à la découverte de nouveaux créneaux de marché ou, encore, permettre le repositionnement de la firme ?

2.2.1 Le service intensif en équipement ou en personnel

Dan R. E. Thomas est l'un des pionniers en matière de classification des services. Il s'est penché sur les entreprises de services purs comme les compagnies aériennes ou les banques. Les firmes de location et les commerces de détail en sont exclus, puisqu'ils comportent un échange majeur de produits physiques.

Pour situer une activité de service dans la classification générale qu'il suggère (voir le tableau 1), Thomas mentionne qu'il faut répondre aux deux questions suivantes : Comment le service est-il fourni ? Par quel type d'équipement ou de personnel ce service est-il fourni[14] ? Lorsque le service est davantage pourvu en personnel qu'en équipement, cela engendre un degré de variabilité plus élevé dans l'extrant fabriqué. Au contraire, lorsque l'équipement domine, les opérations et les résultats sont davantage standardisés et uniformes. À titre d'exemple, l'électricité, le téléphone ou la câblodistribution sont des services beaucoup plus stables que les services d'un barbier ou d'un consultant.

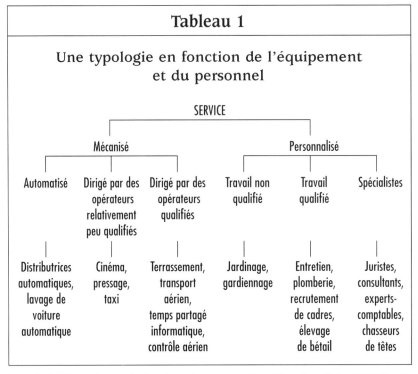

Tableau 1

Une typologie en fonction de l'équipement et du personnel

Source : Dan R. E. Thomas, « Les entreprises de services se gèrent autrement », *Harvard-L'Expansion*, n° 11, hiver 1978-1979, p. 11.

Bien entendu, une entreprise peut être placée dans plusieurs catégories puisqu'elle peut être prestataire de dizaines de services. Un hôpital, par exemple, malgré une grande quantité d'équipement, compte aussi une main-d'œuvre parfois fort spécialisée. Pour s'y retrouver, il lui est nécessaire de fragmenter ses services : chirurgie d'un jour, obstétrique, entretien, cafétéria, etc.

2.2.2 Le marketing destiné aux consommateurs par rapport au marketing destiné aux entreprises

Le marketing destiné aux consommateurs fait l'objet d'un plus grand nombre de recherches que le marketing orienté vers les entreprises. C'est pourquoi il vaut la peine de considérer les propos de Philip D. Cooper et Ralph W. Jackson traitant du *marketing industriel des services*.

Ces derniers soulignent la pertinence de classer les services selon la nature des marchés auxquels ils s'adressent. Le tableau 2 compare brièvement les particularités de ces deux marchés.

Tableau 2		
Une comparaison entre le marketing destiné aux entreprises et le marketing de consommation		
	Marketing destiné aux entreprises	**Marketing de consommation**
Produit/Service	Design et spécifications plus techniques, parfois uniques.	Forme normalisée.
Prix	Prix de liste pour un produit standard et prix par soumission/devis si le produit/service est particulier.	Prix de liste. Une transaction implique généralement moins de déboursés.
Distribution	Courte ou directe.	Beaucoup d'intermédiaires.
Communication	Accent mis sur la vente personnelle.	Publicité, promotion.
Relation client-fournisseur	Complexe et de longue durée*.	Peu de contact, de plus courte durée*.
Processus décisionnel du client	Implique plusieurs individus et l'application de maintes procédures dans l'organisation.	Décision individuelle ou familiale.

* Dans les deux marchés, la durée de la relation vendeur-acheteur tend à s'allonger. Pour une discussion intéressante sur ce sujet, et particulièrement dans le domaine industriel, consulter Theodore Levitt, « Après la vente... », *Harvard-L'Expansion*, n° 34, automne 1984, p. 21-28.

Selon Cooper et Jackson, que les clients soient des entreprises commerciales (General Motors, St-Hubert), des entreprises paragouvernementales (Hydro-Québec, Loto-Québec) ou des institutions (églises, Croix-Rouge), l'évaluation du fournisseur dans le domaine industriel s'effectue suivant des facteurs rationnels, tels que la qualité, le service ou le prix. Ajoutons néanmoins que certains facteurs émotifs et personnels sont parfois pris en considération, notamment la réputation du fournisseur, les risques, la sécurité d'emploi en cas de mauvais choix, etc.

Bien que les caractéristiques d'intangibilité, de servuction, d'hétérogénéité et de non-permanence soient propres à tous les services, Cooper et Jackson suggèrent d'ajouter les termes **spécialisation** et **technologie**, afin de mieux décrire les particularités propres aux services destinés aux entreprises. La spécialisation, parce qu'il est nécessaire de s'adapter aux besoins particuliers du client, et la technologie, parce que celle-ci contribue à l'efficience de la production. En ce qui concerne l'évaluation de la qualité, ces auteurs considèrent qu'elle est plus difficile à faire dans l'industrie que chez les consommateurs :

> Bien que l'évaluation de la qualité pose également des problèmes aux consommateurs finaux, elle est encore plus problématique pour les acheteurs industriels, et ce, à cause, d'une part, d'un plus grand nombre de personnes impliquées dans la décision d'achat et, d'autre part, parce que la majorité des achats de services industriels sont combinés avec l'achat de produits[15].

2.2.3 La relation client-fournisseur et le degré de participation du client

Voyons maintenant trois typologies qui utilisent des plans bidimensionnels pour classer les services.

Nous avons expliqué précédemment que le terme « servuction » signifiait *système de production et de consommation simultanées*. Durant la servuction, le client se fait en quelque sorte « transformer » par l'organisation. Éric Langeard prend en considération ce fait, car il fonde sa classification des services sur le genre de participation que l'entreprise attend de sa clientèle ainsi que sur la nature des relations entre l'entreprise et le client.

Le tableau 3 donne un exemple du travail de l'auteur.

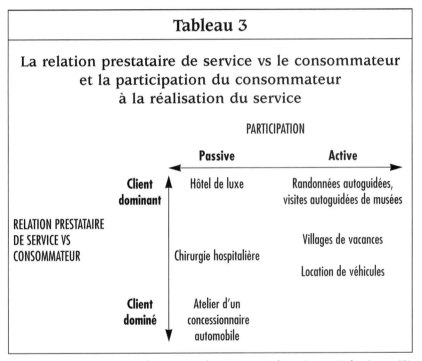

Tableau 3

La relation prestataire de service vs le consommateur et la participation du consommateur à la réalisation du service

Source : Eric Langeard, « Le comportement du consommateur de services », I. A. E. d'Aix-en-Provence, *Working Paper*, n° 176, janvier 1980.

Selon l'axe vertical, nous voyons les rapports de domination qui peuvent survenir entre le fournisseur et le client. Langeard stipule que les causes les plus fréquentes pour lesquelles un client se trouve dominé sont le manque de choix, l'urgence, ou un grand écart entre la compétence du professionnel et la sienne. Au nom de l'efficacité, le client doit se soumettre à des procédures très strictes, fournir les renseignements demandés, et s'en remettre au spécialiste, qui a ainsi le pouvoir de le maintenir dans un état de grande passivité et de totale dépendance[16].

L'axe horizontal montre le degré progressif de participation du client. L'industrie des loisirs illustre bien l'axe « actif-passif ». Par exemple, l'individu peut jouer activement dans une ligue de hockey, aller voir les Canadiens au Centre Molson, ou simplement regarder la joute télédiffusée de son fauteuil. On constate qu'il n'est pas impossible qu'une activité puisse changer de catégorie au fil du temps. Songeons à la lutte, qui a connu une période de mutation, passant d'une discipline sportive à un spectacle quasi théâtral pour toute la famille. Pensons aussi au Videoway de Vidéotron, qui transforme un téléviseur en un outil d'information et de loisir, exigeant une participation de plus en plus active.

- Quel degré de participation exigez-vous de votre clientèle ? Est-ce le même que vos concurrents ? Auriez-vous intérêt à différencier les services de votre entreprise sur cet aspect ?

- Vos clients sont-ils dominants ou dominés ? Évaluez les avantages et les inconvénients de l'approche utilisée dans votre entreprise.

2.2.4 La nature et la livraison du service

Une autre classification intéressante est celle de Parasuraman[17]. Elle repose sur les dimensions « nature du service » et « livraison du service ».

La nature du service peut être **routinière** ou **non routinière**. Les services routiniers représentent la plus grande partie des transactions de l'entreprise. Quant aux services non routiniers, ils surviennent dans les cas de transactions exceptionnelles ou problématiques — par exemple, lorsque survient une panne d'électricité dans un commerce de détail ou lorsqu'un client retourne chez son garagiste à la suite d'une mauvaise réparation sur son véhicule.

Malheureusement, le manque d'habitude et d'expérience de la part du personnel et de l'entreprise rend plus ardu le contrôle de la qualité des services non routiniers. Nous verrons au chapitre 5 qu'un simple *répertoire de cas d'espèces* peut se révéler d'une grande utilité.

Encadré 2

Un service non routinier, parmi d'autres, pour les équipes d'urgences

Quarante-cinq ballons et un *six pack* dans le ciel de L. A.

Cette année, le prix Darwin, décerné à la personne qui a fait le plus grand bien au génome humain en se tuant d'une façon tout à fait ridicule, a été remis à Larry Waters, l'un des rares gagnants... à avoir survécu à l'événement !

Résidant de Los Angeles, Larry avait toujours rêvé de voler. Après quelques tentatives infructueuses, il s'est procuré 45 ballons destinés aux prévisions météorologiques ainsi que plusieurs réservoirs d'hélium. Plus tard, Larry a attaché soigneusement tous les ballons à sa chaise de parterre. Il a ancré la chaise au pare-choc de sa jeep et a gonflé les ballons avec l'hélium. Puis, il a mis quelques sandwichs et un *six pack* de Miller Lite dans un sac. Il a ensuite chargé sa carabine à plomb en se disant qu'il n'aurait qu'à crever quelques ballons lorsqu'il voudrait redescendre sur le plancher des vaches et il s'est installé dans sa chaise volante. Son intention : relâcher l'ancrage pour ensuite flotter calmement à environ 30 pieds au-dessus de sa cour, sans plus.

Toutefois, lorsqu'il a coupé la corde qui retenait la chaise à la jeep, il s'est plutôt élancé dans le ciel de Los Angeles — comme s'il sortait de la bouche d'un canon — et s'est retrouvé à 11 000 pieds dans les airs ! Frissonnant de froid et de peur, il a dérivé durant plus de 14 heures.

Après avoir été entraîné par le mouvement de la masse d'air, Larry s'est retrouvé dans le couloir d'approche primaire de l'aéroport international de Los Angeles. Un pilote de la United Airlines l'a alors aperçu et a communiqué avec la tour de contrôle. Il a signalé qu'il venait de voir un type dans une chaise de parterre avec une carabine dans les mains. Le radar a confirmé qu'il y avait bien un objet flottant à 11 000 pieds au-dessus de l'aéroport. On a alors déclenché l'alerte maximale associée aux procédures d'urgence et un hélicoptère a été dépêché à des fins d'enquête. L'aéroport étant près de l'océan et la nuit ayant commencé à tomber, la brise de terre s'est mise à souffler. Celle-ci a poussé Larry au-dessus de l'océan alors que l'hélico tentait désespérément de le rattraper.

Plusieurs milles au large, les membres de l'équipage l'ont finalement aperçu. Après avoir déterminé qu'il n'était pas dangereux, ils ont tenté de se rapprocher de lui pour le sortir de sa fâcheuse posture. Toutefois, à chacune des tentatives, le souffle du rotor repoussait Larry au loin. Finalement, l'hélico est monté à quelques centaines de pieds au-dessus de lui et on a déroulé une très longue corde que

Larry a pu agripper. Il s'est alors attaché au bout de celle-ci et, abandonnant ses ballons, il est retourné vers le continent suspendu au bout du long fil. Dès qu'il a touché terre et en moins de temps qu'il n'en faut pour le dire, il s'est retrouvé avec les menottes aux poings. Au moment où on l'emmenait, un reporter qui se trouvait sur place lui a demandé avec insistance pourquoi il avait fait cela.

Larry a simplement répondu : « Un gars ne peut pas rester sur place, à rien faire. »

Source : Adapté de Robert Fournier, « Quatorze heures en cavale », *Plein Vol*, vol. 1, n° 2, juillet-août-septembre 1997, p. 37.

La livraison du service se divise en processus et en résultante. Le processus est la manière par laquelle le service est rendu, alors que la résultante est l'extrant du service. Parasuraman précise que le processus s'avère souvent plus difficile à contrôler que la résultante. Ainsi, un chauffeur d'autobus peut, sans être courtois envers la clientèle (le processus), se rendre au terminus en temps requis (la résultante).

Tableau 4

Un exemple de la classification d'un service basé sur sa nature et sa livraison

		NATURE DU SERVICE	
		Routinier	**Non routinier**
LIVRAISON DU SERVICE	**Processus**	1 Interaction normale	2 Le patient s'enfuit
	Résultante	3 Guérison normale	4 Délai dans la guérison

Source : Traduit et adapté de A. Parasuraman, « Customer-Oriented Corporate Cultures are Crucial to Services Marketing Success », *The Journal of Services Marketing*, vol. 1, n° 1, été 1987, p. 42.

Prenons l'exemple d'un service de psychiatrie dans un hôpital, tel que le démontre le tableau 4. La cellule 3 représente le scénario le moins difficile en ce qui a trait à la gestion de la qualité. Un patient souffrant d'une légère dépression sera normalement guéri dans un délai d'environ deux semaines. La résultante est un individu mentalement équilibré, de retour à son domicile à l'intérieur du délai prévu. La cellule 1 représente les multiples interactions entre l'individu, le psychiatre et le personnel infirmier. Le patient démontre un seuil minimum de volonté et participe à la thérapie qui lui est prescrite.

La cellule 2 est celle qui pose le plus de difficultés en gestion de la qualité du service, en raison des imprévus qui surviennent. Pour ce cas, la cause peut être attribuable au personnel (manque de courtoisie, transfert du patient dans un autre hôpital, erreur dans le diagnostic initial ou dans le traitement, etc.), ou au patient (manque de volonté, de coopération, tentative de suicide, etc.). Dans notre exemple, qui est basé sur un fait réel, le patient a défoncé la porte de sa chambre et s'est enfui ! Après son retour volontaire, la résultante (cellule 4) fut l'allongement du plan de traitement...

• Établissez une liste de services non routiniers susceptibles de se produire un jour ou l'autre.

• Fragmentez (sur papier) vos services en processus et en résultantes. À quels endroits avez-vous l'habitude de contrôler la qualité ? N'avez-vous pas tendance à négliger le processus ?

2.2.5 Le type de livraison et le degré d'engagement du client

Cette classification proposée par Cathy Goodwin est à la fois simple, originale et fort utile pour certaines entreprises[18]. Elle permet de mieux saisir le principe de socialisation du client, principe qui s'établit suivant deux dimensions. La première détermine le type de livraison, à savoir si elle s'adresse à un groupe ou si elle est de personne à personne, et la seconde indique le degré d'engagement du client. Le tableau 5 donne quelques exemples qui permettent de comprendre ce modèle.

Tableau 5

La classification des services selon le type de livraison et le degré d'engagement du client

DEGRÉ D'ENGAGEMENT DU CLIENT

	Faible	Élevé
TYPE DE LIVRAISON	1	2
Consommateurs multiples	Station d'essence avec tous les services Caisse/Banque Autobus, transport aérien Cinéma Salles/Files d'attente	Club de santé Thérapie de groupe Classe d'étudiants Programme de régime
	3	4
De personne à personne	Taxi (si seul) Station d'essence libre-service Hôtel/Motel	Dentiste Avocat ou notaire Coiffeur Vétérinaire

Source : Traduit et adapté de Cathy Goodwin, « I Can Do It Myself : Training the Service Consumer to Contribute to Service Productivity », *The Journal of Services Marketing*, vol. 2, n° 4, automne 1988, p. 73, 75.

Le degré d'engagement est bas lorsque le consommateur prévoit n'utiliser que rarement un service. Par exemple, si l'on va à l'hôtel quatre fois par année et, de surcroît, dans des établissements différents, il peut être décourageant d'apprendre chaque fois toutes les procédures internes, en ce qui concerne la piscine, la réservation au restaurant, les heures où l'on peut jouer au tennis, etc.

Même dans le cas où un consommateur a l'habitude de faire ses achats dans le même établissement, son degré d'engagement peut devenir faible si, par exemple, les préposés changent fréquemment la disposition des produits, de sorte que le client a toujours l'impression d'être un nouveau venu. Bref, l'engagement du client tend à rester faible lorsqu'il ne se sert d'un service qu'occasionnellement ou lorsqu'il existe trop de variations d'une expérience de consommation à l'autre.

En revanche, lorsque le client juge qu'un effort d'apprentissage ou de participation sera récompensé, son engagement augmente. C'est ce qui est arrivé à l'un des auteurs de ce livre lorsqu'il a envisagé l'achat d'un lit d'eau anti-vagues. Il fut étonné de se faire recommander le principe du matelas-cylindre dans le premier commerce visité et de se faire conseiller exactement le contraire (la fibre) dans un commerce concurrent, ce dernier n'ayant pas, sur son plancher de vente, de matelas à cylindres. La curiosité, la crainte, le désir de connaître ou de vouloir faire bonne impression ont été des motifs parmi d'autres qui ont incité l'acheteur à s'engager davantage dans son achat.

En ce qui concerne le type de livraison, elle peut se faire, comme le tableau 5 l'indique, de personne à personne ou pour des consommateurs multiples. Il est important de retenir que la présence simultanée de plusieurs clients peut engendrer des interactions positives (apprentissage, entraide, amitiés, etc.), ou négatives (files d'attente, injures du voisin, altercations, etc.), ce qui n'est pas le cas lorsque le consommateur est seul avec le prestataire du service.

Quelques minutes de réflexion

• Évaluez le degré d'engagement de vos clients. Est-il faible ou élevé ? Considérant votre secteur d'activité, quelles sont les autres industries qui ont le même type de livraison et le même degré d'engagement du client ?

2.2.6 D'autres classifications

Il existe bien entendu plusieurs autres façons de concevoir la classification des entreprises de services. À vrai dire, on relève aujourd'hui un si grand nombre de typologies qu'elles pourraient faire l'objet d'un ouvrage entier. Dans les pages précédentes, nous nous sommes limités à quelques-unes des principales typologies ; celles-ci sont riches en information et la plupart sont considérées comme classiques. Elles auront permis aux lecteurs de saisir davantage les particularités de l'industrie tertiaire et elles auront également apporté un certain vocabulaire, voire des notions fondamentales, qui faciliteront la compréhension des chapitres ultérieurs.

Cependant, il existe d'autres typologies préconisées par certains managers. Nous exposons donc, dans cette brève section, quelques classifications supplémentaires, en espérant que les lecteurs intéressés se procureront le texte original pour approfondir le sujet.

La classification de C. Jeanne Hill et Sue E. Neeley distingue les services génériques des services professionnels[19]. Cette typologie est particulièrement intéressante pour les médecins, les dentistes, les consultants ou les avocats. Déjà, certains travaux ont démontré que les gens perçoivent un risque supérieur en achetant un service plutôt qu'un bien[20]. Cette typologie précise maintenant que, parmi les services, le processus décisionnel des consommateurs varie, et que les services professionnels sont perçus comme les services qui représentent le plus grand risque. Les professionnels doivent donc rassurer leurs clients. Pour ce faire, ils gagneront à lire Hill et Neeley, afin d'élaborer leurs tactiques de marketing.

La typologie de Myroslaw J. Kyj, C. Jayachandran et John L. Haverty se divise en deux volets : les services *au besoin* et les services *avant-besoins*. Les services au besoin sont ceux qui sont achetés lorsqu'un besoin de consommation se fait sentir, comme la réparation d'une cuisinière ou le repas au restaurant du coin. Les services avant-besoins sont achetés à l'avance, mais utilisés ultérieurement. Pensons notamment aux garanties prolongées, aux diverses assurances, aux cartes d'appels prépayées ou aux préarrangements funéraires. L'ouvrage de ces auteurs est une excellente ressource, particulièrement pour les dirigeants des organisations prestataires de services avant-besoins. Selon ces chercheurs, le marketing de tels services requiert une grande créativité et des tactiques de ventes très dynamiques, car les consommateurs ne sont pas pleinement conscients des avantages que représentent ce genre de services[21].

La classification de David A. Kennedy et Barbara J. Young est intéressante en ce qu'elle ne traite ni des services aux consommateurs ni des services aux entreprises[22]. Cette classification se consacre précisément à la gestion de la qualité des services-conseils (ou de soutien), qu'on retrouve au sein de nombreuses entreprises, telles les divisions de la comptabilité, des communications, du marketing, des ressources humaines, des achats et des finances. En quelque sorte, ce sont les gens de l'entreprise qui deviennent les consommateurs et qui font appel à tel ou tel service pour répondre à leurs besoins.

Enfin, Sandra Vandermerwe et Michael Chadwick[23] réunissent sous une certaine variante le modèle moléculaire et le degré de contact que nous avons décrits au chapitre 1. Cela leur a permis de dégager des tactiques fort intéressantes pour celui ou celle qui songe à **internationaliser** ses services.

Il va de soi qu'il est à votre avantage de choisir une classification, voire de combiner deux ou trois d'entre elles, selon les particularités de vos objectifs personnels et du type d'activités de votre entreprise.

 *Quelques minutes de réflexion* Dans votre industrie, y a-t-il un marché pour des services avant-besoins ?

2.2.7 L'utilité des classifications

La présence de classifications dans ce volume, bien qu'intéressante en soi, n'a pas pour principal objectif d'énoncer les particularités propres aux services. En effet, l'étude des classifications s'avère davantage pertinente sur les plans **opérationnel** et **concurrentiel**.

Il est d'abord essentiel de répondre à la question suivante : À quels endroits se situe l'entreprise dans toutes ces classifications ? Même dans le cas d'un petit commerce, il est avantageux de travailler en équipe de quatre ou cinq personnes pour discuter de cette question. Il y a intérêt à ce que ces gens possèdent une expertise, voire des expériences différentes, de façon à enrichir l'entretien. Comme le souligne Éric Langeard dans sa classification, il est également nécessaire de s'enquérir périodiquement des opinions de la clientèle et du personnel qui entretient un contact régulier avec elle[24].

Lorsque l'exercice de positionnement est terminé, une analyse sur les plans opérationnel et concurrentiel peut être effectuée. Pour accomplir l'analyse sur le plan opérationnel, il suffit d'utiliser les classifications retenues. Sachant que la position d'une firme à l'intérieur d'une classification révèle une bonne partie de son mode de fonctionnement, l'objectif sera de comparer le mode de fonctionnement de l'entreprise avec celui de firmes évoluant dans des industries *différentes*. Pour ce faire, il faut se poser la question suivante, et ce, pour chacune des classifications retenues : Quels sont les secteurs d'activités classés au même endroit que notre propre firme ? Le responsable se rendra peut-être compte avec stupéfaction que de nombreux champs d'activités, à première vue hétérogènes et distants, peuvent être positionnés au même endroit. Il devient alors possible de s'inspirer du mode de fonctionnement de ces autres professions.

Par exemple, les dirigeants d'un parc aquatique peuvent s'inspirer des mesures de sécurité mises en place pour une piscine municipale ou une plage publique, puisqu'une noyade, occasionnant un service non routinier, peut survenir dans ces trois organisations. Ou encore, un dentiste peut observer et considérer l'approche personnalisée d'un notaire, d'un médecin ou d'un coiffeur, puisque ces organisations sont toutes soumises à des contraintes communes : la livraison de personne à personne et un haut degré d'engagement de la part du client.

L'usage des classifications s'avère également judicieux sur le plan de l'analyse concurrentielle. Il s'agit de positionner les principaux concurrents de la firme à l'intérieur de chacune des classifications retenues.

Par la suite, le manager doit observer ce matériel, s'interroger et réfléchir, afin de déterminer si l'une ou l'autre des organisations, incluant la sienne, ne pourrait pas tirer avantage à se déplacer le long du ou des continuums à l'étude. Y a-t-il présence, aussi, de créneaux non desservis ?

En guise d'exemple, pensons à la venue de nombreux libres-services dans les commerces de détail. Ce phénomène concorde parfaitement avec un déplacement vers une participation plus active des consommateurs. Par ailleurs, de nombreuses entreprises offrent maintenant des services avant-besoins, tandis que les restaurants à service rapide ont mécanisé partiellement un service qui était auparavant l'apanage d'une main-d'œuvre intensive.

Une nouveauté dans l'environnement de l'entreprise (politique, économique, social, technologique ou écologique) peut également constituer une opportunité ou une contrainte quant au positionnement de la firme dans l'une ou l'autre de ces classifications. Prenez, par exemple, le cas de l'obtention du permis de conduire au Québec. Depuis le 30 juin 1997, il n'est plus nécessaire de suivre un cours de conduite pour obtenir un permis. Certaines écoles de conduite, désirant s'ajuster aux nouvelles réalités du marché, pensent offrir une nouvelle gamme de cours personnalisés, c'est-à-dire une livraison de personne à personne, de façon que l'étudiant ne voie que la matière qu'il ignore. Il serait également possible pour ces écoles de procéder à des tests préalables afin de former des groupes homogènes (une livraison pour des consommateurs multiples). En ce cas, il y aurait lieu de s'inspirer du mode de fonctionnement employé dans d'autres secteurs d'activités, comme celui des cours de langue seconde ou de ski alpin, où l'on effectue régulièrement ce genre de prétest.

2.3 L'OFFRE DE SERVICES

L'offre de services, pour une organisation prestataire de services, est l'équivalent de la politique de produit pour une entreprise industrielle. Ce concept repose sur la constatation qu'une entreprise de services ne propose pas seulement un, mais plusieurs services à la clientèle[25]. Ainsi, la présence de jeux vidéo dans une salle de cinéma implique que cet établissement ne peut être qualifié de « monoservice[26] ». On subdivise généralement les services offerts en deux catégories : le service de base et les services périphériques. Certains préféreront employer les dénominations « service principal » et « services secondaires », ou encore « forfait principal » et « forfaits secondaires ». Quoi qu'il en soit, l'ensemble forme un système qu'on appelle le **service global**.

Le service de base est la raison première pour laquelle un client s'adresse à une organisation. Bien souvent, cela correspond au service générique produit par l'organisation. Par exemple, il peut s'agir d'une chambre dans un hôtel, d'un repas dans un restaurant ou du transport en avion. Toutefois, comme le précisent Pierre Eiglier et Eric Langeard, « […] dans toute offre de services, et particulièrement dans les offres qui sont quelque peu étoffées, on peut trouver un périphérique qui constitue pour certains clients la raison principale de leur venue, et devient ainsi un service de base. Ce nouveau service de base, dit *dérivé*, avec quelques autres périphériques, va devenir à son tour une offre de services, conduisant à son propre service global pour un autre segment de clientèle. On conviendra donc qu'il existe un service de base *principal*, et un ou des services de base *dérivés*[27] […]. » Les stations-services aux abords des grands axes routiers sont un exemple simpliste mais révélateur. En effet, bien que la majorité des gens s'arrêtent pour faire le plein d'essence, ce qui est le service de base principal, d'autres font une halte pour faire le vide… en allant aux toilettes ! Dans cette circonstance, les toilettes perdent leur statut de service périphérique et deviennent un service de base dérivé. D'ailleurs, les propriétaires de ces franchises sont au fait de l'existence de ce segment de marché puisqu'ils n'hésitent pas à mettre en valeur l'inscription « Toilettes propres » sur leurs panneaux publicitaires. La figure 1 représente un système de même nature, c'est-à-dire un service global principal et un service global dérivé.

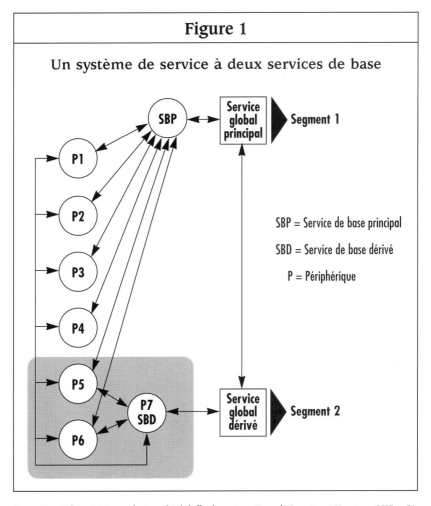

Figure 1

Un système de service à deux services de base

SBP = Service de base principal

SBD = Service de base dérivé

P = Périphérique

Source : Pierre Eiglier et Eric Langeard, « La qualité de l'offre de services », *Harvard-L'Expansion*, n° 46, automne 1987, p. 54.

Les services périphériques sont en quelque sorte les accessoires du service de base principal ou du service de base dérivé, selon les segments de marché. Pour reprendre nos exemples, il peut s'agir d'une piscine, d'une salle de billard ou de réunion dans le domaine de l'hôtellerie, d'une salle d'attente avec bar dans un restaurant ou, encore, d'un service de boutique hors taxes à bord d'un transporteur aérien.

S'il est relativement facile de déterminer la nature du service de base principal, le choix des services périphériques l'est moins. D'une part, plusieurs auteurs mentionnent que les services périphériques sont cruciaux pour le **positionnement marketing** de l'entreprise ; d'autre part, le fait d'ajouter des services peut éventuellement diminuer la qualité. La solution consiste à ne jamais perdre de vue les attentes du ou des segments de clientèles visées. Ainsi, l'ajout d'un nouveau service, bien qu'il puisse plaire à certains clients, en plus d'offrir la possibilité de recettes supplémentaires, devra être évité s'il n'est pas cohérent avec le service global. Comme le mentionnent Karl Albrecht et Ron Zemke, la tâche d'un service périphérique vise surtout à soutenir, compléter et renforcer la valeur du service de base[28].

Afin d'éviter les conflits entre les éléments de l'offre de services, Eiglier et Langeard suggèrent d'utiliser l'approche matricielle[29]. Il s'agit de considérer une à une les interrelations qui existent entre les différents services proposés. Par exemple, bon nombre de commerces de détail offrent gratuitement des boîtes vides pour qu'elles servent au déménagement des particuliers. Bien que ce service soit complaisant, on peut s'interroger sur cette pratique, en ce qui a trait à la valeur ajoutée qu'elle apporte au service de base. Non seulement elle peut détourner le personnel du plancher de vente, diminuant ainsi la qualité du service de base, mais encore, son fonctionnement, plus souvent qu'autrement mal structuré, peut représenter une source potentielle d'insatisfaction.

La compréhension de la composition de l'offre de services est importante en matière de gestion de la qualité. À titre de résumé, cédons la parole à Eiglier et Langeard, qui fournissent un excellent exemple d'ensemble portant sur l'hôtellerie.

L'exemple le plus simple est encore celui de l'hôtel offrant, à côté des prestations hôtelières tradi-tionnelles, un restaurant : des clients peuvent venir seulement pour le restaurant, y prendre un repas, sans pour autant être clients de l'hôtel. Le restaurant est cependant bien un service périphérique du service de base principal chambre, mais il devient dans ce cas précis un autre service de base, le ser-vice de base dérivé, avec ses périphériques téléphone, toilettes, parking, etc., et ce, pour un segment différent de celui qui est formé par les clients venant dormir à l'hôtel. Ces deux segments de clien-tèle présentent des motivations, des attentes, et sont dans des situations qui ne sont pas les mêmes. D'autre part, il serait tout à fait possible dans cet exemple que l'hôtel supprime le restaurant ; il ne cesserait pas pour autant d'être un hôtel, et c'est la différence entre un service de base principal et un service de base dérivé. Il pourrait aussi interdire l'accès du restaurant aux non-clients de l'hôtel, et le maintenir ainsi uniquement en service périphérique[30].

Quelques minutes de réflexion

- Désignez le service de base et les services périphériques offerts par votre entreprise.

- Pour devenir un bon critique en matière de services périphériques, prenez l'habitude de répertorier et d'évaluer ceux-ci dans les entreprises où vous êtes client. Par exemple, la prochaine fois que vous irez à la pharmacie ou chez le dentiste, déterminez quels sont les périphériques pertinents, ceux qui n'ont pas leur raison d'être et ceux qui brillent par leur absence.

- Parmi vos services périphériques, nommez ceux qui ont atteint le statut de services de base dérivés. Est-ce un choix délibéré ou est-ce le fait des circonstances ?

- Vos services périphériques sont-ils cohérents avec leurs services de base respectifs ? Complètent-ils et renforcent-ils vraiment la valeur du service de base ? Utilisez l'approche matricielle, afin d'évaluer sys-tématiquement votre offre de services.

- Faites un schéma de votre offre de services en vous servant des symboles de la figure 1 de ce chapitre.

CONCLUSION

Ce chapitre permet tout d'abord de définir les différences fondamentales entre les produits et les services. En faisant l'effort de réfléchir sur les particularités de l'industrie tertiaire et, de ce fait, en modifiant leurs pratiques de gestion, les managers augmentent les chances que leurs services soient bien évalués par la clientèle.

Par ailleurs, les classifications décrites ne sont pas sans importance. Sur le plan opérationnel, elles indiquent au manager la nature des demandes sur son système de livraison des services, notamment en ce qui a trait aux exigences d'exploitation. Sur le plan concurrentiel, elles stimulent la réflexion en ouvrant de nouveaux horizons aux pratiques d'exploitation traditionnelles.

Enfin, le concept de l'offre de services complète tout ce qu'il est capital de connaître sur l'industrie tertiaire. Pour maintes organisations, l'offre de services doit être immuable et reposer sur la tradition inculquée par le fondateur ou le propriétaire de l'entreprise. À l'inverse, certaines organisations jouent d'audace en variant fréquemment la composition de leur service global, selon le goût des dirigeants ou la demande de quelques clients. Ces deux attitudes sont risquées. Les dirigeants doivent conserver à l'esprit que le choix de l'offre de services ne doit pas être fait à la légère. L'ajout d'un nouveau service ou l'abandon d'un service existant doit être le fruit d'une réflexion mûrie, au même titre que s'il s'agissait de produits tangibles.

NOTES

1 LIECHTY, Margaret G. et Gilbert A. CHURCHILL (1979), « Conceptual Insights into Consumer Satisfaction with Services », *Educators' Conference Proceedings*, AMA, Neil BECKWITH, *et al.*, editor, p. 509-515.

2 FLIPO, Jean-Paul (1988), « On the Intangibility of Services », *The Service Industries Journal*, vol. 8, n° 3, juillet, p. 286-298.

3 LEVITT, Theodore (1981-82), « Pour vendre vos produits intangibles, matérialisez-les ! », *Harvard-L'Expansion*, n° 23, hiver, p. 107-115.

4 COOKE, Blaine (1970), « Analyzing Markets for Services », *Handbook of Modern Marketing*, V. P. Buell, ed., New York, McGraw Hill, section deux, p. 41-51.

5 ÉTIENNE, Eisenhower C. (1988-89), « La gestion de la production des services publics », *Recueil de textes et de cas : HÉC Code 3-505-84, n° 516 (88-89)*, p. 54 (Texte commandité par l'ENAP).

6 THOMAS, Dan R. E. (1978-1979), « Les entreprises de services se gèrent autrement », *Harvard-L'Expansion*, n° 11, hiver, p. 10.

7 LANGEARD, Eric (1980), « Le comportement du consommateur de services », I. A. E. d'Aix-en-Provence, W. P., n° 176, janvier.

8 BERRY, Leonard L. (1980), « Services Marketing is Different », Reproduit dans le volume *Services Marketing : Text, Cases & Readings*, Englewood Cliffs, N. J., Prentice-Hall, 1984, p. 29-37.

9 LIECHTY, Margaret G. et Gilbert A. CHURCHILL, *op. cit.*

10 EIGLIER, Pierre, Eric LANGEARD et Catherine DAGEVILLE (1989), « La qualité de services », *Revue française du marketing*, n° 121, p. 93-100.

11 CHASE, Richard B. (1979), *Harvard-L'Expansion*, n° 13, été, p. 87-93.

12 ÉTIENNE, Eisenhower C., *op. cit.*, p. 55.

13 LOVELOCK, Christopher H. (1984), « Distinctive Aspects of Service Marketing », *Services Marketing : Test, Cases & Readings*, Englewood Cliffs, N. J., Prentice-Hall, p. 1-9.

14 THOMAS, Dan R. E., *op. cit.*, p. 12.

15 COOPER, Philip D. et Ralph W. JACKSON (1988), « Applying a Services Marketing Orientation to the Industrial Services Sector », *The Journal of Services Marketing*, vol. 2, n° 4, automne, p. 69.

16 LANGEARD, Eric, *op. cit.*

17 PARASURAMAN, A. (1987), « Customer-Oriented Corporate Cultures are Crucial to Services Marketing Success », *The Journal of Services Marketing*, vol. 1, n° 1, été, p. 39-46.

18 GOODWIN, Cathy (1988), « I Can Do It Myself : Training the Service Consumer to Contribute to Service Productivity », *The Journal of Services Marketing*, vol. 2, n° 4, automne, p. 71-78.

19 HILL, C. Jeanne et Sue E. NEELEY (1988), « Differences in the Consumer Decision Process for Professional vs Generic Services », *The Journal of Services Marketing*, vol. 2, n° 1, hiver, p. 17-23.

20 ZEITHAML, Valarie A. (1981), « How Consumer Evaluation Processes Differ Between Goods and Services », *Marketing of Services*, James H. Donnelly and William R. George, eds., Chicago, Proceedings series, AMA, p. 186-190.

21 KYJ, Myroslaw J., C. JAYACHANDRAN et John L. HAVERTY (1988), « Expanding Marketing Opportunities with Pre-Need Services », *The Journal of Services Marketing*, vol. 2, n° 3, été, p. 55-63.

22 KENNEDY, David A. et Barbara J. YOUNG (1989), « Managing Quality in Staff Areas », *Quality Progress*, vol. 22, n° 10, octobre, p. 87-91.

23 VANDERMERWE, Sandra et Michael CHADWICK (1989), « The Internationalisation of Services », *The Service Industries Journal*, vol. 9, n° 1, janvier, p. 79-93.

24 LANGEARD, Eric, *op. cit.*

25 EIGLIER, Pierre, Eric LANGEARD et Catherine DAGEVILLE, *op. cit.*

26 Le terme « monoservice » provient de Pierre EIGLIER et Eric LANGEARD (1987), « La qualité de l'offre de services », *Harvard-L'Expansion*, n° 46, automne, p. 48-58.

27 EIGLIER, Pierre et Eric LANGEARD, *op. cit.*, p. 51.

28 ALBRECHT, Karl et Ron ZEMKE (1987), *La dimension service*. Traduit de « Service America ! Doing Business in the New Economy » par Claudine Bataille ; préface de Paul Dubrule et Gérard Pelisson, co-présidents de ACCOR. Paris, Les Éditions d'Organisation, p. 84 (Coll. Forum International du Management).

29 EIGLIER, Pierre et Eric LANGEARD, *op. cit.*

30 EIGLIER, Pierre et Eric LANGEARD, *op. cit.*, p.51.

Chapitre 3

La qualité, en chiffres et en lettres

Nous avons analysé la notion de service sous ses principaux angles, notamment sa définition, sa place dans notre économie, ses particularités, ses classifications, de même que sa composition. Afin de compléter la vue d'ensemble que nous offre la première partie de ce volume, nous traiterons, au chapitre 3, de la qualité, et dévoilerons quelques-unes des plus grandes causes d'une mauvaise qualité de services.

Nous montrerons qu'il y a un prix à payer pour la non-qualité et que, finalement, il n'y a guère de distinctions à faire entre les intérêts du client et les intérêts de l'entreprise. Le gestionnaire devra plutôt orienter ses réflexions en fonction de l'*intérêt commun*. Nous terminerons par une définition opérationnelle de la qualité.

Encadré 1

Un constat plutôt alarmant

Le consommateur éprouve peu de satisfaction avec les services

Qu'on parle de livraison de meubles, de soins de santé ou de relations avec les ministères et organismes gouvernementaux, c'est assurément dans le secteur des services que le consommateur aux prises avec un problème particulier a le plus de difficulté à obtenir satisfaction.

Dans son enquête sur les habitudes de consommation au Québec, l'Office de la protection du consommateur en arrive cependant à la conclusion que sept fois sur dix, un consommateur obtient satisfaction en revendiquant son problème. Ce sont les bonnes performances dans les domaines de l'alimentation, de l'automobile et des publications qui permettent d'obtenir une aussi bonne note.

En effet, dans des secteurs d'activité comme le vêtement et les relations avec les ministères et organismes, le taux d'échec à la solution d'un problème s'élève à 50 %.

Les problèmes

Dans le domaine de l'ameublement, les plaintes ont surtout trait aux difficultés de livraison et de remplacement ou de réparation des articles défectueux. Quand il est question des électroménagers, c'est du service après-vente qu'on se plaint le plus.

En matière d'appareils audiovisuels, les difficultés reliées aux mauvaises réparations sont le plus souvent mentionnées, alors que dans le domaine du vêtement, le nettoyage constitue le problème le plus important : vêtements décolorés, raccourcis ou abîmés. Au chapitre des services professionnels, les consommateurs se plaignent de la mauvaise qualité des soins de santé, tant chez le médecin, chez l'optométriste que chez le dentiste.

Selon l'analyse des réponses des 1165 ménages participant à l'enquête, ces derniers s'adressent directement aux commerçants dans une proportion de 87,5 % quand survient un problème d'ameublement. Mais quand le problème en est un de relations avec le gouvernement ou les organismes publics, c'est seulement dans 13,9 % du temps que le consommateur se plaint directement à l'organisme concerné.

Pour l'ensemble des 13 domaines de consommation étudiés par l'OPC, les consommateurs s'adressent à une tierce partie (réseau social, organisme voué à la protection du consommateur, professionnel) dans 13 % des cas. Ce pourcentage grimpe à 33,3 % quand il s'agit d'un problème impliquant le gouvernement ou un organisme public.

Service public

Les consommateurs se plaignent du manque d'information sur leurs droits et sur la lenteur administrative, dans leurs relations avec les ministères et organismes.

Ce sont aussi les difficiles relations avec le gouvernement et les organismes publics qui incitent le plus les consommateurs à s'adresser aux tribunaux, administratifs ou civils, pour tenter de solutionner leurs problèmes, soit 8,3 % des cas. Pour l'ensemble des plaintes dans les 13 domaines de consommation étudiés, seulement 2,9 % sont portés devant les tribunaux.

Les auteurs de l'étude constatent que les consommateurs québécois craignent l'utilisation des recours devant les différents types de tribunaux. Ils révèlent une attitude de résignation largement répandue, attitude selon laquelle l'acceptation d'un compromis est toujours préférable à un recours judiciaire. C'est l'opinion partagée par 78 % des ménages québécois. Ceci révèle que la majorité des consommateurs québécois reste imprégnée d'un sentiment d'éloignement à l'égard des recours judiciaires.

Enfin, la mauvaise prestation des services dans l'ensemble des 13 domaines de consommation étudiés est le problème face auquel les consommateurs essuient le plus d'échecs quand ils tentent de trouver une solution. Le taux d'échec atteint 41,4 %.

Source : Adapté de Presse Canadienne de Québec, *La Presse*, Montréal, 18 juillet 1990, p. E6.

3.1 LES CAUSES DE LA NON-QUALITÉ

Les sondages démontrent que la majorité des hommes et des femmes d'affaires considèrent que la qualité est un concept important. Dans un numéro de la revue *Fortune*, les résultats d'un sondage Gallup indiquent que 48 % des directeurs interviewés ont choisi la qualité des services comme priorité, loin devant la productivité et la déréglementation. Même des directeurs d'entreprises du secteur manufacturier ont indiqué qu'il était aussi important d'améliorer le service à la clientèle que de fabriquer de meilleurs produits[1].

Le contexte économique et concurrentiel a contribué à déplacer les priorités des gens d'affaires. Le cas des concessionnaires automobiles offre un excellent exemple. Selon une étude de la National Automobile Dealers Association, la vente de véhicules neufs, qui comptait pour 78,5 % des profits en 1985, ne représentait plus qu'un faible 6,3 % en 1995. Les concessionnaires trouvent maintenant leurs profits du côté de la division des services (45,9 %) et de la vente des véhicules d'occasion (47,8 %[2]).

Quelques minutes de réflexion

• La qualité des services est-elle une priorité dans votre entreprise ? Si oui, croyez-vous que les ressources humaines et les efforts des employés dévoués à cette quête soient suffisants ?

3.1.1 Une gestion limitée à la servitude

Compte tenu des caractéristiques propres aux services énumérées dans le chapitre précédent, la gestion de la qualité dans les services présente certaines difficultés. Malheureusement, cela se traduit par la croyance selon laquelle la qualité des services échappe bien souvent au contrôle de la gestion. À la limite, des managers prétendront que les concepts avant-gardistes comme ceux de McDonald's, des parcs Walt Disney et du Cirque du Soleil sont si rares qu'il semble impossible de répéter l'exploit, ou même, d'en tirer des leçons[3].

Selon le professeur Eisenhower C. Étienne, plusieurs économistes associent la faible performance du secteur tertiaire à des facteurs structurels, tels que la petite échelle des activités, une grande intensité de main-d'œuvre, la faible compétence des employés et la difficulté de mécaniser les opérations[4]. Ce dernier soutient que ces caractéristiques :

> [...] sont le résultat d'une certaine conception et d'un certain type de gestion des opérations de service. Une fois que cette approche de la gestion est modifiée, alors les entre-

prises peuvent espérer atteindre les mêmes niveaux de production que ceux du secteur manufacturier. [...]

Les gestionnaires du secteur des services [...] ont tendance à considérer que service est synonyme de servitude et qu'il s'agit essentiellement de l'action d'une personne en faveur d'une autre personne [en latin, « servus » signifie esclave et « servire » signifie être esclave]. [...]

Les gestionnaires des opérations de service favorisent le travail humain [...], ils ne peuvent voir les possibilités énormes qu'offrent la machine et les technologies de système pour augmenter l'efficience et l'efficacité de leur effort productif.

Les gestionnaires de services sont par-dessus tout préoccupés par le produit final, c'est-à-dire le service, et rarement par les moyens de le rendre. Ceci [...] les empêche de considérer la myriade de façons différentes de rendre le même service, se privant ainsi de solutions innovatrices, peut-être très valables[5].

Ainsi, le *schème vicié de la servitude* peut être fortement implanté dans l'esprit de certains dirigeants au point de paralyser leur façon de gérer. Le schème vicié de la servitude anéantit leur volonté de revoir et de restructurer les tâches, de créer de nouveaux instruments, processus, organisations ou systèmes de services[6]. Épousant, sans le savoir, la notion de servitude, ce type de dirigeant emploie une gestion autocratique qui consiste à mettre l'accent sur la réduction des frais tout en s'efforçant d'extraire le plus de travail possible des employés. Cette conquête de l'efficience des exécutants de première ligne, selon ce type de dirigeant, est l'unique façon d'accroître la productivité de l'organisation. Malheureusement, lorsqu'un gestionnaire pousse ses employés à travailler plus fort, il accroît peut-être le rendement de son unité, mais il néglige les effets de cette attitude sur la qualité.

Conclusion : les résultats sont décevants et coûteux (qualité à la baisse, reprise du travail mal fait, satisfaction de la clientèle en chute libre, découragement et démotivation du personnel[7]).

Afin d'améliorer l'efficience du service, certaines entreprises au style de management plus contemporain se prévalent de **programmes de formation** ou de **séances de motivation** à l'intention du personnel. Cette approche a l'objectif louable de diminuer le nombre d'erreurs causées par les employés ; toutefois, elle n'envisage le service, encore une fois, qu'en fonction de l'être humain[8].

Selon Roland Dumas, chercheur à la firme de consultation Zenger-Miller à Cupertino (Californie), les employés de première ligne ne créent pas la qualité du service, ils ne font que livrer ce qui a préalablement été conçu. Selon le chercheur, s'attendre à ce que la formation, à elle seule, puisse accroître la qualité du service équivaut à rendre responsable de la qualité des produits un manutentionnaire d'entrepôt[9].

L'affirmation de M. Dumas peut paraître exagérée. Pourtant, elle permet de comprendre que, au-delà des employés, **un travail de conception et de planification du service doit être fait**. Ainsi, à l'encontre des managers qui épousent la notion de servitude, d'autres entreprises misent davantage sur la conception du système, les procédures et la logistique des opérations. Aussi, un certain nombre d'organisations prestataires de services comptent très peu d'employés, leurs services étant fortement, voire entièrement, automatisés.

S'il est vrai que la notion de servitude limite la performance de plusieurs entreprises, il n'est guère plus approprié de tomber aveuglément dans le piège de l'automatisation pour l'automatisation, car des machines fermées, mal conçues, défectueuses et peu conviviales ne sont pas appréciées de la clientèle.

En résumé, que l'entreprise soit intensive en personnel ou en équipement, il appert que la cause sous-jacente à la non-qualité est l'absence de méthode systématique permettant le design et le contrôle du système de livraison des services[10]. Comme toute bonne chose n'est méritée qu'après un certain temps d'effort, il n'en est pas autrement pour la qualité dans le service. Celle-ci doit être *gérée* et non être laissée au hasard. Comme le disent si bien David Kennedy et Barbara J. Young, « la qualité survient lorsqu'on s'organise pour qu'elle survienne[11] ».

Quelques minutes de réflexion

• Passez-vous plus de temps à motiver vos employés qu'à revoir la pertinence et la logistique de vos méthodes de travail ?

3.1.2 Une stratégie mal définie

Si vous considérez que la venue d'un client est strictement une question de chance... alors bonne chance ! Si, par contre, l'achat effectué par un consommateur est, pour vous, la résultante d'un geste réfléchi, le marketing devient alors une science qu'il sera nécessaire de connaître.

Une première démarche de marketing consiste à adopter une **approche de marché**. L'entreprise devra reconnaître les différences existant entre les segments d'un marché concurrentiel donné et en tenir compte dans l'élaboration du plan stratégique[12]. En d'autres termes, l'entreprise doit d'abord **analyser la structure de son marché** pour ensuite effectuer le choix d'un positionnement stratégique[13]. Puisque la qualité doit être gérée, nous pourrions définir la stratégie comme étant l'antithèse du hasard et du laisser-aller. C'est un principe organisationnel qui vise à canaliser les efforts.

Des stratégies ont été proposées par plusieurs chercheurs. D'après Michael E. Porter, les entreprises ont le choix entre trois stratégies : **le leadership de coût, la différenciation et la concentration**. Dans un cas comme dans l'autre, l'entreprise est évidemment à l'affût d'un avantage compétitif, avantage qui peut être appliqué avec une portée plus ou moins large dans le marché[14]. (Voir tableau 1.)

Tableau 1

Les trois stratégies génériques

| | | AVANTAGE COMPÉTITIF | |
		Leadership sur les coûts	Différenciation
CHAMP CONCURRENTIEL	**Cible large**	1. Leadership de coût	2. Différenciation
	Cible étroite	3A. Concentration fondée sur les coûts réduits	3B. Concentration fondée sur la différenciation

Source : Traduit et adapté avec l'autorisation de The Free Press, une division de Macmillan, Inc., de l'ouvrage de Michael Porter, *Competitive Advantage : Creating and Sustaining Superior Performance*, New York : The Free Press, M. E. Porter, 1985, p. 12.

Nous allons expliquer, brièvement, les caractéristiques des trois stratégies. De cette façon, le lecteur sera mieux en mesure de saisir la raison pour laquelle une stratégie mal définie devient une cause de non-qualité. La figure 1 permettra, en outre, de visualiser le champ concurrentiel de chacune de ces stratégies sur le marché.

Figure 1

La représentation des stratégies génériques par un shéma analytique du marché

Marketing indifférencié	Marketing différencié	Marketing concentré

- **Leadership de coût**[15] (exemples : les magasins-entrepôts Price Costco, les magasins à grande surface Wal-Mart et Maxi) : il s'agit d'une variante dérivée du **marketing indifférencié**. L'objectif consiste à devenir *le* fournisseur à faible coût d'un service non différencié à l'ensemble du marché ou au segment le plus vaste (cible large ; cellule 1 du tableau 1). Chacun des avantages qui concernent le coût a intérêt à être exploité : courbes d'expérience, économie d'échelle, accès préférentiel chez les fournisseurs, etc. On ne peut toutefois ignorer totalement les bases de la différenciation. Ainsi, si le service n'est pas perçu comme étant comparable à celui des compétiteurs, l'entreprise devra afficher des prix vraiment inférieurs, de sorte qu'elle risque d'annuler son avantage en matière de prix de revient. Par ailleurs, comme dans les commerces d'alimentation, la rivalité peut devenir grande si plusieurs firmes optent pour cette stratégie. Chaque point de part de marché devient alors crucial.

- **Différenciation**[16] (exemples : la majorité des agences de voyages, les bibliothèques municipales ; cellule 2 du tableau 1) : contrairement à la stratégie précédente, il peut y avoir plusieurs stratégies valables de **marketing différencié**. En effet, s'il y a un nombre suffisant d'attributs largement valorisés par la clientèle, la firme pourra rechercher des combinaisons particulières, et, ainsi, se différencier par des offres de services uniques pour chaque segment cible convoité. La surcharge exigée des clients en faveur de cette offre unique ne doit cependant pas être annulée par un coût trop élevé. À ce sujet, Porter suggère de viser la proximité par rapport aux concurrents en diminuant les dépenses dans les domaines qui n'influent pas sur la différenciation.

- **Marketing concentré**[17] (exemples : les salons de coiffure spécialisés pour enfants, les commerces spécialisés en vente et réparation de vélos) : bien que l'étendue du marché soit volontairement limitée dans cette stratégie (cible étroite), le piège d'une fragmentation excessive, non viable sur le plan économique, doit être évité. D'une part, si la **concentration fondée sur des frais réduits** est recherchée (cellule 3A du tableau 1), le consommateur profitera évidemment d'un avantage financier. D'autre part, si la **concentration est fondée sur la différenciation** du service (cellule 3B du tableau 1), la tâche sera de le différencier au maximum par rapport aux compétiteurs[18].

En pratique, il faut toutefois considérer que peu d'entreprises peuvent se permettre le luxe de servir un seul segment. Le défi d'exploiter au maximum la capacité de « production » de l'entreprise les force à se diversifier légèrement, tels les lignes aériennes et plusieurs hôtels qui ciblent le marché des affaires et des vacances, ou encore le Canal D — à la télévision — qui diffuse de multiples documentaires mais également des séries cultes comme *Le Saint* et *Cosmos 1999*. La meilleure pratique est de choisir des segments qui sont le plus similaires afin de conserver rigoureusement les priorités[19].

Le choix de l'une ou l'autre des stratégies proposées procure un point de départ important à l'entrepreneur. Malheureusement, cette précaution élémentaire n'est pas respectée par bon nombre d'entreprises. La raison : pour certains managers, cela représente une perte de temps. Ce facteur constitue donc l'une des grandes causes de la piètre qualité actuelle offerte aux consommateurs.

Lorsqu'une entreprise essaie d'être tout à la fois, pour tout le monde, lorsque la stratégie de l'entreprise ne se distingue pas de la stratégie de la concurrence, ou lorsque l'entreprise ne sait pas sur quel pied danser (stratégies conflictuelles ou enlisement dans une voie médiane[20]), le piège de la non-qualité et de l'insatisfaction du client est généralement inévitable. Le choix d'une stratégie de marketing puis d'une politique de positionnement de service s'avère une condition essentielle au processus de la gestion de la qualité.

Quelques minutes de réflexion

- Quelle est la stratégie de marketing de votre entreprise ?

- La qualité est-elle un axe de positionnement utilisé par votre entreprise ? Pourquoi pas ?

3.1.3 L'entreprise publique piégée dans le « un service pour tous et chacun »

Les entreprises publiques constituent un cas particulier, et ce, principalement pour quatre raisons :

- l'évaluation de leur rentabilité est problématique, puisqu'il n'y a habituellement pas de tarifs imposés aux utilisateurs ;

- l'absence de toute concurrence rend plus ardue l'évaluation de leur efficience ;

- on assiste bien souvent à la bureaucratisation de la production ;

- enfin, on constate que l'utilisateur est un employeur indirect à titre d'électeur, en plus d'être copropriétaire à titre de contribuable[21].

L'entreprise publique propose, par sa nature et par la pluralité des segments qu'elle sert, un défi intéressant. Même si la plupart des organismes publics exigent certaines conditions d'admission (ex. : âge légal, permis, statut, etc.), la majorité d'entre eux ont une clientèle très hétérogène, ce qui les oblige ainsi, *à première vue*, à offrir un service moyen susceptible de plaire à l'utilisateur moyen. Ainsi, en optant pour une cible trop large, ils se confrontent à de multiples missions impossibles sur le plan de la satisfaction totale des utilisateurs. C'est ce que nous appelons le piège d'« un service pour tous et chacun ». Mais il est possible d'y échapper.

Prenons le **système hospitalier québécois**. Sauf certaines exceptions, la majorité des établissements offrent encore un grand nombre de services aux bénéficiaires. Mais cette pluralité ne convient plus à la réalité actuelle. En effet, d'une part, la technologie favorise la mise au point d'appareils médicaux de plus en plus spécialisés et coûteux, et d'autre part, les gestionnaires se heurtent à un manque de ressources budgétaires de plus en plus criant. Ainsi, non seulement il devient difficile de renouveler un équipement adéquat pour traiter tous les problèmes de santé, mais encore, la rareté des ressources crée des tensions sur le plan des relations de travail.

À l'instar de l'Institut de cardiologie de Montréal et de la Cité de la santé de Laval (spécialisée en obstétrique), il serait souhaitable que d'autres établissements du réseau se spécialisent dans une discipline donnée. À titre d'exemple d'un positionnement stratégique concentré, citons le Shouldice Hospital, près de Toronto, qui accepte uniquement les patients souffrant d'une hernie. Les médecins y sont très productifs et les clients demeurent à l'hôpital environ trois jours et demi, contrairement à cinq à huit jours lorsqu'ils sont traités dans les autres hôpitaux[22]. Une fois de plus, une idée originale, bouleversant les mœurs administratives propres à l'industrie, aboutit à une offre de services à la fois économique et de grande qualité.

Le Toronto Vascular Institute est un autre exemple intéressant de réussite dans le domaine de la santé. L'efficacité de cette **clinique privée** repose sur la spécialisation des services offerts, principalement l'angioplastie. Cet établissement fait preuve d'une grande souplesse, ce que l'on ne peut retrouver dans un hôpital traditionnel. Mentionnons que les patients peuvent être traités à 24 heures d'avis, qu'ils ne restent que quelques heures à la clinique et qu'ils ne perdent qu'une journée de travail au lieu d'en passer trois ou quatre à l'hôpital. En outre, l'établissement facture 850 $ au gouvernement pour une angioplastie — ce qui comprend à la fois le loyer, l'équipement et les salaires — alors qu'à l'hôpital, on estime à 4 500 $ les frais d'une opération similaire[23]!

La Société de l'assurance automobile du Québec, en particulier en ce qui a trait à l'immatriculation, gagnerait également à éviter d'offrir «un service moyen susceptible de plaire à l'utilisateur moyen». Dans l'État de Virginie, par exemple, les propriétaires de véhicules peuvent eux-mêmes choisir la combinaison des chiffres et des lettres de leur plaque d'immatriculation, moyennant des frais additionnels de 10 $US. Les gens ont également la possibilité de choisir le design de leur plaque, parmi un éventail d'environ 150 modèles, pour un montant supplémentaire variant généralement entre 10 $ et 25 $US[24]. Certains détracteurs prétendront que nous encourageons la venue d'un second système, de sorte qu'il y aurait un système pour les riches et un pour les pauvres. Pourtant, il n'en est rien : le service de base principal, à savoir le droit de circuler en voiture et les avantages qui en découlent, demeure identique. Qui plus est, les nouveaux revenus sont une aide appréciable à l'appareil gouvernemental.

Encadré 2

La SAQ : une qualité sur mesure en fonction du segment de marché

Les succursales de la SAQ se métamorphosent

[...] Distinctes mais complémentaires, les trois nouvelles bannières de la SAQ — SAQ Express, SAQ Classique et SAQ Sélection — offrent chacune des produits et des services, des heures d'ouverture et des aménagements qui leur sont propres. Les consommateurs peuvent ainsi mieux s'orienter dans le réseau de vente.

SAQ Express : c'est la commodité qui prime

Avec une gamme de 400 produits parmi les plus en demande, la SAQ Express est ouverte tous les jours et tous les soirs. Son aménagement facilite le repérage rapide des produits. Située dans les secteurs où règne une intense activité commerciale le soir, cette bannière regroupe une quinzaine de succursales. [...]

SAQ Classique : adaptée aux goûts de sa clientèle

La SAQ Classique propose une gamme étendue de produits et de services adaptée au marché local ainsi que des heures d'ouverture qui varient selon l'environnement commercial. Les 240 succursales portant cette bannière sont principalement situées dans les quartiers urbains et dans les localités desservies par un seul point de vente. [...]

SAQ Sélection : la diversité avant tout

La SAQ Sélection (environ 50 succursales) offre une gamme incomparable de produits et de services. Elle commercialise tous les produits réguliers, de même qu'une vaste sélection de produits de spé-cialité, de bières importées et de produits-cadeaux. La clientèle peut aussi y obtenir une foule de renseignements sur les produits, les régions vinicoles, l'accord des vins et des mets ou sur les autres services offerts à la SAQ. [...]

Des services étonnants et variés

Livraison à domicile ou au bureau partout au Québec, cours sur la connaissance des vins et des spiri-tueux, colis-cadeaux ou chèques-cadeaux, comptoirs de vins en vrac, achat de vins haut de gamme par le biais du catalogue Courrier vinicole [...] ne sont que quelques-uns des nombreux services conçus à l'intention de la clientèle. [...]

Source : Adapté d'un publi-reportage de *INC-Rive-Sud de Montréal*, p. 38.

Dans le domaine des timbres postaux, les dernières émissions nous portent à croire que le secteur des postes prend de plus en plus conscience des différents types de clientèles. Ce ne sont pas uniquement les collectionneurs traditionnels qui se procureront les timbres de Gilles Villeneuve et de Winnie l'Ourson, de la Société canadienne des postes, ou encore, les timbres à l'effigie de Bugs Bunny, de la United States Postal Service !

Les entreprises publiques, malgré l'absence de concurrence, ont le potentiel pour assurer une gestion de la qualité saine et efficace. De fait, bon nombre d'entreprises publiques ou parapubliques offrent de très bons services, mais leur image reste faible parce qu'elles ne vantent pas leur service auprès de leur clientèle. Une campagne de communication décrivant la *valeur* du service fourni pourrait souvent faire toute la différence dans l'opinion des « consommateurs »[25].

• Votre entreprise offre-t-elle « un service moyen susceptible de plaire à l'utilisateur moyen » ?

3.1.4 Le rôle claustrophobe de la division du service

Le rôle restreint qu'on attribue à la division du *service à la clientèle* ou des *relations avec les consommateurs* est l'une des causes pour lesquelles la qualité est souvent faible. Un article d'André Coupet, consultant en matière de service à la clientèle et associé au Groupe Secor, à Montréal, révèle que, en règle générale, les responsables des divisions du service à la clientèle manquent d'appui, et que la valeur de leur tâche n'est ni comprise ni reconnue[26].

L'auteur rapporte qu'un grand nombre d'entreprises cantonnent le service à la clientèle autour des trois fonctions suivantes :

- l'information et l'éducation du consommateur ;

- le traitement des plaintes ;

- le rôle de relation publique auprès des associations de consommateurs, des journalistes, des groupes sociaux, des communautés culturelles, etc.

Cantonné de la sorte, ce genre de service n'est mis en place que pour réparer les pots cassés, ou présenter l'image superficielle d'une entreprise qui veut faire bon ménage avec la société[27]. À preuve, certaines entreprises offrent une cinquantaine de points de vente et réalisent au-delà d'un demi-milliard de dollars de chiffre d'affaires annuellement tout en n'assignant que deux ou trois employés au service à la clientèle ! Une telle structure démontre le caractère curatif, et non préventif, de la division du service.

Pourtant, les gens qui évoluent au service à la clientèle sont au fait des préoccupations des clients et des problèmes dans le système de livraison des services de l'entreprise. Les plaintes et compliments qu'ils reçoivent, les récits qu'on leur conte font qu'ils sont parmi les seuls à comprendre l'expérience totale d'un client, c'est-à-dire ce qu'il a vécu avant, pendant et après la prestation du service. Pour cette raison, ils sont bien placés pour proposer de nouvelles méthodes de travail, de nouvelles procédures ou des idées avant-gardistes.

L'un des avantages de considérer l'**expérience totale** du client est que cela évite d'instaurer une gestion égocentrique. Une gestion égocentrique prend place lorsque le personnel d'une franchise, d'une succursale, d'un service, d'un rayon, etc., oublie qu'il travaille à l'intérieur d'une entité plus grande, parfois un **réseau**. Ce phénomène engendre des inconvénients pour le client : manque d'empathie, mauvais renseignements, procédures compliquées, etc. Les exemples suivants sont des cas, parmi d'autres, de gestion égocentrique.

- Un préposé d'une caisse populaire refuse de donner un nouveau livret à un client, parce que celui-ci n'est pas membre de *cette* caisse.

- L'employé d'un bureau de poste situé dans une pharmacie ignore dans quelle rangée sont les analgésiques.

- Le caissier du rayon des jouets d'un grand magasin n'a aucune idée de l'endroit où se situe le rayon des vêtements pour enfants.

- Le service « carrosserie » d'un concessionnaire automobile est une entité distincte du secteur « mécanique », de sorte que le client doit prendre deux rendez-vous s'il a besoin des deux types de services.

- Le bibliothécaire d'une université se concentre uniquement sur ses livres et ses revues, oubliant qu'il travaille d'abord et avant tout pour une clientèle étudiante.

- Au téléphone, à Montréal, un préposé du service à la clientèle d'une compagnie pétrolière rétorque : « La lettre que vous avez reçue ne vient pas de *nous*, c'est Toronto qui envoie ces lettres-là » !

Heureusement, certaines entreprises, à l'inverse, comptent sur des employés plus extravertis. Le cégep André-Laurendeau, par exemple, fournit à sa clientèle, par l'intermédiaire du service des affaires étudiantes, un répertoire téléphonique des ressources communautaires destinées aux étudiants et étudiantes. Sachant fort bien que la vie étudiante ne se limite pas aux quatre murs de l'établissement, les responsables permettent ainsi aux intéressés d'aller chercher l'aide qui leur convient, augmentant ainsi les chances que ceux-ci poursuivent adéquatement leur programme d'études. La Société des alcools du Québec, avec son approche *Réso*, offre un autre exemple. Depuis plusieurs mois, une politique affichée en succursale précise qu'un client peut retourner un produit acheté par erreur, ou une bouteille défectueuse, dans n'importe quelle succursale, peu importe le magasin d'origine où il a fait son achat. Voilà des exemples simples et efficaces où l'expérience totale du client est prise en considération.

Quelques minutes de réflexion

- Votre division du service à la clientèle a-t-elle un rôle traditionnel, c'est-à-dire limité, ou jouit-elle d'une mission élargie ?
- Quelle différence établissez-vous entre le terme « service », utilisé tout au long de cet ouvrage, et l'expression « service à la clientèle » ?

3.1.5 Les difficultés d'implantation

Malgré la bonne volonté et le choix judicieux d'une stratégie, l'**implantation** de cette dernière représente un défi certain.

En général, la formulation d'une stratégie tient compte de l'environnement **externe** de l'entreprise : les environnements politique, économique, social, technologique et écologique, ainsi que l'aspect concurrentiel.

L'implantation de la stratégie, quant à elle, est encadrée, voire limitée par les éléments **internes** de l'organisation. C'est pourquoi le frein le plus puissant de l'implantation est ce que Thomas V. Bonoma et Victoria L. Crittenden appellent *rituel*[28] ! Ce que l'on peut traduire également par le dicton populaire : « On a toujours fait les choses comme ça. » Avouons-le, les employés, syndiqués ou non, les cadres intermédiaires, les gérants de magasins ou les directeurs de secteurs sont souvent réticents à changer leur méthode de travail ou leur pratique de gestion : c'est un réflexe naturel chez bien des gens.

Les dirigeants qui veulent transformer la gestion de leur entreprise doivent être conscients du fait que la spécificité de la structure interne de l'entreprise, privée ou publique, peut limiter la réalisation d'une stratégie, aussi valable soit-elle. Toutefois, une bonne façon d'éviter les embûches, au moment de l'implantation, consiste à pratiquer une gestion managériale dite « ouverte et transparente ». Les plans sont souvent acceptés, compris et implantés avec plus d'enthousiasme si le personnel en contact est engagé dans le processus de planification[29].

Quelques minutes de réflexion

• Afin d'accroître les chances de succès d'un virage « qualité » ou « service plus », de quelle façon est-il possible d'engager le personnel dans le processus ?

3.1.6 L'attitude du public

L'attitude des consommateurs est également une des causes de la piètre qualité qui règne souvent au sein des entreprises de services (ou des divisions du service à la clientèle des firmes manufacturières). Les consommateurs ne donnent pas leur avis sur le service qu'ils reçoivent en raison d'attitudes passives, trop tolérantes ou, même, défaitistes. Voici les explications typiques de ce phénomène :

• L'effort que nécessite, pour le client, le fait de donner une suggestion ou d'émettre une plainte est trop grand par rapport aux résultats escomptés. C'est particulièrement vrai lorsque le client fait face à une très grande organisation. Ce manque d'intérêt est souvent mentionné par ceux et celles qui refusent de répondre aux questionnaires et aux sondages. À tort ou à raison, ces gens considèrent qu'il ne vaut pas la peine d'y consacrer du temps, convaincus que leur opinion n'aura aucun effet sur les décisions de l'entreprise.

- Bon nombre de consommateurs n'osent plus se plaindre, parce qu'ils ont vécu de mauvaises expériences. Lorsqu'un client se heurte à un directeur ou à une entreprise qui affiche une fermeture d'esprit déconcertante, c'est décourageant.

- Le client peut être captif. Ce phénomène courant se présente lorsque, pour répondre à ses besoins particuliers, le client n'a pas le choix du fournisseur, en raison de l'absence de concurrence. Par exemple, à qui peut s'adresser un client insatisfait lorsqu'il fait face à une firme détenant un monopole ?

- Les gens peuvent percevoir que toutes les firmes d'une même industrie s'équivalent. Ils s'accommodent de leur prestataire de services habituel, puisque, pour eux, l'abandon de ce dernier en faveur d'un autre équivaudrait, comme le laisse entendre le dicton, à changer quatre trente sous pour une piastre !

- Critiquer la qualité d'un service signifie souvent qu'il faut critiquer un individu : un consultant, un agent de bord, un coiffeur. C'est délicat, car on craint de porter préjudice à cette personne[30].

- Le comportement, les dires et les gestes d'une personne qui critique ne sont pas toujours appréciés par l'entourage. Le client peut craindre de passer pour un « critiqueux », un difficile, un exigeant, un intraitable, etc.

- Il n'est pas toujours possible de retourner un service intangible comme on le fait d'un produit. Cela demande souvent de bons arguments et une dose de courage que tous ne possèdent pas. Quelques entreprises de services profitent, même volontairement, de cette situation, ce qui n'est ni constructif ni avantageux, comme nous le verrons au chapitre 11.

- Enfin, un bon pourcentage de gens, pour qui il n'est pas dans leur nature de s'expliquer avec un responsable, préfèrent cesser de fréquenter un établissement.

Nous avons fait le constat, plutôt alarmant, des causes de la non-qualité dans les entreprises de services. Malheureusement, ces dernières doivent en payer le prix. C'est ce qui fait l'objet de la prochaine section de ce chapitre.

Quelques minutes de réflexion

- Est-il possible, voire avantageux, d'utiliser les plaintes et les suggestions de la clientèle, afin d'accroître la qualité des services ?

3.2 LES FRAIS DE LA QUALITÉ ET LES FRAIS DE LA NON-QUALITÉ

Peu importe le type d'entreprise (domaine industriel ou de services), sa taille et le degré de qualité désiré, il existe quatre catégories de frais relatifs à la qualité : les frais de prévention, les frais d'évaluation, les frais de défaillance interne et les frais de défaillance externe. Le tableau 2 regroupe les principaux postes où l'on engage ces frais.

Nombre d'auteurs établissent une distinction entre les frais de la qualité et les frais de la non-qualité. Les frais de la qualité représentent **l'investissement que l'on fait pour obtenir la qualité**. Ce sont les frais de prévention et les frais d'évaluation. Les frais de la non-qualité regroupent **les catégories de la défaillance interne et de la défaillance externe**. Enfin, l'ensemble des quatre groupes forme ce qu'il est convenu d'appeler le coût-qualité, les frais relatifs à la qualité, ou encore le coût total en matière de qualité. En général, on estime que le coût-qualité varie entre 5 % et 25 % du chiffre d'affaires, selon les systèmes mis en place pour maîtriser la qualité[31].

La catégorie des frais de prévention regroupe les investissements destinés à prévenir ou à réduire la formation de défauts dans l'industrie, ou l'avènement d'erreurs dans les services. Les frais d'évaluation, de détection ou de contrôle sont les frais destinés à vérifier la conformité des produits ou des services, en fonction de standards préalablement établis.

Les frais des défaillances internes surviennent lorsqu'il y a non-conformité d'un produit ou d'un service. On dit qu'ils sont internes, parce que le produit est encore sous le contrôle direct de l'entreprise, ou parce que le client interagit toujours avec l'organisation prestataire de services. Enfin, les frais des défaillances externes sont les pertes financières liées à toute activité rendue nécessaire par un produit ou un service non conforme aux besoins ou aux attentes du client. Cette non-conformité est détectée lorsque le produit est déjà livré ou vendu, ou lorsque le client n'interagit plus avec l'entreprise de services[32].

En ce qui a trait aux défaillances, l'entreprise industrielle dispose d'un avantage sur l'entreprise de services ; en effet, le consommateur n'assiste pas à la production et ignore les défauts des produits à la sortie de la chaîne d'assemblage. Il n'est pas au fait des rejets, des retouches et des réparations qui s'avèrent nécessaires ici et là.

En revanche, dans les entreprises de services, en raison du principe de la simultanéité de la production et de la consommation, non seulement le client constate l'extrant du service (ex. : la coupe de cheveux), mais il est aussi en mesure de juger *tout le processus visible* de sa fabrication (ex. : la courtoisie du coiffeur). Un service mal planifié et truffé de défauts engendre des frais de défaillance interne (reprise de la tâche, perte de temps pour le client, report au supérieur hiérarchique, formulaire à remplir, etc.) qui peuvent s'étendre en frais de défaillance externe (perte du client). Voilà pourquoi les frais de la non-qualité sont **supérieurs dans le domaine des services** à ceux engagés dans le domaine industriel[33].

Tableau 2

Les composantes des frais relatifs à la qualité

	Frais de prévention	Frais d'évaluation (détection, contrôle)	Frais de défaillance interne	Frais de défaillance externe
Domaine industriel	• Évaluation des fournisseurs • Achat de matières premières • Contrôle à l'achat • Formation des opérateurs • Études concernant la garantie du produit	• Inspections et essais • Évaluation des prototypes et des nouveaux matériaux • Salaires, équipements, fournitures, échantillons et locaux nécessaires pour les contrôles • Contrôles par des laboratoires	• Rebuts, rejets • Retouches • Réparations • Remise en état et/ou mise au point de l'outillage déficient	• Clients mécontents qui n'achètent plus • Interventions couvertes par la garantie
Domaine du service	• Système de livraison des services (méthodes et procédures adéquates)[a] • Personnel (sélection, formation...)[b] • Évidences physiques[c] • Éducation de la clientèle (ressources matérielles)[d]	• Essai de son propre service[d] • Inspection[e]	• Refaire deux fois la même chose (temps, gaspillage de matériel) • Pertes de temps et d'efforts correctifs à la suite d'une mauvaise gestion du temps d'attente, de l'affectation des tâches ou du lien entre les clients[d] • Frais injustifiés en éducation de la clientèle ;[d] par exemple lorsqu'un employé doit sans cesse venir à la rescousse d'un confrère sans formation • Traitement des plaintes[e]	• Clients qui ne reviendront pas à cause de l'erreur

Domaine industriel et domaine du service	• Administration de la fonction qualité • Frais engagés afin d'empêcher les défauts et erreurs et afin de bien faire dès la première fois • Conception et planification des contrôles • Maintenance préventive du matériel • Études et révisions des instructions, spécifications et procédures	• Évaluation des méthodes et procédés • Contrôles par le service qualité interne • Contrôles par des organismes extérieurs • Autocontrôle réalisé par les ouvriers/employés • Évaluation des produits et services concurrents	• Gaspillage de matériel et perte de temps • Usure accélérée de l'équipement	• Traitement des plaintes[e] • Remboursements, dédommagements • Dépenses pour contrer le bouche à oreille négatif : manque à gagner dû à ceux qui n'achètent pas ou ne viennent pas à cause d'une mauvaise réputation
a = Voir les chapitres 6 et 7 d = Voir le chapitre 10	b = Voir le chapitre 8 e = Voir le chapitre 11		c = Voir le chapitre 9	

Sources : Adapté de Pierre F. Caillibot et Joseph Kélada, *Gérer la qualité : Pourquoi et comment*, Québec, ministère de l'Industrie et du Commerce, 1986, p. 10 ; Alain-Michel Chauvel, « Qualité, facteur d'économie », *Qualité : La revue de la gestion intégrale de la qualité*, vol. 9, n° 2, été 1988, p. 18 ; Jacques Horovitz, « La non-qualité tue », *Harvard-L'Expansion*, n° 41, été 1986, p. 54-55 ; Jacques Horovitz, *La qualité de service : À la conquête du client*, Paris, InterÉditions, 1987, p. 51-53 ; Joseph Molina, *Évaluation des coûts de la qualité*, Québec, ministère de l'Industrie, du Commerce et de la Technologie, 1989.

Afin de comprendre le rapport qui existe entre les quatre types de frais, imaginons une balance dont le premier plateau représente l'aspect préventif, et le second, les éléments curatifs. Ainsi, plus on dépense en prévention, moins on risque l'insatisfaction de la clientèle. En contrepartie, plus on économise sur les frais de prévention et de contrôle, plus les frais de défaillance interne et externe sont élevés. Afin de réduire au minimum le total des frais relatifs à la qualité, les spécialistes stipulent que la meilleure stratégie consiste à mettre l'accent sur les efforts en matière de prévention[34]. La prévention d'une erreur ou sa correction tôt dans le processus coûte moins cher que le bouche à oreille négatif ou la perte d'un client.

Malheureusement, la comptabilité et la considération de tous ces frais sont loin d'être pratiques courantes dans les entreprises. Les firmes industrielles, à tout le moins, disposent de nombreuses sources d'information qui leur permettent de déterminer les causes de la non-qualité. Ces sources d'information peuvent être les fiches de contrôle de stock, les relevés de fabrication, les cartes de temps, les rapports de contrôle, les bordereaux de réception, les fiches d'intervention des réparateurs, etc.[35]

En revanche, les entreprises de services disposent de peu d'outils pour recenser et quantifier leurs frais de non-qualité. S'il est vrai que le caractère intangible d'un service ne facilite pas les choses, il n'en demeure pas moins que l'importance d'une telle comptabilité ne peut être remise en question. En effet, lorsque les managers sont tenus en état d'ignorance, ils en viennent à considérer comme normaux des frais qui n'ont pas leur raison d'être. Ces frais cachés, regroupés, sont parfois qualifiés d'entreprise fantôme. Il est donc justifié d'affirmer que c'est la méconnaissance des frais, peu importe leur nature, qui freine et, parfois même, empêche les actions correctives nécessaires pour accroître la performance des entreprises[36].

- À l'aide du tableau 2 et d'une personne-ressource en comptabilité, désignez des postes comptables pour chacune des composantes des frais relatifs à la qualité.

- Concevez un journal mensuel, sinon trimestriel, présentant, d'une part, le total des frais de la qualité (prévention et évaluation) et, d'autre part, le total des frais de la non-qualité (défaillance interne et externe).

3.3 UNE DÉFINITION OPÉRATIONNELLE DE LA QUALITÉ

La définition la plus simple de la qualité est donnée par l'AFNOR : «*Aptitude d'un produit* [ou d'un service] *à satisfaire les besoins des utilisateurs*». Comme le soulignent Eiglier et ses collègues, cette définition est la plus large et la plus pertinente, puisqu'elle couvre les deux aspects de la qualité, à savoir la qualité de la conception du service et la qualité de la réalisation du service (à la fois le processus et sa résultante[37]). En outre, cette définition met en évidence le principe de base du marketing des services : la satisfaction de la clientèle. En effet, de nombreux liens sont à faire entre la qualité et la satisfaction. Cette dimension sera approfondie au cours du prochain chapitre.

Précisions qu'il est important de ne pas confondre les termes « qualité » et « haut de gamme ». La qualité vise essentiellement à répondre aux attentes des gens, elle implique le concept de satisfaction et elle est sujette à la perception *subjective*. Le haut de gamme correspond à ce qu'il y a de meilleur sur le plan technique, c'est le nec plus ultra selon les ingénieurs ou les spécialistes. Notez que ces derniers peuvent classer la majorité des produits et services de façon *objective*, sur une échelle allant de bas de gamme à haut de gamme, à l'aide de *critères* propres à l'industrie.

Encadré 3

Avec une échelle « bas de gamme/haut de gamme », chaque touriste va chercher *sa* qualité

Des fourchettes et des fleurs de lys qui reviennent... enfin

Elles avaient disparu en 1991 pour des raisons obscures — dans le milieu, on sait que les pressions exercées par les hôteliers et les restaurateurs mécontents du classement de leur établissement ont pesé lourd dans la balance. Mais les « fleurs de lys » et les « fourchettes » referont leur apparition dans les petits guides touristiques publiés conjointement (et distribués gratuitement) par Tourisme Québec et les Associations touristiques régionales (ATR).

« Le touriste a besoin de repères, surtout celui qui vient de l'étranger », estime Jean-Michel Perron, président de Kilomètre Voyages. « Et il faut faire plus que cela. Nous n'avons pas de standards en matière de services et d'accueil. Nous avons d'excellents hôtels et d'excellentes tables. Mais ce qui vient avec est souvent inégal. » En effet, quoi de plus incongru que de se faire tutoyer par un serveur dans un restaurant qui se veut haut de gamme, ou de voir les gicleurs anti-incendie pendre du plafond sans camouflage dans une salle à manger à la décoration raffinée ?

« Nous manquons d'éléments de mesure », déplore la consultante Marie-Andrée Delisle. « L'industrie ne procède pas à de véritables sondages auprès de la clientèle, qu'elle soit locale ou étrangère. Et nous ne nous comparons pas assez à ce qui se fait ailleurs. »

Source : Adapté de André Désiront, *La Presse*, Montréal, 17 mai 1997, p. H8.

Prenons l'horlogerie et l'hôtellerie à titre d'exemple. Une montre Tag Heuer et un hôtel Marriott représentent un produit et un service haut de gamme, alors qu'une montre Casio et un motel Days Inn font partie de la catégorie bas de gamme. Ils peuvent *tous*, cependant, être perçus comme étant de bonne qualité ou de mauvaise qualité, à plus forte raison si l'on tient compte de leur marché respectif. Autrement dit, un hôtel « une étoile » peut fournir un service d'une qualité inférieure, égale, voire supérieure à un hôtel « cinq étoiles », compte tenu de leur vocation respective. Pour offrir un service de qualité (qu'il soit bas, moyen ou haut de gamme), l'entreprise n'a d'autre choix que de reconnaître les **attentes** de sa clientèle et de prendre les mesures permettant de satisfaire ces attentes.

 *Quelques minutes de réflexion*

• Est-il possible d'offrir des services bas de gamme d'excellente qualité ?

CONCLUSION

Le troisième chapitre fait découvrir l'importance économique et stratégique du concept de la qualité. Dans la première section, nous avons examiné quelques raisons qui expliquent le piètre état actuel de la qualité des services. Dans la deuxième section, nous avons vu qu'il est préférable d'investir dans la qualité (prévention et contrôle) plutôt que de subir les contrecoups onéreux de la non-qualité (défaillances internes et externes).

> Les résultats des études du TARP (*Technical Assistance Research Program*) nous font comprendre l'importance de la qualité: «Attirer un nouveau client coûte cinq fois plus de temps, d'effort, d'énergie et d'argent que de conserver un client actuel[38]».

Il est donc moins onéreux et plus agréable de transiger avec une clientèle courante et satisfaite que de se battre jour après jour pour tenter d'en attirer une nouvelle.

La dernière section, enfin, a permis de comprendre ce qu'est la qualité. Compte tenu de tous ces éléments, nous devons dès lors répondre à la question suivante: Le client est-il vraiment roi? Le prochain chapitre tentera de répondre à cette question en appliquant le concept de marketing aux services.

NOTES

1 UTTAL, Bro (1987), «Companies That Serve You Best», *Fortune*, vol. 116, n° 13, 7 décembre, p. 98.

2 (1996), «Concessionnaires : une espèce menacée?», *Touring*, automne, p. 38, 39.

3 ALBRECHT, Karl, Ron ZEMKE (1987), *La dimension service.* Traduit de «Service America! Doing Business in the New Economy» par Claudine Bataille ; préface de Paul Dubrule et Gérard Pelisson, coprésidents de ACCOR. Paris, Les Éditions d'Organisation, p. 130 (Coll. Forum International du Management); SHOSTACK, G. Lynn (1984), «Designing Services That Deliver», *Harvard Business Review*, vol. 62, n° 1, janvier-février, p. 133.

4 ÉTIENNE, Eisenhower C. (1988-1989), «Service Operations Management in Four Modes», *Recueil de textes et de cas : HÉC Code 3-505-84, n° 516 (88-89)*, p. 138-165.

5 ÉTIENNE, Eisenhower C. (1981), «La gestion de la production dans les entreprises de services», *Gestion*, vol. 6, n° 1, février, p. 50-51.

6 LEVITT, Theodore (1972), «Production-Line Approach to Service», *Harvard Business Review*, vol. 50, n° 5, septembre-octobre, p. 41-52.

7 KÉLADA, Joseph (1989), «La qualité : tout le monde y gagne», *Qualité : la revue de la gestion intégrale de la qualité*, vol. 10, n° 1, printemps, p. 9-12.

8 LEVITT, Theodore, *op. cit.*

9 UTTAL, Bro, *op. cit.*, p. 104.

10 SHOSTACK, G. Lynn, *op. cit.,* p. 133-139.

11 KENNEDY, David A. et Barbara J. YOUNG (1989), «Managing Quality in Staff Areas», *Quality Progress*, vol. 22, n° 10, octobre, p. 91.

12 DUSSART, Christian (1986), *Stratégie de marketing*, Chicoutimi, Gaëtan Morin ; Paris, Éditions Eska S.A.R.L., p. 120.

13 NANTEL, Jacques (1989), «La segmentation, un concept analytique plutôt que stratégique», *Gestion*, vol. 14, n° 3, septembre, p. 76-82.

14 PORTER, Michael E. (1985), *Competitive Advantage*, New York, The Free Press, p. 12.

15 DUSSART, Christian, *op. cit.*, p. 122-125, 131 et PORTER Michael E., *op. cit.*, p. 12-14.

16 DUSSART, Christian, *op. cit.*, p. 125, 126, 132 et PORTER Michael E., *op. cit.*, p. 14.

17 DUSSART, Christian, *op. cit.*, p. 126-129, 132-133 et PORTER Michael E., *op. cit.*, p. 15-16.

18 Notez que les classifications des services au chapitre 2 contribuent grandement à vérifier votre efficacité pour ce qui est de la différenciation. En effet, si vous constatez, lors de l'analyse concurrentielle (section 2.2.7), que votre firme est constamment entourée de multiples compétiteurs, en quoi le client aurait-il intérêt à franchir *votre* seuil de porte?

19 DAVIDOW, William H. et Bro UTTAL (1989), «Service Companies: Focus or Falter», *Harvard Business Review*, vol. 67, n° 4, juillet-août, p. 83.

20 Voir respectivement William H. DAVIDOW et Bro UTTAL, *op. cit.*, p. 77-85, puis PORTER Michael E., *op. cit.*, p. 16-17.

21 ÉTIENNE, Eisenhower C. (1988-1989), «La gestion de la production des services publics», *Recueil de textes et de cas: HÉC Code 3-505-84,* n° 516 (88-89), p. 39-90 (Texte commandité par l'ÉNAP).

22 DAVIDOW, William H. et Bro UTTAL, *op. cit.*, p. 77-85 ; TEBOUL, James (1988), «De-industrialize Service for Quality», *Strategy, Quality and Ressource Management in the Service Sector, International Journal of Operations and Production Management*, MCB University Press, vol. 8, n° 3, p. 39-45 ; HESKETT, James L. (1986), *Managing in the Service Economy*, Boston, Harvard Business School Press, p. 27-29.

23 SOCIÉTÉ RADIO-CANADA. *La santé: et maintenant qui va payer?*, Série Dossier de l'émission *Les Beaux Dimanches*. Réalisation: Max Cacopardo ; journaliste: Pierre Sormany. 29 septembre 1991, 60 min.

24 Internet: http://www.dmv.state.va.us.

25 ALBRECHT, Karl et Ron ZEMKE, *op. cit.,* p. 66-67.

26 COUPET, André (1990), «Le service à la clientèle: de la stratégie de marketing à la gestion de la qualité», *Gestion*, vol. 15, n° 4, novembre, p. 29-30.

27 COUPET, André, *op. cit.*, p. 31.

28 BONOMA, Thomas V. et Victoria L. CRITTENDEN (1988), «Managing Marketing Implementation», *Sloan Management Review*, vol. 29, n° 2, hiver, p. 13.

29 GRÖNROOS, Christian (1981), «Internal Marketing — An Integral Part of Marketing Theory», *Marketing of Services*, James H. Donnelly and William R. George, eds., Chicago, Proceedings series, AMA, p. 237-238.

30 HOROVITZ, Jacques (1986), «La non-qualité tue», *Harvard-L'Expansion*, n° 41, été, p. 53-61.

31 CHAUVEL, Alain-Michel (1988), «Qualité, facteur d'économie», *Qualité: La revue de la gestion intégrale de la qualité*, vol. 9, n° 2, été, p. 17-19.

32 MOLINA, Joseph (1989), *Évaluation des coûts de la qualité*, Québec, ministère de l'Industrie, du Commerce et de la Technologie, p. 29.

33 HOROVITZ, Jacques, *op. cit.*

34 CAILLIBOT, Pierre F. et Joseph KÉLADA (1986), *Gérer la qualité: Pourquoi et comment*, Québec, ministère de l'Industrie et du Commerce, p. 10 ; CHAUVEL Alain-Michel, *op. cit.* ; HOROVITZ, Jacques, *op. cit.*

35 MOLINA, Joseph, *op. cit.*, p. 14.

36 CHAUVEL, Alain-Michel, *op. cit.*

37 AFNOR NF X 50-109 (Association française de normalisation), pris dans EIGLIER, Pierre, Eric LANGEARD et Catherine DAGEVILLE (1989), « La qualité de services », *Revue française du marketing*, n° 121, p. 93-100.

38 DESATNICK, Robert L. (1989), « Long Live the King », *Quality Progress*, vol. 22, n° 4, avril, p. 25.

Partie 2

La qualité dans
l'entreprise de services

Chapitre 4
Retour à la case marketing

Chapitre 5
Vers des services de qualité

Chapitre 4

Retour à la case marketing

L e chapitre 3 traitait des principales causes du piètre état actuel de la qualité des services. Compte tenu des frais exorbitants de la non-qualité, évalués à près de 24 milliards par année au Québec[1], et du contexte économique de la mondialisation des marchés, une stratégie nationale en matière de qualité devient souhaitable.

C'est ainsi qu'est née, en 1991, la fameuse Charte québécoise de la qualité totale, qui comprend un engagement en deux volets (voir l'encadré 1). Le premier volet concerne l'État québécois qui promet : 1) d'harmoniser ses moyens d'intervention en formation, en éducation et en ce qui a trait à ses programmes d'aide avec les exigences du concept de la qualité totale, 2) d'étendre l'implantation de la qualité totale à la fonction publique, et 3) d'inciter ses fournisseurs à souscrire à une telle démarche. Le second volet s'adresse au chef d'entreprise, qui est invité à adhérer aux grands principes qui sous-tendent la qualité totale, tels que l'écoute du client, l'amélioration continue des produits ou services, la reconnaissance du personnel, la formation des ressources humaines et la création d'outils de mesure permettant d'évaluer la performance des produits ou services en fonction des besoins des clients[2]. Tant à l'échelle québécoise que canadienne, il nous faut agir.

Encadré 1

Charte québécoise de la qualité totale

Au-delà de la Charte de la qualité, c'est-à-dire qu'il y ait présence ou non d'une action concertée entre l'État et les entreprises, il reste que ces dernières ont tout intérêt à s'orienter vers des services de qualité. Nous verrons, aux chapitres 4 et 5, comment il est possible d'y parvenir.

4.1 LE CONCEPT DE MARKETING : L'EFFICIENCE ET L'EFFICACITÉ

Depuis l'émergence du concept de marketing, voilà quelques décennies déjà, une majorité d'entreprises se sont graduellement transformées, passant d'une orientation vers la production à une orientation vers le marché.

Pour illustrer l'approche production, pensons à un entrepreneur qui, après avoir eu une bonne idée, lance un produit ou un service, en espérant que le marché soit preneur. Par l'approche marketing, le processus est inversé. D'abord, on définit ce que les consommateurs désirent, puis on fait un prétest, et, finalement, on lance le nouveau produit ; tout cela, dans le but de réduire les risques financiers.

La conjoncture actuelle laisse de moins en moins de place à la chance dans le monde des affaires. En effet, dans plusieurs pays, et plus particulièrement au Québec, nous assistons à un ralentissement démographique, de sorte que la demande totale du marché intérieur ne croît plus aussi vite qu'auparavant. De plus, l'offre est parfois de beaucoup supérieure à la demande, ce qui provoque la baisse de prix, un accroissement de la concurrence et une amplification de la compétitivité des entreprises dans leurs stratégies et tactiques de marketing. Sur le plan socioéconomique, il est pratiquement devenu impossible de faire baisser le taux de chômage et la rareté des ressources financières se fait sentir quotidiennement. Sur le plan sociopolitique, on déréglemente certaines industries et on procède à une ouverture des marchés nationaux, ce qui fait place à de nouveaux joueurs, des joueurs colossaux. Enfin, sur le plan socioculturel, les valeurs et les styles de vie se modifient, rendant primordiale l'étude des comportements des consommateurs.

Selon l'approche marketing, il s'avère essentiel de donner priorité aux champs perceptuels, c'est-à-dire à la vision des consommateurs, plutôt qu'au champ fonctionnel, à savoir les seules réalités techniques de l'entreprise. Dans l'industrie manufacturière, par exemple, un directeur de marketing pourrait décider d'ajouter de « puissantes granules bleues » dans un savon à lessive. Anodin sur le plan technique, ce changement pourrait modifier la perception des consommateurs quant à l'efficacité du produit.

En ce qui concerne les entreprises de services, la situation est similaire. Nous avons vu que les organisations qui évoluent dans le secteur tertiaire, en présence de clients, n'épousent pas nécessairement pour autant l'approche marketing. Au contraire, certains gérants ou propriétaires de commerces de détail se limitent à ce qui leur est familier, selon *leur* désir et *leur* croyance : l'approche production. Un test intéressant consiste à demander au responsable des employés de première ligne, ou à tout autre individu ayant un pouvoir décisionnel, sa définition du terme *marketing*. Dans le domaine du commerce de détail, par exemple, la plupart répondront que c'est la publicité du siège social, la promotion sur le lieu de vente, un bel étalage dans les rayons, des comptoirs propres et bien remplis, un comportement courtois, etc. Si, pour certaines entreprises, ces réponses peuvent s'avérer suffisantes, tant mieux ! Malheureusement, il semble que cela soit très rare. Au contraire, ce genre de détails opérationnels s'éloigne de la raison d'être principale du marketing, qui est de **savoir répondre plus efficacement que la concurrence aux attentes et aux besoins des consommateurs**, permettant ainsi à l'entreprise de tirer un profit appréciable de ses activités... et de survivre.

Rendons-nous à l'évidence : un manager qui se contente de faire *fonctionner* son commerce n'exécute qu'une partie de ses responsabilités. L'autre partie consiste à faire *croître* l'organisation, ce qui est parfois complexe. Cependant, pour y arriver, deux possibilités s'offrent à lui. La première, et la moins bonne à long terme, se limite à mieux faire ce que l'on fait présentement, c'est-à-dire à accroître l'**efficience**. Il s'agit en quelque sorte d'obtenir le maximum d'extrant avec le minimum d'intrant. Certains auteurs parlent de *mieux faire les choses*. La seconde possibilité pour faire croître une organisation consiste à améliorer son **efficacité**. Ce terme s'apparente aux fondements mêmes du marketing, puisqu'il a une connotation d'innovations et de survie à long terme. L'efficacité signifie *faire les bonnes choses*. Ainsi, en matière de service, l'individu le mieux placé pour décrire dès le départ quelles sont ces *bonnes choses*, donc ce qu'est un service de qualité, c'est le **client**.

- Nommez cinq gestes concrets que vous ferez le mois prochain afin d'augmenter l'efficacité de votre entreprise.

- Que comptez-vous faire en ce qui concerne l'efficience ?

- À partir des notions d'efficience et d'efficacité, en quoi consiste, selon vous, la productivité ?

4.2 L'ANALYSE D'UN MODÈLE MARKETING DE LA QUALITÉ DES SERVICES

Bien que l'économie nord-américaine soit de plus en plus axée sur l'industrie tertiaire, il est étonnant de constater la rareté des modèles conceptuels portant sur la qualité des services. C'est aux chercheurs Parasuraman, Zeithaml et Berry que nous devons le modèle présenté à la figure 1, modèle qui fait autorité dans ce domaine.

La partie supérieure à la ligne pointillée au centre illustre la formation du jugement du client, alors que la partie inférieure de la figure indique les étapes à suivre par le gestionnaire de marketing au moment de l'élaboration d'une politique de qualité de services.

Le modèle présente principalement cinq écarts relatifs à la qualité des services, chacun de ces écarts pouvant être source de non-qualité, ou, plus rarement, d'une surqualité. Il est important de savoir que, lorsque l'on brise la chaîne, c'est-à-dire dès que l'entreprise échoue dans l'un de ces écarts, il devient hasardeux et très difficile de réparer la faute et de satisfaire la clientèle. Compte tenu de l'importance de ce modèle, son étude détaillée s'impose.

Figure 1

Un modèle de la qualité de service

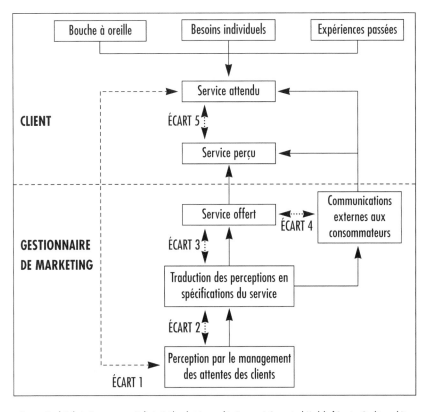

Source : Traduit de A. Parasuraman, Valarie Zeithaml et Leonard L. Berry, « A Conceptual Model of Service Quality and Its Implications for Future Research », *Journal of Marketing*, vol. 49, n° 4, automne 1985, p. 44, American Marketing Association.

4.2.1 Écart 1 : définir adéquatement les attentes des clients

Pour pratiquer l'approche marketing, nous avons vu qu'il est essentiel de connaître les besoins des consommateurs, leurs attentes et leurs perceptions. Ces renseignements devraient être obtenus objectivement auprès de ces individus. Toutefois, bon nombre de gestionnaires et de dirigeants s'imaginent que leurs années d'expérience sur le terrain compensent la recherche et décident de ne pas recourir à de telles études. Bien que l'expérience demeure un atout indiscutable, de nombreux managers exploitent mal cette expérience et s'enracinent au fil des ans dans *leurs* habitudes et *leurs* perceptions de la réalité, sans être capables d'écouter le client ni de se renouveler. L'anecdote présentée à l'encadré 2, racontée par une responsable de la formation de l'industrie hôtelière et rapportée par Albrecht et Zemke, illustre cette situation avec éloquence.

Encadré 2

L'expérience est parfois trompeuse !

Elle avait personnellement organisé un séminaire à l'intention des divers directeurs et superviseurs de son hôtel. L'essentiel des activités portait sur la qualité du service à la clientèle. Comme l'heure de la pause café approchait, une personne du groupe demanda : « Quels sont les moments de vérité liés à une chose aussi simple qu'une pause café ? Quels sont les facteurs du succès ? » Cela les amena à examiner rapidement ce qu'ils considéraient, en tant qu'individus, important dans une pause café.

Peu de temps après, la responsable de la formation mena une petite enquête auprès d'autres personnes travaillant dans l'hôtel. Elle demanda au serveur qui dressait la table du café ce qui, selon lui, constituait une bonne pause café. Elle demanda également l'opinion du responsable du restaurant et du directeur de l'hôtel. Les trois tombèrent d'accord sur le fait que le café devait être de la plus haute qualité, bien préparé et servi dans de belles tasses. Il fallait qu'il soit servi dans une cafetière élégante et astiquée, sur une table propre et bien présentée.

Aucun des participants au séminaire n'avait mentionné l'un de ces facteurs. Ce qu'ils voulaient, c'était ne pas faire la queue pendant des heures pour se faire servir et ne pas se faire bousculer pour obtenir une tasse de café ou de thé. Ils souhaitaient également que la cafétéria soit située près des toilettes et des téléphones, un facteur qu'aucun des planificateurs n'avaient envisagé. À l'évidence, les participants au séminaire avaient pensé au café dans le contexte global d'une coupure réelle qui permet de satisfaire divers besoins. Aucun ne mentionna même la qualité ou l'arôme du café. « Je me demande, dit d'un air rêveur le responsable de la formation, dans quelle mesure nous n'essayons pas, bien souvent, d'attirer nos clients avec des prestations auxquelles ils n'attachent aucune importance. »

Source : Adapté de Karl Albrecht et Ron Zemke, *La dimension service*. Traduit de « Service America ! Doing Business in the New Economy » par Claudine Bataille, préface de Paul Dubrule et Gérard Pelisson, co-présidents de ACCOR. Paris, Les Éditions d'Organisation, 1987, p. 64-65 (Coll. Forum international du Management).

« Être branché sur le client » ou « être à l'écoute du client » consiste à comprendre puis à réduire l'écart entre le service attendu par les clients et la perception qu'a le gestionnaire de marketing des attentes de ces derniers, ce qui correspond à l'approche marketing définie plus haut. La seule façon d'y parvenir, au risque de se répéter, est d'effectuer des études de marché sérieuses et périodiques, puis de faire en sorte que cela fasse partie intégrante des habitudes de gestion de l'entreprise.

Encadré 3

Écart 1 : l'approche marketing débute par des sondages

Du confort ou des jeux ?

Que veulent les passagers ? Une étude de la compagnie aérienne Cathay Pacific (Hongkong) a révélé avec surprise que l'élément auquel les clients de Cathay attachent le plus d'importance est le système de télévision personnel, ce petit écran rétractable dont est pourvu chaque siège en classe Affaires et en Première. On peut y choisir son film ou son jeu vidéo préféré.

Pas moins de 95 % des clients interrogés par les enquêteurs de Cathay ont placé le petit téléviseur en tête sur la liste de leurs priorités — Cathay en équipera d'ailleurs tous ses sièges de classe économique au cours des prochaines semaines. Le critère « confort des sièges » ne récoltait que 90 %, tandis que l'efficacité du service en cabine et la qualité des repas arrivaient loin derrière, avec respectivement, 50 % et 45 % des suffrages ! [...]

Qu'en est-il des Nord-Américains et des Européens ? Chez Air Canada, on a interrogé 1 500 usagers. L'espace arrivait en tête des exigences, suivi par les programmes pour voyageurs assidus et l'enregistrement accéléré.

Chez Air France, on parle de confort et de procédures simplifiées. « Il semble que nos clients prennent la qualité de la cuisine et le film pour acquis », dit le directeur des relations publiques, André Boily. [...]

Conscients que les passagers ne veulent plus être tassés comme des sardines, les transporteurs essaient d'aménager leurs cabines en tentant de concilier les critères de confort et de rentabilité. Quant aux longues files devant les comptoirs d'enregistrement, elles ne seront bientôt plus qu'un mauvais souvenir grâce aux nouvelles technologies. Celles-ci permettent déjà à des écrans magnétiques de « lire » le nom des passagers sur leur carte de crédit et d'enclencher en quelques fractions de secondes le processus d'enregistrement.

Source : Adapté de André Désiront, *La Presse*, Montréal, 17 février 1996, p. H5.

En plus des études de marché, il est suggéré aux entreprises qui désirent être à l'écoute des clients de **favoriser la communication de l'information** du personnel en contact avec la clientèle vers les dirigeants, et de **réduire le nombre de niveaux hiérarchiques**, de façon à rapprocher les dirigeants des clients[3].

• Faites-vous partie des dirigeants qui se fient à leur expérience afin de connaître les attentes de la clientèle ?

4.2.2 Écart 2 : transformer les attentes en standards de qualité

Même lorsque le gestionnaire de marketing perçoit adéquatement les attentes des clients, il n'est pas toujours facile de concrétiser celles-ci en spécifications de services. Beaucoup de spécialistes mentionnent qu'au cours de ce processus, on se heurte à des contraintes de ressources, de marché et d'engagement du management[4].

En ce qui a trait aux contraintes de ressources, Parasuraman et ses collègues citent les services saisonniers, tels que les entreprises de réparation de climatiseurs, qui ne savent comment répondre à la demande de pointe, dans une période, de surcroît, où le gros du personnel désire prendre des vacances. Les contraintes de ressources humaines peuvent également avoir trait à la *qualité* du personnel. En effet, de nombreux dirigeants n'ont pas la formation requise pour concevoir et diffuser des standards mesurables, de sorte qu'ils émettent des « normes », souvent floues, aussi difficiles à interpréter qu'à mettre en pratique. Nous verrons d'ailleurs, au chapitre 5, la façon de concevoir des standards adéquats, en fonction des signaux utilisés par la clientèle.

La contrainte des ressources financières complique davantage la situation. À quoi bon, en effet, émettre des standards adéquats à l'intention du client si l'entreprise ne dispose pas de fonds pour obtenir l'effectif ou le matériel nécessaires lui permettant d'accomplir sa mission ?

En ce qui concerne les contraintes de marché, les nouveautés technologiques et les changements dans les lois, entre autres, accentuent le problème relié à cet écart. Par exemple, il est probable que le mécanicien d'une station-service a de plus en plus de difficulté à suivre efficacement l'évolution technologique des véhicules automobiles. Enfin, en ce qui a trait à l'engagement total des managers, nous savons que les paroles nobles sont monnaie courante, plus que les actes concrets, ce dont nous parlerons au prochain chapitre.

Quelques minutes de réflexion

- Compte tenu des contraintes évoquées, percevez-vous la satisfaction des clients comme une mission impossible ? Si oui, allez immédiatement lire le volet 1 du chapitre suivant !

- Quelles démarches utilisez-vous afin de traduire vos perceptions des attentes des clients en spécifications de services ?

4.2.3 Écart 3 : offrir des services en fonction des standards

Passer de spécifications théoriques à un service concret n'est pas aisé. Les organisations offrant des services hautement interactifs, intensifs en personnel et donnés à plusieurs endroits — donc multisites — sont particulièrement vulnérables à cet écart[5]. De plus, le bris de matériel et même les caprices de la nature peuvent rendre aléatoire la qualité du service. Le service est compromis lorsque, par exemple, les ordinateurs d'une banque tombent en panne ou qu'une station de ski ferme son téléphérique à cause de vents violents. Cela correspond à l'aspect hétérogène du service, que nous avons décrit au deuxième chapitre. Nous proposerons ultérieurement quelques solutions visant à réduire ce troisième écart. Il faut compter, par exemple, sur un système de livraison des services adéquat et sur la présence d'employés formés et motivés.

Quelques minutes de réflexion

• Les employés en contact avec la clientèle peuvent-ils vraiment mettre à exécution les standards établis ? Sont-ils suffisamment nombreux ? Sont-ils assez formés et soutenus par leur supérieur hiérarchique ? Disposent-ils d'une certaine latitude ?

N.B. : Cette question s'inspire des propos de Françoise Jacquemin, note 15 de ce chapitre.

4.2.4 Écart 4 : publiciser ce qu'il est réellement possible d'offrir

Il est important pour la renommée d'une entreprise que ses prestations soient cohérentes avec les promesses faites aux consommateurs par le truchement des communications marketing. De plus en plus d'entreprises proposent le service de développement de photos en une heure, des voyages sans surprises, la meilleure pièce théâtrale de l'année, le concert de la décennie, et elles ne livrent pas toujours la marchandise. Les promesses haussent les attentes du client et risquent de modifier négativement la perception de ce dernier quant à la qualité du service reçu[6].

Davidow et Uttal proposent plutôt de **sous-promettre** afin d'être en mesure de **surdélivrer** légèrement[7]. Pour leur part, Eiglier et ses collègues suggèrent d'implanter une communication interne permettant à tous d'être au courant de ce qui est annoncé au client et de rejeter toute communication marketing qui surévaluerait le service[8].

Il est également souhaitable de prendre en considération la publicité indirecte, qui ne provient pas de l'organisation. Par exemple, il est embarrassant pour un magasin de vêtements de ne pas avoir un produit en stock, au moment de la campagne promotionnelle du fabricant. Même l'information dans les grands quotidiens peut devenir importante. Les rubriques des critiques de vins, de restaurants, de livres ou de disques, notamment, peuvent avoir un effet sur la demande.

La figure 1 démontre que la publicité peut influer positivement sur le service perçu par le client. Les entreprises offrant des services qualifiés d'invisibles (par exemple : l'électricité, le téléphone, la câblodistribution ou les assurances) auraient tout intérêt à exploiter davantage ce stratagème communicationnel. Le message à véhiculer pourrait se résumer de la façon suivante : « On est là, réalisez-vous tout ce qu'on fait pour vous ? » Cette façon de faire n'est pas sans utilité, en particulier pour les services invisibles offerts sur une base continuelle, puisque les clients, par accoutumance, oublient les efforts déployés à leur endroit[9]. Albrecht et Zemke mentionnent, par exemple, que la compagnie d'électricité ne devient vraiment visible qu'en deux occasions : au moment de la réception de la facture ou encore lorsque l'interrupteur est placé en position de marche et que rien ne s'allume[10]. Les entreprises offrant des services invisibles devraient donc informer leurs clientèles et médiatiser leurs efforts si elles veulent que leurs services soient appréciés à leur juste valeur.

 *Quelques minutes de réflexion*

• Quelles sont les conséquences, en ce qui concerne l'écart 4, si les vendeurs d'un commerce de détail ou d'automobiles exposent uniquement les vertus d'un contrat de garantie prolongée ?

4.2.5 Écart 5 : mettre tout en œuvre pour obtenir un verdict positif

Selon les auteurs du modèle, cet écart mesure l'opinion du client à l'égard de la qualité du service[11]. L'objectif premier d'une firme consiste donc à atteindre, voire à surpasser, les attentes du client. Pour l'entreprise, il va de soi que l'écart entre le service perçu et le service attendu dépend de la maîtrise des quatre écarts précédents. Ainsi, puisque les écarts peuvent être positifs, nuls ou malheureusement négatifs, l'une des tâches des managers sera d'analyser les causes de toute variation significative.

Outre les communications externes vers les consommateurs, le modèle présenté à la figure 1 indique que le service attendu varie aussi selon la publicité de bouche à oreille, les besoins individuels et les expériences passées des consommateurs avec l'entreprise ou un concurrent. Le prix est un autre élément à considérer ; il permet de déterminer les attentes des consommateurs, puisque l'on sait que plus le prix est élevé, plus le client s'attend à un service élaboré[12].

Par ailleurs, il est également possible d'estimer le type de service qu'attend un client, d'après le choix qu'il fait du prestataire. Il est aisé de comprendre que l'individu qui va à une cafétéria ne s'attend pas à obtenir le même genre de service qu'au restaurant français Le Vrai Chablis, situé à Saint-Lambert, en banlieue de Montréal ! Les attentes, en ce qui a trait à la qualité, varient d'un segment de marché à l'autre[13].

Les attentes peuvent, enfin, varier selon le type de produit acheté chez un même détaillant. Ainsi, l'acheteur d'un véhicule neuf et luxueux s'attend à recevoir un service très personnalisé, plus que s'il achetait une voiture d'occasion fortement dépréciée. Une simple matrice des principales attentes des clients en fonction des grandes catégories de marchandises serait donc, déjà, d'une grande utilité au gestionnaire de marketing désireux de satisfaire ses clients[14].

Un exemple portant sur l'achat de boissons alcoolisées est présenté au tableau 1. Cet exemple, bien que fictif, démontre comment l'on assigne une valeur numérique à chacune des cellules retenues. Pour ce faire, il est conseillé d'effectuer une petite enquête auprès d'un échantillon représentatif de clients. Il ne s'agit pas de s'attarder au dégré total de service attendu, mais plutôt aux **variations dans la pondération des attributs**. Au fait, cette approche n'est pas exclusive aux commerces de détail. Un dentiste, par exemple, peut estimer le degré de nervosité d'un client, et la relaxation qu'il devra susciter, selon l'âge du client et le type de traitement requis.

Tableau 1

Matrice des attentes de la clientèle en fonction de la catégorie de marchandise

Exemples d'attributs	Catégorie de marchandise		
	Vin de table (/10)	Autres produits « réguliers » (/10)	Produits dits de « spécialité » (/10)
Langage à utiliser	Amateur (4)	Variable (6)	Technique (8)
Type de service	Courtois (6)	Attentionné (7)	Personnalisé (9)
Disponibilité de références techniques	Variable (6)	Préférable (7)	Nécessaire (8)
Total du degré de service attendu	16/30	20/30	25/30

Source : Exemple basé sur les propos de Roy Burns, « Customer Service vs Customer Focused », *Retail Control*, vol. 57, n° 3, mars 1989, p. 26-27.

Quelques minutes de réflexion

- La seule façon d'obtenir le verdict des clients, permettant ainsi de recommencer la roue des 5 écarts, est d'effectuer des sondages. Le faites-vous ?

4.3 UN MODÈLE ÉTENDU DE LA QUALITÉ DES SERVICES

Nous avons vu au chapitre 2 que la dynamique de la simultanéité de la production et de la consommation est importante dans le domaine des services. Pour mieux refléter cette dynamique au sein du modèle de la qualité des services abordé précédemment, il y aurait avantage à améliorer ce dernier en y introduisant une zone interactive[15] que nous appellerons **zone de servuction** (voir la figure 2).

Figure 2

Modèle étendu de la qualité de service

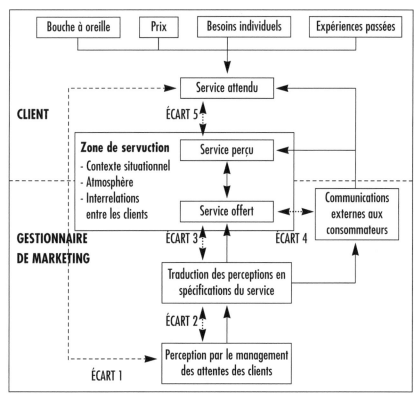

Source : Traduit et adapté de A. Parasuraman, Valarie Zeithaml et Leonard L. Berry, « A Conceptual Model of Service Quality and Its Implications for Future Research », *Journal of Marketing*, vol. 49, n° 4, automne 1985, p. 44, American Marketing Association.

Dans cette zone, en premier lieu, on constate la présence simultanée des employés de première ligne et de la clientèle. La relation qui se développe entre eux doit être mise en valeur par une flèche à double direction, entre le service perçu et le service offert. Rappelons qu'il ne s'agit pas de l'achat d'un produit tangible, que le client juge à la suite de sa consommation, mais d'une expérience de service dont l'évaluation se fait, en bonne partie, parallèlement à sa consommation durant toutes les étapes de la livraison. Lorsqu'il est servi, le client peut non seulement évaluer la prestation, mais aussi, et surtout, montrer des réactions ou émettre des commentaires propres à modifier la nature du service offert.

En second lieu, le modèle de la figure 2 démontre que l'environnement interne de la zone de servuction se compose d'éléments divers, que le gestionnaire de marketing ne doit pas négliger dans sa gestion courante. Il peut s'agir du **contexte situationnel** qui règne, de l'**atmosphère** et des **interrelations entre les clients.** Ces éléments seront vus ultérieurement puisqu'ils sont tous en mesure de modifier la perception du service et le service offert (sections 5.2.1, 9.4 et 10.6).

En somme, l'apport de la zone de servuction ajoute une dose de réalisme au modèle, car la simultanéité de la production et de la consommation est une caractéristique naturelle des services.

4.4 LE LIEN ENTRE LA QUALITÉ ET LA SATISFACTION DU CLIENT

Le service à la clientèle peut faire le succès ou causer l'échec d'une entreprise. La satisfaction des clients a donc une incidence directe dans le processus[16]. En fait, selon l'étude de Schutz et Casey, la qualité du service est fortement et positivement reliée à la satisfaction[17].

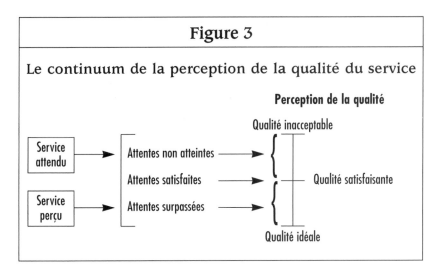

Figure 3

Le continuum de la perception de la qualité du service

Perception de la qualité

Qualité inacceptable

Service attendu → Attentes non atteintes →

Attentes satisfaites → Qualité satisfaisante

Service perçu → Attentes surpassées →

Qualité idéale

Sources : Traduit et adapté de Leonard L. Berry, Valarie A. Zeithaml et A. Parasuraman, « Quality Counts in Services, Too », *Business Horizons*, vol. 28, n° 3, mai-juin 1985, p. 47, reproduit avec la permission de la Foundation for the School of Business, Indiana University ; également de A. Parasuraman, Valarie Zeithaml et Leonard L. Berry, « A Conceptual Model of Service Quality and Its Implications for Future Research », *Journal of Marketing*, vol. 49, n° 4, automne 1985, p. 48, American Marketing Association.

Puisque les clients demeurent les derniers juges en matière de qualité, il vaut la peine d'examiner en profondeur la nature de l'écart entre le service perçu et le service attendu (écart 5 du modèle de la qualité de service). Le schéma de la figure 3, qui résume l'opinion de la majorité des chercheurs en ce domaine, s'interprète de la façon suivante : lorsque le service perçu (SP) est inférieur au service attendu (SA), la perception de la qualité est moins que satisfaisante et devient totalement inacceptable, au fur et à mesure que l'écart s'accroît (si SP < SA : les attentes ne sont pas atteintes) ; lorsque la perception du service équivaut approximativement au service attendu, la qualité du service est considérée comme satisfaisante (si SP ≃ SA : les attentes sont satisfaites) ; finalement, lorsque le service perçu est supérieur au service attendu, la qualité devient plus que satisfaisante et tend vers l'idéal, au fur et à mesure que l'écart grandit (si SP > SA : les attentes sont surpassées[18]).

Le modèle proposé par Garfein (figure 4) se distingue par la présence de trois continuums. Pour saisir la nature des liens entre les attentes, la perception du service et le degré de satisfaction, voyons l'exemple hypothétique suggéré par l'auteur du modèle :

> Un client détient des cartes American Express et Visa. Supposons que ce client a des attentes beaucoup plus élevées envers American Express qu'envers Visa. Disons qu'il perd ses deux cartes et désire en obtenir de nouvelles. Dans cet exemple, même si American Express effectue un travail de remplacement de carte légèrement supérieur à Visa, le service d'American Express est inférieur aux attentes, alors que celui de Visa surpasse les attentes. Le client se retrouve déçu d'American Express et agréablement surpris par Visa[19].

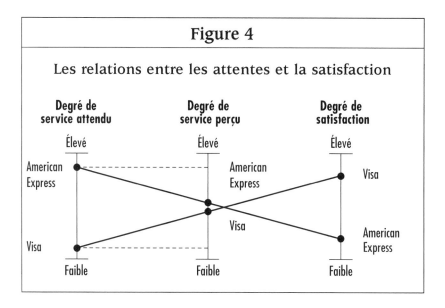

Figure 4

Les relations entre les attentes et la satisfaction

Source : Traduit de Richard T. Garfein, « A Company Study : Evaluating the Impact of Customer Service Delivery Systems », *The Journal of Services Marketing*, vol. 1, n° 2, automne 1987, p. 24.

Il faut comprendre, pour utiliser ces modèles, que le positionnement de chaque point se veut d'ordre général. Les clients ayant plusieurs critères d'évaluation, un exercice de regroupement s'avère préférable, afin que l'on puisse n'afficher qu'une évaluation globale sur le continuum. Cet exercice d'évaluation globale s'apparente d'ailleurs à l'utilisation de la matrice numérique suggérée par Burns au tableau 1 de la section 4.2.5.

Puisque les modèles des figures 3 et 4 reposent sur le même paradigme, il est possible de les combiner et de proposer un modèle d'ensemble encore plus complet (figure 5).

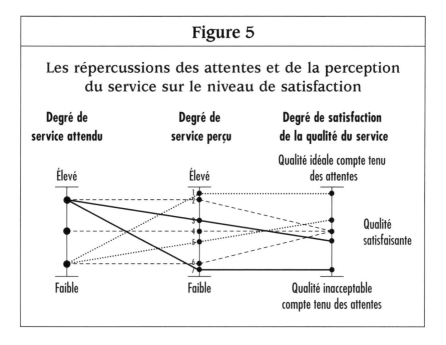

Figure 5

Les répercussions des attentes et de la perception du service sur le niveau de satisfaction

Source : Traduit et adapté de Richard T. Garfein, «A Company Study : Evaluating the Impact of Customer Service Delivery Systems», *The Journal of Services Marketing*, vol. 1, n° 2, automne 1987, p. 24.

Advenant le cas où la perception du service est largement supérieure à ce qui était attendu (ligne 1), la qualité sera jugée idéale par les consommateurs. Si la pente demeure positive, mais moins accentuée, comme dans l'exemple de Visa (ligne 5), la qualité sera considérée comme très bonne. Bien entendu, la situation est inversée aux lignes 7 et 3.

En raison de leur pente nulle entre les deux premiers continuums, les lignes pointillées 2, 4 et 6 correspondent normalement à un degré de qualité satisfaisant pour la clientèle. En effet, dans la mesure où le client choisit ses prestataires de services en fonction de ses désirs, il aura autant de chance d'être satisfait en mangeant chez Burger King avec des amis (ligne 6) qu'en dégustant un filet mignon dans un restaurant huppé (ligne 2).

Maintenant que le lien entre la qualité du service et la satisfaction du client a été démontré, un gestionnaire sceptique pourra toujours rétorquer que ce n'est pas parce qu'un client est satisfait d'un prestataire qu'il retournera nécessairement acheter au même endroit. Lorsqu'un résidant change de ville, par exemple, il est bien obligé de modifier ses habitudes de consommation ! En outre, il existe de nombreux services dont un client ne se prévaut qu'une seule fois, ou peu fréquemment, de sorte qu'il peut être tentant de rechercher le profit à court terme, quitte à reléguer la qualité des services et la satisfaction des clients au second plan.

Les auteurs de cet ouvrage demeurent tout de même convaincus que, en règle générale, la trilogie « qualité du service—satisfaction du client—retour du client » conserve tout son sens, si l'on tient compte de la **dimension temporelle** et du **bouche à oreille**. Kyj et ses collègues, par exemple, mentionnent d'ailleurs que l'éducation et les services funéraires (théoriquement des cas d'achat unique) connaissent une demande **répétitive** lorsque ces services sont considérés sur une base familiale, c'est-à-dire dans une perspective à long terme[20].

Nombre d'études démontrent l'importance de la qualité et de la satisfaction du client. Schutz et Casey, entre autres, ont démontré l'existence d'une relation faible, mais significative, entre la satisfaction et la fréquence d'utilisation, la force du lien variant en fonction du type de service[21]. Par ailleurs, la célèbre étude PIMS (Profit Impact of Market Strategy), effectuée chez 2600 entreprises par le Strategic Planning Institute of Cambridge au Massachusetts, stipule que **la performance financière est directement liée à la perception de la qualité des produits et des services d'une entreprise**. De plus, cette étude indique que **le service au client figure parmi les outils les plus efficaces** lorsqu'on souhaite modifier la perception que les clients ont de la qualité[22].

Encadré 4

La trilogie qualité du service— satisfaction du client—retour du client

Je suis le client qui ne revient jamais

Je suis un client agréable. Tous les commerçants me connaissent. Je suis celui qui ne se plaint jamais, quel que soit le service que je reçois.

Lorsque je vais acheter quelque chose, je ne bouscule personne. J'ai des égards pour autrui. Si je tombe sur un vendeur arrogant qui s'irrite parce que je veux regarder plusieurs articles avant de décider, je reste poli. Je ne crois pas que l'impolitesse soit la réponse.

Je ne fais pas d'éclats, pas de plaintes, pas de critiques et je ne ferais jamais de scènes comme je l'ai vu faire dans des endroits publics. Non, je suis le client agréable, mais je suis aussi le client agréable qui ne revient jamais.

C'est ma façon à moi de me venger de vos mauvais traitements, de devoir acheter tout ce que vous me présentez, parce que je sais que je ne reviendrai pas. Ça ne me soulage pas le cœur sur-le-champ, mais c'est bien plus satisfaisant à long terme que de piquer des crises.

De fait, un client agréable comme moi, sans compter tous les autres, peut mener une affaire à la ruine. Et il y a des tas de gens comme moi. Lorsqu'on nous a assez bousculés, nous allons dans un autre magasin où l'on apprécie les clients agréables.

Rira bien, comme on dit, qui rira le dernier. Je ris quand je vous vois faire des annonces frénétiques pour me récupérer, alors que vous auriez pu me retenir avec quelques mots gentils et un sourire.

Votre affaire est peut-être dans une autre ville et votre situation « différente », mais, si vos affaires vont mal, il y a fort à parier que si vous changez d'attitude, ça finira par se savoir et, de client agréable qui ne revient jamais, je deviendrai le client agréable qui revient toujours — et emmène ses amis.

Anonyme

Source : Zig Ziglar, *Les secrets pour conclure la vente*, Traduction de *Zig Ziglar's Secrets of Closing the Sale*, Saint-Hubert, Québec, Les éditions Un monde différent, 1985, p. 135 (Collection motivation et épanouissement personnel).

Afin de résumer les données précédentes, la figure 6 présente le lien entre les attentes d'un client, le service reçu, son degré de satisfaction et les répercussions que cela a sur ses attitudes et ses comportements. Il apparaît clairement que la qualité ou la non-qualité d'un service n'est jamais sans suite.

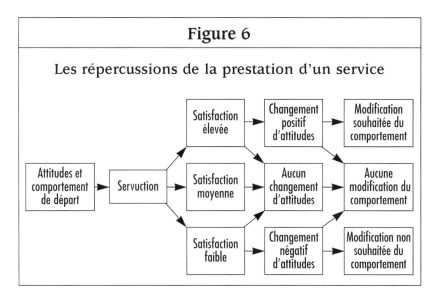

Figure 6

Les répercussions de la prestation d'un service

Source : Traduit de Richard T. Garfein, « A Company Study : Evaluating the Impact of Customer Service Delivery Systems », *The Journal of Services Marketing*, vol. 1, n° 2, automne 1987, p. 21.

Enfin, livrons un dernier argument pour démontrer l'importance de la qualité des services. Il est établi que 85,1 % des gens aiment conserver le même fournisseur de services le plus longtemps possible[23]. **La satisfaction et la fidélité par la qualité**, voilà donc le mot d'ordre qui mène à la viabilité de l'entreprise.

 • Le personnel de l'entreprise est-il conscient des avantages de la trilogie « qualité du service — satisfaction du client — retour du client » ?

4.5 L'ÉVOLUTION DES BESOINS ET LA NOTION DE MINIMUM REQUIS

Nous avons vu au début de ce chapitre que la conjoncture actuelle est en pleine mutation. Sur le plan de la consommation, la vogue est aux produits écologiques, tandis que, dans les services, le tourisme est en pleine expansion.

Il est naturel que les besoins et les attentes, en ce qui concerne les biens et les services, évoluent constamment. Ainsi, sur le plan individuel, les expériences passées modifient les besoins : une insatisfaction, un incident ou une expérience inoubliable, ici ou à l'étranger, fait en sorte que le client *développe* ses goûts. Après avoir visité, par exemple, le parc Animal Kingdom (Floride), il faut bien admettre qu'il n'est guère stimulant d'aller voir le zoo local ! Les expériences influent également sur les attentes d'un individu quant à la qualité des services qu'il reçoit. Lorsque l'on expérimente un même service pour la 100e fois, il est normal que l'on hausse ses exigences.

Tout en conservant à l'esprit cette constante évolution, il convient de chercher à connaître, au moment présent, les éléments qui déterminent les décisions d'achat des clients. Ces éléments se classent en deux grandes catégories, celle du **minimum requis** et celle de la **valeur ajoutée**. Le tableau 2 permet de mieux comprendre leurs caractéristiques respectives.

Tableau 2

Les distinctions clés entre un service minimum requis et un service à valeur ajoutée

Service minimum requis

1. Les attentes, conditions et demandes minimales (« normales ») des consommateurs.

2. Il s'agit en premier lieu de minimiser les sources potentielles d'insatisfaction des consommateurs.

3. Le service de base (générique) offert au client.

4. L'essentiel pour espérer devenir compétitif.

5. Représente les éléments communs à l'industrie.

6. L'entreprise ne reçoit pas de fleurs, de compliments ni de primes pour la réussite de cette performance. Ce n'est donc pas une caractéristique valable de tactique communicationnelle. Par surcroît, un message axé sur une variable minimale requise peut engendrer plus de tort que de bien.

7. Elle récolte un démérite, voire la perte graduelle de sa clientèle, si elle n'est pas en mesure de combler ces exigences minimales.

8. *Exemples en matière de composante de l'offre de services* : obtenir des vêtements propres du nettoyeur, du courant électrique à domicile ; présence de téléphones à l'aéroport. *Exemples au sujet du degré de service* : propreté en restauration ; ponctualité des trains.

Service à valeur ajoutée

1. Augmente la valeur du service offert.

2. Va au-delà des attentes courantes des consommateurs.

3. C'est ce qui différencie le service d'une compagnie de celui de ses concurrents.

4. La firme mérite des primes pour sa performance.

5. À la suite d'une défaillance, elle risque moins le blâme.

6. C'est souvent le fruit d'un effort particulier du personnel en contact.

7. Le choix des éléments de cette catégorie ne doit pas être pris à la légère. Comme pour les produits, une surqualité non justifiée et non reconnue par la clientèle devient nul autre qu'un gaspillage de ressources.

8. *Exemples en matière de composante de l'offre de services*: disponibilité d'un écran de télévision personnel dans un avion de ligne, d'un porte-verre intégré au siège d'une salle de cinéma. *Exemples au sujet du degré de service*: une serveuse de restaurant ramasse le manteau qui a glissé de votre dossier; le lavage gratuit du véhicule réparé.

Sources: Adapté de Karl Albrecht et Ron Zemke, *La dimension service*. Traduit de « Service America! Doing Business in the New Economy » par Claudine Bataille, préface de Paul Dubrule et Gérard Pelisson, coprésidents de ACCOR. Paris, Les Éditions d'Organisation, 1987, p. 43, 77 (Coll. Forum International du Management); D. Randall Brandt, « How Service Marketers Can Identify Value-enhancing Service Elements », *The Journal of Services Marketing*, vol. 2, n° 3, été 1988, p. 35, 36, 40; Craig Cina, « Creating an Effective Customer Satisfaction Program », *The Journal of Services Marketing*, vol. 3, n° 1, hiver 1989, p. 6-8 et Jacques Horovitz, « La non-qualité tue », *Harvard-L'Expansion*, n° 41, été 1986, p. 56-57.

En parcourant le tableau, le lecteur pourra s'interroger sur les deux variétés d'exemples présentés à chacun des points 8. D'une part, les exemples à propos des composantes de l'offre de services font appel à la notion d'efficacité: De quel service s'agit-il? Quels sont les services essentiels? Lesquels rehaussent le prestige de l'organisation? Selon Dan Thomas, cet exercice de répartition est le pendant de **l'analyse de la valeur** dans les entreprises industrielles[24]. Ainsi, s'il est normal d'avoir accès à des chaînes supplémentaires par l'entremise d'un câblodistributeur (minimum requis), il demeure inédit d'avoir accès à Internet par ce même réseau (valeur ajoutée). D'autre part, les exemples au sujet du degré de service font davantage appel à la notion de l'efficience: Comment le service est-il rendu? De quelle façon fait-on les choses? Quel minimum doit-on offrir pour un service donné? Quel élément ou attitude serait apprécié pour ce service? Par exemple, s'il est normal qu'un caissier de magasin accepte avec plaisir le paiement par carte de débit, c'est encore mieux s'il se donne la peine d'offrir au client un retrait additionnel pour obtenir de l'argent comptant (valeur ajoutée!). En somme, pour chacun des services offerts, qu'ils soient bas, moyen ou haut de gamme, les gestionnaires de marketing ont un éventail de possibilités allant du seuil minimum à de multiples valeurs ajoutées. Bien sûr, ce qui est une valeur ajoutée pour un service bas de gamme peut constituer le minimum requis pour un service haut de gamme.

La tâche du gestionnaire consiste à répartir les éléments du service dans l'une ou l'autre des catégories. Pour ce faire, deux méthodes de recherche s'offrent à lui. La première, qualitative, consiste en des groupes de discussion. La seconde, quantitative, procède à l'analyse des résultats d'un questionnaire[25]. Ces deux méthodes, il va de soi, ont le mérite de se baser sur l'opinion des consommateurs et non sur les hypothèses personnelles des gestionnaires.

L'objectif de l'exercice consiste, pour le gestionnaire de marketing, à déterminer les priorités et à **répartir judicieusement les ressources dont il dispose**. Néanmoins, en raison de la notion d'évolution dont nous avons parlé plus haut, si le gestionnaire s'en tient au moment présent, les résultats, à long terme, seront vains. En effet, les notions de minimum requis et de valeur ajoutée sont également liées à l'évolution des attentes. Ainsi, une organisation dont un élément du service surpasse présentement les attentes des clients peut tout de même, tôt ou tard, n'offrir qu'un minimum requis, puisque les clients augmentent sans cesse leurs attentes[26]. Pour demeurer compétitive, l'organisation doit prendre périodiquement le pouls des attentes de son marché, de façon à ajuster, s'il y a lieu, son offre de services.

L'évolution des attentes de la clientèle n'est pas le seul facteur susceptible de hausser le seuil du service minimum requis. Le jeu de la concurrence intervient également, au grand plaisir de la clientèle. En effet, les consommateurs connaissent l'art de transformer un service à valeur ajoutée en minimum requis, lorsqu'un compétiteur est en mesure d'offrir le même service[27]. Voilà pourquoi, à titre d'exemple, les stations pétrolières de type libre-service disposent de plus en plus de lave-autos automatisés, de dépanneurs, et même de franchises de restauration rapide.

Il importe de ne pas confondre les notions du service de base et des services périphériques avec le concept du service minimum requis et des services à valeur ajoutée. Qu'il s'agisse d'un service de base principal, de base dérivé ou périphérique, on devra toujours respecter un seuil de conditions minimales et on trouvera toujours la possibilité d'y ajouter de la valeur. Dans le tableau 3, on suggère l'exemple d'un hôtel quatre étoiles.

Tableau 3		
5 notions bien distinctes		
Exemples pour un hôtel quatre étoiles	Service minimum requis	Service à valeur ajoutée
Service de base principal : chambre	Propre et confortable, présence d'une piscine et d'un restaurant	Location possible d'un ordinateur personnel
Service de base dérivé : restaurant	Cuisine raffinée, présence de téléphones et de toilettes	Disponibilité d'un conseiller en vin
Service périphérique du service de base dérivé : les toilettes	Sans graffitis ni odeurs nauséabondes	Distributrices de serviettes hygiéniques

Comme le démontre l'exemple, la présence d'un service périphérique peut constituer le minimum requis du service de base. Certains «périphériques» s'avèrent même obligatoires pour l'obtention du service principal. Pensons notamment à la manutention et à l'inspection aux rayons X des bagages dans le transport aérien.

• À l'été 1998, de nombreux magasins n'acceptaient pas encore le mode « paiement direct ». Quelle serait la réaction de leurs gestionnaires, s'ils apprenaient qu'une étude avait démontré, deux ans plus tôt, que ce mode de paiement était déjà considéré comme un service minimum requis ?

CONCLUSION

Qu'est-ce qu'un service de qualité ? Nous avons vu qu'il ne faut pas trop vous fier à votre expérience. Avez-vous déjà effectué un sondage exhaustif afin de déterminer ce que *votre* clientèle attend de *vos* services ? La plupart des grandes entreprises ont compris que ce sont les clients qui décident. N'est-il pas logique de connaître l'opinion de ces derniers ?

Pour aider l'entreprise dans sa quête de qualité, l'un des outils les plus prometteurs en matière de marketing des services est le modèle de la qualité des services, traité à l'intérieur de ce chapitre. La compréhension des cinq écarts par une entreprise donne à celle-ci une longueur d'avance sur ses rivales moins ambitieuses.

En ce qui concerne la question « Le client est-il vraiment roi ? », interrogeons-nous, d'abord, sur le droit des uns et des autres. Le client aime se sentir intelligent et avoir la certitude qu'il fait une bonne affaire. On lui reconnaît aussi des droits fondamentaux, tels que celui d'être servi d'une façon courtoise en tout temps, de recevoir de l'information juste et d'obtenir satisfaction lorsqu'un service est fautif[28]. D'ailleurs, de plus en plus de commerces se font un point d'honneur d'adopter et d'afficher une charte des droits des clients, ce qui est fort audacieux pour certains d'entre eux (voir l'écart 4 du modèle de la qualité de service).

Les organisations ont aussi leurs droits, le premier étant d'obtenir des bénéfices à la fin de l'année financière. Si le personnel en contact doit sans cesse abandonner ses activités pour répondre aux problèmes des clients, c'est la *survie* de l'entreprise qui devient en jeu[29].

Encadré 5

Un cas d'attitude inexcusable

Air Canada laisse un handicapé baigner dans son urine

Gilles Daoust, président de la firme de Sherbrooke qui a mis au point le système de détection des plants de pot par caméra aérienne, se souviendra longtemps du vol d'Air Canada qu'il a pris le 3 août dernier pour revenir de Londres à Montréal. Atteint de paralysie partielle aux quatre membres, circulant en fauteuil roulant, M. Daoust revenait d'une mission commerciale en Finlande quand des employés d'Air Canada lui ont fait vivre un véritable enfer, le forçant à baigner dans son urine pendant de très longues heures.

Les mésaventures de ce docteur en biologie ont commencé dès l'embarquement à l'aéroport d'Heathrow, où les passagers devaient monter à bord de l'appareil en utilisant une rampe d'escalier mobile parce qu'il n'y avait pas de transbordeur disponible. Étant assez corpulent, M. Daoust a refusé qu'un employé le prenne dans ses bras pour le monter à bord, craignant les risques de blessure.

Pendant que les agents de bord annonçaient que le vol serait retardé parce qu'« un handicapé n'avait pas prévenu les autorités de sa venue », M. Daoust était hissé à bord à l'aide d'une plate-forme élévatrice médicale. « J'étais scandalisé parce qu'avant mon voyage, j'avais envoyé une lettre à Air Canada pour expliquer ma condition, mais on m'avait dit que ce n'était pas nécessaire et que mon fauteuil roulant ne posait pas problème », raconte-t-il.

Dans l'avion, les agents de bord auraient refusé de l'aider à prendre place dans son siège et c'est un employé de l'aéroport qui a dû le prendre seul dans ses bras. La manœuvre, délicate à effectuer pour une seule personne, a dérapé. Il a perdu son pantalon, se retrouvant presque nu devant les passagers, et son cathéter urinaire a été brisé. « Ma paralysie fait que je n'ai pas de sensation dans la région du bassin, je n'ai donc pas pu me retenir d'uriner sur moi pendant tout le voyage », indique-t-il.

Rendu à Mirabel, il doit franchir les douanes et attendre ses bagages dans une chaise à roulettes conçue pour les déplacements dans l'avion, son pantalon entièrement mouillé, parce que son fauteuil roulant est introuvable. Réclamant à un employé d'Air Canada un endroit isolé pour se changer, M. Daoust est conduit dans un bureau de la GRC. L'employé s'en va quérir de l'aide et revient une demi-heure plus tard pour lui dire que personne n'est disponible avant plusieurs heures... En désespoir de cause,

M. Daoust demande à ses employés qui l'ont accompagné dans la mission commerciale de l'aider à changer son pantalon et son cathéter.

De retour chez lui, il écrit à Air Canada pour se plaindre. « Ils m'ont répondu que c'était bien dommage pour moi et que si je voulais qu'ils fassent quelque chose, je devais signer une décharge et un document leur donnant accès à toutes mes informations personnelles, ce que j'ai évidemment refusé. » Devant la réaction de M. Daoust, Air Canada lui a alors indiqué que le dossier était clos. « J'ai été ridiculisé devant 400 personnes et Air Canada me dit que c'est à moi de faire la preuve de tout ça, déplore M. Daoust. Je me serais minimalement attendu à ce que la direction de la compagnie montre qu'elle a le goût de respecter la dignité des gens, mais ce n'est visiblement pas le cas. »

Au moment même où M. Daoust racontait son histoire à *La Presse*, l'Office des transports du Canada (OTC) terminait hier trois jours d'audiences publiques à Montréal sur les « lacunes » des compagnies aériennes canadiennes dans le transport des personnes handicapées. Alors que les transporteurs soutiennent que des aventures comme celles de M. Daoust sont des cas isolés, l'OTC en arrive à la conclusion que les programmes de formation des employés souffrent souvent d'un certain manque d'efficacité...

Source : Charles Grandmont, *La Presse*, Montréal, 27 septembre 1997, p. A5.

Il y a donc une juste part des choses à faire. En premier lieu, le client a intérêt à **choisir** des établissements de services à la hauteur de ses attentes. Il a la responsabilité de s'informer, de comparer les différentes offres qui lui sont faites et, même, de se renseigner sur la réputation des prestataires auprès des organismes gouvernementaux[30].

En second lieu, l'entreprise, qui a avantage à conserver sa clientèle, devra elle aussi savoir **choisir** ses intrants, afin d'augmenter les probabilités de satisfaction et de ré-achat de la clientèle. Il s'agit, pour l'entreprise, de faire un effort pour s'adresser au bon public, à l'occasion de ses communications marketing. Nous estimons, en conséquence, que le client est bel et bien roi s'il fait partie du ou des marchés visés par l'entreprise. Cependant, si le roi s'est trompé de château, les garanties sont moins sûres...

NOTES

1 GROUPE DE CONCERTATION SUR LA QUALITÉ, Communiqué Défi qualité 1991 : « Robert Bourassa dévoile la Charte québécoise de la qualité totale ».

2 GROUPE DE CONCERTATION SUR LA QUALITÉ, *op. cit.*

3 EIGLIER, Pierre, Eric LANGEARD et Catherine DAGEVILLE (1989), « La qualité de services », *Revue française du marketing*, n° 121, p. 93-100.

4 PARASURAMAN, A., Valarie ZEITHAML et Leonard L. BERRY (1985), « A Conceptual Model of Service Quality and Its Implications for Future Research », *Journal of Marketing*, vol. 49, n° 4, automne, p. 41-50 ; BERRY, Leonard L., A. PARASURAMAN et Valarie A. ZEITHAML (1988), « The Service-Quality Puzzle », Business Horizons, vol. 31, n° 5, septembre-octobre, p. 35-43.

5 BERRY, Leonard L., A. PARASURAMAN et Valarie A. ZEITHAML, *op. cit.*, p. 38.

6 Plusieurs spécialistes partagent cet avis, notamment : HOROVITZ, Jacques (1986), « La non-qualité tue », *Harvard-L'Expansion*, n° 41, été, p. 53-61 ; KING, Carol A. (1985), « Service Quality Assurance is Different », *Quality Progress*, juin, p. 14-18 ; PARASURAMAN, A., Valarie ZEITHAML et Leonard L. BERRY, *op. cit.*

7 DAVIDOW, William H. et Bro UTTAL (1989), « Service Companies : Focus or Falter », *Harvard Business Review*, vol. 67, n° 4, juillet-août, p. 77-85.

8 EIGLIER, Pierre, Eric LANGEARD et Catherine DAGEVILLE, *op. cit.*, p. 98. Par exemple, à l'automne 1990, la Société des alcools du Québec, alors aux prises avec une grève de ses camionneurs, faisait malheureusement l'inverse ! Historiquement parlant, la variété des produits offerts en succursale était à son plus bas niveau depuis belle lurette, mais toutes les occasions semblaient bonnes pour scander le joyeux slogan : « Le plaisir de choisir ». À la décharge de la SAQ, il faut admettre qu'il n'est pas toujours aisé (possible ?) d'annuler une campagne. Mais il n'en demeure pas moins que, face à ce genre de situation, les clients « [...] s'aperçoivent brusquement du décalage énorme entre ce qui est promis et ce qui est offert. Mieux vaut dans un tel cas ne pas faire de publicité du tout. » ALBRECHT, Karl et Ron ZEMKE (1987), *La dimension service*. Traduit de « Service America ! Doing Business in the New Economy » par Claudine Bataille ; préface de Paul Dubrule et Gérard Pelisson, co-présidents de ACCOR. Paris, Les Éditions d'Organisation, p. 111 (Coll. Forum International du Management).

9 LEVITT, Theodore (1981-1982), « Pour vendre vos produits intangibles, matérialisez-les ! », *Harvard-L'Expansion*, n° 23, hiver, p. 107-115.

10 ALBRECHT, Karl et Ron ZEMKE, *op. cit.*, p. 57.

11 PARASURAMAN, A., Valarie ZEITHAML et Leonard L. BERRY, *op. cit.*, p. 46.

12 Voir William H. DAVIDOW et Bro UTTAL, *op. cit.*, puis GARFEIN, Richard T. (1988), « Guiding Principles for Improving Customer Service », *The Journal of Services Marketing*, vol. 2, n° 2, printemps, p. 37-41.

13 EIGLIER, Pierre, Eric LANGEARD et Catherine DAGEVILLE, *op. cit.*, p. 94.

14 BURNS, Roy (1989), « Customer Service vs Customer Focused », *Retail Control*, vol. 57, n° 3, mars, p. 26-27.

15 Cette expression provient de JACQUEMIN, Françoise (1994), « Dans la chorégraphie du service, pas de grands écarts », *Bulletin de Dimension Clientèle*, vol. 4, n° 2, juin, p. 3.

16 GARFEIN, Richard T., *op. cit.*, p. 37.

17 SCHUTZ, Howard G. et Marianne CASEY, « Consumer Satisfaction with Occupational Services : Quality, Frequency, Attitudes, and Information Sources », *International Fare in Consumer Satisfaction and Complaining*, Proceedings of the 7th annual CS/D & CB conference, 17-19 octobre 1982, Ralph L. DAY and H. Keith HUNT, editors (1983), p. 81-86.

18 PARASURAMAN, A, Valarie ZEITHAML et Leonard L. BERRY, *op. cit.*, p. 48-49.

19 GARFEIN, Richard T. (1987), « A Company Study : Evaluating the Impact of Customer Service Delivery Systems », *The Journal of Services Marketing*, vol. 1, n° 2, automne, p. 23.

20 KYJ, Myroslaw J., C. JAYACHANDRAN et John L. HAVERTY (1988), « Expanding Marketing Opportunities with Pre-need Services », *The Journal of Services Marketing*, vol. 2, n° 3, été, p. 55-63.

21 SCHUTZ, Howard G. et Marianne CASEY, *op. cit.*

22 UTTAL, Bro (1987), « Companies that Serve You Best », *Fortune*, vol. 116, n° 13, 7 décembre, p. 98.

23 SCHUTZ, Howard G. et Marianne CASEY, *op. cit.*

24 THOMAS, Dan R. E. (1978-1979), « Les entreprises de service se gèrent autrement », *Harvard-L'Expansion*, n° 11, hiver, p. 14-15.

25 Voir respectivement CINA, Craig (1989), « Creating an Effective Customer Satisfaction Program », *The Journal of Services Marketing*, vol. 3, n° 1, hiver, p. 5-14 ; puis BRANDT, D. Randall (1988), « How Service Marketers Can Identify Value-enhancing Service Elements », *The Journal of Services Marketing*, vol. 2, n° 3, été, p. 35-41.

26 BRANDT, D. Randall, *op. cit.*, p. 40.

27 CINA, Craig, *op. cit.*, p. 7.

28 Voir le tableau des droits des clients dans HUNTER, Eugenia S. (1988), « Quality : A Consumer Perspective », *Quality Digest*, vol. 8, n° 11, novembre, p. 32, tiré de : « The Customer Communicator », publié par Marketing Publications Inc., Washington, D.C.

29 AMERICAN MARKETING ASSOCIATION (1986), « Services Marketers Must Balance Customer Satisfaction Against their Operational Needs », *Marketing News*, vol. 20, n° 21, 10 octobre, p. 14.

30 WILKIE, William L. (1986), *Consumer Behavior*, New York, John Wiley & Sons, p. 575.

Chapitre 5

Vers des services de qualité

D ans les quatre premiers chapitres, le contenu et l'importance du concept de la qualité, de même que les enjeux qui en découlent, ont été expliqués. Bien qu'essentielles, ces connaissances sont insuffisantes dans l'optique de l'amélioration de la qualité. Nous avons vu que le piètre état actuel de la qualité des services exige que des actions concrètes soient faites pour rectifier la situation. Quoi faire? Comment s'achemine-t-on vers des services de qualité? De quelle façon une entreprise peut-elle mettre en œuvre de tels services? L'objectif du chapitre 5 est d'approfondir ces questions.

Notre argumentation comporte deux volets, dont la compréhension et l'application sont essentielles pour toute démarche vers la qualité. Le premier volet traite de la dimension humaine et abstraite de l'organisation. Nous y abordons des thèmes comme la culture organisationnelle, le leadership, la volonté et la responsabilité. Ces thèmes relatent, en quelque sorte, le « feu sacré », l'énergie insufflée aux troupes. Le second volet est davantage technique et propose aux organisations un cheminement en trois étapes, afin qu'elles parviennent à spécifier leurs propres standards de qualité.

Ces deux volets sont à la fois concourants et interdépendants : concourants, parce qu'ils permettent tous deux à l'entreprise d'accroître la qualité de ses services, et interdépendants, parce que l'efficacité du tout repose sur une complémentarité entre la culture et la technique. En effet, s'il est inutile de se lancer dans les standards techniques avant l'acceptation et le partage d'une philosophie de base, il serait également futile, aux yeux de la clientèle, de se limiter à cette philosophie, sans mettre concrètement en œuvre des standards appropriés.

5.1 VOLET 1 : AVOIR LE FEU SACRÉ

Une entreprise n'a véritablement le feu sacré que lorsque sa culture organisationnelle est réellement orientée vers la qualité totale. Qu'est-ce que la **culture organisationnelle** ? Parasuraman considère que la culture organisationnelle est le fruit d'un partage d'une philosophie, d'idéologies, de valeurs, de croyances, d'attentes et de normes entre les membres d'une organisation. Il s'agit d'une force invisible, de messages informels influençant le comportement des individus, parfois de façon plus marquée que n'y parviennent les politiques formelles d'une organisation[1].

La culture organisationnelle peut donc se définir comme l'ambiance dans laquelle vivent tous les membres de l'organisation. Cette ambiance, qui n'est pas statique mais dynamique, est principalement créée par le président, le propriétaire ou le responsable de l'organisation. Consciemment ou non, la majorité des dirigeants inculquent une culture au sein de leur organisation. Par conséquent, il est bon d'examiner s'il existe précisément une façon de penser ou une culture propre à favoriser l'émergence de services de qualité.

À la lumière des nombreuses recherches effectuées pour la rédaction de cet ouvrage, il semble que les spécialistes prêchent effectivement pour l'adoption d'une culture donnée : une culture *orientée vers la clientèle*. Idéalement, tous les membres d'une organisation devraient avoir à l'esprit que le patron ultime est le client.

Les chercheurs préconisent deux grandes approches — ou moyens — pour promouvoir une telle culture. La première approche, proposée par les experts en production, consiste en la **gestion intégrale de la qualité**, outil de gestion maintenant devenu classique[2]. La seconde approche, le **marketing interne**, est proposée par des spécialistes en marketing et présentée à la fin du volet 1.

La majorité des livres sur la question se limitent à l'une ou l'autre de ces deux approches. Dans cet ouvrage, il nous est apparu avantageux de miser sur le potentiel de chacune d'elles, car elles conviennent toutes deux aux entreprises de services. En effet, la gestion intégrale de la qualité et le marketing interne s'avèrent des philosophies de gestion cohérentes et compatibles. Elles visent à promouvoir un seul et même objectif : la **qualité totale**, qui consiste à satisfaire le plus grand nombre de besoins d'un client, qu'il soit interne ou externe à l'organisation[3].

5.1.1 L'importance de la culture d'entreprise

Plusieurs avantages d'une culture organisationnelle orientée vers la qualité totale sont reconnus :

- Elle contribue à maintenir sur une base régulière la prestation d'un service de qualité supérieure. L'opinion des spécialistes n'est cependant pas unanime quant à l'importance de cet avantage. Pour certains, une bonne culture organisationnelle est la solution efficace à tous les maux ; pour d'autres, elle représente un modeste supplément qui permet d'améliorer la bonne marche des affaires. Les auteurs de cet ouvrage optent pour une position médiane ; la culture organisationnelle est d'abord et avant tout une question d'attitude. Cette attitude, ou cette philosophie d'entreprise, axée vers la qualité totale, est une condition nécessaire mais pas la seule. La culture organisationnelle doit être accompagnée de structures appropriées, d'outils concrets, dont certains feront l'objet du volet 2 de ce chapitre.

- Nous savons que la résultante d'un service (ex. : l'arrivée à destination après une course en taxi) est plus facile à contrôler que le processus (ex. : service courtois du conducteur). Au moment où s'effectue le processus de livraison d'un service, les employés auront toutefois tendance à s'autocontrôler davantage, si un tel système de gestion est adopté et partagé par tous. L'autocontrôle est d'autant plus nécessaire lorsque l'employé évolue seul (ex. : l'enseignant) ou lorsque la livraison du service se fait chez le client, un particulier ou une entreprise (ex. : le réparateur de téléviseurs, le consultant).

- Elle revêt un rôle critique pour les entreprises de services reposant sur une main-d'œuvre intensive, là où la qualité est fortement conditionnée par la relation employé-client[4]. La présence d'une culture favorable à la qualité totale accentue donc l'**effort discrétionnaire** fourni par le personnel pour atteindre cet objectif[5].

- Elle permet aux employés de mieux prendre en charge les demandes inhabituelles, non routinières, qui sont faites dans la zone de servuction[6].

- La création de nouveaux services est coûteuse et les imitations sont fréquentes. Puisque les services ne peuvent être protégés par des brevets, la culture d'entreprise, difficile à copier, devient en soi une protection contre la concurrence.

Quelques minutes de réflexion

- Définissez les caractéristiques et les particularités de la culture organisationnelle de votre entreprise. Dans quelle mesure celle-ci est-elle orientée vers la qualité totale ? Dans quelle mesure est-elle unique ?

5.1.2 La prise des « pouls » !

Avant d'apporter un changement sur le plan de la culture organisationnelle, le manager doit d'abord comprendre et évaluer la situation en cours. Nous proposons une démarche en trois phases.

En premier lieu, le gestionnaire doit déterminer si l'étape de la **prise de conscience** a été franchie. Cette phase indispensable est caractérisée par une réflexion approfondie sur les sources potentielles de la non-qualité produite par l'organisation. Une telle introspection exige du courage, particulièrement lorsqu'une remise en question des procédures de l'organisation doit être faite. De façon générale, cette étape consiste à **admettre** qu'il y a toujours matière à progrès en ce qui concerne la qualité du service. Toutefois, il faut plus que reconnaître un problème : il faut une **volonté réelle d'y apporter un correctif**.

Si le président n'est pas, lui-même, persuadé de l'importance d'une démarche vers la qualité et de l'importance d'être à l'écoute du client, toute l'entreprise en souffre. Au contraire, lorsque le pdg « mange », « rêve » et « respire » service, il lui est plus facile d'en convaincre les employés[7]. En fait, le succès en matière de qualité n'appartient qu'aux dirigeants **profondément convaincus** ; ainsi, les exigences financières à court terme, les difficultés et les découragements ne les font pas reculer dans leur démarche[8]. Cela ne signifie pas que le dirigeant doit tout faire lui-même. Si certains présidents aiment visiter et vérifier leurs propres établissements, d'autres, à l'inverse, préfèrent déléguer. Quel que soit le style de gestion, l'élément à retenir est la **consistance des propos**. Nous y reviendrons.

Encadré 1

Vous vous souvenez de Nationair ? La non-qualité était-elle inacceptable... ou acceptable ?

Les passagers qui paient le moins sont-ils les plus chialeux ?

Encore une fois, le grand problème des retards d'avion est celui évoqué par plusieurs lecteurs qui nous ont fait parvenir des lettres pour nous raconter leurs mésaventures. Quatre de ces lettres concernent Nationair.

Jacques Monté a été victime d'un retard de cinq heures sur un vol à destination de Los Angeles le 25 juillet, puis, de trois heures, au retour, le 8 août. Dans une lettre en date du 22 août adressée au président de Nationair, M. Monté se plaignait non seulement des retards, mais aussi de l'insolence du personnel de Nationair et de la présence d'un commandant de bord unilingue anglophone sur l'avion le ramenant de Los Angeles. L'intérêt de cette lettre vient surtout de la réponse qu'elle devait susciter de la part du président de Nationair, M. Robert Obadia.

> Je regrette les inconvénients que vous avez subis en raison des retards. Je regrette aussi que l'ensemble des services reçus nous vaille le qualificatif de « pourri ».
>
> Vous me permettrez tout de même de vous faire part d'une expérience personnelle. Il y a environ 15 jours, je devais me rendre à Kansas City (4 heures aller-retour pour 787 $). Départ prévu à 7 h, vol retardé à 12 h 40. Escale prévue à Chicago, 40 minutes. Escale réelle, 2 heures. Retard total, près de 7 heures. Allocation repas ? Aucune. Repas à bord ? Une boîte de plastique avec un morceau de fromage, deux crackers et cinq raisins. Mais tout cela n'est pas réellement important. Ce qui m'a stupéfait, c'est que je n'ai vu, ni entendu aucun passager se plaindre. Pas la moindre impatience, pas le moindre grognement. Un collègue d'un autre transporteur me disait un jour que moins les passagers paient, plus ils sont exigeants. Aurait-il raison ? Bien à vous,
>
> Robert Obadia

Réplique (résumée) de M. Monté : « En somme, on ne devrait pas se plaindre de quoi que ce soit à cause des bas prix de Nationair ! »

Les trois autres lettres signées par Gilles Brunelle, de Saint-Jérôme, Talleen Hacikyan, de Montréal et Luce Forest, de Montréal évoquent des problèmes similaires à ceux de M. Monté. Il serait trop long de toutes les résumer. Disons que l'on y retrouve le même ton courroucé, la même exaspération, la même colère.

Que faut-il en dire ? Le problème n'est pas nouveau, il a affecté plus sérieusement Nationair que les autres transporteurs et il va probablement prendre de l'ampleur, que ce soit ici ou ailleurs dans le monde causant des ennuis aux clients de bien d'autres compagnies. Tout cela parce que l'on veut voyager davantage et ce, à meilleur prix. [...]

Source : Adapté de François Trépanier, *La Presse*, Montréal, 22 décembre 1990, p. 15.

En deuxième lieu, il est pertinent de prendre le pouls des employés. Le dirigeant constatera probablement qu'il existe un phénomène naturel de résistance aux changements. De plus, si les gens sont découragés, désabusés, cyniques ou démoralisés par des programmes antérieurs qui ont échoué, ils peuvent ne pas accrocher au virage proposé[9]. Tâter le terrain par une enquête ou des interviews portant sur le climat de travail peut en dire long sur l'accueil qui sera réservé aux changements au moment de leur introduction et de leur mise en œuvre.

Citons en exemple la chaîne hôtelière Marriott, qui fait, annuellement, un sondage sur les attitudes de ses employés, suivi, deux semaines plus tard, d'une réunion annonçant les actions entreprises à la suite des résultats de l'enquête. Les gestionnaires rencontrent également les employés de tous les niveaux de l'organisation, organisent des groupes de discussion et procèdent à des entrevues individuelles[10]. Une autre façon, plus économique, d'évaluer l'état d'esprit régnant dans l'organisation consiste à parcourir, s'il y a lieu, le journal interne publié par le syndicat. En fait, peu importe la méthode employée, les gestionnaires ne doivent pas perdre contact avec les réalités quotidiennes vécues par les membres du personnel. Carol A. King précise qu'il vaut mieux reconnaître et régler les sources de stress et de mécontentement des employés, avant qu'elles ne se transforment en comportements indésirables devant la clientèle[11].

Encadré 2

Un cas de relations de travail problématique. Le pouls s'est arrêté en mai 1993...

Pour le retard d'un vol, Nationair réclame 121 000 $ à ses employés congédiés

« Ce n'est pas humain ; nous avons reçu la lettre la veille du Jour de l'an. Je ne comprends pas pourquoi ils nous harcèlent à ce point. C'est dégueulasse... » Nathalie Simard figure au nombre des 10 agents de bord de Nationair qui ont reçu le 31 décembre une lettre de leur employeur exigeant un dédommagement de 121 000 $ de leur part pour les pertes encourues à la suite du vol 681 en provenance de Fort-Lauderdale, le 1ᵉʳ décembre.

Ce jour-là, les vacanciers de la Floride devaient prendre l'air à 14 h 30, mais de nombreux retards occasionnés par des bris mécaniques et électriques ont obligé la compagnie à reporter une, deux, trois, puis quatre fois l'heure du vol. Les 12 agents de bord, qui avaient commencé leur journée à 7 h 45 le matin, en ont eu assez à 22 h 45. Avec les trois heures de vol jusqu'à Montréal, ils auraient ainsi accumulé au moins 18 heures de travail dans une même journée.

Or, la convention prévoit que l'équipage n'a pas à travailler plus de 18 heures. En accord avec les passagers, selon leurs affirmations, les agents ont quitté l'appareil et organisé une nuit à l'hôtel. Nationair répliquait cependant à cette initiative le lendemain en congédiant 10 des 12 agents de bord pour avoir refusé d'obéir aux ordres du capitaine de l'appareil.

Fait à signaler, même si la compagnie reproche à ses ex-agents d'avoir refusé d'effectuer le vol, l'avion n'a, de toute façon, pu s'arracher du sol que le lendemain à 15 h, à la suite de nouveaux retards imputables aux problèmes mécaniques.

La lettre que vient d'envoyer le vice-président aux Ressources humaines de Nationair, Georges Tchoryk (bien qu'il déclare ne pas l'avoir lue !), à 11 agents de bord explique que la compagnie a subi des dommages s'élevant à 120 979$, « incluant les sommes qu'elle devra payer aux 281 passagers à titre de compensation ».

Le syndicat des employés de Nationair estime de son côté que l'employeur doit faire ses demandes d'indemnisation au syndicat et non pas aux employés impliqués, mais la direction soutient que les agents de bord ont décidé de quitter leur travail sans consulter leur syndicat.

Lawrence Huot, président du syndicat (SCFP) représentant les agents de bord de Nationair, estime que la manœuvre du transporteur aérien vise à intimider les 500 employés, actuellement en renégociation de salaire. Il a d'ailleurs déposé une plainte à Travail Canada et une autre au Conseil des relations de travail. « Nous attendons les dates d'audition », laisse-t-il simplement tomber.

Source : Éric Trottier, *La Presse*, Montréal, 5 janvier 1991, p. A5.

En dernier lieu, selon les résultats de la phase précédente, l'entreprise devra apprendre à respecter les employés. La grande majorité des spécialistes partagent l'opinion suivante : lorsque le comportement des dirigeants et les structures internes font peu de cas des employés, ces derniers ne témoignent pas plus d'égards envers la clientèle. Par exemple, un guichetier frustré, une caissière débordée ou un courtier mal informé par son siège social ne peuvent faire mieux que de transmettre aux clients leur état d'âme[12]. Il faut donc faire preuve de réalisme et considérer que le message, l'attitude et le comportement de l'organisation ne sont pas sans conséquences sur la performance du personnel en contact avec la clientèle.

Quelques minutes de réflexion

• Si vous êtes le pdg de l'entreprise, faites l'introspection suggérée au début de la section 5.1.2. Sinon, lisez immédiatement la section 5.1.8, puis faites preuve de persévérance.

5.1.3 L'introduction d'une culture orientée vers la prestation d'un service de qualité

La mise en place et le maintien d'une philosophie de gestion doivent se dérouler sous la responsabilité de la haute direction de l'organisation. En fait, c'est au président que revient la tâche de s'occuper de l'atteinte de l'objectif de qualité totale.

Selon Joseph Kélada, la grande majorité des échecs, lors de l'introduction de la gestion intégrale de la qualité, provient du fait que les entreprises ne se sont pas donné la peine de convaincre tout le monde de l'importance capitale de **réaliser**, de **maintenir** et d'**améliorer** continuellement la qualité. Elles n'ont rien fait pour susciter et maintenir l'enthousiasme, elles n'ont rien fait pour que chacun applique systématiquement et continuellement les notions, les techniques et les concepts relatifs à la gestion intégrale de la qualité[13].

Kélada explique la manière d'introduire une culture orientée vers la prestation d'un service de qualité :

> Le premier préalable à l'introduction de la gestion intégrale de la qualité (GIQ) dans une entreprise, c'est un programme bien orchestré de **dramatisation**. La dramatisation est un choc nécessaire à l'initiation du changement de culture qui est à la base même de la GIQ. La dramatisation **positive** met l'accent sur le succès qui résulte du processus de la GIQ, la dramatisation **négative** met l'accent sur les conséquences désastreuses de la non-qualité, à partir de faits spectaculaires et d'événements connus.
>
> La gestion intégrale de la qualité fait [ensuite] appel à un programme de formation qui permet à chacun de réaliser, de maintenir et d'améliorer la qualité de ce qu'il doit faire[14].

Il faut néanmoins reconnaître que la phase de dramatisation est plus facile à expliquer qu'à réaliser. Telle l'implantation stratégique, elle exige beaucoup de doigté et peut être la source de nombreux maux de tête. Par exemple, lorsqu'une entreprise est pourvue d'un syndicat, ce dernier pourrait y voir, à tort, une certaine manipulation par les gestionnaires. Pour obtenir un changement réel et durable, il n'est donc pas dans l'intérêt des dirigeants de s'amuser à cacher les faits. Le respect mutuel n'évolue qu'au fil d'une collaboration honnête.

Lavidge Osborn, vice-présidente marketing de la firme Lavidge & Associates (Knoxville, Tennessee) propose une façon simple d'enraciner une culture organisationnelle axée sur la qualité des services. Il s'agit de fournir aux employés un questionnaire sur le sujet. On doit expliquer aux gens qu'aucune réponse ne sera considérée comme mauvaise et que certains passages pourront être utilisés pour l'élaboration d'un manuel de formation à l'intention des nouveaux employés. Ce manuel, écrit avec la collaboration des employés concernés, engendre un sens de fierté et d'appartenance, en plus d'une atmosphère de travail où tout le monde réfléchit sur la meilleure façon de servir les clients. Le tableau 1 représente une ébauche de questionnaire. Le lecteur pourra l'adapter en fonction des particularités de son champ d'activité[15].

Tableau 1

Une ébauche de questionnaire

1. Parmi les entreprises que vous fréquentez en tant que client, laquelle ou lesquelles offrent, d'après vous, un excellent service ?

2. Si vous étiez un client potentiel, comment aimeriez-vous être traité par nos employés ?
   - Lorsque vous appelez ?
   - Lorsque vous entrez dans l'établissement ?
   - Lorsque vous attendez dans la salle d'attente ?
   - Au cours d'une rencontre ?
   - Lorsque vous partez ?
   - Lorsque vous placez une commande ou vous vous montrez intéressé à nos services ?
   - Lorsque vous recevez votre commande ou obtenez les services demandés ?

3. Comment démontrez-vous à vos clients fidèles que vous appréciez traiter avec eux ? Qu'en est-il à l'égard des nouveaux clients ?

4. Croyez-vous que nous ayons déjà tenu nos clients pour acquis ? Si oui, de quelle façon ?

5. Valorisons-nous le temps de nos clients ? Comment pourrions-nous nous améliorer ?

6. Remercions-nous nos clients de leur encouragement ? Comment pourrions-nous nous améliorer ?

7. Étant une entreprise de services dont le service est créé par des employés dévoués, accepteriez-vous de former les nouveaux employés aux meilleures pratiques d'affaires de l'industrie ?

Source : Traduit de Townes Lavidge Osborn, « A Question of Service », *Services Marketing Today*, vol. 12, n° 3, juin 1997, p. 2.

• Outre le questionnaire, quel autre moyen pourriez-vous utiliser afin d'introduire le changement désiré dans la culture de l'entreprise?

5.1.4 De la parole aux actes

La **consistance** — ou la cohérence — des dires et des gestes des dirigeants est un élément essentiel permettant de canaliser les efforts et de maintenir la motivation du personnel. L'organisation doit apprendre à miser sur une crédibilité à grande échelle. Cette dernière, comme chacun le sait, se perd facilement et ne se gagne que durement et lentement[16]. À ce sujet, l'ex-président des Rôtisseries St-Hubert, monsieur Robert Panet-Raymond, mentionne que :

> Lorsque l'on annonce à des employés un changement radical dans les orientations et les valeurs de l'organisation, leur première réaction est d'en douter, par refus normal du changement autant que par un réflexe de méfiance tout aussi naturel.
>
> Toutefois, ils sont généralement disposés à accorder le bénéfice du doute. Mais, à partir de ce jour, ceux qui sont intéressés surveilleront avec la plus grande vigilance les agissements non seulement de la direction de l'entreprise, mais des cadres qui œuvrent auprès d'eux. Au moindre signe d'incohérence entre les valeurs annoncées et les gestes posés, ils déclareront que toutes ces belles paroles n'étaient que de la frime et retomberont dans leurs anciens préjugés[17].

Selon cet homme d'affaires, la cohérence se caractérise par l'absence de contradictions entre les idées exprimées par la direction (ce que l'on dit) et les gestes faits par elle et par ses représentants auprès des employés que sont les cadres (ce que l'on fait)[18]. On notera également que cette cohérence ne doit pas seulement être présente de la parole aux actes, mais aussi d'un acte à l'autre. À ce sujet, Albrecht et Zemke rapportent l'anecdote suivante :

> Dans une compagnie aérienne importante que nous connaissons bien, la direction se soucie de la qualité du service à intervalles réguliers. Tous les deux ou trois mois, le directeur général se plonge dans les lettres de réclamation et finit par demander que soit organisé un nouveau cycle de formation du service.
>
> Il trouve chaque fois un nouveau prestataire ou un nouveau directeur sur place désireux de tenter une nouvelle fois d'améliorer les relations avec le client. Le mot d'ordre est de nouveau lâché : « Envoyez vos employés suivre le programme de service à la clientèle ! » Et, comme par hasard, les plaintes se raréfient pendant le reste du trimestre. C'est alors que le 15 du trimestre suivant, les contrôleurs vont sur le terrain pour vérifier le travail du personnel de première ligne.
>
> « Les files n'avancent pas assez vite », annonce le contrôleur après avoir passé quelques heures à minuter les agents qui délivrent les billets. Et, évidemment, le directeur de l'agence, le responsable des employés, sent la tension monter. La tension, comme chacun sait, n'est pas faite pour détendre : « Coupez court au bavardage avec les clients. Que ça avance ! » C'est alors que les plaintes recommencent à s'empiler sur le bureau du directeur, et le cercle vicieux réapparaît[19].

Ce phénomène périodique, dont la longueur du cycle varie d'une entreprise à l'autre, crée l'exaspération des cadres intermédiaires, des employés et de la clientèle. En fait, il dénote un manque de contrôle flagrant en matière de gestion de la qualité. Dans l'exemple précédent, la bienveillance du personnel nuit à la vitesse du service. Berry et ses collègues qualifient ce phénomène de **rôle conflictuel**[20]. Une étude plus approfondie des signaux utilisés par la clientèle aurait permis de déterminer dans quelle mesure il aurait fallu mettre l'accent sur la courtoisie des préposés ou sur la souplesse du temps de réponse.

- Quelles mesures prenez-vous afin de vérifier la cohérence entre, d'une part, l'orientation énoncée par la haute direction et, d'autre part, le comportement quotidien des responsables des employés de première ligne ?

5.1.5 Le service est l'affaire de *tous* dans l'organisation

Pour illustrer ce fait, il est maintenant courant d'utiliser ce qu'il est convenu d'appeler la **chaîne de la qualité**. Cette chaîne est composée de maillons représentant chaque individu ou chaque division. Elle est, en outre, comme le veut le dicton, aussi forte que le plus faible des maillons, puisque les gens ont tendance à généraliser à l'ensemble de l'entreprise l'élément qui leur est apparu le plus faible.

Par exemple, lorsqu'un individu téléphone à une compagnie d'assurances dans l'espoir de connaître le montant d'une prime éventuelle, une attente de deux jours en dit long sur la rapidité du service, advenant un sinistre. Néanmoins, le représentant de notre exemple n'est peut-être pas responsable de sa vitesse d'exécution, surtout s'il n'a jamais été consulté au sujet de l'élaboration du système de livraison des services. Le maillon faible de la chaîne, en ce cas, se situe quelque part parmi le personnel de direction de l'entreprise.

La chaîne de la qualité signifie que la tâche de **chaque** individu crée un effet *direct* ou *indirect* sur la satisfaction de la clientèle. Puisque les préposés sont directement au service des consommateurs, les **clients externes**, les divisions en arrière-scène, voire le siège social, doivent traiter le personnel en contact comme des **clients internes**[21]. D'ailleurs, la notion de client interne s'étend à toutes les activités internes de l'organisation ; cela concerne non seulement le personnel en contact, mais aussi toute personne ou toute division qui requiert des biens ou des services, réalisés par une autre personne, groupe de personnes ou division[22]. Nous pouvons donc utiliser les termes clients externes et clients internes, mais aussi les expressions **qualité externe et qualité interne**[23].

De l'avis de Olle Stiwenius, directeur des conseillers en gestion chez SAS (Scandinavian Airlines System), il est temps d'inverser la pyramide hiérarchique, de façon à placer l'encadrement à la base, en lui donnant un rôle de soutien. En traçant le diagramme de cette façon, des termes tels que « soutenir », « faciliter » et « équilibrer » viennent à l'esprit. Cela amène les dirigeants à envisager leurs responsabilités d'une façon tout à fait différente[24]. Albrecht et Zemke abondent dans le même sens, car, selon eux, la question la plus pertinente qu'un cadre d'entreprise puisse poser à un exécutant est la suivante : « Que puis-je faire pour vous aider à mieux accomplir votre travail[25] ? » Avec un tel état d'esprit, les dirigeants réalisent vite qu'une panoplie de détails, d'apparence superflue, mérite maintenant toute leur attention (ex. : les politiques de retour de marchandise, la programmation des caisses-enregistreuses, la disposition du mobilier, etc.). Nous préconisons que, si le souci du détail était aussi prononcé dans la conception des services qu'au moment de la planification d'une chaîne de montage, bon nombre des problèmes liés à l'interraction clients-employés seraient éliminés.

La chaîne de la qualité ne doit pas se limiter aux employés de première ligne et aux divers services de soutien interne. Elle doit également comprendre les gestionnaires, les responsables des multiples commerces de détail, par exemple, puisqu'ils sont vraisemblablement les personnes clés, sur lesquelles repose, au fil des semaines, le maintien de la qualité du service. Le gestionnaire donne le ton dans l'unité du travail et il est le mieux placé pour protéger la qualité. En outre, toutes les actions entreprises pour améliorer la qualité du service dans l'organisation par la formation, les mesures de performance et les primes d'encouragement, par exemple, doivent inclure ces gestionnaires[26]. Enfin, la chaîne doit, dans la mesure du possible, s'étendre au-delà de l'entreprise, de façon à comprendre les partenaires externes, tels que les fournisseurs, les distributeurs, les grossistes et les transporteurs, les installateurs et les sous-traitants. Voyons, à la figure 1, la représentation de cette chaîne.

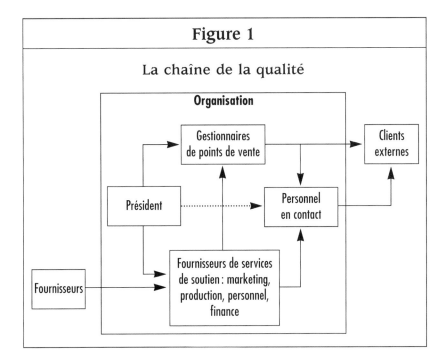

Figure 1

La chaîne de la qualité

En observant ce schéma, vous êtes en droit de poser la question suivante : Si la qualité du service est l'affaire de tous dans l'organisation, pourquoi avoir mentionné précédemment qu'elle était la responsabilité première de la haute direction ? Nous y répondrons en établissant une nuance entre un **participant** et un **responsabilisé**.

La majorité des dirigeants reconnaissent les employés de première ligne comme des **participants privilégiés** à la livraison d'un service de qualité. Le discours typique d'un directeur devant son personnel serait le suivant : « Mes chers amis, la qualité est donnée grâce à vous. » Bien que cela soit vrai, la direction ne doit pas se limiter à ce rôle passif. À l'instar des industries primaire et secondaire, la direction d'une entreprise de services doit exploiter son réseau hiérarchique afin de **responsabiliser** le personnel, cadre et non-cadre, par rapport à la qualité. Le but : créer une discipline *tout au long* de la chaîne de la qualité. L'inclusion de standards de *qualité* dans la description de tâches est fort recommandable. Cela fait changement, faut-il le dire, des exigences traditionnelles axées exclusivement sur la *quantité* du travail à abattre. En ce sens, si les subalternes ont des comptes à rendre à leurs supérieurs, le degré global de la qualité dépendra effectivement des volontés du plus haut placé dans l'organisation.

À ce propos, les écrits des chercheurs mettent en lumière un dilemme comportemental fort intéressant. D'une part, la mise en place d'une division du service à la clientèle peut amener tout employé à la conclusion suivante : la qualité, c'est l'affaire de cette division, pas la mienne. D'autre part, il semble aussi juste d'affirmer que, lorsque tout le monde est responsable, personne n'est véritablement responsable. Pour solutionner cet imbroglio, il faut savoir que ces deux résultantes sont le signe d'une mauvaise gestion en ce qui a trait à la qualité.

Dans le premier cas, en raison du renvoi de la responsabilité à la division du service à la clientèle. Cela survient notamment lorsque la haute direction semble tout mettre en œuvre afin de séparer ceux qui *rendent* le service, en particulier le personnel en contact, de ceux qui en sont *responsables*, c'est-à-dire la division. Dans le second cas, il semble que personne ne se sentira responsable tant et aussi longtemps que l'entreprise n'imposera pas le respect d'objectifs ou de standards mesurables, d'où la nuance cruciale entre un participant et un responsabilisé dans la quête de la qualité.

Quelques minutes de réflexion

• De quelle façon pourriez-vous appliquer le principe de la pyramide hiérarchique inversée ? Comment pouvez-vous responsabiliser les employés, quel que soit leur statut, par rapport à la recherche de la qualité ?

5.1.6 La communication et la gestion participative

Chaque fournisseur interne doit servir au mieux ses clients internes. Cela nécessite une bonne connaissance des besoins des collègues. Si ces derniers évoluent au sein du même groupe de personnes — un service, une division, une section, un secteur, une équipe sur un projet (un dossier), une franchise, une succursale ou un petit commerce indépendant —, la qualité interne dépendra largement du succès de la communication interne, c'est-à-dire intra-division. Si, toutefois, le client interne évolue dans un autre service, une autre division ou une autre succursale, la qualité interne variera selon l'épanouissement de la communication interdivisions, c'est-à-dire entre les différents groupes de personnes.

Pourtant, on constate l'existence de véritables **cloisons** au sein de nombreuses entreprises. Les conséquences d'une communication malsaine, où chaque clan joue son propre jeu, sont sournoises et nuisibles, et sont, malheureusement, sous-estimées. La barrière la plus connue, et la plus néfaste, se situe entre la haute direction et les employés « de la base », c'est-à-dire ceux qui sont en contact avec la clientèle. Dans certains cas, la mésentente survient entre les dirigeants et le personnel syndiqué, et cela mène à une atmosphère de travail improductive. Nous partageons l'avis de Gaston Meloche, à savoir que « la gestion participative de la qualité est un changement important et nécessaire dans la culture de l'entreprise. L'approche conventionnelle de dirigeants qui dirigent et d'exécutants, tenus à l'écart, qui exécutent en silence et qui confrontent la direction périodiquement lors du renouvellement d'une convention collective, doit changer[27] ».

Le mur dirigeants/dirigés étant fort nuisible au succès des organisations, il est pertinent de définir ce qu'est la **gestion participative**. La signification et la portée du terme *participation* varient d'une firme à l'autre, d'une industrie à l'autre, et encore plus d'une nation à l'autre. Pour certains chefs d'entreprise (pensons aux petites compagnies à propriétaire unique), la simple consultation d'un employé peut être perçue comme un changement radical dans le style de gestion. À l'autre extrême, la participation des employés, dans les firmes suédoises, fait non seulement partie des mœurs et coutumes, mais également de la loi[28].

Au Québec, la majorité des gestionnaires ne sont pas prêts à accorder autant de responsabilités à leurs employés. Toutefois, de plus en plus d'entreprises favorisent cette formule de gestion. Cédons la parole à M. Panet-Raymond qui explique ce qu'il entend par le terme « participation » :

> S'agit-il d'instaurer la démocratie au sens où toutes les questions qui peuvent affecter la vie de travail des employés doivent faire l'objet d'un débat à la suite duquel une décision serait prise au suffrage universel ? Il n'en est certainement pas question ! Cela tournerait à la paralysie complète. Cependant, compte tenu des niveaux hiérarchiques, des formes de consultation et de participation doivent être mises en place afin de tenir compte des aspirations propres à chacun. Les cadres veulent être consultés sur les orientations stratégiques de l'entreprise, tandis que les employés à la base veulent être consultés sur leur environnement de travail immédiat. Dans les deux cas, une certaine forme de participation est requise. Cependant, l'objectif demeure le même dans les deux situations : impliquer les gens dans la vie de l'organisation en les laissant s'exprimer sur ce qu'ils connaissent le mieux, c'est-à-dire leur travail[29].

Le principal avantage de la gestion participative réside dans la pluralité des idées novatrices pouvant émerger de l'ensemble des ressources humaines. Si chaque individu participe avec sa compétence propre, l'entreprise a tout à gagner. Les membres du personnel sont plus heureux et, finalement, c'est le client qui profite de ces améliorations.

Il existe également d'autres méthodes que la gestion participative pour briser les cloisons internes. Pensons, par exemple, à Robert Townsend, de la firme de location d'automobiles Avis. Celui-ci a fait en sorte de changer la perception selon laquelle les gens importants de l'entreprise se trouvent uniquement au siège social. Il considérait en outre que ces gens devaient se rendre compte, en personne, des besoins et des expériences des clients qui utilisent les voitures de location. Il décida donc que chacun des dirigeants de la compagnie, y compris les vice-présidents, passerait un certain temps derrière le comptoir de location afin de prendre contact avec la clientèle[30]. Cette méthode, bien que radicale, a permis d'éliminer les attitudes élitistes, en plus de rappeler à tous que la prospérité de l'organisation dépend d'abord et avant tout de la qualité du service à la clientèle.

• Si vous êtes le pdg de l'entreprise, établissez des critères afin d'évaluer trimestriellement la qualité des communications interdivisions. Si vous êtes responsable d'une unité de travail, faites le même exercice pour les communications intra-division.

5.1.7 La mise en œuvre

La mise en œuvre est la **mise en pratique** de la culture d'entreprise. Contrairement à la stratégie, qui est soutenue par la tradition et les habitudes, au point même qu'il est parfois difficile de la changer, la culture organisationnelle se doit d'être *nourrie* afin d'être maintenue vivante.

La mise en œuvre nécessite donc une **mobilisation continue**. Cette dernière consiste à maintenir les acquis. « [Elle] comprend plusieurs actions visant à rappeler constamment à tous la nécessité d'améliorer la qualité [par exemple : mises à jour, rappels divers et nouvelle formation lorsque nécessaire]. La mobilisation positive s'appuie sur la fierté d'un travail bien fait, l'appartenance à une équipe gagnante, la reconnaissance formelle d'un résultat exceptionnel ; la mobilisation négative se base sur les dangers découlant de la non-qualité : perte de commandes, de clients, de marchés, risque de frustration, de faillite, de perte d'emploi...[31] ».

Encadré 3

La qualité n'est pas une mode mais un outil

Qualité et communication : les deux sont liées...

C'est sous le thème de la communication, et de ses rapports avec l'amélioration de la qualité, que se tient en octobre le Mois de la qualité 1997, dont le lancement a eu lieu hier, en même temps que s'est ouvert le congrès national du Mouvement québécois de la qualité.

Le Salon sur l'implantation de la qualité, à partir de 13 h 30 aujourd'hui jusqu'à 21 h ce soir, présente de son côté une cinquantaine d'expériences d'amélioration de la qualité effectuées dans des entreprises au cours de 1997. Y seront : Lauralco (aluminium), Bell Canada, Hydro-Québec, IBM Canada, Québectel, Labatt et Molson, etc.

« La qualité, ça se communique, de l'interpersonnel à l'international », dit le thème, dont s'est réjoui le ministre délégué à l'Industrie et au Commerce, M. Roger Bertrand. « L'interpersonnel, parce que dans nos entreprises, la communication joue un rôle clé en vue de la mobilisation des forces de l'organisation ; l'international, parce que la communication est l'instrument de réussite de la démarche qualité et que sans la qualité, il nous est impossible de percer les marchés internationaux », a-t-il dit.

Président du Mouvement québécois de la qualité et vice-président, qualité et gestion du changement, à Hydro-Québec, M. Jean-Marie Gonthier estime lui aussi que tout cela est lié. « Les organisations sont actuellement confrontées aux impacts simultanés de l'explosion des communications et de l'essor mondial de la qualité. Aucune organisation ne peut échapper à cette réalité incontournable : la concurrence mondiale nous oblige à mieux communiquer pour relever avec succès les défis d'une gestion centrée sur la qualité », souligne-t-il. [...]

Selon M. James Harrington, président de l'Académie internationale de la qualité et conseiller au niveau international de Ernst & Young, « seules les excellentes entreprises réussiront à s'en tirer, que les très bonnes auront de la difficulté à survivre et que celles qui sont simplement bonnes disparaîtront ». [...]

Source : Adapté de Jacques Benoit, *La Presse*, Montréal, 2 octobre 1997, p. E10.

Le meilleur outil dont dispose le dirigeant pour mobiliser les gens est d'agir en leader, en donnant l'exemple. Par exemple, le directeur d'une succursale bancaire qui discute avec ses clients sera plus efficace, pour inculquer l'orientation vers le client, qu'un directeur qui se limite à envoyer des notes administratives à ce sujet[32]. John Sculley, lorsqu'il était président de la société Apple Computer, répondait lui-même aux plaintes des clients qui appelaient par l'intermédiaire d'une ligne téléphonique sans frais. Ainsi, plus personne ne pouvait ignorer que la satisfaction des consommateurs est primordiale pour l'organisation[33].

Quelques minutes de réflexion

- Quels moyens votre entreprise utilise-t-elle pour maintenir la vigueur et le dynamisme de la démarche vers la qualité ? Est-ce réellement suffisant ?

5.1.8 Mon supérieur devrait se renseigner sur la qualité totale

Bon nombre de lecteurs ne sont pas des pdg et sont sous les ordres de supérieurs. Si ceux-ci ne sont pas sensibilisés à l'importance de l'objectif de la qualité totale, le lecteur intéressé à la question peut tenter de changer la situation. Deux moyens s'offrent à lui. Le premier, aussi audacieux qu'il puisse paraître, consiste à instruire les supérieurs, en leur présentant des ouvrages récents portant sur la gestion de la qualité dans les entreprises de services. Cette démarche, si elle est faite avec tact, devrait porter fruit, et engendrer l'étape de la *prise de conscience* présentée à la section 5.1.2.

Le second moyen consiste à s'adresser aux subordonnés. En effet, même s'il n'a pas le soutien escompté de la haute direction, un directeur ou un gérant peut introduire la philosophie, suivre la logique et appliquer les techniques de la gestion intégrale de la qualité au sein de sa propre unité administrative, qu'elle soit petite ou grande[34]. À la limite, si le gestionnaire connaît bien les rouages de l'organisation, s'il est doué pour les contacts interpersonnels et s'il peut compter sur une certaine dose de cran, il peut devenir ce qu'il convient d'appeler un *gestionnaire subversif*[35]. Ce type de gestionnaire épouse la stratégie de l'entreprise, mais se marginalise quant aux *moyens* d'y parvenir, à l'intérieur même de son service administratif. Il a le talent de bouleverser ou de court-circuiter prudemment les politiques et les règles de l'entreprise pour arriver à de meilleurs résultats.

La haute direction ne doit pas conclure que ce type de comportement est indésirable. Au contraire, cette attitude devrait être considérée comme normale dans un contexte où l'on prône une gestion participative à tous les niveaux hiérarchiques. Comme le précise Bonoma, les hauts dirigeants devraient faire l'éloge des légères dérogations aux règles établies. Ils devraient encourager les gestionnaires à faire preuve d'initiative et à délaisser les politiques ou procédures usuelles lorsque le bon sens dicte une autre façon de faire[36]. Bref, les dirigeants doivent protéger le droit à l'erreur ; cela leur confère de la crédibilité, motive les troupes et favorise les initiatives.

Quelques minutes de réflexion

- Dans quelle mesure vous est-il possible d'entreprendre une démarche vers la qualité sans froisser l'ego de vos supérieurs hiérarchiques ? Bref, sachant que vous voulez le bien de l'organisation, y a-t-il un espoir pour que les « choses » bougent ?

5.1.9 Le marketing interne

Le marketing interne, comme la gestion intégrale de la qualité, est une philosophie de gestion qui permet de promouvoir une culture d'entreprise orientée vers la qualité totale. Puisqu'il y a similitude, quant à la finalité de l'outil, la majorité des propos traités précédemment (sections 5.1.1 à 5.1.8) s'applique donc à l'une ou à l'autre des deux approches.

Toutefois, quelles sont, au juste, les particularités propres au marketing interne ? De façon générale, le marketing interne considère que le succès des relations internes entre l'organisation et ses groupes d'employés est une condition fondamentale pour le succès des relations de l'entreprise avec ses marchés externes, c'est-à-dire la clientèle[37].

Pour mettre en pratique cette philosophie, l'organisation exploite les principes et les techniques propres au marketing externe, mais à des fins internes. Le tableau 2 donne un aperçu de cette transposition. Ainsi, l'environnement interne de l'organisation est considéré comme un mini-marché ; le produit interne de l'entreprise, ce qui est à vendre, est l'emploi, chaque emploi devant être acheté et comblé par un employé, qu'on nomme client interne. Afin de s'assurer que l'emploi est motivant et satisfaisant, l'entreprise peut effectuer des sondages internes auprès des membres de son personnel, tenter de définir leurs besoins et élaborer des programmes aptes à satisfaire ces derniers. L'organisation peut aussi envisager diverses formes de publicité, éduquer ses clients internes par de l'information et mettre en place (pourquoi pas ?) un bureau de gestion de plaintes et de compliments. En satisfaisant les besoins de ses clients internes, en particulier les employés en contact avec la clientèle, l'organisation accroît sa capacité de satisfaire les besoins de ses clients externes[38].

Bien qu'il soit méconnu, le concept de marketing interne n'est pas nouveau. Déjà, en 1981, Christian Grönroos mentionne que l'objectif du marketing interne est d'obtenir un personnel motivé et orienté vers la satisfaction de la clientèle[39]. La figure 2, qui est une adaptation du modèle de Tansuhaj et ses collègues, illustre comment le marketing interne, qui influe sur les attitudes et les comportements des employés, produit un effet sur les activités propres au marketing externe.

Tableau 2

Le marketing externe et le marketing interne

Exemple : L'enseignement universitaire	Marketing externe	Marketing interne
Le « produit »	L'enseignement	Les emplois
Les clients	Les étudiants	Les enseignants
La segmentation du marché	Le doctorat, la maîtrise, le baccalauréat et le certificat ; de jour, de soir ; session régulière ou intensive	Les chargés de cours, professeurs et responsables de programme ; l'enseignement seul, à deux ou avec des invités ; salle petite, gigantesque ou équipée d'ordinateurs
La recherche en marketing	L'évaluation du professeur par les étudiants ; l'enquête sur la situation d'emploi des anciens diplômés	Sondage sur la satisfaction au travail, sur la motivation du corps professoral
La publicité	La publicité radiophonique vantant l'institution, les visites de représentants dans les établissements collégiaux	La publicité par le biais des journaux pour attirer de nouveaux enseignants ; la participation subventionnée des professeurs à l'occasion d'une conférence motive ces derniers en leur permettant d'accroître leur renommée, de même que celle de l'institution

Source : Traduit et adapté de Leonard L. Berry, (1980), « Services Marketing is Different », Reproduit dans le volume *Services Marketing : Text, Cases & Readings*, Englewood Cliffs, N. J., Prentice-Hall, 1984, p. 32.

En théorie, les responsables du marketing occupent une position privilégiée pour diffuser une culture d'entreprise orientée vers la clientèle. En pratique, toutefois, l'histoire démontre que des cloisons restreignent le partage d'une vision de marketing. Soulignons, à titre d'exemple, la différence de mentalité qui existe habituellement entre le service du marketing et le service de la production[40]. Si le service du marketing ne peut convaincre ses pairs de l'importance vitale d'une orientation vers le client, le marketing interne n'a guère de chances de succès. Toutefois, comme on l'a dit à propos de l'implantation de la gestion intégrale de la qualité, le gestionnaire peut tenter d'introduire la philosophie et d'appliquer les techniques propres au marketing interne au sein de sa propre unité.

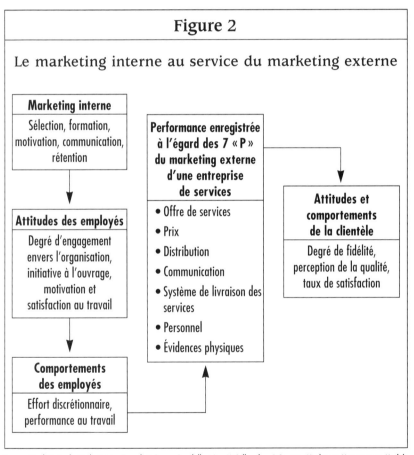

Figure 2

Le marketing interne au service du marketing externe

Marketing interne
Sélection, formation, motivation, communication, rétention

Attitudes des employés
Degré d'engagement envers l'organisation, initiative à l'ouvrage, motivation et satisfaction au travail

Comportements des employés
Effort discrétionnaire, performance au travail

Performance enregistrée à l'égard des 7 « P » du marketing externe d'une entreprise de services
• Offre de services
• Prix
• Distribution
• Communication
• Système de livraison des services
• Personnel
• Évidences physiques

Attitudes et comportements de la clientèle
Degré de fidélité, perception de la qualité, taux de satisfaction

Source : Traduit et adapté de Patriya Tansuhaj, Donna Randall et Jim McCullough, « A Services Marketing Management Model : Integrating Internal and External Marketing Functions », *The Journal of Services Marketing*, vol. 2, n° 1, hiver 1988, p. 33.

Dans chaque unité de servuction, un commerce de détail par exemple, le responsable en place devrait savoir exploiter les diverses facettes du marketing interne (sélection, formation, etc.). De fait, la création et le maintien d'un environnement motivant et valorisant pour les employés devraient être l'une de ses principales préoccupations. Pour évaluer la performance d'un gestionnaire à ce sujet, on peut envisager les standards d'évaluation suivants : le taux de rotation du personnel, le nombre d'heures allouées à la formation, le nombre de griefs déposés, le taux de satisfaction des membres du personnel envers leur emploi ou leur supérieur, etc.

Une culture d'entreprise axée vers la qualité totale amènera les employés, subalternes et supérieurs, à comprendre l'importance des clients de l'organisation — que ceux-ci soient clients externes ou internes — et à exécuter leur travail de façon à satisfaire ces derniers.

 • Quel effet peut avoir, sur le climat de travail, le fait qu'un directeur de secteur (ou de district) n'évalue la performance de ses gérants qu'en fonction de critères financiers ?

5.2 VOLET 2 : CONCEVOIR DES STANDARDS DE QUALITÉ ADÉQUATS

Imaginez que vous êtes à la tête de General Motors. Vous savez pertinemment que, lorsqu'un client désire se procurer un véhicule, son choix se portera sur une marque particulière, dans la mesure où elle satisfait à ses exigences (tenue de route, confort, prix, carrosserie, consommation d'essence ou tout autre élément pertinent).

Appliquant l'approche marketing, les constructeurs rechercheront les critères d'évaluation des consommateurs, détermineront leurs exigences et transposeront celles-ci en standards de qualité pour leurs produits. Par exemple, si le véhicule ne démontre pas une tenue de route suffisante, ils changeront la pneumatique et tout autre élément significatif. Si une liqueur digestive semble trop forte, ils en diminueront le taux d'alcool. Certes, dans leurs recherches commerciales, les entreprises manufacturières disposent de l'avantage de pouvoir présenter un produit tangible. S'il s'agit d'un nouveau bien, les chercheurs peuvent montrer un prototype, une maquette ou une photo.

Une telle démarche doit *également* s'effectuer dans l'industrie tertiaire. À défaut de pouvoir présenter un produit tangible, les chercheurs testeront l'unité de servuction, c'est-à-dire l'endroit où il y a production de services, auprès de la clientèle cible. En évaluant les réactions des clients, les gestionnaires pourront ainsi ajuster leurs prestations de services. S'il s'agit d'un nouveau service, sachons qu'il demeure possible, dans une recherche qualitative, de le décrire à l'aide d'un schéma de services, ce qui est abordé dans le chapitre suivant. Selon Armistead, il est important que l'entreprise détermine avec précision les attentes des clients en matière de services. C'est en effet par l'entremise de cette information qu'elle pourra instaurer un système propre à offrir et à maintenir des services adéquats[41].

Examinons maintenant le processus par lequel les organisations prestataires de services arrivent à spécifier leurs standards de qualité. La figure 3 présente les étapes de ce processus.

5.2.1 Les dimensions clés

En premier lieu, il faut savoir que les clients font appel à plusieurs critères d'évaluation, appelés **déterminants, facteurs de qualité** ou **dimensions clés**, lorsque vient le temps de sélectionner ou d'évaluer un prestataire de services. D'après l'étude de Parasuraman, Zeithaml et Berry, les déterminants employés sont fondamentalement les mêmes, d'un type de service à l'autre. Une description élaborée de ces déterminants est donnée au tableau 3.

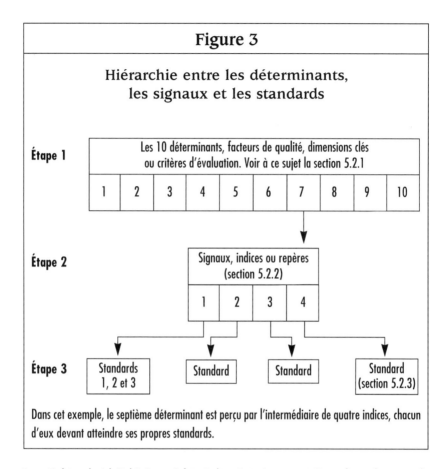

Figure 3

**Hiérarchie entre les déterminants,
les signaux et les standards**

Étape 1 — Les 10 déterminants, facteurs de qualité, dimensions clés ou critères d'évaluation. Voir à ce sujet la section 5.2.1

| 1 | 2 | 3 | 4 | 5 | 6 | 7 | 8 | 9 | 10 |

Étape 2 — Signaux, indices ou repères (section 5.2.2)

| 1 | 2 | 3 | 4 |

Étape 3 — Standards 1, 2 et 3 — Standard — Standard — Standard (section 5.2.3)

Dans cet exemple, le septième déterminant est perçu par l'intermédiaire de quatre indices, chacun d'eux devant atteindre ses propres standards.

Source : Traduit et adapté de Mark B. Brown, « Defining Quality in Service Businesses », p. 11, reproduit avec l'autorisation de *Quality* (January 1988) Publication of Hitchcock/Chilton Publishing, A Capital Cities/ABC, Inc., Company.

Comme pour l'évaluation des biens, il est logique que la pondération des facteurs varie d'un service à l'autre, aux yeux du client. Toutefois, les résultats d'une étude démontrent que la fiabilité émerge comme étant la dimension clé la plus importante. Le message ainsi lancé par les clients est que le prestataire de services doit remplir ses promesses, ce qui n'est malheureusement pas toujours le cas[42].

Tableau 3

Les déterminants de la qualité des services

La fiabilité

Implique une performance à la fois consistante et sûre. L'entreprise accomplit bien le service dès la première fois. Elle respecte ses promesses. En détail, cela comprend :

- l'exactitude dans la facturation ;
- la mise à jour adéquate des dossiers ;
- l'accomplissement du service au moment désigné.

La vitesse d'exécution

Concerne la bonne volonté ou l'empressement des employés à fournir le service. C'est la dimension temporelle de la prestation des services. Par exemple :

- poster immédiatement un relevé des transactions ;
- rappeler rapidement le client ;
- fournir promptement le service (par exemple, fixer rapidement les rendez-vous).

La compétence

Avoir les habiletés et les connaissances qui permettent de fournir le service. Cela implique :

- la connaissance et l'habileté du personnel en contact ;
- la connaissance et l'habileté du personnel de soutien ;
- la capacité de recherche de l'organisation (par exemple une firme de courtage).

L'accessibilité

C'est la facilité d'approche et l'aisance du contact. Elles s'obtiennent par :

- un service facilement accessible par téléphone (les lignes ne sont pas occupées et on ne vous met pas en attente) ;
- un temps d'attente pas trop long pour recevoir un service ;
- la commodité des heures d'ouverture ;
- l'emplacement approprié des installations de service.

La courtoisie

Comprend la politesse, le respect, la considération et l'amabilité du personnel en contact (inclut les réceptionnistes, les téléphonistes, etc.). Cela comprend :

- la considération de la propriété du consommateur (par exemple, pas de souliers boueux sur le tapis du client) ;
- l'apparence soignée des préposés aux services.

La communication

Permet d'informer les clients dans un langage qu'ils comprennent et de prendre le temps de les écouter. Cela peut amener la compagnie à ajuster son langage en fonction des différents consommateurs, par exemple en employant un jargon spécialisé avec un connaisseur et en parlant simplement et clairement avec un novice. Ceci implique :
• le fait d'expliquer la nature du service proprement dit ;
• le fait d'expliquer au client ce qu'il lui en coûtera ;
• le fait d'expliquer qu'il y a des choix et des compromis à faire en matière de service et de coût ;
• le fait d'assurer au client qu'advenant un problème, ce dernier sera pris en main.

La crédibilité

Implique la confiance, la croyance et l'honnêteté. La crédibilité, c'est, en gros, prendre à cœur les intérêts du client. Voici des éléments qui contribuent à la crédibilité :
• le nom de la compagnie ;
• la réputation de la compagnie ;
• les caractéristiques personnelles des employés de première ligne ;
• le degré de vente sous pression au moment des interactions avec le client.

La sécurité

C'est le fait d'être dégagé de tout danger, risque ou doute. On parle alors :
• de sécurité physique (« Serai-je agressé en allant au guichet automatique ? ») ;
• de sécurité financière (« La compagnie sait-elle où sont mes titres financiers ? ») ;
• de confidentialité (« Mes transactions avec la compagnie sont-elles privées ? »).

La personnalisation

Ici, on fait l'effort nécessaire afin de comprendre les besoins du client. Cela veut dire :
• apprendre à connaître les exigences spécifiques du client ;
• fournir une attention individualisée ;
• reconnaître le client régulier.

La tangibilité

Comprend les évidences physiques du service :
• les installations physiques ;
• l'apparence du personnel ;
• les outils et les équipements utilisés pour fournir le service ;
• les représentations physiques du service telles qu'une carte de crédit en plastique ou un relevé de banque ;
• les autres clients qui sont sur place.

Source : Traduit de A. Parasuraman, Valarie Zeithaml et Leonard L. Berry, « A Conceptual Model of Service Quality and Its Implications for Future Research », *Journal of Marketing*, vol. 49, n° 4, automne 1985, p. 47 (American Marketing Association).

L'importance relative des facteurs de qualité peut être déterminée à l'aide des classifications vues au chapitre 2. Par exemple, si un service est fortement mécanisé (section 2.2.1), tel un guichet automatique, l'accès jour et nuit à ce guichet sera valorisé. Si vous envisagez la consultation d'un professionnel de la santé (section 2.2.6), la compétence et la crédibilité seront fort probablement importantes. Enfin, pour citer un dernier exemple, il est pertinent d'établir un lien entre les services avant-besoins (section 2.2.6) et le déterminant sécurité.

Encadré 4

Quels déterminants sont en jeu dans cet article ?

Déménager sans se faire rouler, un art qui demande de la préparation

À moins de mobiliser tous leurs amis, d'utiliser la vieille camionnette de papa et de mettre leurs muscles à contribution, quelque 170 000 Montréalais constatent avec stupéfaction ce qu'il en coûte de déménager. Outre le prix, qui devient astronomique autour du 1er juillet (que ce soit pour l'embauche de déménageurs ou pour la location d'un camion), bon nombre d'entre eux risquent aussi d'avoir de bien mauvaises surprises : vol, disparition ou bris de matériel pendant le déménagement, disparition subite du déménageur avec le dépôt en argent donné par le client...

À l'Association du camionnage du Québec, on impute principalement ces méfaits aux déménageurs pirates qui n'ont ni permis ni assurance. Toutefois, les agissements douteux de certaines compagnies bien connues mériteraient qu'on les inscrive bien en vue sur la liste noire des consommateurs, selon Brigitte Laguë, directrice adjointe du service aux membres de l'Association. [...] Elle affirme que plusieurs déménageurs improvisés gonflent même la facture une fois arrivés à destination en menaçant le client de repartir avec une partie de ses biens s'il refuse de payer. [...] À l'Office de protection du consommateur, Georges-André Levac rappelle que la meilleure façon d'éviter de désagréables surprises est d'exiger un contrat écrit d'une compagnie dûment enregistrée.

Pour toute question concernant les droits et obligations des locataires et des locateurs, la Régie du logement du Québec offre un service de renseignement téléphonique au 873-BAIL, et ce, même le 1er juillet de 8 h 30 à 16 h 30.

Source : Adapté de Vincent Marissal, *La Presse*, Montréal, 29 juin 1993, p. A4.

Qu'il s'agisse de services directement accessibles à la clientèle ou de services internes aux entreprises, la pondération, pour un même service, dépend aussi de la situation particulière dans laquelle s'effectue la transaction. En faisant une recherche comparative, Pierre Filiatrault et J. R. Brent Ritchie ont su démontrer l'importance et la façon dont influe la situation de consommation sur les dimensions clés utilisées par les consommateurs. Ils ont examiné les caractéristiques de trois situations différentes au moment de la sélection d'un restaurant : un déjeuner avec des collègues ou des amis, un dîner d'affaires et un repas familial durant le week-end[43].

Dans cette optique, l'accessibilité, chez un médecin, un dentiste ou un mécanicien par exemple, pourrait devenir un déterminant plus important, lorsque survient une situation urgente. En somme, les facteurs situationnels des clients jouent un rôle primordial sur la pondération des 10 déterminants. À leur tour, ces 10 déterminants influent à la fois sur le service attendu et le service perçu, tel que le démontre la partie supérieure de la figure 4.

Dans leur étude, Filiatrault et Ritchie précisent également que de nouveaux segments de marché peuvent être repérés par l'utilisation des situations comme variables de segmentation[44]. Malheureusement, la segmentation par les entreprises se limite trop souvent à l'aspect descriptif (portrait sociodémographique, socioéconomique, géographique) ou explicatif (motivations des individus, comportements de consommation). Elle ne tient compte du vécu que très rarement (situations de consommation ou d'achat, modes de vie).

Figure 4

Le modèle proposé de la qualité de service

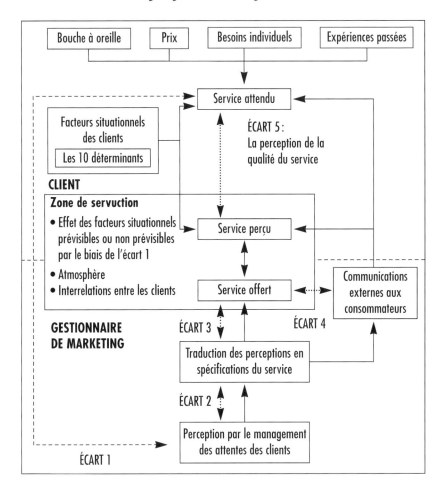

Source : Traduit et adapté de A. Parasuraman, Valarie Zeithaml et Leonard L. Berry, « A Conceptual Model of Service Quality and Its Implications for Future Research », *Journal of Marketing*, American Marketing Association, vol. 49, n° 4, automne 1985, p. 44 et 48, American Marketing Association.

Remarquons, cependant, qu'un facteur **situationnel** n'est pas forcément **exceptionnel**. Les trois situations étudiées par Filiatrault et Ritchie à l'occasion de la sélection d'un restaurant sont très coutumières. Néanmoins, bon nombre de restaurateurs ne segmentent leur marché qu'en fonction du facteur géographique. Prendre en considération quelques facteurs de situations pertinents pourrait pourtant constituer un atout supplémentaire en vue d'améliorer la qualité de leurs services. Il s'agit de reconnaître qu'un même client, selon le contexte dans lequel il se présente chez vous, a des exigences différentes.

En restauration, par exemple, il est relativement aisé pour le serveur de distinguer s'il s'agit d'un repas d'affaires (ex. : habillement soigné), entre amis (ex. : ton plus bruyant) ou en famille (ex. : présence d'enfants ou convives se tenant la main). Pour un commerce de détail, la démarche du client (lente, rapide, hésitante) fournit un indice sur le genre de service attendu par ce dernier. Enfin, un hôtel adjacent à un aéroport a tout intérêt à suivre de près les heures de départ et d'arrivée des vols. Advenant un départ retardé, l'établissement peut s'attendre à héberger subitement une foule de voyageurs dérangés par ce contretemps.

Les facteurs situationnels expliquent en partie la raison d'être de la zone de servuction du modèle de la qualité des services présenté à la figure 4. En effet, en étudiant cette figure, on constate le rôle prépondérant de ces facteurs : d'une part, ils influent sur l'attitude et le comportement du client dans la zone interactive ; d'autre part, on s'aperçoit que l'organisation a intérêt à connaître la nature de ces facteurs afin de mettre en place une offre de services apte à s'y adapter. Le problème, cependant, c'est que ces facteurs peuvent être si nombreux qu'il s'avère impossible de tous les reconnaître. Pour être productif, la perception par les gestionnaires des attentes des clients (écart 1) doit alors se limiter aux **situations routinières prévisibles**, c'est-à-dire les situations qui sont normalement ou habituellement vécues par la majorité de la clientèle (voir la section 2.2.4). Par exemple, les situations prévisibles, chez un restaurateur, pourraient être les repas entre amis, les repas d'affaires ou les repas familiaux. Pour une compagnie de transport aérien, il y a lieu d'établir une distinction entre les gens d'affaires et les gens en vacances.

Compte tenu du principe de Pareto, on peut supposer qu'en tenant compte de 20 % de la variété des services attendus, la firme aura déjà le potentiel de satisfaire 80 % de la clientèle[45]. Toutefois, les employés désignés aux services soutiennent aussi 20 % des clients qui sont potentiellement la source de 80 % des facteurs situationnels non prévus à l'écart 1. Cela permet de constater le poids de la tâche qui incombe au personnel en contact avec la clientèle lorsque l'on tente de satisfaire le plus de clients possible. Ainsi, tant et aussi longtemps qu'il n'y a pas eu de contact entre un client et un employé désigné au service, il demeure impossible pour ce dernier de connaître à l'avance la nature situationnelle exacte du client. Au moment du contact en zone de servuction, l'employé évaluera la situation particulière du client et adaptera son service en conséquence.

Bien sûr, il surviendra toujours de multiples demandes surprises, marginales, non prévisibles ou exceptionnelles, qui font les joies et les peines des employés en contact avec la clientèle. Ce sont les services non routiniers (voir la section 2.2.4). Par exemple, un malchanceux s'étouffe gravement en mangeant dans votre restaurant. Comment réagir ? Cent adolescents louent un étage de votre hôtel pour terminer leur bal de finissants. Comment éviter le pire ? Pour parer au maximum d'éventualités, il peut être appréciable de compter sur un **répertoire de cas d'espèces**. Ce genre de guide, facilement accessible, est en mesure d'aider le personnel lorsqu'une situation imprévue survient et qu'elle y est répertoriée. L'utilisation d'un simple cartable à anneaux, où la mise à jour se fait rapidement et périodiquement, est adéquate. Certaines équipes d'urgence utilisent un système semblable, de sorte qu'elles sont prêtes à affronter la plupart des demandes. Bien entendu, les politiques de l'entreprise et le code de déontologie de la profession peuvent également être exploités.

- À l'aide de la liste de services non routiniers établie à la section 2.2.4, établissez des solutions sous forme de procédures et constituez votre répertoire de cas d'espèces.
- Analysez les déterminants « vitesse d'exécution » et « accessibilité » dans l'industrie du ski alpin. Comparez les services actuels avec ceux des années 1970.

- Le mardi 17 juin 1997, vous arrivez au Welcome Center de la Floride par l'Interstate 95. L'établissement ferme à 17 h. Évaluez le déterminant « accessibilité ». Quelle est la tendance actuelle en ce qui concerne les magasins d'alimentation ?

5.2.2 Les signaux

Les 10 déterminants énumérés dans la section précédente sont des concepts importants mais pratiquement impossibles à mesurer. La fiabilité, la courtoisie et la compétence demeurent des concepts relativement vagues qui ne permettent pas, à eux seuls, de s'acheminer vers des services de qualité. C'est pourquoi, lorsqu'on a défini les déterminants les plus significatifs aux yeux de la clientèle, il devient nécessaire de connaître les **signaux**, **indices** ou **repères** considérés pour chacun d'entre eux.

Les signaux sont tangibles, concrets, faciles à concevoir et à mesurer. Ils sont d'une grande utilité, non seulement aux clients, mais aussi aux gestionnaires de marketing. Sans eux, les premiers ne pourraient guère estimer leur niveau de satisfaction à l'endroit de tel ou tel déterminant. C'est aussi par leur entremise que les seconds sont en mesure de contrôler et de manipuler le niveau de qualité de leurs prestations[46]. À titre d'exemple, la compétence des préposés à l'entretien (leur minutie) et la propreté de la chambre (apparence tangible) sont deux déterminants importants pour les personnes responsables du ménage dans les hôtels. Certains hôteliers ont plus de 20 indices de propreté et plus de 30 indices leur permettant d'évaluer la rigueur du travail accompli par un préposé au ménage[47]. Le nombre de repères à considérer dépend de la nature du déterminant et de son importance relative. Dans certains cas, 5 repères peuvent être suffisants pour mesurer un déterminant particulier, alors qu'il en faut 40 pour un autre.

À l'intérieur d'une recherche en marketing, les répondants peuvent eux-mêmes indiquer quels repères ils utilisent pour juger d'un service. Bien entendu, le gestionnaire doit tenir compte des repères les plus significatifs auprès de la clientèle. Si l'hôtelier constate qu'un seul client sur 100 fait mention de l'eau bleue dans les toilettes, ce signal devient marginal et devra être abandonné en faveur d'un autre dont la fréquence sera plus élevée. Les signaux retenus doivent refléter les attentes des clients typiques et routiniers, en prenant pour hypothèse que ces clients, qui visitent le commerce de façon régulière, correspondent au segment de clientèle visée. Bien sûr, comme pour les déterminants, l'importance des repères utilisés par la clientèle varie selon le type de service.

La recherche en marketing permettant de mieux connaître les signaux peut être évitée si l'entreprise fait partie d'une association crédible ayant déjà son propre code de pratique. Par exemple, la Florida Attractions Association — qui comprend d'illustres membres dont la réputation n'est plus à faire — propose comme signaux, entre autres : la propreté (pour les toilettes, les déchets, les aires de travail), la sécurité, la formation, la publicité véridique et le traitement des plaintes. Bien entendu, à moins qu'il y ait présence de standards dans certains articles de loi, une association ne peut préciser, pour un membre donné, les détails opérationnels de chacun de ces signaux, par exemple la fréquence du nettoyage ou l'heure de la collecte des ordures. En ce sens, les signaux sont des *lignes directrices* valorisées par la clientèle et il revient à l'entreprise de leur attribuer des standards mesurables qui permettent de gérer et de contrôler la qualité de l'offre de services.

Quelques minutes de réflexion

● La reconnaissance des signaux utilisés par votre clientèle est extrêmement importante, car c'est à l'aide de ces derniers que les clients jugent la qualité de vos services. Si vous désirez accomplir avec succès la première étape du modèle de la qualité des services, l'écart 1, vous devez dresser une liste exhaustive de ces signaux.

5.2.3 Les standards

Lorsque les signaux sont déterminés, l'entreprise passe à l'écart 2 du modèle de la qualité des services, qui, rappelons-le, consiste à attribuer aux signaux un ou des **standards de qualité**. Ces derniers sont mesurables et préférablement quantitatifs, afin de faciliter l'analyse de la qualité des services offerts. Le standard permet d'éviter les idées préconçues, ainsi que la confusion, de la part du personnel, entre ce que sont une bonne et une mauvaise prestation. Lorsque plusieurs signaux doivent être considérés, par exemple, pour la propreté d'un hôtel, le nombre de standards à respecter risque d'être élevé. Dans ce cas particulier, le responsable du service d'entretien ménager pourra partager les standards de qualité en standards individuels pour chacun des employés. Une routine de nettoyage fera alors partie de la tâche du personnel de ce service.

L'établissement de standards devient plus difficile lorsqu'il s'agit d'attitudes et de comportements de la part du personnel. Néanmoins, si l'accueil, la politesse ou la courtoisie sont importants aux yeux du client, les gestionnaires devront y porter une attention particulière[48]. Sans mécaniser à outrance le comportement des employés — ce qui pourrait être néfaste —, il faudra instaurer un cadre de référence favorisant les comportements attendus par la clientèle. Par exemple, un contact visuel et de simples salutations sont toujours appréciés lorsqu'on est accueilli dans un restaurant. Or, le fait de mettre en place de tels standards ne nuit aucunement à la spontanéité de l'accueil ni à l'individualité du préposé[49].

Même si les standards sont essentiels, on recommande de limiter leur nombre aux plus importants, et ce, afin de les gérer efficacement. De nombreuses entreprises sont tentées d'adopter, parfois à la hâte et parfois en trop grand nombre, des signaux, des standards et des formulaires de contrôle : cela risque de mener à l'**inefficacité**. Si l'on veut s'évertuer à contrôler l'incontrôlable dans l'espoir d'accroître la productivité, cela crée un zèle mécaniste dans le service à la clientèle, ce qui est finalement de la non-qualité[50].

Tableau 4

De la dimension clé aux standards évaluables

Dimension clé	Signal	Standard
La *fiabilité* de l'atelier d'un concessionnaire automobile	Ne pas avoir à revenir 50 fois pour un même problème mécanique	Avant la remise du véhicule au client, le gérant de service peut s'assurer de la qualité de la réparation
La *vitesse d'exécution* chez votre médecin	À la suite d'un appel à la clinique, obtenir un rendez-vous dans un délai raisonnable	Le délai pourrait être de deux semaines au maximum
La *compétence* de votre adjoint administratif	Erreur de dactylographie	• Pas d'oubli de paragraphe • Pas plus d'une erreur par cinq pages
L'*accessibilité* à votre club vidéo	Heures d'ouverture	24 heures par jour
La *courtoisie* des téléphonistes du service téléphonique	Semble amical et respectueux	Dire « Bell Canada » et « Puis-je vous aider ? »
La *communication* de votre courtier d'assurance-habitation	Comprendre clairement la couverture et pour quel montant	Répondre dans un langage démystifié aux questions du client
La *crédibilité* de ce restaurant	Apparence extérieure	Vérifier quotidiennement l'état de fonctionnement des ampoules du panneau d'affichage
La *sécurité* de cette succursale bancaire	Accès au guichet automatique	Pour la nuit, munir la porte extérieure d'un système de carte d'entrée non défectueux
La *personnalisation* du service à votre poste d'essence	Le client se sent reconnu lorsqu'il paie la facture	Interpeller les clients réguliers par leur nom
La *tangibilité* du service de votre transporteur aérien	• Présentation des repas • Apparence du personnel	• Utilise de la vaisselle Royal Doulton ! • Parle votre langue sans difficulté • A les cheveux propres • Porte un costume bien repassé

À l'occasion d'études auprès de la clientèle, il est avantageux de chercher à connaître comment celle-ci évalue les déterminants et les signaux de vos services par rapport à ceux de vos concurrents directs. Advenant une mauvaise perception des gens, vous devrez améliorer vos standards. Il est donc recommandé de réviser périodiquement le *choix* de ces standards, de même que le *degré de qualité* à atteindre pour chacun d'entre eux.

Le tableau 4 offre une série d'exemples permettant d'établir les liens entre les déterminants, les signaux et les standards de qualité. Il serait sage d'élaborer immédiatement un tel tableau pour votre entreprise. Ce sera un pas de plus vers la qualité totale.

Quelques minutes de réflexion

• En novembre 1995, l'un des auteurs de cet ouvrage voit par hasard un magazine intitulé *Face à face: le client d'abord*, chez son concessionnaire Jeep-Eagle (vol. 1, nᵒ 3, 6 p.). À l'intérieur: 13 normes de rendement du service après-vente... que l'aviseur technique n'avait jamais vues! Quelle leçon y a-t-il à tirer de cet événement?

CONCLUSION

Pour conclure ce chapitre, il serait intéressant de jeter un regard sur l'aspect temporel de l'amélioration de la qualité. Il faut d'abord se rendre à l'évidence que la qualité totale ne peut être atteinte du jour au lendemain. En effet, il n'y a aucune façon rapide de changer les attitudes, les habitudes, les connaissances et les aptitudes des gens[51]. Il s'agit d'un long exercice qui exige beaucoup de patience. Pour l'accomplir, le marketing interne et la gestion intégrale de la qualité sont des outils appréciables, dans la mesure où il ne s'agit pas seulement, pour l'organisation, de suivre une mode! L'adoption d'une des deux approches est semblable à l'implantation de l'informatique dans une petite entreprise en croissance. Habituellement, lorsqu'on en franchit le seuil, on poursuit dans la même voie, en oubliant petit à petit les anciens outils.

Une culture organisationnelle orientée vers la qualité totale est une forme d'investissement. Ceux ou celles qui s'attendent à des résultats miraculeux à brève échéance seront amèrement déçus et découragés ; le progrès se fait au fil du temps. Les spécialistes considèrent que, pour mettre en place un outil tel que la gestion intégrale de la qualité, il faut compter une période de **cinq à 10 ans**.

À notre avis, le temps nécessaire pour modifier une culture organisationnelle et apporter des standards de qualité peut être estimé en fonction de trois variables. Rappelons, toutefois, que la phase d'introduction, fort complexe, ne doit jamais être négligée, sans quoi l'investissement risque de s'envoler en fumée.

- *La taille de l'organisation*. Plus l'organisation est grande, plus une modification en matière de qualité risque d'être longue et ardue. Inversement, il n'est pas impensable de transformer la culture organisationnelle et les standards de qualité d'un dépanneur ou d'une station-service au cours d'un même trimestre.

- *Le degré de bureaucratisation*. Utilisé dans son sens péjoratif, ce facteur est souvent relié à la taille de l'organisation. Une organisation fortement enracinée dans de multiples procédures et enterrée sous les formulaires donne moins de possibilités au renouveau qu'une organisation ayant adopté un style de gestion plus ouvert et plus dynamique.

- *Le climat de travail*. Une période de lassitude généralisée ne facilite guère la mise en place d'une nouvelle philosophie d'entreprise. En outre, l'implantation de standards sera probablement un échec si personne n'est convaincu de la pertinence de ces derniers en regard de la satisfaction de la clientèle.

NOTES

1 PARASURAMAN, A. (1987), «Customer-Oriented Corporate Cultures are Crucial to Services Marketing Success», *The Journal of Services Marketing*, vol. 1, n° 1, été, p. 40.

2 L'équivalent anglophone de la gestion intégrale de la qualité est le TQC ou Total Quality Control. De par ses expériences à la General Electric en 1945, les premières applications du TQC sont attribuables au docteur A.V. Feigenbaum des États-Unis. Au fil des ans, les Japonais ont élargi le concept, de sorte que la GIQ d'aujourd'hui équivaut au TQC de type japonais, ou encore à leur nouvelle appellation : CWQC — Company Wide Quality Control. Bien entendu, la GIQ n'est pas exclusive au secteur manufacturier et s'applique de plus en plus aux entreprises de services. Pour de plus amples détails sur les appellations et l'évolution de ces concepts, voir respectivement : ISHIKAWA, Kaoru (1987), «Comment appliquer le CWQC dans les pays étrangers», *Qualité Magazine*, n° 2, p. 36-38 ; puis JOUSLIN DE NORAY, Bertrand (1989), «Dossier : le mouvement international de la qualité : son histoire», *Qualité Magazine*, n° 12, juillet-août-septembre, p. 26-35.

3 KÉLADA, Joseph (1989), «La gestion intégrale de la qualité, une philosophie de gestion», *Gestion*, vol. 14, n° 1, février, p. 11.

4 PARASURAMAN, A., *op. cit.*, p. 40.

5 L'effort discrétionnaire est la différence entre le montant maximum d'effort et d'attention qu'un individu peut apporter dans l'exécution de ses fonctions, et le minimum d'effort requis sans être congédié ou sanctionné. (Source : Daniel Yankelovich et John Immerwahr, *Putting the Work Ethic to Work*, New York, Public Agenda Foundation, 1983, p. 1).

6 PARASURAMAN, A., *op. cit.*, p. 39-46.

7 SAPORITO, Bill et Monci Jo WILLIAMS (1987), «Service Starts with the Man at the Top», *Fortune*, vol. 116, n° 13, 7 décembre, p. 108.

8 BERRY, Leonard L., A. PARASURAMAN et Valarie A. ZEITHAML (1988), «The Service-Quality Puzzle», *Business Horizons*, vol. 31, n° 5, septembre-octobre, p. 43.

9 ALBRECHT, Karl et Ron ZEMKE (1987), *La dimension service*. Traduit de «Service America ! Doing Business in the New Economy» par Claudine Bataille ; préface de Paul Dubrule et Gérard Pelisson, co-présidents de ACCOR. Paris, Les Éditions d'Organisation, p. 173 (Coll. Forum International du Management).

10 TANSUHAJ, Patriya, Donna RANDALL et Jim McCULLOUGH (1988), «A Services Marketing Management Model : Integrating Internal and External Marketing Functions», *The Journal of Services Marketing*, vol. 2, n° 1, hiver, p. 33-34.

11 KING, Carol A. (1987), « A Framework for a Service Quality Assurance System », *Quality Progress*, vol. 20, n° 9, septembre, p. 32.

12 PARASURAMAN, A., *op.cit.*, p. 44.

13 KÉLADA, Joseph, *op. cit.*, p. 13.

14 KÉLADA, Joseph, *op. cit.*, p. 13.

15 LAVIDGE OSBORN, Townes (1997), « A Question of Service », *Services Marketing Today*, vol. 12, n° 3, juin, p. 2.

16 MELOCHE, Gaston (1988), « Pour assurer la qualité : la gestion participative de la qualité », *Qualité : La revue de la gestion intégrale de la qualité*, vol. 9, n° 1, printemps, p. 18.

17 PANET-RAYMOND, Robert (1989), « Cohérence : dire et faire », *Qualité : La revue de la gestion intégrale de la qualité*, vol. 10, n° 2, été, p. 15.

18 PANET-RAYMOND, Robert, *op. cit.*, p. 13.

19 ALBRECHT, Karl et Ron ZEMKE, *op. cit.*, p. 112.

20 BERRY, Leonard L., A. PARASURAMAN et Valarie A. ZEITHAML, *op. cit.*, p. 39.

21 UTTAL, Bro (1987), « Companies that Serve You Best », *Fortune*, vol. 116, n° 13, 7 décembre, p. 98-116.

22 KÉLADA, Joseph (1989), « La qualité : tout le monde y gagne », *Qualité : La revue de la gestion intégrale de la qualité*, vol. 10, n° 1, printemps, p. 10.

23 KÉLADA, Joseph, *op. cit.*, « La gestion... », p. 11.

24 ALBRECHT, Karl et Ron ZEMKE, *op. cit.*, p. 183.

25 ALBRECHT, Karl et Ron ZEMKE, *op. cit.*, p. 183.

26 BERRY, Leonard L., A. PARASURAMAN et Valarie A. ZEITHAML, *op. cit.*, p. 42.

27 MELOCHE, Gaston, *op. cit.*, p. 19.

28 Une loi, votée en 1977, exige la consultation systématique du personnel et la participation de ses représentants aux prises de décisions affectant l'entreprise à quelque niveau que ce soit. Ces mêmes représentants peuvent demander la communication de toute information financière concernant la firme dans laquelle ils travaillent. Les dirigeants d'entreprises, en dépit des inconvénients provoqués par de tels changements, semblent d'ailleurs être convaincus de la nécessité d'une participation accrue du personnel à la vie de l'entreprise (Source : Pehr G. Gyllenhammar, « La stratégie humaine de Volvo », *Harvard-L'Expansion*, n° 7, hiver 1977-1978, p. 34). Pour de plus amples détails sur « l'approche suédoise », en particulier chez Volvo, consulter Benoît Paquin, sous

la direction de Marie-Claire Malo (1990), *Monographie sur l'usine de Volvo à Kalmar*, Montréal, HÉC., rapport de recherche n° 90-04, avril, 40 p.

29 PANET-RAYMOND, Robert, *op. cit.*, p. 14.

30 ALBRECHT, Karl et Ron ZEMKE, *op. cit.*, p. 51.

31 KÉLADA, Joseph, *op. cit.*, «La gestion...», p. 13.

32 PARASURAMAN, A., *op. cit.*, p. 44.

33 ALBRECHT, Karl et Ron ZEMKE, *op. cit.*, p. 142.

34 KÉLADA, Joseph, *op. cit.*, «La qualité...», p. 11.

35 BONOMA, Thomas V. (1986), «Marketing Subversives», *Harvard Business Review*, vol. 64, n° 6, novembre-décembre, p. 113-118 ; (1987), «Hommes de marketing : soyez subversifs !», *Harvard-L'Expansion*, n° 45, été, p. 43-50.

36 BONOMA, Thomas V., *op. cit.*, 1986, p. 118.

37 GEORGE, William R. (1990), «Internal Marketing and Organizational Behavior : A Partnership in Developing Customer-Conscious Employees at Every Level», *Journal of Business Research*, vol. 20, n° 1, janvier, p. 63-70.

38 BERRY, Leonard L. (1980), «Services Marketing is Different», Reproduit dans le volume *Services Marketing : Text, Cases & Readings*, Englewood Cliffs, N. J., Prentice-Hall, 1984, p. 32.

39 GRÖNROOS, Christian (1981), «Internal Marketing — An Integral Part of Marketing Theory», *Marketing of Services*, James H. Donnelly and William R. George, eds., Chicago, Proceedings series, AMA, p. 237.

40 SHAPIRO, Benson P. (1978), «Marketing et production : pour une coexistance pacifique», *Harvard-L'Expansion*, n° 8, printemps, p. 27-39.

41 ARMISTEAD, Colin G. (1989), «Customer Service and Operations Management in Service Businesses», *The Service Industries Journal*, vol. 9, n° 2, avril, p. 248.

42 BERRY, Leonard L., A. PARASURAMAN et Valarie A. ZEITHAML, *op. cit.*, p. 37.

43 Il devient donc nécessaire de définir une situation de consommation lors d'une enquête traitant de l'importance relative des dimensions clés. En fait, les chercheurs mentionnent que, si le contexte situationnel n'est pas clairement défini au moment de la collecte des données d'une recherche commerciale de ce genre, chaque répondant agira instinctivement en fonction d'une situation qu'il se sera lui-même attribuée. Par conséquent, les résultats du sondage seront au mieux équivalents à une sorte de moyenne à travers plusieurs types de situations possibles. (Source : Filiatrault, Pierre et J. R. Brent Ritchie (1988), «The Impact of Situational Factors on the Evaluation of Hospitality Services», *Journal of Travel Research*, vol. 26, n° 4, printemps, p. 29-37.)

44 Voir la référence précédente.

45 KING, Carol A. (1985), « Service Quality Assurance is Different », *Quality Progress*, juin, p. 14-18.

46 CRANE, F. G. et T. K. CLARK (1988), « The Identification of Evaluative Criteria and Cues Used in Selecting Services », The Journal of Services Marketing, vol. 2, n° 2, printemps, p. 56.

47 BROWN, Mark B. (1988), « Defining Quality in Service Businesses », *Quality Digest*, vol. 8, n° 4, avril, p. 13.

48 KING, Carol A., *op. cit.*, « A Framework... », p. 31.

49 KING, Carol A., *op. cit.*, « A Framework... », p. 31.

50 UTTAL, Bro, *op. cit.*

51 BERRY, Leonard L., A. PARASURAMAN et Valarie A. ZEITHAML, *op. cit.*, p. 43.

Partie 3

La gestion de la qualité : avant, pendant et après la visite du client

AVANT LA VISITE DU CLIENT

Chapitre 6
Choisir et concevoir un système de livraison des services (SLS)

Chapitre 7
La gestion du SLS

Chapitre 8
Le personnel

Chapitre 9
Les évidences physiques

PENDANT LA VISITE DU CLIENT

Chapitre 10
La gestion de la qualité durant la servuction

APRÈS LA VISITE DU CLIENT

Chapitre 11
Les contrôles réactifs de la qualité

Quelques mots d'introduction

Le gestionnaire d'entreprise manufacturière dispose d'un avantage marqué sur son confrère du secteur tertiaire. En effet, advenant qu'un produit soit défectueux, il a la possibilité de le réparer, de l'échanger pour un autre, de le remplacer par un autre modèle, ou encore de rembourser l'acheteur, afin que celui-ci obtienne entière satisfaction.

La latitude en ce qui concerne les services est tout autre. La production et la consommation d'un service étant simultanées, le client devra subir l'erreur et, de ce fait, il est plus avantageux de prévenir que de guérir. Si l'entreprise de services veut devenir un chef de file dans son domaine, sa gestion de la qualité devra miser sur la prévention des erreurs (contrôle préventif) plutôt que sur leur correction.

Néanmoins, le gestionnaire de services devra également effectuer, à un degré ou à un autre, un contrôle de la qualité d'ordre transformationnel et réactif. Le tableau de la page suivante décrit les trois types de contrôle de la qualité à l'aide d'exemples comparatifs entre une firme de l'industrie secondaire et une firme de l'industrie tertiaire.

La gestion de la qualité		
	Contrôle préventif	**Contrôle à la transformation**	**Contrôle réactif**
Industrie secondaire	Matières premières, équipement, etc.	Au long d'une chaîne de montage, filtrage des mauvaises unités en bout de ligne avant la remise aux distributeurs.	Enquête par questionnaire, politiques de garanties, etc.
Industrie tertiaire	Système de livraison des services, des connaissances du personnel, des évidences physiques, etc.	Contrôle formel et informel, gestion du temps d'attente, affectation des tâches, éducation de la clientèle, gestion du lien entre les clients, management baladeur et correctif *in extremis* pour éviter l'insatisfaction du client.	Gestion des plaintes et des compliments, cartes-commentaires, le suivi de l'« achat », enquête par questionnaire, inspection.

Le cadre conceptuel de cet ouvrage permet au gestionnaire de voir concrètement ce qu'il peut faire **avant, pendant** et **après** la visite du client. Aux chapitres 6, 7, 8 et 9, nous nous concentrons à définir les notions relatives au contrôle préventif de la qualité, c'est-à-dire avant la visite du client. Au chapitre 10, nous expliquons ce qui peut être fait pendant la visite du client, tandis que le chapitre 11 traite du contrôle réactif, c'est-à-dire ce qu'il est préférable de faire après la visite du client.

Avant la visite du client

Proposé par Borden en 1962, puis popularisé par McCarthy à l'aide du modèle des 4 « P », le concept de mix marketing est toujours d'actualité dans les ouvrages de marketing[1]. Toutefois, depuis quelques années, presque tous les spécialistes en marketing reconnaissent les limites de ce concept en ce qui a trait à la mise en marché des services. En fait, même pour les industries des secteurs primaires et secondaires, les 4 « P » affichent une **carence**, dans la mesure où ces firmes attachent de plus en plus d'importance à la notion de service à la clientèle.

---

1 Dans la langue anglaise, les 4 « P » sont : « Product », « Price », « Place » et « Promotion ». En français, on utilise habituellement le sigle **PPDC** signifiant le produit, le prix, la distribution et la communication.

Les trois nouveaux « P » de Booms et Bitner

Process [Chapitres 6 et 7]	Participants [Chapitres 8, 9 et 10]	Physical Evidence [Chapitre 9]
Politiques Procédures Mécanisation Latitude des employés Implication du client Circulation du client Séquence des opérations	Personnel [Chapitre 8]: Formation Discrétion Engagement Primes d'encouragement Relations interpersonnelles Attitude Apparence [Chapitre 9] Autres clients [Chapitre 10]: Comportement Degré d'implication Client/contact avec le client	Indices tangibles Installations physiques Environnement: Ameublement Couleur Dispositions possibles Niveau sonore

Source : Adapté de Bernard H. Booms et Mary J. Bitner, « Marketing Strategies and Organization Structures for Service Firms », *Marketing of Services*, James H. Donnelly and William R. George, Eds., Chicago, Proceedings Series, AMA, 1981, p. 50.

Afin de soutenir le marketing des services, trois nouveaux « P » se sont ajoutés au mix marketing : le « P » *Process*, le « P » *Participants* et le « P » *Physical evidence*. Nous utiliserons, en français, les expressions « *système de livraison des services* », « *personnel* »[2] et « *évidences physiques* ». Les prochains chapitres présentent ces nouvelles variables.

---

2 Les lecteurs attentifs auront sans doute remarqué que le choix du terme « *personnel* » ne rend pas entièrement justice à la désignation originale « *participants* » de Booms et Bitner. En fait, comme le démontre le tableau, le « P » original inclut tous les participants à la servuction, c'est-à-dire autant les membres du personnel que l'ensemble de la clientèle sur place. Dans notre ouvrage, nous avons volontairement relégué l'aspect « *autres clients* » au chapitre 10 puisque cette variable a trait à la gestion de la qualité *pendant* la visite du client. Précisons aussi que les notions sur l'*apparence* du personnel font l'objet du chapitre 9, celui des évidences physiques.

Chapitre 6

Choisir et concevoir un système de livraison des services (SLS)

L e système de livraison des services (SLS), l'un des trois nouveaux « P », est la structure du déroulement des opérations à l'occasion d'un service. Pour élaborer un SLS, le gestionnaire des services doit d'abord être au fait des modes de livraison existants. Nous verrons le mode **traditionnel**, le mode **manufacturier**, le mode **segmental** et enfin le mode **intégratif**. Après avoir choisi un mode de service, le gestionnaire pourra effectuer le schéma du SLS de sa propre organisation. La conception d'un tel schéma s'apparente à l'élaboration d'une chaîne de montage dans l'industrie secondaire ; bien qu'il s'agisse d'une tâche relativement ardue, une telle planification s'avère fructueuse. Il faudra, entre autres, tenir compte du concept des moments de vérité, puis des avantages et des inconvénients propres à la participation des clients.

Cependant, avant d'entreprendre la présentation du système de livraison des services (SLS), il est approprié de bien saisir la relation qui existe entre la productivité et la qualité des services.

6.1 LA PRODUCTIVITÉ ET LA QUALITÉ DES SERVICES

Le fait de maîtriser et d'appliquer un contrôle préventif contribue-t-il à accroître la productivité d'une organisation ? Il semble que oui ! Un parallèle avec l'industrie manufacturière peut illustrer ce fait. Que diriez-vous d'une entreprise ayant un **produit** laid et mal conçu, des **prix** exorbitants, un réseau de **distribution** cahoteux ainsi qu'une politique **communicationnelle** axée sur le « je ne sais qui » ? Bien entendu, vous considéreriez l'efficacité et l'efficience d'une telle firme comme étant inacceptables.

Dans l'entreprise de services, est-il plus acceptable de s'en remettre à un système où 1) les employés d'un comptoir à crème glacée se marchent sur les pieds (**système de livraison des services**), 2) deux ou trois représentants sont nécessaires pour donner une réponse intelligente sur l'assurance-vie (**personnel**), ou 3) les toilettes d'un restaurant sont sales au point qu'un client mette en doute la salubrité des cuisines (**évidence physique**) ? L'absence d'une gestion saine de la qualité entraîne des conséquences fâcheuses. Celle-ci se caractérise notamment par une productivité déficiente et la perte de la clientèle.

L'erreur traditionnelle est de croire qu'une hausse de la productivité engendre nécessairement une baisse de la qualité du service[1]. Au contraire, peu importe le segment de clientèle visé et le degré de qualité qui répond aux attentes du client, le manager a intérêt à accroître, aux endroits appropriés, la productivité de l'organisation. Malheureusement, ce genre de productivité ne fait guère la fierté de l'industrie tertiaire. Il est reconnu que les industries primaire et secondaire jouissent d'une bonne longueur d'avance à ce sujet. Ces dernières, d'ailleurs, présentent des statistiques de défauts qui se comptent en dizaines d'unités sur des millions d'unités fabriquées, alors que les services en sont encore au pourcentage. Selon Eiglier et ses collègues, l'écart est énorme, mais le défi, exaltant[2]. Comment relever un tel défi ? L'analyse du système de livraison des services constitue une bonne démarche.

6.2 LE SYSTÈME DE LIVRAISON DES SERVICES : UNE REVUE DES PRINCIPAUX MODES

Nous avons répertorié quatre modes de livraison des services. Ils s'apparentent tous aux différents types de processus de fabrication qui ont cours dans l'industrie manufacturière.

6.2.1 Le mode traditionnel[3]

Le mode traditionnel est le plus ancien d'entre eux. Il peut être décrit comme :

- un mode intensif en main-d'œuvre ;

- un mode privilégiant les aptitudes interpersonnelles des préposés aux services ;

- un mode où il est important de se plier aux besoins du client ;

- un mode assez flexible pour répondre aux variations dans la demande ;

- un mode par lequel le gestionnaire met davantage l'accent sur la fin (la résultante) que sur les moyens (le processus) ;

- un mode où l'efficience est souvent faible et où le client en paie la note ;

- un mode accroissant la lenteur et l'hétérogénéité du service ;

- un mode où l'on admet une certaine aversion envers la technologie, qu'on accuse d'être impersonnelle et créatrice d'une baisse de la qualité des services.

Malgré ces caractéristiques, qui ressemblent presque à des inconvénients insurmontables, on considère qu'il est possible d'accroître l'efficience du mode traditionnel, sans pour autant sacrifier la perception du client à l'égard du degré de la qualité. L'un des fervents défenseurs de ce mode est Teboul ; il propose d'ailleurs trois stratégies qu'il vaut la peine d'énumérer[4].

- *Élargir l'interface afin d'accroître l'avantage compétitif de l'organisation.* On mise sur l'**expérience** que vivra et racontera le consommateur. Il cite comme exemple les restaurants Beni Hana et le Club Med. Pour pallier une demande trop variée, l'auteur rappelle qu'il est possible de sélectionner et de préparer la clientèle aux services offerts.

- *Maintenir l'interface, mais réduire les frais.* Pour ce faire, l'auteur suggère certaines techniques, tels la synchronisation de la demande en fonction de la capacité, l'encouragement de la participation de la clientèle et, enfin, la sélection et l'éducation de la clientèle. Ces outils seront analysés ultérieurement.

- *Dans tous les cas, donner la qualité promise.* Il s'agit surtout de mettre l'accent sur le contrôle préventif, par exemple anticiper les problèmes au moment de la construction du schéma de services, former les employés, etc.

Quelques minutes de réflexion

- Si votre SLS est de mode traditionnel, comment pourriez-vous appliquer les trois stratégies proposées par Teboul ?

- Serait-il envisageable, ou souhaitable, de changer de mode de livraison des services ?

6.2.2 Le mode manufacturier[5]

Opposé du premier, le deuxième mode de livraison des services est le mode manufacturier. Ce mode fut popularisé par les écrits de Theodore Levitt. L'industrialisation des services consiste à introduire l'automatisation là où cela est possible, à systématiser et à standardiser là où ce n'est pas possible d'automatiser, et à abandonner l'idée que certains services échappent à cette méthode[6]. Voyons plus en détail ce mode, qui devient de plus en plus populaire :

- On suppose dès le départ qu'un système de livraison des services s'apparente à un système de production de biens.

- On emprunte au maximum les techniques, modèles et concepts de la gestion propres à l'industrie manufacturière.

- Les managers adoptent des objectifs d'efficience et des critères de performance.

- Étant orienté vers l'automatisation du processus, ce mode réduit la dépendance aux individus. En effet, ceux-ci, malgré leur formation et leur degré de motivation, oublient, font des erreurs ou peuvent être de mauvaise humeur.

- Les options de service sont alors souvent limitées.

- En favorisant la standardisation, on crée, à moins de frais, une meilleure uniformité de la qualité de l'extrant.

- Cette standardisation signifie souvent la division du travail, c'est-à-dire le morcellement des tâches, facilitant, par le fait même, le recrutement d'une main-d'œuvre moins onéreuse.

- Toutefois, à moins d'une politique de rotation des tâches, les employés se fatigueront d'effectuer toujours la même chose.

Encadré 1

On emprunte au maximum les techniques propres à l'industrie manufacturière

Les robots envahissent le secteur des services

« Bonjour. Voici votre courrier. Pressez sur le bouton quand vous l'aurez pris. » Fred, un robot mobile voué à la collecte et à la distribution du courrier, a fait récemment ses preuves au Centre de recherche industrielle du Québec (CRIQ) à Montréal. L'infatigable robot pouvait travailler 24 heures par jour, sept jours sur sept, à un taux horaire moyen de 8,50 $ et ne s'arrêtait même pas pour manger. Il gardait en mémoire le plan de l'édifice et se guidait lui-même dans le dédale des corridors pour se rendre à l'endroit souhaité, contournant les obstacles sur son chemin.

« Fred épargnait du temps au personnel qui n'avait plus à quitter son poste de travail pour se rendre chez le magasinier. L'interaction était aussi intéressante à voir. Les gens lui disaient bonjour », raconte Robert Daoust, ingénieur en automatisation et robotique au CRIQ.

D'autres robots comme lui pourraient apparaître très bientôt un peu partout dans le secteur des services. Au Québec comme ailleurs, on travaille déjà à des robots polyvalents capables de remplir des tâches de messager, de boucher et même de chirurgien. « Nous sommes au début de la robotique de service », estime Robert Daoust. Des robots comme Fred sont déjà à l'œuvre dans une cinquantaine d'établissements dans le monde, notamment de gros hôpitaux américains où ils font la distribution des médicaments aux infirmières.

Des représentants des hôpitaux montréalais sont venus voir Fred à l'œuvre au CRIQ et se sont montrés intéressés même si, dans l'immédiat, le contexte se prête mal pour remplacer encore plus de personnel par un robot.

Des robots médecins

Le secteur de la santé est l'un des principaux secteurs d'implantation des robots de service. Les robots s'implantent même dans la salle d'opération où ils peuvent notamment remplacer un médecin dans les chirurgies nécessitant une endoscopie (chirurgie délicate qui se fait à l'aide d'une caméra).

Manœuvrer cette petite caméra de manière à assurer une image fixe au chirurgien est un travail difficile pour un médecin, mais tout désigné pour un robot américain commercialisé depuis l'automne dernier.

Source : Adapté de Michel Marsolais, *Le Journal de Montréal*, Montréal, 12 août 1996, p. 28.

Afin d'accroître la productivité et la qualité dans les entreprises de services utilisant le mode manufacturier, trois types de technologies sont proposés : les technologies dures, douces ou hybrides.

Les **technologies dures** touchent l'équipement. Il s'agit de la substitution classique capital-travail qui procure un levier opérationnel intéressant pour l'organisation[7]. Cette technologie remplace donc le contact personnel et les efforts humains par l'achat d'équipement et de machinerie. En plus d'élargir l'horizon de nouveaux services potentiels, dans de nombreux cas, elle permet de hausser la qualité du service.

Outre les lave-autos robotisés, les guichets automatiques et les multiples distributrices de boissons, d'aliments et de monnaie, pensons aux comptoirs-caisses modernes de plusieurs commerces de détail. Un lecteur optique détecte le code universel de produits et la caisse affiche le prix et le nom de la marchandise. L'appareil permet à la fois d'accélérer le service et d'améliorer la gestion des stocks de l'établissement. Plus récemment, on a vu apparaître des stations d'essence où le client règle sa note sans quitter la pompe. Il n'a qu'à insérer sa carte de crédit ou de débit dans une boîte réceptrice, faire le plein de son réservoir et prendre le reçu. Bien entendu, un écran électronique affiche les étapes à suivre afin de faciliter la tâche de l'utilisateur.

Encadré 2

De douces fleurs dans des technologies dures

La folie des distributeurs automatiques

Au Japon, les machines distributrices offrent de tout : whisky, fleurs fraîches et sous-vêtements !

Dans les cafétérias, les salles d'attente, les campings, on trouve de plus en plus de distributrices modernes et attrayantes. Toutefois, entre elles et leurs cousines du Japon, il y a un monde de différence !

Elles sont polies

À Tokyo seulement, on compte plus de 62 000 distributrices de Coca-Cola reliées à un ordinateur central qui indique au répartiteur les machines en pénurie de boissons ou de monnaie. Puis, politesse oblige, chaque distributrice japonaise salue le consommateur et le remercie de son achat. En fait, les Japonais sont tellement fous des distributrices automatiques qu'ils en ont semé 5,3 millions dans tout le pays. Pour donner un ordre de grandeur, la consommation d'électricité de toutes ces machines équivaut à elle seule à celle de Saint-Jérôme !

Elles offrent fleurs et sous-vêtements

Dans ce pays, presque tout se vend dans une machine : fleurs fraîches, bière, sous-vêtements, whisky, piles, revues. Les plus étonnantes sont sans doute les distributrices de viande. Installées dans les stations-services, les centres commerciaux et les gares, elles peuvent vous vendre des steaks réfrigérés de 500 g !

Et pour ceux qui s'exciteraient devant nos distributeurs à café, capables de nous offrir le choix entre du café fort ou doux, voici la version japonaise mise au point par la société Fuji Denki Reiki : un distributeur qui vous offre 30 boissons chaudes ou froides, avec ou sans glace, avec ou sans sucre, avec ou sans crème, ou avec ou sans lait et en quatre formats. En comptant bien, ça fait 384 choix possibles ! Indécis, s'abstenir...

Une distributrice, c'est sacré !

Les distributrices japonaises bénéficient d'un contexte bien spécial difficile à reproduire ailleurs : au Japon, le vandalisme n'existe pratiquement pas. Les commerçants japonais peuvent placer un distributeur automatique de bijoux dans un coin sombre sans même s'empêcher de dormir. Vous imaginez la durée de vie de ce même distributeur à New York ?

Source : Adapté de Jean-René Dufort, *Protégez-vous*, mai 1997, p. 22.

Les **technologies douces** touchent la logistique des opérations. Elles remplacent les décisions traditionnellement laissées à la discrétion d'un employé par un système de livraison organisé et préplanifié. Ce type de technologie ressemble à la chaîne de montage dans le secteur manufacturier. Chaque individu a un rôle précis ou une séquence de tâches à jouer. Par exemple, Levitt mentionne que les compagnies d'assurances utilisent depuis longtemps la division du travail pour leurs opérations, telles que l'enregistrement, l'acceptation de la garantie, les calculs de tarifs et l'émission des polices[8].

Les magasins libre-service font également appel à cette technologie. En effet, il s'agit d'une réorganisation du système, dans laquelle la participation des consommateurs est requise. McDonald's demeure l'une des entreprises les plus populaires et les plus innovatrices en matière de technologie douce. Son système inédit de fabrication de hamburger lui a valu beaucoup de succès[9]. Un exemple québécois et très actuel de technologie douce est la tâche effectuée par les croupiers des casinos. Ces employés effectuent leur tâche selon une séquence préplanifiée, quasi protocolaire, ce qui démontre qu'il est possible d'offrir des services standardisés, même si ce type de jeu est intensif en personnel.

Les **technologies hybrides** regroupent les deux méthodes citées précédemment. La firme Midas, bien connue pour la pose de silencieux d'automobile, en est l'exemple classique, puisque cette entreprise utilise un outillage spécialisé et adopte la standardisation des procédures de travail. Les parcs thématiques Disney utilisent aussi les technologies hybrides. Le spectacle de nombreux pavillons est pris en charge par les robots Audio-Animatronics (une technologie dure), tandis que la présentation et la conclusion du spectacle sont effectuées par des employés qui donnent aux *invités*, à l'aide d'une procédure, l'information usuelle (technologie douce) : mot de bienvenue, « avancez jusqu'au dernier siège de votre rangée », « pas de photographie avec flash », remerciements, indications de la porte de sortie, etc.

Outre les nombreux avantages déjà mentionnés, la technologie, quelle qu'elle soit, peut contribuer à motiver les troupes. Levitt en fournit un exemple intéressant : l'utilisation de miroirs dans les coqueries d'avions, afin que les agentes et agents de bord s'y voient et qu'ils puissent prendre soin de leur apparence[10]. L'idée serait d'ailleurs valable pour le personnel en contact avec la clientèle des grands restaurants. Ces exemples démontrent, par ailleurs, que l'utilisation d'une technologie n'implique pas nécessairement la présence de composantes électroniques audacieuses.

Comme tout autre mode de livraison des services, le mode manufacturier comporte certains désavantages qui peuvent être considérables. Ainsi, pour faire échec au manque de personnalisation du service, plusieurs entreprises ont adopté ce mode tout en misant sur la présence d'individus compréhensifs, en bout de ligne. Malgré cela, si la demande du client est inhabituelle, ce dernier découvrira vite qu'il n'est pas roi !

Un test simple, mais révélateur, consiste à demander des rôties non beurrées dans les chaînes de restauration offrant le petit-déjeuner. Le système standard étant solidement implanté, le client devra sans doute attendre avant d'être servi à son goût.

Par ailleurs, ce mode n'est pas accessible à toutes les organisations. Dans le domaine médical, par exemple, rares sont les petits hôpitaux qui peuvent s'offrir des appareils coûteux. Imaginez la situation de petits commerces indépendants ou d'organismes de bénévolat! En outre, même si les capitaux requis sont disponibles, l'attachement aux vieilles habitudes de travail risque de freiner l'implantation d'une nouvelle technologie. Le phénomène de résistance au changement ne doit pas être pris à la légère.

Miser sur l'industrialisation demande également de la perspicacité. Il faut surveiller les contre-coups possibles d'une telle approche. Par exemple, pour améliorer la productivité, plusieurs hôtels des grands centres urbains traitent les factures et les distribuent directement aux chambres, au cours de la nuit précédant le départ. Ce système permet au personnel de la réception d'accélérer le service au comptoir. Toutefois, cette politique pourrait nuire à un hôtel, dans l'éventualité où les clients se sentiraient traités avec trop de laisser-aller, le matin de leur départ. Ainsi, avant d'opter pour une politique ou un standard, il faut chercher à découvrir comment le client typique le percevra[11].

Bien que de multiples entreprises ayant appliqué ce mode de livraison des services aient connu un succès phénoménal, l'industrialisation n'est pas nécessairement un gage de réussite. Ce n'est pas parce que les industries primaires et secondaires sont passées par l'industrialisation qu'il faut nécessairement que *toutes* les entreprises du secteur tertiaire fassent de même. La technologie, dans le secteur manufacturier, passe habituellement inaperçue aux yeux du consommateur. Dans l'entreprise de services, le client participe au processus de servuction. C'est pourquoi le succès d'une innovation technologique dépend de son acceptation par le client[12]. Les conséquences d'une technologie non acceptée peuvent se révéler fort dommageables. Eisenhower Étienne en fournit un exemple, par le biais d'une petite chaîne de salon de coiffure. Au lieu d'adopter le mode traditionnel, un client/un servucteur, on a procédé à la division des tâches, de sorte que le client devait se déplacer d'une opération à l'autre, ce qui l'empêchait d'entretenir une relation avec son coiffeur. Les résultats de cette technologie douce furent si négatifs que l'entreprise a dû se reconvertir à l'ancienne méthode[13]! En général, dans les contextes où différentes personnes s'occupent directement d'un seul et même client, des problèmes de communication surgissent tôt ou tard, entraînant une baisse de la qualité du service.

À l'inverse, Wal-Mart constitue un cas intéressant où une technologie a été acceptée par la clientèle. En 1996, l'entreprise a installé, dans plusieurs magasins québécois, cinq ou six appareils dotés d'un lecteur optique. Lorsqu'un client ne trouve pas le prix sur un article, il n'a qu'à le placer sous un appareil et ce dernier affiche l'information désirée. Les instructions, placées à côté de l'appareil, sont simples et écrites en gros caractères. Cette technologie dure évite aux clients de chercher un préposé. Elle est rapide, tout en demeurant conviviale, et elle est cohérente avec la stratégie de bas prix de l'entreprise.

- Si votre SLS est de mode traditionnel, ne croyez-vous pas que *certains aspects* du mode manufacturier pourraient malgré tout s'appliquer à votre organisation? N'auriez-vous pas intérêt à remettre plus souvent en question vos processus de travail?

- Comparez la pertinence d'une politique de comptoir express dans les secteurs d'activités suivants: hôtellerie, magasins d'alimentation, clubs vidéo et bibliothèques.

6.2.3 Le mode segmental[14]

Le troisième mode de livraison du service, le mode segmental, est un mode hybride, car il constitue un pont entre le mode traditionnel et le mode manufacturier. Les énumérations suivantes le décrivent sommairement:

- Le système de livraison des services est physiquement ou organisationnellement divisé en deux segments parallèles mais distincts, dont le potentiel d'industrialisation respectif est différent. Par exemple, dans une banque, l'un des segments serait le contact avec la clientèle, et l'autre concernerait toutes les activités effectuées en arrière-scène.

- On établit des procédures en fonction des besoins particuliers de chaque segment. Celui qui comporte des contacts élevés s'associera au mode traditionnel, et celui où les contacts sont quasi inexistants adoptera le mode manufacturier.

- Autant que possible, l'interdépendance et l'interaction entre les deux segments doivent être réduites.

- L'hypothèse que soutiennent les tenants de ce mode est la suivante : si chaque segment est à son maximum d'efficacité, le système entier atteindra sa performance maximale.

Plutôt que de rejeter le mode traditionnel sous prétexte qu'il est désuet, ou de considérer la technologie du mode manufacturier comme trop froide, les partisans du mode segmental tentent de comprendre et d'exploiter les deux méthodes. Les propos de Richard B. Chase sont fort utiles à ce sujet. Celui-ci invite le manager à envisager la possibilité de réorganiser les activités, de manière à muter certaines opérations de l'avant-scène vers l'arrière-scène (mode manufacturier). Aussi, afin de maximiser la qualité des contacts avec la clientèle (mode traditionnel), il suggère de décharger le personnel détenant un poste à l'avant-scène de toutes tâches pouvant s'effectuer à l'arrière-scène[15]. À titre d'exemple, Chase mentionne que :

> On demande souvent à un personnel de vendeurs dans un magasin de remplir des fonctions de commis aux marchandises, fonction qu'ils doivent occuper plutôt que d'attendre les clients. Cependant, comme la fonction principale d'un vendeur est de représenter la compagnie à l'intérieur du magasin, il vaudrait mieux engager plus

de commis aux marchandises et libérer le vendeur pour
qu'il puisse mieux remplir le rôle qui lui est voué[16].

L'hôpital constitue un exemple intéressant pour le mode segmental,
car on peut y combiner les deux suggestions de Chase. D'une part, les
laboratoires, les cuisines et la buanderie sont à l'arrière-scène et
épousent le concept de l'usine dans l'usine[17]. Ces services sont qualifiés
d'invisibles parce que les clients ne peuvent voir ce qui s'y passe.
D'autre part, le service de base, constitué des soins aux bénéficiaires,
demeure à l'avant-scène. Les deux segments étant bien distingués, il suffit de maximiser leur efficacité respective. Le système entier, selon l'esprit du mode segmental, devrait atteindre une performance maximale.

L'une des difficultés du mode segmental consiste à décider de l'emplacement de la barrière entre l'avant et l'arrière-scène. Puisque nous
préconisons une approche marketing, nous croyons que l'opinion des
consommateurs est essentielle. Nous partageons donc les propos de
Berry et ses collègues, à savoir qu'une bonne façon de prendre les décisions d'ordre technologique consiste à **comprendre les priorités des
clients**. Il faut déterminer quels aspects du service nécessitent un contact humain et quels sont ceux qui se prêtent à l'automatisation ; trouver une combinaison optimale de *high-touch* et de *high-tech* ne peut
être que bénéfique pour la qualité des services[18].

Par exemple, si les managers de la chaîne de salons de coiffure dont
nous avons parlé plus haut avaient connu les priorités de leur clientèle,
ils n'auraient pas eu l'audace de diviser les tâches. Par ailleurs, les gens
de chez McDonald's ont probablement compris que, pour la majorité
des consommateurs, un hamburger est un hamburger ! Qu'il soit fait
devant le client ou 30 pieds derrière n'a pas d'importance. Pourtant,
sur le plan économique, ce « 30 pieds derrière » a valu un succès monstre à cette entreprise !

L'inconvénient principal de ce mode de livraison des services réside
toutefois dans le fondement même de l'hypothèse de départ. Il n'est
pas certain, en effet, qu'une performance maximale de chaque segment engendrera du même coup un degré de performance maximum

pour le système entier[19]. En fait, si chaque segment agit en fonction de ses propres intérêts, cela crée des barrières et la chaîne de la qualité, vue au chapitre précédent, se brise. Cette chaîne étant dynamique, elle exige un flux constant d'information, à défaut de quoi le contact avec les besoins des clients externes et internes est perdu. L'adoption du mode segmental requiert de réunir les troupes périodiquement, afin de vérifier si les procédures correspondent encore aux attentes.

6.2.4 Le mode intégratif[20]

Le dernier-né dans l'évolution des systèmes de livraison des services est le mode intégratif. Comme le mode segmental, il répartit lui aussi le SLS en deux segments distincts, dont l'un fait appel au mode traditionnel et l'autre, au mode manufacturier. Par le mode intégratif, on rejette néanmoins l'hypothèse de base du mode segmental, à savoir que le système entier est à son maximum d'efficacité lorsque chaque segment — autonome — atteint sa performance maximale. Ici, au contraire, on juge que les unités doivent travailler ensemble. Les gestionnaires des segments sont conscients des objectifs stratégiques à long terme de l'organisation, au point qu'ils se doivent d'adopter des compromis dans le cadre de leurs décisions administratives courantes.

Le mode intégratif comporte trois avantages intéressants :

- Puisque chaque segment est géré en fonction des intérêts stratégiques de l'organisation dans son entier, ce mode permet d'exploiter les éléments de l'offre de services sans faire obstacle à l'orientation générale de la firme.

- Au moment de l'évaluation d'une prestation de service, le client intègre tous les éléments du service en un tout. Il dira s'il est satisfait de ce restaurant, de cette banque ou de cet hôtel. À partir du moment où un élément faible (ex. : accueil à l'hôtel) peut être compensé, dans l'esprit du client, par un élément fort (ex. : propreté de la chambre), il y a **interdépendance** entre les éléments, de sorte qu'il devient préférable d'**intégrer** les deux segments. Ainsi, dans cet exemple, l'établissement gagnerait à augmenter les ressources au comptoir d'accueil (mode traditionnel), quitte à sacrifier quelque peu la performance en ce qui a trait à la propreté des chambres (mode manufacturier). De la même façon, on considérera qu'il y a interdépendance, si un élément fort (ex. : le service aux tables d'un restaurant) peut être anéanti par un élément faible (ex. : la qualité des mets). Il faudra, là encore, effectuer un transfert de ressources et d'efforts afin de maximiser le tout. En revanche, si la qualité de la nourriture, par exemple dans un hôpital, n'a qu'un faible lien avec l'évaluation globale accordée au séjour — les soins étant l'élément clé —, le mode segmental devient envisageable, car chaque segment peut être géré ou a intérêt à être géré d'une façon quasi indépendante.

- Dans un marché turbulent, le mode intégratif est intéressant, car il incite à évaluer les répercussions des décisions sur les opérations et à revoir la complémentarité des deux segments intégrés. Par exemple, l'ajout de mets raffinés (segment relatif au mode manufacturier) chez un transporteur aérien peut retarder le temps d'attente des passagers (segment relatif au mode traditionnel). Une solution d'ensemble serait de devancer le moment de la prise des commandes (avant-scène), de façon que les employés de l'arrière-scène disposent du temps nécessaire pour « préassembler » au maximum les plats, avant leur cuisson finale.

Le mode intégratif est utilisé avec succès, semble-t-il, dans la chaîne de restaurants Subway. Étant donné qu'il y a interdépendance entre la qualité des mets et la courtoisie du serveur, il devient impossible de gérer isolément l'entité en arrière-scène (la préparation des aliments) de celle de l'avant-scène (l'assemblage du repas). Chaque segment adopte donc des compromis en matière de quantité de main-d'œuvre, afin que l'unité de servuction atteigne les objectifs de service à la clientèle ; ainsi, lorsque l'achalandage est élevé, l'accent est mis sur le service au comptoir, tandis que, en périodes creuses, les employés, très polyvalents, coupent des légumes et préparent des assemblages de viande servant à la préparation des sandwichs. En somme, cela permet aux clients d'obtenir un sous-marin sur mesure, dans un délai raisonnable, puisque le serveur n'a qu'à assembler les éléments déjà préparés.

6.3 LE CHOIX D'UN MODE DE LIVRAISON DES SERVICES

Faire un choix entre les modes traditionnel, manufacturier, segmental ou intégratif n'est pas aisé. Comme nous l'avons vu, certains spécialistes ne cachent pas leur parti pris ; Levitt favorise le mode **manufacturier**, alors que Teboul opte pour le mode **traditionnel**[21]. Par contre, nombre d'autres spécialistes préfèrent recourir à une analyse **cas par cas**[22], optique que nous croyons la plus appropriée. Selon Scott Kelley, la pertinence d'une approche dépend du service. Très peu d'information existe, toutefois, quant aux types de services dans lesquels ces modes peuvent être implantés avec succès[23].

Diverses solutions s'offrent aux administrateurs ; nous en présentons deux. La première consiste à se servir de l'une ou l'autre des classifications vues au chapitre 2, afin de désigner le mode idéal pour chacun des services définis. C'est à ce genre d'exercice que s'est prêté Kelley, tel que le démontre le tableau 1.

Nous voyons, à la cellule 3 du tableau, que les services très intangibles pour les individus requièrent l'approche humaniste, c'est-à-dire le mode **traditionnel**. À l'inverse, le service postal (cellule 2), ou toute autre forme de transport de marchandises, nécessite des moyens technologiques ; le gestionnaire devrait alors opter pour le mode **manufacturier**. Finalement, pour de nombreux services, il faut recourir aux deux approches, de sorte que leurs gestionnaires devraient opter soit pour le mode segmental, soit pour le mode intégratif.

Une seconde solution consiste à effectuer une analyse du seuil de préférence. Cet outil permet au gestionnaire de faire un choix optimal entre différents modes possibles, quand l'effet de chaque décision peut être quantifié en frais fixes et en frais variables[24]. Ainsi, pour une opération donnée, on pourra évaluer s'il est plus avantageux d'utiliser une machine ou des employés (un exemple concret de cet outil est présenté au tableau 2). Cet outil fait abstraction de tout facteur qualitatif, et une grande prudence, lors de l'interprétation des résultats, est nécessaire. Rappelons-le, si la technologie fait partie intégrante d'une servuction, son succès dépend de son acceptation par le client.

Tableau 1

Le choix d'un mode à l'aide d'une classification

Quelle est la nature du service?	Qui est le bénéficiaire direct du service?	
	PERSONNES	**OBJETS**
ACTIONS TANGIBLES	Services orientés vers le corps des personnes: • salons de beauté • restaurants • chirurgie Approches technologiques et humanistes 1	Services orientés vers les biens et autres possessions: • service postal • nettoyage à sec • entretien de la pelouse • réparations de la maison Approches technologiques 2
ACTIONS INTANGIBLES	3 Services orientés vers l'esprit des personnes: • éducation • divertissement • soins psychiatriques Approches humanistes	4 Services orientés vers les actifs intangibles: • garanties prolongées • assurance • services juridiques • services financiers Approches technologiques et humanistes

Source: Traduit et adapté de Scott W. Kelley, « Efficiency in Service Delivery: Technological or Humanistic Approaches? », *The Journal of Services Marketing*, vol. 3, n° 3, été 1989, p. 47.

Tableau 2

Une analyse du seuil de préférence

Situation

Vous exploitez un petit comptoir de restauration rapide et vous vous questionnez sur la façon de servir les boissons gazeuses aux clients. Les options sont les suivantes :

1. Chaque client reçoit du serveur une canette froide — équivalente aux canettes vendues dans les épiceries — de la boisson commandée.

2. Sans équipement complexe, le serveur verse au fur et à mesure des commandes le contenu d'une bouteille froide grand format dans chaque verre.

3. Le serveur installe un verre dans une machine et peut compléter la commande pendant que le verre se remplit automatiquement.

4. Le serveur donne un verre vide au client et ce dernier le remplit lui-même dans une machine installée à son intention.

Supposons que les coûts fixes (CF) et les coûts variables (CV) correspondant à chacune des options se présentent comme suit :

Option 1

CF (Réfrigérateur)	= 2000 $
CV (Matière première)	= 0,60 $/client
CV (Main-d'œuvre)	= 0,15 $/client

Option 2

CF (Réfrigérateur)	= 2000 $
CF (Comptoir supplémentaire)	= 800 $
CV (Matière première)	= 0,50 $/client
CV (Main-d'œuvre)	= 0,25 $/client

Option 3

CF (Machine automatique)	= 4000 $
CV (Matière première)	= 0,45 $/client
CV (Main-d'œuvre)	= 0,20 $/client

Option 4

CF (Machine semi-automatique)	= 3000 $
CV (Matière première)	= 0,50 $/client
CV (Main-d'œuvre)	= 0,05 $/client

On suppose que la matière première est plus onéreuse pour cette alternative que la précédente, car le client prend moins de glaçons et goûte parfois aux produits !

Pour visualiser sur graphique le rendement des diverses options, il faudra calculer le coût total pour deux points de chacune des droites.

Premier point : zéro client servi

Option 1 : 2 000,00 $

Option 2 : 2 800,00 $

Option 3 : 4 000,00 $

Option 4 : 3 000,00 $

Deuxième point : 10 000 clients servis

Option 1 :   9 500,00 $

Option 2 : 10 300,00 $

Option 3 : 10 500,00 $

Option 4 : 8 500,00 $

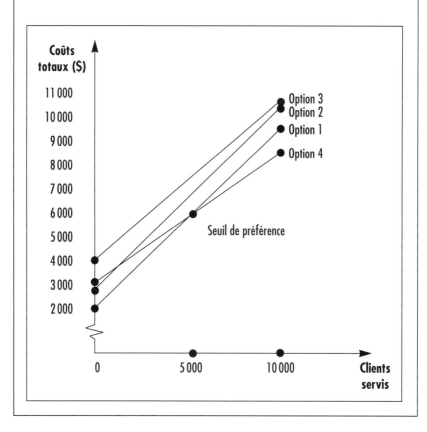

RÉSULTATS :

Comme on le voit, les droites 1 et 2 sont parallèles, de sorte que l'option 1 est préférable parce que moins onéreuse. De plus, le client est en mesure de vérifier si le produit reçu est bel et bien le produit commandé. À long terme, l'option 3 est intéressante mais supplantée par le rendement de l'option 4 qui nécessite une participation de la clientèle. L'alternative la plus pertinente comprend donc les options 1 et 4. Puisque ces deux droites se croisent, il sera avantageux de calculer le seuil de préférence en nombre de clients. À ce seuil, les coûts totaux sont égaux et se calculent comme suit :

$$\text{Option 1} = \text{Option 4}$$

$$2\,000 + 0{,}75x = 3\,000 + 0{,}55x$$

$$\text{donc} \quad 0{,}20x = 1\,000$$

$$\text{et} \quad x = 5\,000 \text{ clients, soit } 5\,750\,\$$$

Ainsi, en deçà de 5 000 clients servis, l'option 1 est avantageuse et au-delà de 5 000 clients servis, l'option 4 serait à conseiller. Si l'on considère que la clientèle moyenne est de 50 clients par jour (7 jours par semaine), seulement près de trois mois (100 jours) seront nécessaires afin de récupérer l'investissement. La période de recouvrement étant très courte, l'option 4 est la meilleure.

Si vous êtes un entrepreneur en voie de mettre sur pied une entreprise de services, sachez que le choix d'un mode constitue une décision à long terme qui ne doit pas être prise à la légère. En général, lorsqu'un mode est bien établi, il est difficile d'y déroger par la suite, car le SLS est l'élément principal de l'entreprise : il s'agit de la structure entière du déroulement des opérations. Néanmoins, peu importe le mode de livraison choisi ou en cours, les gestionnaires ont intérêt à l'exploiter adéquatement. Pour en tirer profit, il est de leur devoir de dresser un bon schéma du système de livraison des services.

● Avant de lancer une nouvelle entreprise de services, évaluez le plus objectivement possible les avantages et les inconvénients des quatre modes de livraison des services.

6.4 LE SCHÉMA DU SYSTÈME DE LIVRAISON DES SERVICES

Lorsqu'un fabricant décide de bâtir une usine, la planification et la logistique constituent une étape cruciale. Les fabricants utilisent des plans et ont ordinairement recours à des consultants, à des spécialistes ainsi qu'à des ingénieurs, afin de concevoir un mode de production logique, prévisible et efficient. On se demande parfois pourquoi tant d'entreprises de services n'ont jamais pensé faire de même pour leur système de servuction. Comment est-il possible de gérer la qualité sans un plan quelconque? Bien sûr, la partie opérationnelle de la gestion d'un service utilise souvent des outils bien connus, tels que le diagramme de GANTT et le réseau PERT. Néanmoins, comme le mentionne Shostack :

> Ces méthodes ne recouvrent pas les relations avec le consommateur et leurs interactions sur les services. Elles ne tiennent aucun compte des prestations de services proposées aux gens qui attendent un jugement ou une approche moins technique. Elles ne tiennent pas compte, non plus, des produits en rapport avec le service qui doivent être utilisés en même temps pendant le processus. Et elles ne permettent pas de résoudre des difficultés particulières liées à la position sur le marché, à la publicité, à la politique de prix ou à la distribution[25].

Reconnu par ses pairs comme ayant marqué le concept de la qualité de service, Shostack, à l'aide de son fameux schéma, comble ces lacunes[26]. Outil puissant en recherche et développement de services, celui-ci peut éviter aux gestionnaires les multiples tâtonnements de la méthode de l'essai et de l'erreur.

Shostack a déterminé diverses phases à la création d'un schéma de services[27]. Nous les présentons dans les pages qui suivent.

- Avez-vous déjà pensé qu'il pourrait être avantageux de schématiser le processus de vos services afin de mieux gérer la qualité de ceux-ci ?

- Si vous avez déjà ce schéma, est-il toujours pertinent ? Sinon, croyez-vous que vous devriez concevoir ou améliorer un tel schéma ?

6.4.1 Concevoir et schématiser les étapes du processus de service

Puisque l'offre de services est déterminée (section 2.3) et puisque le mode de livraison du service est maintenant connu (section 6.3), il ne reste qu'à produire la séquence des multiples relations existant dans le système. Il s'agit d'un véritable travail d'ingénierie industrielle dont l'ampleur varie en fonction de la complexité du service offert[28]. À l'instar de la création d'un programme informatique complexe, il est ardu pour un seul individu d'accomplir une telle tâche. Dans ce cas, les périphériques du service de base peuvent être séparés, de sorte que chaque individu n'ait qu'une section du schéma à réaliser. Bien entendu, cela nécessite la présence d'un responsable qui coordonne l'ensemble.

On doit d'abord prendre une décision quant au degré de détail qu'on veut voir apparaître dans le schéma. Si le schéma est trop grossier, il ne fera ressortir que des évidences, de sorte que l'outil ne sera guère bénéfique. Toutefois, un peu comme le rôle d'un plan préliminaire, il sera utile de commencer par un schéma grossier et d'en préciser ensuite les détails.

Si, dans une chaîne de montage d'une usine automobile, de nombreux détails ont été pensés et repensés, il devrait en être de même pour une entreprise de services. La séquence du cheminement d'un client, la suite des étapes qu'il parcourt de la porte d'entrée à la porte de sortie par exemple, doit être planifiée, autant que la pose de boulons après l'installation d'une roue.

> **En ce sens, la gestion de la qualité des services correspond à la gestion des détails qui composent ces services.**

Il n'est pas plus inadéquat de réfléchir aux problèmes qui peuvent survenir à une caisse enregistreuse que sur les difficultés que peut susciter l'utilisation de perceuses non rechargeables.

Le schéma du processus de service doit inclure toutes les **activités visibles** pour les clients, c'est-à-dire les interactions entre le client et le système de livraison des services. Il est erroné d'associer les activités visibles aux seuls moments où il y a contact entre un membre du personnel et un client. On doit tenir compte des activités qui demandent l'intervention et la participation des clients, même s'il n'y a pas de contact avec le personnel de première ligne.

Le schéma doit également inclure les **services invisibles**, c'est-à-dire les services que le client ne peut pas voir, étant donné qu'ils sont effectués en arrière-scène. Pensons notamment à la sélection et à l'achat des matières premières, aux descriptions de tâches, aux horaires de travail, à l'entretien de l'établissement, à la programmation des caisses enregistreuses, aux réceptions de marchandises, etc.

Pour de plus amples renseignements sur la présentation matérielle d'un schéma, le lecteur pourra consulter l'encadré 3, de même que la section 7.1.1.

Encadré 3

Sigles d'un schéma de services

Pour développer un schéma compréhensible, l'utilisation de sigles significatifs est la bienvenue. Étienne nous propose les suivants :

1. Le cercle « O » pour désigner toute opération de transformation où il n'y a pas de contact client-personnel.

2. La lettre « C » pour toute opération où il y a un contact client-personnel.

3. La flèche « ⎯⎯⎯⎯▶ » pour toute opération de transport ou tout mouvement du client dans le système.

4. La lettre « D » pour toute attente ou tout délai.

5. Le carré « ☐ » pour toute opération de test, de vérification ou de contrôle.

6. Le triangle « △ » pour toute opération d'entreposage ou stockage.

Malheureusement, il ne semble pas y avoir d'unanimité quant au choix de la codification à adopter. Toutefois, l'élément principal est que cette dernière soit partagée par tous les intervenants d'une organisation, au même titre que la langue ou les signaux routiers le sont pour une population donnée.

Source : Eisenhower C. Étienne, « La gestion de la production des services publics », *Recueil de textes et de cas : École des hautes études commerciales*, Montréal, Code 3-505-84, n° 516, 1988-89, p. 76 (Texte commandité par l'ÉNAP).

N.B. Pour une autre codification tout aussi appropriée, voir : G. Lynn Shostack, « Designing Services that Deliver », *Harvard Business Review*, vol. 62, n° 1, janvier-février 1984, p. 133-139.

• La conception d'un schéma de services paraît bien plus facile qu'elle ne l'est en réalité. Puisqu'il s'agit « d'un travail de moine », cela nécessite une capacité d'analyse et de synthèse hors du commun. Advenant le cas où vous décideriez d'engager un consultant, fournissez-lui un schéma grossier afin de l'orienter dans ses démarches. Attendez-vous, aussi, à ce que le consultant effectue de nombreux entretiens avec vos employés, notamment les préposés en contact avec la clientèle.

- D'après la légende, les frères McDonald ont conçu la cuisine de leur premier restaurant franchisé en dessinant, à la craie, un schéma grandeur nature sur leur terrain de tennis. Même si la pluie effaçait sans cesse les croquis, la simulation des différents mouvements du personnel leur a permis de concevoir un arrangement productif (Source : Agence France-Presse de Washington, « Richard McDonald, pionnier de la restauration rapide, s'est éteint à l'âge de 89 ans », *La Presse*, Montréal, 16 juillet 1998, p. C20). Comparez cette façon de faire à la méthode contemporaine.

6.4.2 Prévoir les étapes vulnérables et créer un sous-processus pour y remédier

Si le service n'est qu'à l'état de projet, cette étape représente un contrôle préventif de la qualité par excellence. Et si le service existe déjà, le dicton « Vaut mieux tard que jamais » s'applique ! Une fois le schéma du processus couché sur papier, l'idéal est de réunir quelques intervenants — gestionnaires, directeurs, préposés, clients — et de mettre le schéma à l'épreuve. On vérifiera, par exemple, la logique de la séquence des opérations, la présence de goulots d'étranglement, la flexibilité de chaque étape, la conception des différents supports physiques, etc. Pour toutes ces questions, il est préférable d'imaginer l'organisation en période de pointe[29]. L'objectif consiste à transformer les multiples questions en des réponses pratiques afin d'améliorer la qualité du service.

Les systèmes mal conçus représentent l'une des grandes causes d'une mauvaise qualité de service[30]. Ils ont un effet négatif, non seulement sur la clientèle, mais aussi sur les employés[31]. De nombreux exemples peuvent illustrer l'effet qu'ils ont sur la clientèle. Ainsi, dans certains commerces, le retour de bouteilles vides à des fins de récupération donne lieu à un enregistrement comptable trop détaillé (le montant, la signature du client, le numéro de téléphone), compte tenu des montants en jeu. En outre, cela retarde la vitesse du service à la caisse.

Un mauvais système démoralise aussi les employés. De nombreux gestionnaires et employés peuvent en témoigner. Combien de fois les clients se font répondre : « Je voudrais bien vous aider, mais je suis le seul employé sur le plancher de vente et je dois demeurer à la caisse », « ... mais les politiques de l'entreprise m'en empêchent », « ... mais la personne qui s'occupe de ça n'est pas là présentement », ou encore « ... mais je ne trouve pas le dossier ou le formulaire nécessaire » ! Les employés qui évoluent dans un système jonché de contraintes susceptibles d'altérer la qualité du service reçoivent alors un message très clair : la direction n'est guère sérieuse dans sa démarche vers la qualité. L'effort discrétionnaire des employés doit être utilisé pour servir les clients et non pour combattre les lacunes d'un système inadéquat[32].

Quelques minutes de réflexion

• Pour effectuer, de façon structurée, la chasse aux étapes vulnérables, il est préférable d'avoir en main un schéma de services de l'organisation. Cependant, si vous ne disposez pas d'un tel schéma, l'exercice demeure pertinent si vous y engagez des employés en contact qui ont beaucoup d'expérience. Cela favorisera l'émulation, et les gestionnaires prendront conscience des moyens qui pourraient être adoptés.

6.4.3 Établir des temps standard[33] et analyser la profitabilité

Puisque toutes les prestations de services sont dépendantes du temps, qui est, en général, le principal élément de détermination du coût, le prestataire doit mettre au point un calendrier des temps standard d'exécution[34]. Cette phase se conçoit facilement pour de nombreux services, tels que la coupe de cheveux, la restauration, la pose de silencieux d'automobiles, etc. En effet, pour chacune de ces activités, le gestionnaire peut calculer qu'au-delà d'un certain seuil de temps de service, son entreprise n'évoluera plus dans la profitabilité.

Selon Eiglier et Langeard, le schéma du système doit mener à « un agencement fluide et naturel entre les différents services : la séquence se déroule de façon normale et simple pour le client, sans qu'il ait à quémander ou à attendre, si bien qu'il oublie tout ce que cela suppose pour l'entreprise en termes de préparation et de disponibilités[35] ».

• Avez-vous déjà calculé le temps d'exécution standard d'une prestation ? Non seulement cette démarche est utile aux fins de la comptabilité interne (prix fixe moins coût de revient = bénéfice avant impôt), mais en plus, elle facilite le contrôle de l'uniformité et de la qualité des prestations (source : voir la note 34).

6.4.4 Les moments de vérité

Le concept des moments de vérité est une façon parallèle de réfléchir à l'expérience vécue par le client. Pour Jan Carlzon, l'ex-président de la Scandinavian Airlines System (SAS), un moment de vérité est toute occasion qui met un client en contact avec l'organisation, sous quelque forme que ce soit, même la plus éloignée, et qui lui permet d'en retirer une impression[36]. Ainsi, lorsqu'un individu traite avec une organisation, il parcourt un cycle de service et son impression se forme au fur et à mesure qu'il en franchit les divers moments de vérité. Ce processus se poursuit pour chaque client, jour après jour, et forme, au fil du temps, la réputation et l'image de l'entreprise.

Le cycle du service débute au premier contact qui s'établit entre le client et l'entreprise. Cela peut se faire par le biais d'une publicité, d'un envoi postal, à l'occasion d'un appel téléphonique ou lorsque le client aperçoit l'établissement. Bien entendu, le cycle varie d'un client à l'autre et d'une situation à l'autre ; il se termine au moment où le client perçoit le cycle comme étant achevé[37].

Il appert qu'un cycle de service s'apparente à l'expérience totale du client ; il est donc plus **large** que le schéma de services exposé précédemment. Pour un commerce de détail, par exemple, le cycle peut dépasser le cadre des quatre murs de l'établissement, car le personnel de l'organisation — mais aussi les installations physiques qu'il rencontre tant à l'intérieur qu'à l'extérieur du commerce (voir la section 9.3) — peut influer sur l'impression du client. En somme, pour reconnaître les nombreux moments de vérité, il est pertinent d'exploiter le schéma de services déjà tracé, sans perdre de vue que certains moments de vérité peuvent avoir lieu en amont et en aval de celui-ci. Seule une recherche marketing permettra de relever ces moments de vérité et d'évaluer la performance de l'entreprise à l'égard de ceux-ci.

Selon Albrecht et Zemke, c'est l'accumulation de petits moments de vérité médiocres qui crée une qualité médiocre. Les dirigeants doivent donc veiller à ce que cela ne se produise pas[38]. **Mais comment faire ?** Ces derniers ne peuvent être partout et surveiller sans arrêt les faits et gestes de leur personnel ! En d'autres termes, il leur est impossible d'assister à ces milliers de moments de vérité hebdomadaires. Cet état de fait ne devrait pas engendrer l'inaction. Au contraire. Au lieu de compter sur la chance, les gestionnaires doivent apprendre à gérer ces moments de vérité. Une gestion saine de la qualité, tel qu'elle est préconisée dans ce livre, influe sur ces moments de vérité par l'instauration, par exemple, d'une culture d'entreprise favorisant l'autocontrôle, d'un SLS efficient et à l'écoute du client, de standards de qualité bien définis, d'un personnel bien formé, d'une atmosphère adéquate, d'un suivi régulier du taux de satisfaction de la clientèle, etc.

Parmi les étapes vulnérables dont nous avons parlé précédemment (section 6.4.2), les gestionnaires devront accorder la priorité aux **moments de vérité les plus critiques aux yeux de la clientèle**. Par exemple, l'un de ceux-ci survient lorsque le client éprouve une difficulté ; comme il se trouve, en quelque sorte, dans une impasse, la façon dont l'organisation l'aide à s'en sortir lui procure une perception plus éclairée — bonne ou mauvaise — de l'établissement de services. Comme l'indiquent Albrecht et Zemke, la plupart des clients sont prêts à pardonner les ratés des systèmes, même au-delà de ce qui est acceptable, si quelqu'un, attentif à leurs besoins, s'efforce de rétablir la situation[39]. La résolution de problèmes et d'exceptions constitue un moment de vérité intense et une occasion de marketing unique.

- Repérez les moments de vérité les plus critiques pour votre organisation. Pour ce faire, utilisez la technique du groupe de discussion, qui consiste à réunir une dizaine de clients. Cet exercice pourrait aussi faire partie de l'écart 1 du modèle de la qualité des services.

- À titre d'exemple, quels sont, selon vous, en tant que consommateur, les principaux moments de vérité, lorsque vous faites votre épicerie ?

6.4.5 La participation des clients

La participation des clients à une étape ou l'autre de la servuction semble de plus en plus populaire. Selon Langeard, le client peut voir sa participation requise soit à l'étape de la spécification de la prestation à venir, soit au moment de l'action proprement dite, soit au moment du contrôle de la performance ou du processus. Aussi la participation du client à la servuction peut être de nature physique, intellectuelle ou affective, ou encore, à la fois physique et intellectuelle[40], etc. Le tableau 3 donne des exemples pour chacun des cas.

À l'aide des exemples présentés au tableau 3, il est possible de constater que l'entreprise peut faire participer le client, peu importe son mode de livraison des services. Par ailleurs, c'est le domaine et le marché visé de l'organisation qui dictent jusqu'à quel point il est préférable ou non de faire participer les clients. À titre d'exemple, il ne serait pas logique d'autoriser la clientèle aéroportuaire d'un grand centre urbain à déposer elle-même ses bagages dans la soute d'un avion de ligne.

Il est important de sélectionner avec soin la partie du service où la participation du client est requise. En général, l'organisation doit éviter la participation du client dans les phases du service où il est facile de faire des erreurs fâcheuses, où il s'agit d'une étape sensible dans le cycle du service (goulot d'étranglement potentiel), ou encore là où ces derniers n'aiment pas participer.

Tableau 3		
Les formes de participation du client et leurs points d'application dans la servuction		
	Spécification de la prestation	**Action**	**Contrôle de la performance ou du processus**
Participation physique	Un étudiant effectue un prétest en ski alpin ou dans une langue seconde, de sorte qu'on puisse le classer dans un groupe de calibre similaire ; un client remplit un formulaire d'entrée ou d'accueil ; autres collectes des données.	Chez les détaillants libres-services, les clubs de conditionnement physique, les camps de vacances d'été pour adolescents.	Le client contrôle son propre poids dans un club de santé, son pouls dans une séance d'entraînement ; autres autocontrôles.
Participation intellectuelle	Rencontre initiale entre un client et son consultant ; lorsque vous exprimez vos besoins à un vendeur ou à un notaire, vos douleurs à votre médecin ; lorsque vous générez l'information de départ pour un meilleur diagnostic.	Lorsqu'on manipule une technologie complexe : guichet automatique, jeux d'arcade ; au cours d'une séance avec un professeur, un psychologue, un psychiatre.	Lorsqu'on vous demande au restaurant si tout est correct, lorsque votre coiffeur désire votre opinion ; autres rétroactions.
Participation affective	Votre spontanéité lorsque vous faites appel aux policiers ou aux pompiers ; au moment de votre inscription dans une collecte de sang, ou à titre de futur membre d'un parti politique.	Application des procédures, mœurs et coutumes en raison de l'acceptation de leur bien-fondé. Par exemple, le rôle de gardien du représentant syndical envers le respect de la convention collective.	Autocontrôle permanent basé sur un sentiment d'appartenance. Par exemple, votre assistance à l'assemblée annuelle des membres de votre coopérative.

Source : Adapté de Éric Langeard, « Le comportement du consommateur de services », I. A. E. d'Aix-en-Provence, W. P., n° 176, janvier 1980.

Si l'entreprise décide de faire participer le client, elle devra assumer les six responsabilités suivantes :

- *Simplifier au maximum les étapes du processus : tout doit être convivial (« user friendly »).* Les gestionnaires de services surévaluent souvent la capacité d'apprentissage de leur client moyen. Par exemple, les formulaires dont les questions prêtent à confusion et les cartes d'orientation, dans les endroits publics, où ne figure pas la mention « Vous êtes ici » sont les signes d'une conception inadéquate. Le tableau 4 offre d'autres exemples.

- *Faire en sorte que le système soit à l'épreuve des utilisateurs, c'est-à-dire qu'il protège le personnel de contact, l'équipement de l'entreprise et les clients eux-mêmes (« user proof » ;* voir le tableau 4). Les gestionnaires ont tendance à tenir pour acquise la délicatesse verbale et physique de leur client moyen. En premier lieu, l'entreprise doit veiller à la sécurité de ses employés ; c'est une question d'honneur, de respect, de productivité et de « gros bon sens ». Elle doit utiliser des moyens préventifs et palliatifs pour protéger ses ressources humaines contre les agressions.

En deuxième lieu, l'entreprise doit veiller à la durabilité de son équipement. Elle doit protéger ses ressources matérielles et s'assurer que les frais de réparation, advenant une agression, sont réduits au minimum. Par exemple, les téléviseurs dans les établissements collégiaux sont parfois enchaînés au plancher, et les poubelles, dans les parcs publics, sont attachées aux bancs... eux-mêmes coulés dans le ciment. Les sièges dans les autobus publics ont également troqué le rembourrage épais et moelleux d'antan pour un matériel plus résistant et moins cher à l'usage. Enfin, certaines épiceries protègent leur mobilier des contacts des paniers par une bande de caoutchouc disposée à la bonne hauteur.

Le lecteur pourrait considérer que le vol, par exemple, n'est pas exclusif aux entreprises de services. Néanmoins, les entreprises manufacturières sont davantage en mesure de contrôler les allées

Tableau 4

Exemples positifs et négatifs de *user friendly* et de *user proof*

USER FRIENDLY

- Les autoroutes Express Toll, dotées d'un système de reconnaissance de numéro de plaque d'immatriculation, permettent d'éviter les traditionnels postes de péage.

- Certains services de l'industrie de la téléphonie basés sur la technologie de la reconnaissance de la parole.

- À la Société des alcools du Québec, les étiquettes disposées au long des tablettes et indiquant les coordonnées des produits ont été modifiées au fil des ans. Le prix est maintenant en caractères plus gros, ce qui facilite sa lecture par les personnes plus âgées.

- Le clavier relié aux appareils de type « paiement direct » est souvent fort mal conçu. L'écran à cristaux liquides est lilliputien, les touches restent parfois coincées ; bref, on répète le même genre d'erreur qu'au moment de l'introduction des premiers guichets automatiques !

- Dans plusieurs épiceries, les paniers roulent mal, vibrent ou « tirent » inexorablement à gauche ou à droite.

- Les portes d'entrée de certains établissements sont inutilement trop hautes ou trop massives, donc trop lourdes.

- En 1995, la Société canadienne des postes a émis des timbres à l'effigie de la Forteresse de Louisbourg. Étant donné qu'aucune dénomination n'était inscrite sur ceux-ci (sa valeur), ils ne pouvaient être utilisés qu'au Canada !

USER PROOF

- Chez certains massothérapeutes, l'employé dispose d'un bouton « panique » dans l'éventualité où un client deviendrait un peu trop « entreprenant ».

- Certaines autoroutes sont pourvues de vibreurs, laissant ainsi une chance ultime aux conducteurs somnolents. Les murs et grillages de protection contre les éboulements de pierres sont aussi d'une grande utilité.

- La STCUM, dans ses stations de métro, dispose de nombreux escaliers mobiles. Les adolescents ne peuvent se servir des bordures en tant que glissades puisqu'on y dénombre de nombreuses rondelles d'acier freinant toute possibilité d'élan.

- Les escaliers mobiles, en particulier lorsqu'ils sont mal entretenus, sont la cause de nombreux accidents dramatiques. Nous vous faisons grâce des détails.

- Au cours de l'hiver 1995-1996, l'autoroute Métropolitaine à Montréal a connu une période sombre à cause d'un mauvais système de déneigement. Au lieu d'enlever la neige, on la poussait sur les côtés de sorte que les bordures étaient qualifiées de « rampes de lancement ». Fort malheureusement, un jeune garçon est décédé des suites de ses blessures, car le véhicule dans lequel il prenait place a été projeté, après un dérapage, à l'étage inférieur.

et venues des gens par des cartes d'identité, des gardiens de nuit, etc. Dans l'industrie tertiaire, les clients sont les bienvenus et, à l'exception des aéroports où l'on contrôle le port d'armes, n'importe qui peut circuler en tant que client et prendre en note les habitudes de fonctionnement de l'organisation... pour mieux planifier son délit.

En troisième lieu, nous avons mentionné que le système doit être en mesure de protéger les clients eux-mêmes. Il s'agit d'ailleurs d'un minimum requis (voir la section 4.5). Imaginez le bouche à oreille, à la suite d'une catastrophe aérienne, ou d'un accident dans un parc zoologique. Imaginez aussi les poursuites judiciaires, après de tels événements...

- *Trouver des éléments de service à la fois conviviaux et à l'épreuve des utilisateurs.* Parfois, il est possible de faire d'une pierre deux coups. Les trois exemples qui suivent le démontrent. Dans certaines salles de cinéma, les spectateurs peuvent insérer un verre de boisson gazeuse dans un gobelet fixe, aménagé à cette fin. Non seulement cela est convivial, mais cet élément de service permet de protéger les planchers. Chez Pilon, détaillant en produits de bureau, les tablettes où sont rangés les stylos sont recouvertes de papier permettant aux clients d'essayer les produits, évitant ainsi les graffitis sur le matériel. Chez Price Costco, un exemplaire complet de la majorité des produits est exposé, sans la boîte, à la vue du client. Pratique pour le consommateur, cette façon de faire réduit les frais de vandalisme, de pièces perdues, de boîtes déchirées et le coût de la main-d'œuvre assignée au rangement quotidien des étalages.

- *Éduquer la clientèle pour qu'elle évolue adéquatement dans le rôle qui lui est réservé.* La participation du client conditionne souvent la résultante d'une prestation de service, à savoir son échec ou son succès. L'étudiant qui n'étudie guère, le membre d'un centre d'exercice physique qui ne s'entraîne pas ou un dépressif qui ne se confie pas engendrent inévitablement un blocage dans le SLS. Bien que le client ait sa part de responsabilité, quant à ses efforts de participation, il est du devoir de l'entreprise de montrer aux clients *comment* participer. L'éducation de la clientèle s'avère primordiale si l'on veut que celle-ci assume adéquatement ses responsabilités. Souvent, l'éducation favorise à la fois les intérêts du client et l'efficience du système de livraison des services. Dans les autobus publics, notamment en période de pointe, les flèches, les pancartes et les avis des chauffeurs incitent continuellement les gens à circuler vers l'arrière, question d'éviter un engorgement à l'avant du véhicule. Les gens en attente d'une opération importante sont informés de la nature de la chirurgie, des procédures, de l'alimentation à respecter ou des exercices à effectuer ; tout cela, dans le but d'accroître les probabilités de guérison du patient... et d'éviter les frais inhérents aux complications.

Notons que l'éducation de la clientèle est particulièrement appréciée au moment d'un changement dans l'offre de services. Par exemple, dans l'éventualité où un réseau de guichet automatique se prévaut d'une nouvelle fonction, il est bon d'installer temporairement une affiche explicative ou un comptoir où l'on distribue des dépliants.

Encadré 4

La technologie : pour une participation divine

Pour aussi peu que 1187 $, les sourds entendent

Ô miracle ! Les personnes malentendantes (ou devenues sourdes) de Saint-Timothée, dans le diocèse de Valleyfield, peuvent désormais entendre tout ce que leur curé ou la personne lisant les épîtres dit depuis l'avant de l'église ! Ce « miracle de la technologie » est un système relativement simple créant un champ magnétique grâce auquel les personnes portant des prothèses auditives peuvent entendre aussi bien que le commun des mortels. [...]

Le champ magnétique créé dans l'église de Saint-Timothée est produit par un fil installé au sous-sol de l'édifice par une entreprise spécialisée. Les personnes malentendantes n'ont qu'à placer le commutateur de leur prothèse auditive à la position « T » (comme lorsqu'ils répondent au téléphone) et à régler le volume. Cette simple manœuvre a pour effet de capter le champ magnétique plutôt que les sons ambiants, un peu comme si la prothèse était branchée directement au système de sonorisation de l'église. [...]

Le curé de Saint-Timothée, M. Yves Beaudin, soutient que le tout n'a coûté que 1187 $. Et émerveillé, il ne souhaite qu'une chose : communiquer cette « bonne nouvelle » à d'autres paroisses et à d'autres institutions.

Source : Adapté de Jules Béliveau, *La Presse*, Montréal, 30 août 1992, p. A7.

Encadré 5

La convivialité engendre une participation productive

Que diriez-vous d'avoir Super Mario dans votre guichet automatique ?

Que diriez-vous d'être accueilli par Super Mario à votre guichet automatique ? Il pourrait vous saluer, vous remettre votre argent, puis disparaître sans que vous puissiez l'attraper, bien sûr ! « Si nous voulons demeurer compétitifs sur le marché de l'informatique, nous devons investir dans la convivialité », expliquait M. Michel Cartier, professeur en communication à l'Université du Québec à Montréal à l'occasion d'un séminaire du Comité d'action pour le français dans l'informatique (CAFI) intitulé *La convivialité, une nécessité des années 1990*.

Depuis la révolution informatique, les magnats de cette industrie investissent dans le raffinement des ordinateurs, de même que dans la performance. Mais jusqu'ici, ils ont peu pensé à ceux qui utilisent ces appareils, à ceux qui reculent automatiquement d'un pas devant un ordinateur. « Aux États-Unis, commente M. Cartier, une étude impliquant le MIT révèle une baisse de productivité de 6 % chez les travailleurs de bureau. Pourtant, ils sont très bien informatisés. » C'est que l'informatisation, quoique bien implantée dans certains milieux de travail, complique le boulot de certains employés.

Source : Adapté de Sylvie Varin, *La Presse*, Montréal, 3 octobre 1990, p. A6.

Tableau 5

Les avantages et inconvénients de la participation des clients au processus de servuction

Les avantages

- L'économie de coût, surtout si la participation sert de substitut à la main-d'œuvre[a];

- L'économie de temps de service;

- En donnant aux clients le rôle de coproducteur, on permet à la capacité de service de s'ajuster davantage à la demande[b];

- La fierté pour les clients désirant dominer le processus de service;

- Dans les services professionnels, l'augmentation de la participation des clients permet un plus grand contrôle par ces derniers, et, par le fait même, diminue avantageusement le risque perçu inhérent à ces disciplines[c].

Les désavantages

- La perte de contrôle sur la partie concernée du système;

- Le potentiel d'erreur plus grand du client;

- La qualité du service dépendra en partie de la qualité de la participation du client[d];

- Le client passif, qui veut être servi, trouve cela embarrassant;

- Certains clients ont la crainte de participer (ex.: les personnes âgées dans les guichets automatiques, les timides dans les ateliers de groupe).

Sources:

[a]: James A. Fitzsimmons, « Consumer Participation and Productivity in Service Operations », *Interfaces*, vol. 15, n° 3, mai-juin 1985, p. 60-67.

[b]: William H. Davidow et Bro Uttal, « Service Companies: Focus or Falter », *Harvard Business Review*, vol. 67, n° 4, juillet-août 1989, p. 77-85; W. Earl Sasser, « Match Supply and Demand in Service Industries », *Harvard Business Review*, vol. 54, n° 6, novembre-décembre 1976, p. 133-140.

[c]: C. Jeanne Hill et Sue E. Neeley, « Differences in the Consumer Decision Process for Professional vs Generic Services », *The Journal of Services Marketing*, vol. 2, n° 1, hiver 1988, p. 17-23.

[d]: Pierre Eiglier, Eric Langeard et Catherine Dageville, « La qualité de services », *Revue française du marketing*, n° 121, 1989, p. 93-100.

Encadré 6

Le *self-scan* : avantageux ou désavantageux ?

C'est pour quand le *self-scan* ?

Il existe maintenant des systèmes permettant de laisser à votre clientèle la responsabilité de l'enregistrement des articles choisis. Par exemple, la chaîne Safeway, division d'Angleterre, annonçait l'installation d'une telle technologie dans 150 de ses points de ventes (*Chain Store Age*, janvier 1997).

Certains groupes canadiens ont fait des expériences. Une entreprise du Québec offre un système nommé U-Scan grâce auquel on peut numériser les articles à la fin du magasinage. Il est conçu davantage pour les paniers contenant peu de produits. Pourquoi ? Selon les tests de temps et mouvements effectués, les clients arrivent à être aussi rapides que les caissières lorsque le panier d'épicerie est petit (environ 5 articles). Les gains de temps pour la clientèle disparaissent lorsque les paniers grossissent.

Un autre produit, le Symbol Personal Shopping System, est un scanner manuel et portable. Les clients s'enregistrent avec leur carte fidélité en intégrant un code à barres ou une bande magnétique. De la grosseur d'un téléphone cellulaire, le scanner sert à l'enregistrement de chacun des produits choisis tout au cours du magasinage. À la fin du magasinage, le client paie selon les enregistrements. Évidemment, pour assurer le succès d'un tel système, il faut former le client, car il doit être à l'aise avec la technologie. Au fait, pourquoi ne pas demander au consommateur de scanner lui-même son panier d'épicerie ? On exige bien qu'il se serve lui-même sa boisson gazeuse dans certains McDonald's.

Lorsque le client participe ainsi, il devient en quelque sorte une ressource de production. Pour que le client accepte ces changements, il doit percevoir des avantages. Et si justement cette technologie permettait de diminuer les lignes d'attente ?

Source : Adapté de *L'alimentation*, vol. 36, octobre 1997, p. 8.

- *Motiver la clientèle à participer adéquatement.* L'entreprise doit mettre en œuvre des moyens pour motiver le client à participer le mieux possible. Au centre de conditionnement physique, pour reprendre cet exemple, le client ne peut se limiter à comprendre adéquatement le fonctionnement d'un appareil... il faut qu'il ait la motivation de suer dessus ! L'adaptabilité du personnel de première ligne et l'environnement de la zone de servuction, pour ne nommer que ces éléments, doivent être exploités ou conçus de façon à favoriser la motivation du client.

- *Procurer au client une valeur en retour de sa participation.* Cela peut se concrétiser par une vitesse de service plus rapide, par des dons de coupons de réduction ou encore par une politique de bas prix (ex. : établissements libres-services, en particulier les magasins-entrepôts).

En somme, la participation du client au processus de servuction procurera des avantages et des inconvénients à l'organisation. Le tableau 5 fait état des uns et des autres.

- À l'aide du tableau 3, déterminez à quel endroit vous classeriez la coopération des abonnés Cantel, lorsque ces derniers sont sollicités, à la radio, pour fournir des renseignements au chroniqueur de la circulation. Le principe est-il similaire à celui de TVA, qui invite ses auditeurs à lui communiquer des nouvelles dignes de mention, ou de Hydro-Québec, qui demande aux citoyens d'appeler le service HydroDirect pour rapporter toute panne de courant ?

- Ne tenez jamais pour acquis qu'un système est convivial parce que l'usage de celui-ci *vous* semble simpliste. L'écart 1 du modèle de la qualité des services a démontré que l'expérience peut nuire au gestionnaire. Pour avoir une opinion objective et critique sur la convivialité d'un système, obtenez l'opinion de nouveaux utilisateurs.

CONCLUSION

L'une des meilleures façons de vérifier le sérieux d'une démarche vers la qualité consiste à regarder l'organigramme hiérarchique de l'entreprise. Considérant le système de livraison des services comme un « P » fondamental en marketing des services, on pourrait chercher à connaître le nom des personnes clés sur lesquelles reposent l'efficacité et l'efficience du système. Cette tâche ne revient pas systématiquement aux gérants, aux directeurs de vente ou aux directeurs de division ! Ces gens sont largement occupés par leurs préoccupations quotidiennes. Si aucun individu n'a comme tâche principale d'analyser les composantes, la structure, la logistique et la performance organisationnelle du système de livraison des services — à plus forte raison dans une grande entreprise pourvue de multiples franchises —, c'est que l'enjeu n'a pas été compris.

Cela n'est pas le cas de Royal Aviation, où l'on vise un créneau de marché laissé vacant depuis le départ de Wardair en janvier 1989. Cherchant à offrir un service hors du commun à un prix compétitif, Royal donne à la qualité un statut approprié puisque l'on y compte un vice-président qualité dans l'organigramme de l'entreprise. Cette personne « agit en tant que contrôleur et gardien des standards de qualité de l'entreprise. De la qualité et du poids des repas, en passant par le choix des vins et liqueurs fines et par les critères de sélection du personnel de bord, rien ne lui échappe[41] ».

Rappelons-le, la gestion de la qualité des services correspond à la **gestion des détails qui composent ces services**. Il faut être attentif à tous les détails de la servuction : l'équipement, la propreté des installations, la simplicité des formulaires, la longueur des files d'attente, la capacité du système, la communication interne, la formation du personnel en contact, l'éducation de la clientèle, etc. Or, pour minimiser le hasard, restreindre les impondérables et diminuer le nombre d'éléments qui pourraient échapper à une saine gestion de la qualité, il n'y a rien de tel que de procéder à un bon schéma du système. Celui-ci contribue au succès d'une entreprise de services qui démarre et permet aux organisations existantes d'améliorer assidûment leurs prestations. Les tâches sont innombrables. Par exemple, un spécialiste pourrait, durant des semaines, se consacrer uniquement aux installations physiques en analysant le volet ergonomique — comptoirs-caisses, emplacement du matériel, distance à parcourir, etc.

Certains diront qu'il s'agit de détails négligeables. C'est pourtant l'accumulation de petites choses, de petits gestes, que les employés exécutent devant le client ou en arrière-scène, qui font l'agrément ou la banalité d'un service, voire la faillite ou la rentabilité d'une organisation.

Quelques-uns prétendront que nous faisons un plaidoyer en faveur d'une nouvelle profession. Nous croyons avant tout qu'il s'agit de combler le retard flagrant de l'industrie tertiaire par rapport à l'industrie manufacturière. Cette dernière n'hésite pas à recourir aux ingénieurs, techniciens, chimistes ou mathématiciens, lorsque vient le temps de vérifier la qualité des produits, ou au moment de la conception ou de la transformation d'une chaîne d'assemblage. L'élaboration et l'amélioration rigoureuses et structurées du système de livraison des services n'en sont qu'à leurs balbutiements. Au prochain chapitre, nous verrons qu'il y a également fort à faire en ce qui a trait à la gestion proprement dite du système.

NOTES

1 Bien sûr, nous ne nions pas que cet état de choses existe. C'est même présentement la règle plutôt que l'exception. Un gérant de restaurant, par exemple, épousant la notion de servitude (voir section 3.1.1), pourrait pousser ses serveurs vers une cadence plus élevée, de sorte que le service en souffrirait.

2 EIGLIER, Pierre, Eric LANGEARD et Catherine DAGEVILLE (1989), « La qualité de services », *Revue française du marketing*, n° 121, p. 100.

3 Pour le mode traditionnel, les références suivantes ont été utilisées : ÉTIENNE, Eisenhower C. (1988-1989), « La gestion de la production des services publics », *Recueil de textes et de cas : HÉC Code 3-505-84, n° 516 (88-89)*, p. 39-90 (Texte commandité par l'ÉNAP) ; ÉTIENNE, Eisenhower C. (1988-1989), « Service Operations Management in Four Modes », *Recueil de textes et de cas : HÉC Code 3-505-84, n° 516 (88-89)*, p. 138-165 ; et KELLEY, Scott W. (1989), « Efficiency in Service Delivery : Technological or Humanistic Approaches ? », *The Journal of Services Marketing*, vol. 3, n° 3, été, p. 43-50.

4 TEBOUL, James (1988), « De-industrialise Service for Quality », *Strategy, Quality and Ressource Management in the Service Sector, International Journal of Operations and Production Management*, MCB University Press, vol. 8, n° 3, p. 39-45.

5 Pour le mode manufacturier, les références suivantes ont été utilisées : ALBRECHT, Karl et Ron ZEMKE (1987), *La dimension service*. Traduit de « Service America ! Doing Business in the New Economy » par Claudine Bataille ; préface de Paul Dubrule et Gérard Pelisson, co-présidents de ACCOR. Paris, Les Éditions d'Organisation, p. 44, n° 10, 131-134 (Coll. Forum International du Management) ; AMERICAN MARKETING ASSOCIATION (1986), « Services Marketers Must Balance Customer Satisfaction Against their Operational Needs », *Marketing News*, vol. 20, n° 21, 10 octobre, p. 1, 14 ; DAVIDOW, William H. et Bro UTTAL (1989), « Service Companies : Focus or Falter », *Harvard Business Review*, vol. 67, n° 4, juillet-août, p. 77-85 ; ÉTIENNE, Eisenhower C., *op. cit.*, « La gestion de... » ; ÉTIENNE, Eisenhower C., *op. cit.*, « Service Operations... » ; FITZSIMMONS, James A. (1985), « Consumer Participation and Productivity in Service Operations », *Interfaces*, vol. 15, n° 3, mai-juin, p. 60-67 ; GARFEIN, Richard T. (1988), « Guiding Principles for Improving Customer Service », *The Journal of Services Marketing*, vol. 2, n° 2, printemps, p. 37-41 ; KELLEY, Scott W., *op. cit.* ; KING, Carol A. (1985), « Service Quality Assurance is Different », *Quality Progress*, juin, p. 14-18 ; LEVITT, Theodore (1972), « Production-Line Approach to Service », *Harvard Business Review*, vol. 50, n° 5, septembre-octobre, p. 41-52 ; LEVITT, Theodore (1981-1982), « Pour vendre vos produits intangibles, matérialisez-les ! », *Harvard-L'Expansion*, n° 23, hiver, p. 107-115 ; LEVITT, Theodore (1976-1977), « La productivité dans le tertiaire », *Harvard-L'Expansion*, n° 3, hiver, p. 86-95 ; QUINN, James Brian et Christopher E.

GAGNON (1987), «Après la production, le déclin des services?», *Harvard-L'Expansion*, n° 46, automne, p. 94-104; THOMAS, Dan R.E. (1978-1979), «Les entreprises de service se gèrent autrement», *Harvard-L'Expansion*, n° 11, hiver, p. 9-17; et UTTAL, Bro (1987), «Companies That Serve You Best», *Fortune*, vol. 116, n° 13, 7 décembre, p. 98-116.

6 ALBRECHT, Karl et Ron ZEMKE, *op. cit.*, p. 133.

7 THOMAS, Dan R.E., *op. cit.*

8 LEVITT, Theodore, *op. cit.*, «Pour vendre...», p. 112.

9 Voir Theodore LEVITT, *op. cit.*, «Production-Line...».

10 LEVITT, Theodore, *op. cit.*, «Production-Line...».

11 KING, Carol A., *op. cit.*

12 FITZSIMMONS, James A., *op. cit.*

13 ÉTIENNE, Eisenhower C., *op. cit.*, «Service Operations...».

14 Pour le mode segmental, les références suivantes ont été utilisées: BERRY, Leonard L., Valarie A. ZEITHAML et A. PARASURAMAN (1985), «Quality Counts in Services, Too», *Business Horizons*, vol. 28, n° 3, mai-juin, p. 44-52; CHASE, Richard B. (1978), «Where Does the Customer Fit in a Service Operation?», *Harvard Business Review*, vol. 56, n° 6, novembre-décembre, p. 137-142; (1979), «Entreprises de services: connectées ou déconnectées?», *Harvard-L'Expansion*, n° 13, été, p. 87-93; (1980), «Quelle est la place du client dans une entreprise de service?», *Recueil de textes et de cas: HÉC Code 3-505-84, n° 516 (88-89)*, p. 107-116; ÉTIENNE, Eisenhower C., *op. cit.*, «La gestion de...»; ÉTIENNE, Eisenhower C., *op. cit.*, «Service Operations...»; et KELLEY, Scott W., *op. cit.*

15 CHASE, Richard B., *op. cit.*

16 CHASE, Richard B., *op. cit.*, «Quelle est...», p. 116. Bien sûr, cette option nécessite des déboursés; en outre, les vendeurs peuvent effectuer d'autres tâches entre deux clients, dans les périodes creuses, etc. Mais dans le cadre des compressions budgétaires dont souffrent plusieurs entreprises, il survient un moment où ces périodes creuses s'avèrent de plus en plus fréquentes aux yeux de la direction, de sorte que, à défaut d'une politique claire en matière de qualité de service à la clientèle, beaucoup de responsables ne voient d'autre option que de couper dans la qualité du service offert.

17 CHASE, Richard B., *op. cit.*

18 BERRY, Leonard L., Valarie A. ZEITHAML et A. PARASURAMAN, *op. cit.*, p. 51.

19 ÉTIENNE, Eisenhower C., *op. cit.*, «La gestion de...». À la fin de son texte, Richard B. CHASE (*op. cit.*) mentionne d'ailleurs que certaines organisations

doivent compter sur le libre échange de documents et de renseignements pour assurer une bonne coordination entre les unités à contact élevé et à contact peu élevé.

20 Pour le mode intégratif, les références suivantes ont été utilisées : EIGLIER, Pierre et Eric LANGEARD (1987), « La qualité de l'offre de services », *Harvard-L'Expansion*, n° 46, automne, p. 48-58 ; ÉTIENNE, Eisenhower C., *op. cit.*, « La gestion de... » ; et ÉTIENNE, Eisenhower C., *op. cit.*, « Service Operations... ».

21 LEVITT, Theodore, *op. cit.*, « The Industrialization... » ; TEBOUL, James, *op. cit.*

22 ÉTIENNE, Eisenhower C., *op. cit.*, « Service Operations... » ; KELLEY, Scott W., *op. cit.*

23 KELLEY, Scott W., *op. cit.*, p. 46.

24 ÉTIENNE, Eisenhower C., *op. cit.*, « La gestion de... », p. 78.

25 SHOSTACK, G. Lynn (1987-1988), « Services : sachez innover ! », *Harvard-L'Expansion*, n° 47, hiver, p. 7.

26 Il est également appelé *blueprint*, diagramme et *process chart*.

27 SHOSTACK, G. Lynn (1984), « Designing Services That Deliver », *Harvard Business Review*, vol. 62, n° 1, janvier-février, p. 133-139.

28 EIGLIER, Pierre, Eric LANGEARD et Catherine DAGEVILLE, *op. cit.*, p. 99.

29 Ces questions proviennent de Pierre EIGLIER et Eric LANGEARD (*op. cit.*). L'idée d'une observation en période de pointe vient de : SASSER, W. Earl (1976), « Match Supply and Demand in Service Industries », *Harvard Business Review*, vol. 54, n° 6, novembre-décembre, p. 133-140. Il s'agit de vérifier pourquoi les choses vont mal quand l'organisation est dans le *rush*.

30 C'est une cause aussi néfaste que celles énumérées à la section 3.1.

31 HAYWOOD-FARMER, John, Anthony ALLEYNE, Balteano DUFFUS et Mark DOWNING (1985-1986), « Controlling Service Quality », *Business Quarterly*, vol. 50, n° 4, hiver, p. 62-67.

32 KEISER, Thomas C. (1988), « Strategies for Enhancing Services Quality », *The Journal of Services Marketing*, vol. 2, n° 3, été, p. 68.

33 Voir l'exemple du calcul de la capacité à la section 7.1.1.

34 SHOSTACK, G. Lynn, *op. cit..*, « Services : sachez innover ! », p. 9.

35 EIGLIER, Pierre et Eric LANGEARD, *op. cit..*, p. 58.

36 ALBRECHT, Karl et Ron ZEMKE, *op. cit..*, p. 36, 39.

37 ALBRECHT, Karl et Ron ZEMKE, *op. cit.*, p. 44-46, 58-59, 165-166.

38 ALBRECHT, Karl et Ron ZEMKE, *op. cit..*, p. 50.

39 ALBRECHT, Karl et Ron ZEMKE, *op. cit..*, p. 40.

40 LANGEARD, Eric (1980), « Le comportement du consommateur de services »,
I. A. E. d'Aix-en-Provence, W. P., n° 176, janvier.

41 (1997), « Royal Aviation : La qualité comme mot d'ordre », *Segments*, juin, p. 4.

Chapitre 7

La gestion du SLS

Devant la grande diversité des entreprises de services, on s'étonne qu'il existe des problèmes de gestion qui leur soient communs. Par exemple, les hôteliers, les banques, les commerces de détail, ou tout autre établissement caractérisé par des allées et venues de clients, connaissent des difficultés inhérentes aux périodes de pointe.

Le gestionnaire de marketing ou le directeur de l'unité de servuction doit être prévoyant et mettre en œuvre diverses solutions de rechange, afin d'alléger les exigences imposées au système de livraison des services (SLS). Ces solutions de rechange, présentées à la section 7.1, permettent d'ajuster la capacité de servuction aux variations de la demande et, à l'inverse, d'influer sur la demande pour qu'elle corresponde à la capacité de servuction.

La section 7.2 présente des solutions relatives à la gestion du téléphone. Loin d'être l'objet de prédilection des gestionnaires, cette dimension est souvent négligée. Pourtant, outre le fait qu'il engendre des ventes, le téléphone permet le rapprochement entre le client et l'entreprise. Au bout du fil, les clients sont en état de dépendance ; c'est pourquoi un appel téléphonique peut représenter un moment de vérité critique. Il y a donc lieu de s'intéresser de près à la question, et ce, autant que possible, **avant l'appel du client**.

Finalement, nous terminons ce chapitre par une brève section (7.3) portant sur la communication interne. Nous y verrons qu'il est important de partager l'information circonstancielle, afin de maintenir la qualité du service et la productivité de l'organisation.

7.1 RÉPONDRE À LA DEMANDE

Pour les entreprises du secteur manufacturier, l'accumulation d'un stock de réserve sert habituellement de protection contre les fluctuations de la demande. Pour les organisations du secteur tertiaire, la situation est autre puisque, comme nous l'avons vu, un service ne peut être inventorié. La détermination de la capacité de servuction s'avère donc délicate, car une **surcapacité** signifie un investissement financier inutile, alors qu'une **sous-capacité** équivaut à la perte de ventes, aux files d'attente, ou encore à l'insatisfaction de nombreux clients, parce que les standards n'auront pas été respectés. À quoi sert-il d'établir des standards de qualité si, une fois sur deux, l'organisation manque de ressources pour les mettre en application ?

De nombreuses organisations éprouvent des difficultés au moment de la planification de l'horaire. Outre les transporteurs publics, qui doivent afficher une grande régularité dans leur service, pensons aux hôpitaux et aux commerces de détail, dont les responsables doivent planifier régulièrement leurs besoins en personnel, deux semaines et, parfois, un mois à l'avance. Nous assistons, heureusement, à l'élaboration croissante de systèmes experts informatisés, qui emmagasinent et organisent efficacement l'information requise. Il n'en demeure pas moins que le meilleur remède contre les variations de la demande consiste, pour l'organisation, à mieux gérer sa capacité de servuction ou la demande, et ce, en fonction de ses intérêts propres[1].

La partie supérieure de la figure 1 représente le problème auquel font face la majorité des gestionnaires d'entreprises de services. On constate que la capacité du système et la demande des clients ne s'équilibrent qu'en de rares occasions, provoquant ainsi des périodes de sous-capacité ou de surcapacité. Pour que cette entreprise synchronise le plus adéquatement possible la capacité de son offre et la demande provenant du marché, trois solutions, présentées à la partie B de la figure 1, peuvent être utilisées : le lissage quasi idéal de la demande, l'élasticité quasi idéale de la capacité et, finalement, une hausse fixe de la capacité. Toutefois, avant de s'engager dans l'application de ces solutions de changement, les gestionnaires doivent déterminer ce qu'il en est de la situation actuelle de leur entreprise. En comprenant ce *statu quo*, le gestionnaire définit la problématique initiale avec plus de précision.

• Dressez une liste des moyens présentement utilisés par l'entreprise afin d'équilibrer le plus possible l'offre et la demande.

7.1.1 Le *statu quo*

Comme première démarche d'analyse, l'organisation doit s'efforcer de connaître la **structure de sa demande**. Cette dernière peut varier selon les heures de la journée (compagnies aériennes, restaurants), les jours de la semaine (cinéma, coiffeur), certaines semaines du mois (banque) et, finalement, certains mois de l'année (hôtel de vacances, service d'impôt sur le revenu[2]). L'utilisation de graphiques de tendances est recommandée[3]. Ces derniers permettent de suivre, au fil du temps, la tendance et les diverses variations. Ces graphiques servent d'ailleurs d'argument, lorsque vient le temps, pour le gestionnaire, de justifier une augmentation ou une diminution du volume des ressources humaines ou matérielles requises.

Les sociétés de transport en commun, par exemple, analysent régulièrement le flux de leurs passagers. Elles font face à deux périodes de pointe, aux environs de 8 h et de 17 h. Connaissant bien la demande, elles sont en mesure d'organiser plus efficacement les horaires de travail des employés et l'accessibilité des ressources matérielles.

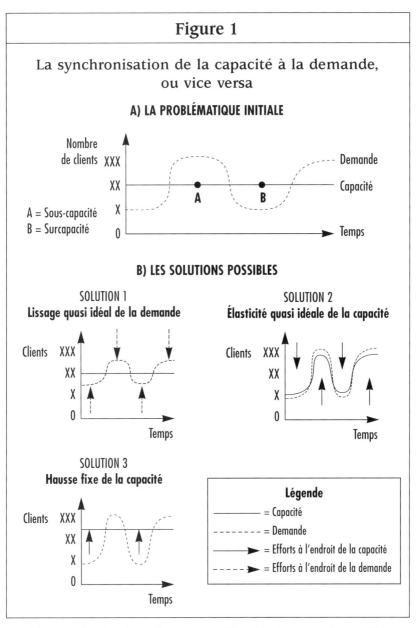

Figure 1

La synchronisation de la capacité à la demande, ou vice versa

A) LA PROBLÉMATIQUE INITIALE

B) LES SOLUTIONS POSSIBLES

SOLUTION 1
Lissage quasi idéal de la demande

SOLUTION 2
Élasticité quasi idéale de la capacité

SOLUTION 3
Hausse fixe de la capacité

Légende

Source de la partie A : Adapté de Eisenhower C. Étienne, « La gestion de la production des services publics », *Recueil de textes et de cas : École des hautes études commerciales*, Montréal, Code 3-505-84, n° 516, 1988-89, p. 56 (texte commandité par l'ÉNAP).

Encadré 1

Toute organisation prestataire de services a intérêt à connaître la structure de sa demande

L'industrie touristique doit admettre qu'elle a atteint le niveau de saturation

Il y a une limite au nombre de visiteurs que peut recevoir le Louvre, à Paris. Il y a une limite au nombre de personnes pouvant se rassembler dans des parcs nationaux sans en endommager les sites. Il y a une limite au nombre de voyageurs que peut absorber un aéroport. « L'industrie touristique doit admettre que le degré de croissance zéro est à l'horizon », affirme Antonio Enriquez Savignac, secrétaire général de l'Organisation mondiale du Tourisme (OMT), une agence des Nations Unies qui se consacre au développement du tourisme. En conférence à Ottawa, il a rappelé que l'industrie touristique, devant l'augmentation du nombre des touristes, a toujours réagi de la même façon : en construisant de nouvelles infrastructures.

« Plus d'hôtels, des aéroports plus vastes, plus d'avions, plus d'autobus, a ajouté M. Savignac. Et les touristes continuaient à envahir les lieux, à utiliser ces services. Puis, soudainement, nous devons de nouveau songer à la croissance. Le nombre des touristes au monde s'est établi à environ 430 millions, l'an dernier, et nous prévoyons une croissance de 50 % d'ici l'an 2000. »

Combien de touristes supplémentaires pouvons-nous entasser dans les musées, les églises, les cathédrales, les hôtels ? « Ces sites sont déjà surpeuplés. Si vous ajoutez 50 % plus de touristes en plus des visiteurs locaux, vous devez admettre que vous faites face à un grave problème de capacité », souligne-t-il encore.

Qui favoriser ?

« Il reste aussi une autre question à poser : qui devons-nous favoriser, privilégier ? Devons-nous admettre dans tous les cas l'adage "premier arrivé, premier servi" ? Admettre le riche en premier ? Procéder par tirage ? Allez-vous réserver 75 % des heures d'ouverture du Louvre aux seuls ressortissants français, aux étudiants, aux gens âgés ? Comment répartissez-vous les 25 % d'heures encore disponibles ? » M. Savignac ne connaît pas les réponses. « Peu de pays ont jusqu'à maintenant admis que le point de saturation est atteint. »

L'industrie touristique internationale, dans un même temps, doit se pencher sur la nécessité d'offrir des services respectueux de l'environnement. « Les gens sont de moins en moins prêts à accepter de visiter des destinations où ils retrouveront des eaux polluées et de l'air contaminé. Le touriste de demain sera conscient de la nécessité de ne pas détruire la beauté du site qu'il visite, il voudra que les infrastructures qui l'accueillent soient en harmonie avec la plage, l'océan, la forêt. »

Si ces changements d'attitude signifient des profits réduits pour les voyagistes et les dirigeants du tourisme, les admettront-ils ? « La plupart des régions du monde ne sont pas encore conscientes de l'importance du tourisme, notamment l'Afrique, l'Asie, le Pacifique. S'ils veulent développer leur industrie touristique, ils devront profiter des leçons du passé et offrir un produit adapté aux réalités nouvelles. Ils devront planifier à tous les niveaux et même décider du nombre de visiteurs qui pourront être accueillis simultanément sur chaque site. »

Source : Adapté de Felicity Munn, Presse Canadienne, *La Presse*, Montréal, 27 juillet 1991, p. E14.

Nombre de gestionnaires diront qu'il leur est impossible de prévoir la demande, cette dernière comportant trop de facteurs aléatoires. Dans certains cas, ce phénomène s'explique lorsque l'organisation sert des segments de marché diversifiés[4]. Pour s'assurer de comprendre ce qu'il en est, le manager devra tenir compte du comportement particulier de la demande **pour chacun des segments**. De cette façon, il découvrira que la structure globale est composée de sous-structures (une par segment) plus précises et plus prévisibles[5]. Cet exercice permettra en même temps de déterminer l'ampleur du travail à accomplir dans les différentes divisions de l'organisation.

La seconde démarche de l'analyse consiste, pour le gestionnaire, à calculer la **capacité de servuction** de l'entreprise ; il tiendra compte des ressources dont il dispose, comme la taille des classes et le nombre de professeurs, pour l'enseignement, ou encore la charge potentielle d'un camion et le nombre de véhicules, pour le transport routier. Toutefois, la réalité sera rarement aussi simple que ces exemples. Ainsi, un manque de chaises dans l'école et le bris régulier d'un camion sur 10 sont des éléments qui compromettent la capacité. À l'image du lambin qui retarde la circulation sur une autoroute, il faut savoir que « la capacité d'un [SLS] dont les opérations sont liées en série, [sera] fonction de l'opération qui a le plus long temps standard, et qui [exigera] de la main-d'œuvre ou [de la] machinerie du système[6] ». Pour connaître la capacité entière du SLS, le gestionnaire devra alors décomposer le système et calculer la capacité de chacune de ses parties. Pour illustrer notre propos, nous avons choisi l'exemple du passage d'une cliente à une caisse enregistreuse d'un commerce de détail de poterie (figure 2).

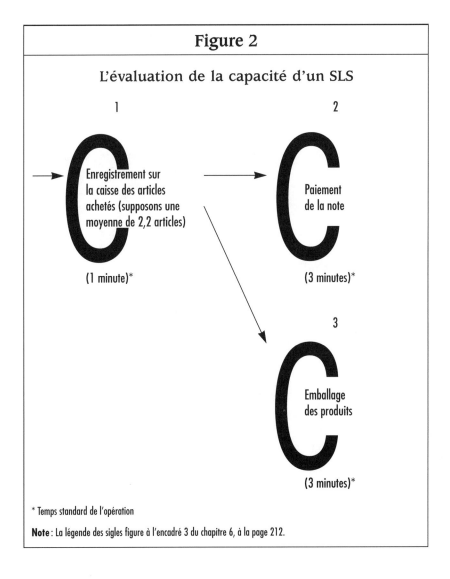

Figure 2

L'évaluation de la capacité d'un SLS

1

Enregistrement sur la caisse des articles achetés (supposons une moyenne de 2,2 articles)

(1 minute)*

2

Paiement de la note

(3 minutes)*

3

Emballage des produits

(3 minutes)*

* Temps standard de l'opération

Note : La légende des sigles figure à l'encadré 3 du chapitre 6, à la page 212.

Si l'on suppose que les étapes 1 et 2 sont effectuées par le même préposé au service, le schéma démontre que l'emballeur sera en mesure d'effectuer sa tâche dès que les articles auront été enregistrés par le caissier. Toutefois, l'emballeur disposera d'une minute de répit à chaque transaction puisque quatre minutes de travail par client seront requises de son collègue. Ce sont donc les deux premières opérations, avec un temps moyen de quatre minutes par client, qui permettent de déterminer la capacité du système. L'utilisation d'un caissier pendant les neuf heures d'ouverture du commerce procurera une capacité de 135 clients quotidiennement [(1 caissier x 540 minutes)/4 minutes = 135 clients]. Si l'organisation disposait de deux caissiers et de deux emballeurs, la capacité du système de servuction serait évidemment doublée.

Après avoir établi, à l'aide d'un graphique, la structure de la demande et la capacité de servuction, le gestionnaire de marketing doit faire des choix quant à la **stratégie de capacité**, de façon à maximiser la rentabilité de l'entreprise. En premier lieu, il doit considérer qu'une **surcapacité** entraîne des frais, notamment en raison d'une sous-utilisation des préposés au service[7]. On a beau prêcher que le client est roi et qu'il faut toujours veiller à sa satisfaction, seules d'excellentes raisons, souvent de nature qualitative, peuvent justifier une capacité qui se rapproche de la demande de pointe. En fait, compte tenu du poids de la dette des gouvernements, on doit, même dans les services publics des urgences, imaginer d'autres solutions que d'être toujours prêts, en tout temps et pour toutes éventualités.

En second lieu, le gestionnaire doit tenter de quantifier les conséquences d'une **sous-capacité**. La première conséquence est une perte de revenus, parce que certains clients n'auront pu accéder à l'aire de services, par exemple lorsqu'une salle de spectacles ne compte pas suffisamment de sièges. À l'inverse, d'autres établissements de services limitent rarement l'accès aux individus, bien qu'ils souffrent aussi de sous-capacité. Dans certains restaurants, par exemple, le client doit se placer dans une longue file d'attente et s'armer de patience jusqu'à ce que son tour soit venu. Même si le service à la table est adéquat, la conséquence peut être une baisse de la fréquence de visite. Enfin, les périodes de sous-capacité influent particulièrement sur les organisations qui n'ont pas établi de politiques précises en ce qui a trait aux standards de qualité. Elles reconnaissent l'importance des standards, mais à partir du moment où il y a davantage de clients, elles mettent l'accent sur l'encaissement des recettes ! Cela conduit à la baisse de la qualité des services, à l'augmentation du nombre de clients insatisfaits et à un bouche à oreille négatif, si bien que les ventes additionnelles n'auront aucunement contribué à la santé financière de la firme.

Le gestionnaire de marketing doit conserver à l'esprit que la stratégie de capacité est intimement liée à l'atteinte des standards de qualité. Par exemple, si une cadence élevée, dans l'industrie manufacturière, peut n'avoir qu'un faible effet sur la qualité des produits finis, il en va autrement dans l'industrie des services. En fait, selon certaines estimations, la qualité du service s'estompe rapidement à partir du moment où la demande excède 75 % de la capacité théorique[8]. Dans ce cas, ou bien l'organisation diminue la sévérité des standards de façon à les respecter, ou bien elle veille à disposer de l'effectif suffisant pour atteindre adéquatement et en tout temps les standards préétablis. Bien entendu, **ces stratégies extrêmes sont à éviter** : la première affectant directement la stratégie de marché de l'entreprise, la seconde étant trop onéreuse en surcapacité inutile.

La solution, on s'en doute, est une solution de **compromis**. D'une part, et particulièrement dans un contexte concurrentiel, les signaux valorisés n'ont guère besoin de standards 200 % supérieurs à ceux du concurrent immédiat. Le gestionnaire de marketing doit faire preuve de réalisme et freiner ses exigences à partir du moment où les clients perçoivent une différence.

D'autre part, pour que les standards soient viables, l'organisation doit admettre qu'ils ne peuvent être atteints dans 100 % des cas. En fait, il lui faudra songer à établir un seuil de tolérance. À titre d'exemple, le standard en ce qui concerne les arrivées et les départs d'un transporteur aérien pourrait être fixé aux 10 minutes près. Cependant, la politique de l'entreprise pourrait être de respecter ce standard pour

85 % des envolées. Dès que ces politiques, réalistes et viables, sont clairement définies, les gestionnaires doivent être cohérents et s'y tenir, et ce, même en période de pointe. C'est ce qu'arrivent à faire, par exemple, les responsables de McDonald's en Russie, malgré les nombreux clients qu'ils doivent servir.

Pour faciliter les opérations, aspirer à des standards plus élevés ou réduire les frais propres aux périodes de surcapacité et de sous-capacité, nombre d'entreprises tentent d'harmoniser la demande en fonction de l'offre (lissage quasi idéal de la demande), ou encore d'harmoniser l'offre, c'est-à-dire la capacité, au gré des fluctuations de la demande (élasticité quasi idéale de la capacité). D'autres entreprises optent pour une hausse fixe de la capacité de servuction. Pensons à la construction du Centre Molson en remplacement du Forum de Montréal, un choix qui permet d'accueillir plus de 2 000 spectateurs supplémentaires.

- Pour une meilleure planification de l'horaire et une plus grande transparence de gestion, pourquoi ne pas transposer vos statistiques en ce qui concerne l'affluence en graphiques de tendances ?

- Avez-vous déjà pris le temps d'établir mathématiquement la capacité de servuction de votre organisation ?

7.1.2 Le lissage quasi idéal de la demande

La synchronisation de la demande à la capacité est une tactique fort pertinente, notamment pour les entreprises de services intensives en équipement. Ne pouvant facilement varier leur capacité de servuction, ces firmes pourront à tout le moins tenter d'influer sur le comportement de la demande. Représentée par la solution 1 à la figure 1, cette approche consiste à accroître la demande en périodes creuses et/ou à diminuer la demande en périodes de pointe. Pour ce faire, au moins huit méthodes peuvent être utilisées.

7.1.2.1 L'incitatif de prix[9]

Une baisse de prix en périodes faibles peut parfois réussir à déplacer la demande. La simplicité de cette méthode explique sa popularité dans diverses industries : rabais téléphonique la nuit et la fin de semaine, rabais au cinéma les mardis et mercredis soir, *happy hours* dans les bars, et rabais deux pour un la semaine dans les restaurants. Il est permis de croire qu'une légère majoration des tarifs en périodes fortes est appliquée, afin d'amplifier l'effet de séduction proposé et, également, de rentabiliser les activités. La communication publicitaire et promotionnelle de l'organisation doit servir de catalyseur, afin d'éduquer la clientèle à utiliser le service en question aux moments peu achalandés.

7.1.2.2 La création de la demande en périodes creuses[10]

Contrairement aux incitatifs de prix, cette méthode ne cherche pas à déplacer la demande (du moins la demande *actuelle*). Elle consiste à stimuler une nouvelle demande en exploitant les ressources de façon accrue durant les périodes creuses. Par exemple, certaines stations de ski alpin profitent de leur site enchanteur durant l'été en installant des toboggans sur roues ou des superglissades d'eau. De nombreuses chaînes de restauration rapide offrent maintenant le petit-déjeuner, tandis que certains hôtels se spécialisent à la fois dans les voyages d'affaires en semaine et les mini-vacances durant le week-end.

L'exploitation d'un marché différent durant les périodes creuses peut toutefois engendrer des difficultés, c'est-à-dire un personnel de contact et de l'équipement inadéquats pour ce nouveau segment. De plus, comme le mentionne Sasser :

> Même si le nouveau concept réussit à créer une demande durant les périodes creuses, les effets ne sont pas toujours positifs. Les gestionnaires utilisent souvent à bon escient ces périodes pour la formation de nouveaux employés, l'entretien de l'équipement, le nettoyage des lieux, la préparation en vue de la prochaine période de pointe, et donnent un répit aux employés du rythme frénétique des

périodes fortes. Un nouveau concept peut avoir tendance, au mieux, à réduire l'efficience du présent système, ou, au pire, à détruire l'équilibre fragile qu'on dénote dans la plupart des systèmes de livraison des services[11].

Bien qu'intéressante, cette méthode nécessite donc une grande prudence.

7.1.2.3 La mise sur pied de services périphériques[12]

Par le biais de cette méthode, on diminue la pression de la demande à l'endroit du service de base (principal ou dérivé) à l'aide d'un nouveau service périphérique. L'exemple classique demeure l'aménagement d'un bar dans un restaurant : consommer un cocktail est bien plus agréable que d'être debout dans une file d'attente. À défaut de ne pouvoir retarder la demande au service de base trop occupé, l'objectif d'un tel service périphérique est de mieux faire patienter les gens. Par exemple, certains cinémas sont pourvus de jeux vidéo et de fauteuils confortables dans la salle d'attente.

7.1.2.4 Créer un système de réservation[13]

Les rendez-vous, les réservations ou les inscriptions sont autant d'outils populaires permettant le lissage de la demande en fonction de la capacité du service. Cette méthode est très populaire dans les salons de coiffure, l'hôtellerie, l'éducation, les spectacles et dans de nombreux musées à vocation touristique, puisqu'elle permet de réduire l'incertitude et même de favoriser les ventes. En échange de sa réservation, toutefois, le client augmente ses attentes, de sorte qu'il pardonne difficilement les complications.

Malheureusement, en prévision du fait que les clients ne se présentent pas toujours après avoir réservé, certaines organisations acceptent une quantité excessive de réservations, phénomène connu sous le vocable *over-booking*. De nombreuses compagnies aériennes et de nombreux hôteliers usent régulièrement de cette pratique. Le problème devient aigu lorsqu'un client en vacances dans un pays étranger doit discuter ardemment afin d'obtenir la chambre qu'il a pris soin de réserver. Pour éviter de telles complications, beaucoup d'entreprises de services adoptent une politique qui consiste à faire payer toute réservation, même lorsque le client ne se présente pas, à moins, bien entendu, que ce dernier se soit décommandé en deçà d'une période de temps donnée[14].

7.1.2.5 Se laisser déborder par le travail[15]

En périodes fortes, une attitude de «laisser-faire» permet de maximiser l'utilisation de la capacité de servuction. C'est ce que l'on constate dans la salle d'urgence surchargée d'un hôpital où les médecins, infirmières et préposés travaillent sans relâche. Il en va de même pour certaines installations sportives collégiales ; par exemple, le badminton libre et gratuit attire de nombreux adeptes, qui doivent souvent attendre qu'un terrain se libère pour jouer. En général, une tarification peu élevée peut compenser l'attente de la clientèle. Les files d'attente dans l'industrie tertiaire équivalent, en quelque sorte, aux unités en souffrance dans l'industrie manufacturière. Ainsi, les individus peu patients réagissent de deux façons : ils reviennent durant une période moins achalandée, ce qui nivelle la demande, ou ils s'adressent ailleurs, ce qui laisse une ouverture à la concurrence.

7.1.2.6 Sélectionner les clients

Pour les périodes de pointe, Kathleen Krentler[16] suggère de favoriser les clients réguliers qui encouragent l'organisation au moment de périodes creuses. Nous ne partageons guère son point de vue, dans la mesure où la fréquence d'utilisation d'un service par un client n'est pas toujours reliée à la valeur de sa contribution financière. Dans certains commerces de détail, par exemple, de nombreux clients consomment davantage les week-ends que d'autres qui achètent quotidiennement durant la semaine. En outre, cette base de sélection entraîne une mauvaise publicité de bouche à oreille de la part des clients qui se sentent lésés.

Encadré 2

Discriminer les appels non urgents : une nécessité

Les délais au service 911 de la CUM sont inférieurs à ceux des centres américains

Après cinq ans et 10 millions d'appels, le Centre d'urgence 911 de la CUM réussit à maintenir des délais d'attente inférieurs aux centres américains.

Le centre de la CUM, qui célèbre aujourd'hui son cinquième anniversaire, offre dans 97 % des cas un délai d'attente de zéro à neuf secondes, alors que les critères américains sont de 90 %, explique son administrateur, M. Jean-Denis Lizotte.

Le centre 911 de la CUM réussit en outre à répondre à 95 % des appels dans un délai de trois secondes, soit avant la fin de la première tonalité, chaque tonalité durant six secondes. Quelque 45 % des 5 000 appels enregistrés chaque jour sont acheminés au Service de police de la communauté, 15 % aux services ambulanciers et 3 % aux services de prévention des incendies du territoire.

Mais le quart sont des appels non urgents qui sont renvoyés aux services concernés, alors qu'une autre tranche de 10 % sont des appels non urgents qui n'auraient jamais dû aboutir au 911. Un exemple souvent invoqué est celui des demandes d'information en cas de pannes d'électricité. À l'ouverture du centre, en 1985, ce type d'appel constituait 16 % du flot quotidien.

Ce sont ces 500 appels quotidiens encombrants qui monopolisent des lignes et privent peut-être des personnes en danger d'un accès rapide au service. M. Lizotte et son équipe tenteront d'éliminer ces appels grâce à une campagne publicitaire et des démarches auprès des étudiants.

« On aimerait bien les réduire à zéro, mais si on réussit à les réduire de cinq p. cent au cours des cinq prochaines années, tout le monde va être satisfait », de dire M. Lizotte. Aux États-Unis, dit-il, les services 911 maintiennent d'ailleurs les appels inutiles à un taux de 5 % à 7 %.

Source : *La Presse*, Montréal, 1er décembre 1990, p. A9.

Il n'en demeure pas moins que l'idée de choisir les clients en périodes fortes est fort valable, mais selon d'autre critères[17]. Ainsi, les salles d'urgence d'hôpitaux trient régulièrement les patients selon la gravité des blessures. On installe même une affiche justifiant la cause de cette discrimination, afin d'apaiser l'insatisfaction de ceux et celles qui attendent depuis deux ou trois heures. Il en va de même pour Hydro-Québec qui, à l'occasion d'une panne d'électricité, rétablit le courant prioritairement dans les secteurs les plus importants, là où se trouvent des hôpitaux par exemple. Un certain degré de discrimination peut servir de base à la segmentation de marché. Ainsi, les magasins Price Costco n'admettent principalement que les gens d'affaires, les employés des organismes gouvernementaux et paragouvernementaux, de même que les membres de certaines associations. Certains clubs de golf, durant les week-ends, n'acceptent que leurs membres, alors qu'ils sont ouverts à tous durant la semaine. Enfin, la majorité des centres de conditionnement physique ne permettent l'utilisation de leur plateau sportif qu'à leurs membres.

7.1.2.7 Faire du démarketing

Le démarketing est une technique qui permet de réduire la demande en période de pointe. Hydro-Québec utilise cette méthode durant l'hiver pour inciter les gens à surveiller leur consommation d'énergie. Nombre de municipalités font de même, l'été, pour l'utilisation de l'eau. Il s'agit d'utiliser les outils traditionnels du marketing, c'est-à-dire les variables Prix, Distribution et Communication, en sens inverse[18]. Pour diminuer la demande, les solutions sont de hausser le prix, de réduire l'accessibilité aux produits ou aux services, de suspendre la publicité ou d'émettre une publicité incitant les clients à modérer leur consommation. Notons que le démarketing est également employé comme méthode de discrimination de la clientèle (voir la section 7.1.2.6). Selon Arens et Bovée, des institutions financières et des établissements de santé utilisent cette technique afin de décourager certains types de clients ; cela permet aux organisations de se concentrer sur les segments jugés plus profitables[19].

7.1.2.8 Détourner la clientèle

Cette méthode sert à limiter la demande en période de pointe. Comme pour les entreprises de produits, il peut être préférable, pour ce qui est de la qualité et de l'image, de refuser des commandes plutôt que de tenter de les accomplir à la hâte[20]. Certaines entreprises de services saisonniers, par exemple, pêchent par excès en acceptant un si grand nombre de clients que leur service après-vente, déjà limité, connaît des complications. Le bouche à oreille, tôt ou tard, a raison de la majorité de ces entreprises qui n'ont d'yeux que pour le court terme !

Pour détourner la clientèle *avant* que le système ne soit surchargé, il faut d'abord connaître la capacité de servuction de l'entreprise et tenir un registre du nombre de clients qui se trouvent actuellement dans le système. Suivant sa stratégie de capacité qui, rappelons-le, est liée à l'atteinte des standards de qualité, l'entreprise est alors en mesure de fermer l'accès à ses services en temps opportun. À Walt Disney World, par exemple, on n'hésite pas à fermer l'entrée du nouveau parc aquatique Blizzard Beach, afin d'éviter les pénuries de chaises longues et le mécontentement provoqué par de trop longues files d'attente. Connaissant le sérieux de l'organisation en matière de qualité de services, parions que ces gestionnaires savent précisément le moment où ils doivent agir de la sorte !

Lorsque l'entreprise décide de détourner la clientèle, elle doit communiquer la situation le plus tôt possible aux clients potentiels. Cela peut être fait par le biais de la radio, par des enseignes à l'entrée du lieu ou par des employés, par exemple, à la porte d'une salle de cinéma.

Synchroniser la demande en fonction de la capacité de servuction n'est pas chose facile. Il faut comprendre également que les huit méthodes proposées n'auront aucun effet important **si les clients ne maîtrisent pas leur pattern de consommation**[21]. Par exemple, imaginons qu'un restaurant dans un parc industriel affiche des prix dérisoires entre 10 h 30 et 11 h 30. Si les employeurs du voisinage ne permettent pas que les employés aient un horaire flexible, ceux-ci ne pourront pas se rendre au restaurant durant les heures où les prix spéciaux sont en vigueur. Dans ce cas, l'incitatif est sans effet et nuit à la rentabilité du commerce. On constate également que, en période de grande affluence, même le détournement de la clientèle n'est pas infaillible. En effet, lors d'événements sportifs ou de spectacles rock par exemple, nombreuses sont les personnes qui parviennent à traverser les guichets sans payer, à passer par-dessus les clôtures et même à briser les cordons policiers.

• En vous servant de la liste dressée à la première capsule « Quelques minutes de réflexion » de ce chapitre, voyez s'il n'y aurait pas lieu de la compléter avec les huit méthodes que nous venons de présenter.

7.1.3 L'élasticité quasi idéale de la capacité

L'art de compter sur une offre suffisante lorsque la demande varie semble un mystère pour plus d'un. Pourtant, beaucoup d'entreprises de services réussissent à synchroniser leur capacité de servuction selon la demande provenant de leur marché. Le principe sous-tendant cette approche consiste à augmenter la capacité en période de pointe et/ou de la réduire durant les périodes creuses (voir la présentation de la solution 2, à la figure 1). L'entreprise qui recherche ainsi la flexibilité dans sa capacité de servuction peut envisager cinq méthodes.

7.1.3.1 *Utiliser des employés à temps partiel*

Pour nombre d'entreprises de services, il est nécessaire de seconder les employés à temps plein par des employés à temps partiel durant les heures de grande affluence[22]. À certains moments, les samedis par exemple, ces derniers seront plus nombreux au travail que les employés qui sont là à temps plein. Toutefois, l'on constate que beaucoup d'entreprises de services négligent la formation de leurs employés à temps partiel. C'est pourquoi, dans l'optique de la qualité du service, il paraît contradictoire d'utiliser autant d'employés à temps partiel lorsque surviennent les périodes cruciales.

Faut-il rejeter cette méthode pour autant? Non. Nous croyons que celle-ci comporte la flexibilité recherchée par l'entreprise. En fait, c'est le manque de formation et de contacts quotidiens avec les activités de l'entreprise qui doit être mis en cause[23]. N'oublions pas que, même s'il est reconnu que la motivation des employeurs envers la formation tend à décroître au fur et à mesure que le taux de roulement des employés augmente, on ne peut associer employés à temps partiel et taux de roulement élevé. En effet, dans certains commerces, alors que les employés à temps plein défilent, plusieurs étudiants, par exemple, conservent leur emploi à temps partiel pendant toutes leurs études. Ainsi, c'est le **nouvel employé** et non son **statut** qui joue sur la qualité du service.

Pour offrir une bonne formation lorsque le taux de roulement des employés est élevé, certaines firmes ont imaginé des solutions fort intéressantes. Dans l'industrie pétrolière, par exemple, le faible salaire accordé aux caissiers dans les stations d'essence explique en grande partie le roulement élevé de ces employés. De façon générale, surtout dans les stations libres-services, le préposé est seul et doit faire face à toute éventualité. La formation de base sur la sécurité, le maniement de la console et la politique d'habillement doit donc être achevée avant que ne soit donnée la responsabilité de l'établissement à un individu. Bien souvent, les responsables de ces stations s'en tiennent au minimum, fatigués de recommencer inlassablement ce processus. La firme Esso a donc conçu un jeu d'une dizaine de vidéocassettes portant sur des aspects aussi divers que l'image de l'entreprise, le service à la clientèle, le traitement des plaintes, le carburant, les huiles, les mesures de prévention et d'urgence, etc. À l'aide d'un petit téléviseur et d'un magnétoscope, ces cassettes peuvent être visionnées par tous les employés durant leur quart de travail respectif. Des tests écrits complètent le tout. L'opération contribue à assurer un service de qualité et peut être envisageable, à peu de frais, par les petites entreprises.

Malgré une bonne formation, il demeure vrai que le manque de contacts quotidiens avec les activités de l'entreprise compromet la performance des employés à temps partiel. Nous verrons, à la section 7.3, que ce problème sera solutionné, en bonne partie, par une gestion saine de la communication interne ainsi que par le bon leadership du gestionnaire.

7.1.3.2 Proposer des heures supplémentaires[24]

Cette solution est fort valable si elle est utilisée convenablement. Souvent, les employés ne demandent pas mieux que d'effectuer quelques heures à un taux plus élevé. Néanmoins, l'utilisation excessive de cette méthode entraîne la fatigue et le découragement chez les membres du personnel, symptômes qui se reflètent ensuite dans la qualité du service offert. Pour minimiser ces effets, le gestionnaire doit distribuer les heures supplémentaires sur une base volontaire.

7.1.3.3 Modifier les horaires de travail

Les possibilités de cette méthode sont innombrables. À titre d'exemple, les heures ainsi que les jours d'ouverture d'une firme pourraient être modifiés, et ce, afin de mieux satisfaire la clientèle[25]. En ce qui concerne les employés, l'entreprise pourrait interdire les vacances durant les périodes achalandées de l'année[26], ou même empêcher que deux employés les prennent simultanément. De plus, l'employeur pourrait envisager une norme obligeant les employés à travailler une fin de semaine sur deux, une semaine de nuit sur quatre, du mardi au samedi, de midi à neuf heures, etc. Bien entendu, les intérêts des employés ne devraient pas être négligés. Nous avons vu au chapitre 5 qu'un manque d'attention à l'égard des employés porte ceux-ci à négliger la clientèle à leur tour. Pour satisfaire tout le monde, ce qui n'est jamais facile, il convient d'adopter la règle de négociation **donnant-donnant**. En cas de conflit important, les ouvrages spécialisés en gestion du personnel ou en management inspireront au responsable des idées créatrices porteuses de solutions durables.

7.1.3.4 Partager la capacité de servuction avec une autre organisation

Tel que nous l'avons mentionné, une surcapacité signifie des engagements financiers inutiles et le gaspillage. L'utilisation partagée d'installations ou de ressources humaines est une solution fort pertinente. En guise d'exemple, Sasser mentionne le partage d'équipement médical onéreux par un groupe d'hôpitaux en centre urbain[27].

Ainsi, lorsque la capacité de servuction d'une entreprise surpasse la demande pour son service, le gestionnaire peut faire profiter une autre entreprise des ressources de servuction sous-utilisées.

7.1.3.5 Sous-traiter temporairement

La sous-traitance constitue une autre méthode permettant de répondre à la demande en périodes de pointe. Par exemple, le service routier CAA-Québec a recours à cette option, en particulier l'hiver, lorsqu'il est inondé d'appels. On invite alors le membre à téléphoner à un autre remorqueur, puis à conserver sa facture pour l'obtention d'un remboursement. En général, lorsque les services sont vendus **avant-besoins**, la sous-traitance permet de sauvegarder la réputation d'une organisation incapable de répondre à la demande. La difficulté de cette méthode est liée à la qualité du service du sous-traitant utilisé[28]. Ainsi, lorsque le client est habitué à une certaine qualité de service donné, il n'est pas certain que le service offert par le sous-traitant, souvent choisi à la hâte, saura le satisfaire.

Comme nous venons de le voir, les entreprises de services, en particulier celles qui sont intensives en personnel, ont plusieurs moyens leur permettant de composer avec les fluctuations de la demande. Cette flexibilité de la capacité de servuction ne peut cependant être utilisée à bon escient que dans la mesure où les gestionnaires ont une connaissance approfondie du comportement de la demande. Malheureusement, de nombreux dirigeants n'utilisent que leur flair parce qu'ils n'ont jamais pris le temps de transposer les données sur l'affluence en graphiques de tendances. Il en résulte des situations où il manque d'employés et, à l'inverse, des cas où le personnel a le temps de jouer au Monopoly ! Est-il nécessaire de préciser que tout cela est coûteux pour l'organisation ?

La flexibilité de la capacité de servuction est également liée, dans plusieurs entreprises, aux articles de la convention collective. Pour éviter de payer des salaires à taux double, la Société des alcools du Québec, par exemple, pouvait difficilement répondre à la demande, le dimanche, en vertu de la convention applicable en 1997. Heureusement, cette problématique fut résolue lors du renouvellement de la convention collective.

Quelques minutes de réflexion

• Une fois de plus, complétez votre liste à l'aide des cinq méthodes propres à l'élasticité quasi idéale de la capacité.

7.1.4 La hausse fixe de la capacité

Comme il est indiqué à la solution 3 de la figure 1, une dernière variété de solutions peut être envisagée par les gestionnaires. Celle-ci est particulièrement intéressante lorsque les frais actuels d'une sous-capacité s'avèrent plus onéreux que les frais éventuels du maintien d'un SLS, ayant une capacité de servuction supérieure au système en vigueur. Au lieu de modifier la nature de la demande ou d'accroître l'élasticité de la capacité de servuction, l'entreprise n'a qu'à **augmenter définitivement sa capacité de servuction** de façon qu'elle soit en mesure de répondre, pour longtemps, à un plus haut niveau de la demande. Pour ce faire, on peut opter pour l'une des quatre méthodes suivantes.

7.1.4.1 Engager un sous-traitant

La sous-traitance, ici, revêt un caractère à long terme. L'organisation doit prendre soin de choisir chaque sous-traitant selon des critères de qualité de service spécifiques. Cette option est intéressante pour une entreprise lorsque l'investissement nécessaire (infrastructure, formation, etc.) pour assurer elle-même un service adéquat est trop onéreux par rapport aux résultats que cela produirait (bénéfices, respect de la garantie, etc.[29]). Dans ce cas, il est avantageux de faire effectuer le service par une autre organisation.

Encadré 3

La sous-traitance :
utile même aux grands !

Les tableaux de bord GM réparés au Québec

Le nombre de voitures neuves équipées de tableaux de bord électroniques ne cesse d'augmenter. Même si ces appareils sont d'une rassurante fiabilité, il n'est pas impossible qu'une certaine quantité doive faire l'objet de réparations. Compte tenu du nombre important de voitures General Motors comprenant des instruments électroniques au tableau de bord, cette compagnie a conclu une entente entre la compagnie G. Lebeau et sa division AC Delco relativement à la réparation de tous les instruments de tableaux de bord électroniques sous garantie des automobiles GM au Québec et dans les Maritimes.

D'une durée initiale de cinq ans, cette entente prévoit que G. Lebeau deviendra le centre de réparation où seront acheminées toutes les composantes électroniques ou assistées par ordinateur qui font partie du tableau de bord et qui sont défectueuses.

G. Lebeau prévoit créer une unité ultra-spécialisée dotée d'instruments pour la vérification de tous les éléments des tableaux de bord. Ce centre de réparation emploiera 32 personnes et on prévoit que plus de 6 000 tableaux de bord et plus de 20 000 radios de toutes marques y seront réparés. Pour s'assurer de faire face à la demande, on prévoit maintenir plus de 2 300 tableaux d'instruments différents en inventaire.

Donc, à la suite de cette entente, les concessionnaires GM feront parvenir à G. Lebeau toutes les composantes qui régissent la climatisation de l'air, la prise de température, l'odomètre, le compteur de vitesse, le régulateur de vitesse, le régulateur du système ABS et le module de diagnostic de réserve d'énergie (ballon-gonflable).

La technologie de plus en plus poussée utilisée dans les voitures incite les constructeurs à faire appel à des centres de réparation très spécialisés afin de s'assurer que les réparations de ces modules électroniques sont effectuées dans les normes.

Source : *La Presse*, Montréal, 5 mars 1990, p. C5.

7.1.4.2 Investir

L'investissement permet d'augmenter la capacité de servuction de l'organisation. Par exemple, un nouveau système informatique, un avion de plus, ou 20 chambres additionnelles, accommodent un plus grand nombre de clients. Étant donné que l'investissement peut s'avérer important, il y a intérêt à être prévoyant. Ainsi, on peut s'éviter de débourser des sommes astronomiques si certains appareils ont été préinstallés lors de la construction initiale de l'unité de servuction. En effet, en particulier à cause des frais de démolition ou de rénovation qu'entraîne l'installation de nouvel équipement, il est souvent moins coûteux d'installer à l'avance de l'équipement «en attente». En outre, étant donné la simultanéité de la production et de la consommation, donc de la présence de clients sur place, les travaux effectués à l'avance réduisent les dérangements et contraintes propres aux nouveaux travaux d'expansion[30].

L'investissement par la formation des ressources humaines est une autre avenue pertinente. Nous avons vu, à propos du coût de la nonqualité, que le fait d'effectuer deux fois la même tâche est lourd de conséquences. Pourtant, combien de fois voyons-nous, dans un magasin, un préposé servir un client qu'un premier employé n'est pas parvenu à aider adéquatement? Le dédoublement des ressources et la reprise d'un même travail constituent un handicap important pour la capacité de servuction d'une organisation prestataire de services. Dans les cas où un investissement en formation n'est pas opportun, l'entreprise doit, à tout le moins, porter une attention particulière à la sélection des employés. Plus les critères d'embauche sont élevés, plus la formation ne sera que tactique ou d'appoint.

7.1.4.3 Faire participer les clients[31]

Une participation plus prononcée des clients permettra également à l'organisation d'accentuer sa capacité de servuction. Bien sûr, chaque médaille a deux côtés et certains risques sont inhérents à cette méthode, comme nous en avons discuté à la section 6.4.5.

7.1.4.4 Favoriser l'efficience du SLS

Nous avons vu, à la section 6.2, les quatre principaux modes de livraison des services. En guise de rappel, les modes traditionnel et manufacturier constituaient les deux extrêmes, alors que les modes segmental et intégratif représentaient des modes intermédiaires. Selon le mode choisi, il est possible d'améliorer l'efficience du SLS par les ressources humaines ou l'équipement.

En ce qui a trait aux **ressources humaines**, la présence d'employés polyvalents favorise une capacité de servuction supérieure. En effet, lorsqu'un nombre excessif de clients se précipite sur la même partie du système, les employés polyvalents des autres sections peuvent temporairement prêter main-forte à leurs confrères[32]. Par exemple, il est agréable, lorsque la file d'attente s'allonge dans un commerce de détail, d'observer l'ouverture d'un nouveau comptoir-caisse par un employé assigné normalement à d'autres occupations. L'affectation adéquate des tâches est une autre méthode permettant d'améliorer l'efficience du SLS ; nous exposons ce sujet à la section 10.4.

Quant à l'**équipement**, l'emploi d'une technologie avancée est en mesure d'accroître la productivité et la capacité de servuction. Par exemple, les guichets automatiques permettent un nombre plus élevé de transactions par succursales bancaires.

Quel que soit le mode de livraison des services choisis, la représentation schématisée d'un système est un outil appréciable pour découvrir les points faibles et améliorer l'efficience. En période de pointe, notamment, le schéma révélera probablement aux gestionnaires de services que plusieurs préposés devront partager leur temps entre le service à la clientèle et diverses tâches dites **de soutien**. Bien que les services, sur le plan immatériel, ne puissent être créés puis entreposés à l'avance (voir la section 2.1.4), certaines tâches plus matérielles peuvent être **emmagasinées**, permettant ainsi une amélioration de l'efficience du système de livraison des services[33]. Par exemple, durant les temps morts, un caissier peut remplir d'avance les en-têtes de ses enveloppes de dépôt, ou obtenir des rouleaux de monnaie du directeur.

De la même façon, de nombreux cuisiniers coupent et cuisent les légumes à l'avance, de sorte qu'il ne reste plus qu'à les réchauffer au micro-ondes aux moments opportuns. En ce sens, ces gens emmagasinent des tâches afin d'être plus productif durant les périodes de pointe[34]. Cette façon de faire permet d'améliorer l'efficience de la servuction et entraîne une hausse de la capacité de production des entreprises. Enfin, ajoutons que la conception ergonomique de l'équipement (appareils simples, marchandises à proximité, courts formulaires) contribue également à améliorer la capacité de servuction de l'organisation[35].

> En résumé, au moins 17 moyens permettent de synchroniser la capacité de servuction et la demande.

Ce nombre ne tient pas compte des idées qui pourraient être mises de l'avant si l'on effectuait des combinaisons parmi les solutions que nous avons exposées. À titre d'exemple, certains commerces de détail saisonniers, au cours d'une période creuse, décident de louer leur local à une autre entreprise. On exploite donc un marché différent (section 7.1.2.2) tout en effectuant un partage de ressources (section 7.1.3.4). Dans ce cas, la prudence est de rigueur, car il faut tenir compte non seulement des revenus de location mais aussi des frais de stockage de l'inventaire résiduel, de même que des frais inhérents à la détérioration du local et de l'équipement. De nombreux parcs thématiques font également usage d'une combinaison originale: ils accordent à des segments de marché particuliers le privilège d'accéder au parc une heure avant les heures d'ouverture officielles. On suscite ainsi une demande très matinale, en période creuse (section 7.1.2.2), on sélectionne la clientèle (section 7.1.2.6), puis on modifie les heures d'ouverture et, par conséquent, les horaires de travail (section 7.1.3.3).

Malheureusement, les gestionnaires et les employés sont souvent si débordés de travail qu'ils ne connaissent ou n'exploitent qu'une ou deux des méthodes mentionnées! Ils rendent leur industrie respective responsable de leurs difficultés, sans s'arrêter aux solutions possibles.

Dans ces circonstances, la qualité des services est négligée. De nos jours, les gestionnaires d'entreprises de services, s'ils veulent réussir, doivent modifier la structure de la demande et/ou améliorer la capacité de servuction de leur organisation.

- Que diriez-vous de mettre en place une équipe d'employés dont le mandat principal serait de rechercher des moyens permettant d'améliorer l'efficience du SLS, donc d'accroître la capacité de servuction de l'entreprise ?

- À l'heure de pointe, à Los Angeles, la voie d'accotement de certaines autoroutes devient légalement une voie additionnelle. En considérant les 17 moyens qui permettent de synchroniser la capacité de servuction et la demande, dites lequel ou lesquels sont concernés.

7.2 LA GESTION DU TÉLÉPHONE

Le téléphone est l'outil de prédilection des organisations prestataires de services. En dépit des télécopieurs, des téléavertisseurs, des cellulaires et d'Internet, le téléphone traditionnel tient toujours le haut du pavé. Il n'est pas l'apanage de l'élite ni des avant-gardistes, il est universellement répandu et son utilisation s'étend aux petites entreprises, aux organismes parrainés par des bénévoles ainsi qu'aux organisations situées en régions éloignées.

L'appareil téléphonique est un excellent moyen permettant d'établir une communication bidirectionnelle entre un client et un préposé au service ; il s'avère indispensable lorsqu'il est impossible de mettre vendeurs et acheteurs face à face. En fait, certaines entreprises ou divisions d'entreprises en font même un outil stratégique. Songeons au service à la clientèle de bon nombre d'entreprises qui se prévalent d'une ligne 1 800, au service mondial de remplacement de carte et d'avances en espèces Visa, de même qu'aux numéros uniques des chaînes de restaurant aux fins de livraison à domicile. Les activités de certaines entreprises reposent même entièrement sur le téléphone. Pensons aux services des compagnies de téléphone (0 ou 411), au service d'urgence 911, de même qu'aux nombreux services de renseignements, d'aide, de voyances et de conversations de toute nature (1 900, 1 976).

Si vous croyez que le téléphone dans votre organisation n'est qu'un accessoire, **détrompez-vous**. Un appel téléphonique est un contact privilégié qui a le pouvoir de renforcer l'image de l'organisation. Le tableau 1 donne quelques exemples de cas, familiers à tous, où le manque d'attention envers la qualité du service est atterrante et frustrante pour le client!

La gestion du téléphone se doit d'être axée sur la prévention. Ainsi, une partie du programme de formation de tout nouvel employé devrait traiter de l'utilisation adéquate du téléphone (ses caractéristiques, les numéros utiles, les circonstances particulières, etc.[36]). Si ce n'est pas le cas, il y a de fortes chances que les scénarios présentés au tableau 1 se manifestent dans votre propre organisation. Vous devriez alors envisager l'implantation d'un programme qualité en ce qui a trait à l'utilisation du téléphone.

Dans un article bref et pertinent, Mary Chevalier explique le processus à suivre pour la mise sur pied d'un tel programme. Les 5 étapes de ce processus sont les suivantes[37] :

- *La planification*. Pour en arriver à des résultats positifs, il faut une volonté de la part des hauts dirigeants. Cette phase indispensable a été décrite à la section 5.1.2.

- *La mesure*. Des standards de performance mesurables doivent être établis puis incorporés dans la description de tâches des employés. C'est ce que nous avons préconisé respectivement dans les sections 5.1.5 puis 5.2.3.

- *La formation*. La formation s'avère ici l'élément clé d'une amélioration de la qualité du service. Nous traiterons de cet aspect au chapitre suivant, à la section 8.2.

Tableau 1

Des scénarios téléphoniques décevants

• Vous obtenez une ligne occupée ou un répondeur téléphonique.

• Une machine dit : « Votre appel est important pour nous [*sic* !], veuillez rester en ligne, un préposé vous répondra sous peu »... mais on prend 5, 10 ou 15 minutes avant de vous répondre !

• Le téléphone sonne à de multiples reprises avant que l'on ne décroche.

• Une fois en ligne, l'employé parle trop tôt, de sorte que sa première syllabe est inaudible.

• Le préposé ne mentionne ni son nom ni celui de l'organisation.

• Pire encore, il dit simplement, d'un ton insolent : « Numéro de carte ? »

• Il manque d'information et ne sait guère où diriger votre appel.

• On vous met en « attente »... pendant longtemps.

• On renvoie continuellement votre appel, aussi simpliste soit-il, d'un service à l'autre.

• Parfois, vous passez d'une boîte vocale à une autre, de sorte que le processus pour l'obtention d'une réponse peut nécessiter quelques jours, à condition, bien entendu, que l'employé daigne vous rappeler.

• Vous devez donc inlassablement répéter votre histoire.

• On vous interrompt et on vous demande de patienter un moment parce que le téléphone sonne sur une autre ligne.

• À force de parler à différentes personnes, vous obtenez parfois des réponses contradictoires.

• Certains préposés s'éloignent et s'approchent constamment de leur micro. Ça donne vraiment l'impression qu'ils sont préoccupés par autre chose, que les clients les dérangent.

• La communication est soudainement coupée !

- *Le renforcement.* Il s'agit de créer un climat d'encouragement qui motivera les employés à atteindre ou à surpasser les standards. Nous y reviendrons aussi au prochain chapitre.

- *La révision.* Cet élément transforme un programme en un processus continuel. Il s'agit de maintenir les acquis, tel que nous l'avons expliqué à la section 5.1.7.

Tableau 2

Conseils relatifs à la gestion du téléphone

1. *Au moment de répondre à un appel*
   - Il faut répondre dès la première ou la deuxième sonnerie.
   - Une secrétaire, un collègue ou la standardiste de l'entreprise doit être avisé d'une absence (réunion, dîner, autres) afin d'assurer une relève.
   - Des renseignements pertinents doivent être prévus dans un message enregistré d'un répondeur téléphonique : nom, durée de l'absence, nom du remplaçant en cas d'urgence.
   - Si possible, on doit rappeler les gens dans un délai de deux heures afin de renseigner ceux qui désiraient vous rejoindre.

2. *Comment répondre à un appel*
   - Le ton de votre voix reflète bien souvent l'intérêt que vous portez à la personne qui appelle, à savoir si vous désirez l'aider ou si vous considérez qu'elle vous dérange !
   - On doit mentionner son nom et celui de l'organisation ; un simple « allô » est inacceptable en affaires.
   - Si vous utilisez un répondeur téléphonique, vous constaterez que plusieurs individus raccrochent sans laisser de message. Pour contrer cette réaction, votre message doit être clair, concis et explicatif sur la façon de procéder.

3. *Comment prendre en charge un appel*
   - Près de chaque appareil, vous devez prévoir de la papeterie, des formulaires, des listes de prix ou toute information nécessaire.

- Lorsque vous transférez un appel à un collègue, veillez à ce que celui-ci prenne en charge l'appel dans un délai raisonnable.

- Une liste de numéros de téléphone interne, bien à jour et fonctionnelle, doit être disposée à proximité de chaque appareil. Cela est d'autant plus important dans les grandes organisations comme la fonction publique.

- Vous devez prendre les notes appropriées pour assurer un meilleur suivi.

- Si vous devez fouiller dans un classeur ou générer de l'information sur un écran, informez-en l'interlocuteur. Laisser le client dans le silence crée de l'anxiété et ne fait qu'appuyer l'intangibilité du service*.

- Il ne faut jamais répondre au téléphone en mettant immédiatement la personne « en attente ». On recommande de demander à l'interlocuteur s'il préfère attendre ou s'il aime mieux qu'on le rappelle ultérieurement.

- Au moment d'un appel, plusieurs facteurs peuvent faire dévier votre attention. Il faut contrôler ces sources d'interruption et donner priorité à l'individu qui appelle.

- Le microphone de l'appareil étant sensible, faites attention si vous fumez, mangez, prenez un café ou mâchez une friandise.

4. *Comment réagir à l'appel et assurer son suivi*

- Vous devez terminer l'appel en résumant vos responsabilités respectives et l'échéancier.

- Il est préférable de sous-promettre un engagement afin de surdélivrer si possible (voir écart 4, section 4.2.4).

- Même si c'est pour affirmer que tout est dans l'ordre, il faut donner suite à l'entente et informer les clients de la situation.

* Propos basés sur : Doris C. Van Doren et Paul B. Relle, « Confronting Intangibility : A Practical Approach », *Journal of Professional Services Marketing*, vol. 2, n° 3, printemps 1987, p. 37. Ce commentaire vaut d'ailleurs son pesant d'or dans de multiples situations. Lors d'une réparation automobile, par exemple, et même lorsque le client n'attend pas sur place, il est important de communiquer avec lui et de l'informer sur l'évaluation des réparations, c'est-à-dire les pièces couvertes par la garantie, les coûts éventuels, le temps de réparation nécessaire, etc.

Source : Traduit et adapté de Mary I. Chevalier, « Don't Just Answer the Phone — Use it », *Quality Progress*, vol. 22, n° 6, juin 1989, p. 57-59.

Afin d'améliorer l'image de l'organisation et faire bonne impression lorsque survient un appel, Chevalier suggère de décomposer l'action en quatre points :

- le moment où l'on répond à un appel ;

- comment répondre à un appel ;

- comment prendre en charge un appel ;

- comment réagir à l'appel et assurer son suivi.

Le tableau 2 présente la majorité des suggestions proposées par Chevalier pour ces quatre points. On constate que la plupart des suggestions présentées dans le tableau font appel au « gros bon sens » des employés. La mise en application de ces suggestions dépend de leur bonne volonté et de la rigueur du programme de formation.

Le délai d'attente et le temps alloué par l'employé au moment d'un appel téléphonique peuvent, toutefois, être hors du contrôle de l'employé et dépendre des politiques de l'entreprise et de l'affluence dans le système. Dans certains commerces, par exemple, la personne à la réception agit souvent aussi à titre de caissier et de préposé au service à la clientèle ! Naturellement, ce dernier ne suffit plus toujours à la tâche et il coupe court aux réponses, malgré sa bonne volonté. Si cette situation paraît inacceptable pour une entreprise visant un segment de marché haut de gamme, l'est-elle autant dans une organisation de services bas de gamme ? N'est-il pas normal, pour un client, d'estimer qu'il devra attendre davantage afin d'obtenir un renseignement chez un détaillant reconnu pour ses bas prix ? N'est-il pas normal aussi que celui-ci se trouve devant un employé pressé, utilisant un langage parsemé d'expressions particulières, lorsqu'il appelle au garage du coin ? À ces deux dernières questions, et contrairement à Mary Chevalier, nous répondons par l'affirmative, car la gestion du téléphone ne jouit pas d'un statut particulier et fait partie intégrante du SLS ; elle doit donc être cohérente avec l'ensemble des autres variables, des autres « P » propres au marketing des services. Rappelons que la satisfaction varie en fonction du *degré de service attendu* et du *degré de perception du ser-*

vice. Pour expliciter nos propos, voyons comment le **délai d'attente** et le **temps octroyé par l'employé** peuvent varier, avec raison, d'une entreprise à l'autre.

Comme chacun le sait, le délai d'attente et le temps octroyé par l'employé (attitude pressée ou décontractée) sont intimement liés à la satisfaction pressentie par l'interlocuteur au moment d'un appel. Par exemple, selon les enquêtes auprès des membres qui ont appelé American Express, la satisfaction quant au délai d'attente demeure élevée jusqu'à la troisième sonnerie, puis descend radicalement par la suite[38]. La partie gauche de la figure 3 démontre ce lien entre la satisfaction et le temps d'attente.

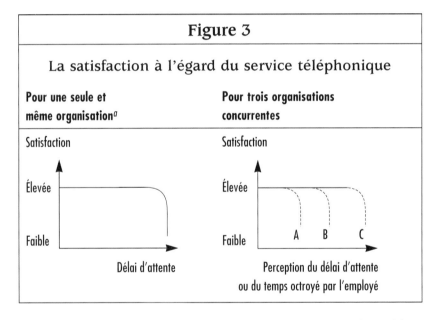

Figure 3

La satisfaction à l'égard du service téléphonique

Pour une seule et même organisation[a]

Pour trois organisations concurrentes

Satisfaction

Élevée

Faible

Délai d'attente

Satisfaction

Élevée

Faible

A B C

Perception du délai d'attente ou du temps octroyé par l'employé

Source *a* : Traduit et adapté de Richard T. Garfein, « Guiding Principles for Improving Customer Service », *The Journal of Services Marketing*, vol. 2, n° 2, printemps 1988, p. 38.

Le graphique de droite illustre comment une courbe peut varier d'une organisation à l'autre lorsqu'on tient compte des attentes et des perceptions. Ainsi, on constate que les firmes A, B et C peuvent obtenir une note de satisfaction similaire, malgré le fait que le *délai d'attente* soit différent[39]. Par exemple, la courbe A peut représenter la courbe de satisfaction d'un individu fortuné qui appelle d'urgence son avocat personnel, alors que la courbe C peut illustrer le degré de satisfaction de la personne moins fortunée qui tente d'obtenir un rendez-vous avec un avocat de l'aide juridique.

Il en va de même en ce qui concerne le *temps octroyé par l'employé*. Si vous téléphonez aux Ailes de la mode (C), le préposé est en mesure de dire s'il lui reste tel produit, telle marque, etc. Il pourra allouer 2, 3, voire 4 minutes de son temps afin de satisfaire son interlocuteur. Abstraction faite de la réponse, le client sera satisfait du service téléphonique parce qu'on aura pris le temps de lui répondre. La satisfaction ne chuterait que dans le cas où le client « s'éterniserait » sur la ligne et que l'employé n'aurait d'autre choix que de conclure l'appel. Par contre, un appel logé dans une solderie ou un magasin-entrepôt (A) risque d'être bref, notamment à cause du faible ratio employé/clients. De fait, le temps octroyé par l'employé est souvent réduit à zéro, dans ces entreprises, puisque celles-ci préfèrent s'en remettre aux messages pré-enregistrés ; il est d'ailleurs quasiment impossible d'y obtenir des renseignements précis sur les produits ou les prix. Compte tenu de la politique de prix de ces entreprises, il ne faut certes pas les blâmer de filtrer les appels. Au contraire, il s'agit d'une gestion fort saine de la qualité des services téléphoniques. Répétons-le, il ne faut pas confondre les termes **qualité** et **haut de gamme**.

La technologie dans l'industrie de la téléphonie évolue très rapidement depuis le début des années 1980. Lorsque les dirigeants constatent une certaine homogénéité dans les demandes téléphoniques de la clientèle, il devient possible d'installer un système très performant de répartition et de traitement des appels. De plus en plus activés par la voix, ces systèmes n'en sont pas moins des technologies dures, relatives au mode manufacturier. Ils comportent donc les avantages et les inconvénients propres à ce mode.

La gestion du téléphone est encore passablement méconnue. C'est pourquoi nous avons cru bon de lui accorder une grande place dans ce chapitre. Nous abordons maintenant la place et le rôle de la communication interne.

- Appelez et testez le service à la clientèle téléphonique de votre entreprise. Faites appeler vos amis. Dans quelle mesure la performance de votre entreprise surpasse-t-elle les scénarios du tableau 1?

7.3 LA COMMUNICATION INTERNE

Au chapitre 5, nous avons démontré l'importance du concept de la chaîne de la qualité ainsi que l'effet négatif qu'entraînent les cloisons entre les différentes divisions d'une organisation. Ici, le même discours est tenu, mais il est limité à une unité de travail précise[40]. En somme, nous verrons dans cette section que les communications internes (qu'elles soient bonnes ou mauvaises), au sein d'une unité de travail, sont en quelque sorte le *parallèle* des cloisons (absence ou présence) pour l'organisation tout entière.

Il existe deux types de communications internes au sein d'une unité de travail. Elle peut être **verticale**, et ce, même s'il n'y a qu'un nombre limité de paliers hiérarchiques. Dans ce cas, les fournisseurs internes doivent faciliter le travail de leurs clients internes respectifs, conformément au principe de la chaîne de la qualité. Par exemple, le responsable du service de la paie doit s'enquérir des besoins de ses assistants de façon à leur permettre de mieux effectuer leur travail. De même, le gérant de jour d'une franchise doit veiller à ce que chacun de ses subordonnés immédiats dispose des ressources nécessaires pour l'exécution de leurs fonctions. En somme, le fournisseur doit soutenir ses clients respectifs afin que ces derniers puissent appuyer de leur mieux leurs propres clients et ainsi de suite jusqu'aux clients ultimes, c'est-à-dire ceux qui s'approvisionnent dans l'unité de travail en question.

Malgré des relations étroites et une cohabitation de plusieurs mois, de nombreux individus ne peuvent énumérer spontanément les besoins ressentis par leurs clients internes. Afin de les connaître davantage, la firme Philip Crosby Associates suggère d'utiliser des diagrammes relationnels de type clients/fournisseurs[41].

La communication interne peut également être de nature **informelle**, c'est-à-dire sans rapport avec les niveaux hiérarchiques. Ainsi, un climat de camaraderie ou, à tout le moins, de respect mutuel contribue grandement à l'amélioration de la qualité du service (qualité interne ou externe). Par exemple, lorsqu'un client téléphone pour donner des renseignements, lorsqu'un appareil vient de briser ou qu'un dossier est changé de classeur, les principaux intéressés doivent en être informés. Certaines personnes, toutefois, ont la fâcheuse habitude de garder pour elles des détails qui pourraient s'avérer utiles pour leurs collègues de travail, et ce, souvent afin de se donner de l'importance et de créer l'impression qu'elles sont indispensables. Le responsable doit empêcher ce genre de comportement et promouvoir le partage de l'information circonstancielle pour le bien de ses clients et de son organisation.

Encadré 4

Une communication potentiellement explosive !

Inondation au mazout pour une famille du Cap-de-la-Madeleine

Le sous-sol d'une maison de Cap-de-la-Madeleine a été inondé par plus de 2 200 litres de mazout à la suite d'une erreur d'un livreur. « Lorsque nous avons converti notre système de chauffage au gaz naturel, il y a huit ans, nous avons enlevé notre réservoir d'huile, mais le tuyau est resté dehors. Le mazout a donc coulé directement dans la maison », a expliqué la propriétaire de la maison, Sylvie Fournier.

« L'employé devait effectuer une livraison au 255, rue des Érables, mais il a lu 225 – chez nous... J'ai bien vu le camion devant la maison, mais je croyais qu'il était là pour les voisins. [...] En voyant le livreur, je lui ai dit de ne pas verser. Mais il n'a pas réagi. J'ai entendu le bruit d'une fontaine dans la cave et en même temps, mon fils m'a averti qu'il y avait du mazout partout au sous-sol... » L'entreprise de nettoyage appelée à la rescousse a retrouvé à certains endroits tout près de 50 cm de mazout.

Un jour...

André Vidal, directeur de l'entreprise de nettoyage, espère qu'un jour l'odeur finira par disparaître. « Au moment des réparations, les entrepreneurs devront détruire tous les endroits que le mazout a imprégnés ; de notre côté, on nettoiera les conduites de ventilation et les murs. Mais si rien n'y fait, la maison entière devra être détruite », affirme-t-il.

Plus de vie

Après avoir surmonté la crainte d'une explosion – « On ne pouvait même pas allumer un néon, samedi » – la famille Fournier subit les inconvénients d'une intimité violée en raison de tous ces gens qui se promènent dans la maison. [...] Outre le ridicule de la situation, les Fournier disent vivre avec la crainte de perdre le peu qu'il leur reste. Avec l'aide d'un ami avocat, ils espèrent bien être remboursés.

Source : Adapté de Presse Canadienne de Cap-de-la-Madeleine, *La Presse*, Montréal, 9 novembre 1992, p. A13.

Pour plusieurs responsables d'unité, la communication est un **sujet tabou** ; aussi considèrent-ils souvent les difficultés inhérentes à la communication comme des détails négligeables qui se régleront avec le temps. Cette attitude de « faire l'autruche » entraîne des conséquences fâcheuses, parfois désastreuses, au moment de la prestation de services. Encore une fois, il vaut mieux prévenir que guérir !

Les formes de communication entre employés d'une même unité de travail sont variées. Nous retrouvons la communication verbale et non verbale, chacune d'elles pouvant s'effectuer de personne à personne ou à l'aide d'un intermédiaire. De fait, les communications peuvent être étudiées, sur le plan ergonomique, du point de vue acoustique (communications dans le bruit en particulier), du point de vue sémantique (pour supprimer les ambiguïtés et les erreurs d'interprétation) et du point de vue organisationnel (qui communique avec qui[42]). Tenant compte que les humains demeurent le principal objet de transformation des entreprises de services, il y aurait lieu de se sensibiliser davantage à cette question. Imaginez, par exemple, les conséquences pour un patient qui a ingurgité sept comprimés au lieu d'un, parce qu'il y a eu une erreur de lecture dans le dossier.

Quelques minutes de réflexion

- Dans l'industrie tertiaire comme dans l'industrie manufacturière, les malentendus sont fréquents. Pourquoi n'utiliseriez-vous pas des diagrammes relationnels clients/fournisseurs ?

CONCLUSION

Cette section complète l'étude du contenu du système de livraison des services, le « P » le plus négligé, en dépit de son influence sur la productivité de l'entreprise. Au chapitre précédent, nous avons vu les quatre modes de livraison des services, de même qu'une technique permettant d'effectuer le schéma du système. Dans ce chapitre, nous avons proposé diverses méthodes permettant d'harmoniser l'offre et la demande de services, et nous avons présenté divers conseils propres à la gestion du téléphone et à la communication interne. Le chapitre 8 traitera d'un autre « P » exclusif au marketing des services, la variable « personnel ».

NOTES

1 BERRY, Leonard L. (1980), « Services Marketing is Different », Reproduit dans le volume *Services Marketing : Text, Cases & Readings*, Englewood Cliffs, N. J., Prentice-Hall, 1984, p. 29-37 ; SASSER, W. Earl (1976), Match Supply and Demand in Service Industries », *Harvard Business Review*, vol. 54, n° 6, novembre-décembre, p. 133-140.

2 SASSER, W. Earl, *op. cit.*, p. 138.

3 (1988), « Control Charts Can Help to Monitor Quality in a Service Company », *Productivity Improvement Bulletin*, 10 mars, p. 6-7.

4 GUERRIER, Y. et A. J. LOCKWOOD (1989), « Managing Flexible Working in Hotels », *The Service Industries Journal*, vol. 9, n° 3, juillet, p. 406-419.

5 DAVIDOW, William H. et Bro UTTAL (1989), « Service Companies : Focus or Falter », *Harvard Business Review*, vol. 67, n° 4, juillet-août, p. 77-85.

6 ÉTIENNE, Eisenhower C. (1988-89), « La gestion de la production des services publics », *Recueil de textes et de cas : HÉC Code 3-505-84, n° 516 (88-89)*, p. 77 (Texte commandité par l'ÉNAP).

7 ÉTIENNE, Eisenhower C., *op. cit.*, p. 56-57.

8 Voir HESKETT, James L. (1986), *Managing in the Service Economy*, Boston, Harvard Business School Press, p. 38.

9 BERRY, Leonard L., *op. cit.* ; FITZSIMMONS, James A. (1985), « Consumer Participation and Productivity in Service Operations », *Interfaces*, vol. 15, n° 3, mai-juin, p. 60-67 ; KRENTLER, Kathleen (1988), « Commentary : Maintaining Quality Control During the "Crunch" in Service Firms », *The Journal of Services Marketing*, vol. 2, n° 1, hiver, p. 71-74 ; et SASSER W. Earl, *op. cit.*

10 BERRY, Leonard L., *op. cit.* ; SASSER, W. Earl, *op. cit.*

11 SASSER, W. Earl, *op. cit.*, p. 138.

12 SASSER, W. Earl, *op. cit.*

13 FITZSIMMONS, James A., *op. cit.* ; SASSER, W. Earl, *op. cit.*

14 SASSER, W. Earl, *op. cit.*, p. 138.

15 FITZSIMMONS, James A., *op. cit.* ; KRENTLER, Kathleen, *op. cit.*

16 KRENTLER, Kathleen, *op. cit.*

17 Voir William H. DAVIDOW et Bro UTTAL, *op. cit.*

18 (1995), « Le marketing n'est pas une fonction, mais un processus ! », *Expansion Management Review*, n° 76, mars, p. 43.

19 ARENS, William F. et Courtland L. BOVÉE (1994), *Contemporary Advertising*, 5ᵉ édition, Boston, Irwin, p. 20.

20 KRENTLER, Kathleen, *op. cit.*

21 BERRY, Leonard L., *op. cit.*

22 BERRY, Leonard L., *op. cit.* ; SASSER, W. Earl, *op. cit.*

23 GUERRIER, Y. et A.J. LOCKWOOD, *op. cit.*

24 KRENTLER, Kathleen, *op. cit.*

25 Voir : (1988), « Control Charts... », *op. cit.*

26 KRENTLER, Kathleen, *op. cit.*, p. 73.

27 SASSER, W. Earl, *op. cit.* Voir aussi Kathleen KRENTLER, *op. cit.*

28 Voir Kathleen KRENTLER, *op. cit.*

29 Voir TAKEUCHI, Hirotaka et John A. QUELCH (1983-1984), « La qualité : un autre problème que fabriquer », *Harvard-L'Expansion*, n° 31, hiver, p. 73-80.

30 SASSER, W. Earl, *op. cit.*, p. 140. Dans son article, Sasser fournit un exemple pour un restaurateur.

31 KRENTLER, Kathleen, *op. cit.* ; SASSER, W. Earl, *op. cit.*

32 BERRY, Leonard L., *op. cit.* ; KRENTLER, Kathleen, *op. cit.* et SASSER W. Earl, *op. cit.*

33 SASSER, W. Earl, *op. cit.*

34 Le travail remis à plus tard constitue aussi une variante d'emmagasinage ! Garfein en fournit un exemple chez American Express. Après un appel, le réceptionniste du service téléphonique passe immédiatement à un autre appel au lieu d'inscrire des formalités diverses. On reporte ce travail aux périodes moins occupées (GARFEIN, Richard T. (1988), « Guiding Principles for Improving Customer Service », *The Journal of Services Marketing*, vol. 2, n° 2, printemps, p. 37-41).

35 Voir Kathleen KRENTLER, *op. cit.*

36 CHEVALIER, Mary I. (1989), « Don't Just Answer the Phone - Use It », *Quality Progress*, vol. 22, n° 6, juin, p. 56-59.

37 CHEVALIER, Mary I., *op. cit.*, p. 57.

38 GARFEIN, Richard T., *op. cit.*, p. 38.

39 Cela est plus juste encore si l'industrie n'est pas la même (ex. : Urgences-santé pour *A*, Provigo pour *B* et le ministère de l'Éducation pour *C*).

40 Une unité de travail peut être un service, une division, une section, un secteur, une équipe sur un projet (un dossier), une franchise, une succursale, un petit commerce indépendant, etc.

41 Pour de plus amples détails, voir FRANKOVICH, Jim et L.R. BALDWIN (1988), « Quality Principles for Service Industries », *Management Solutions*, novembre, p. 18-24.

42 De MONTMOLLIN, Maurice (1986), *L'ergonomie*, Paris, Éditions La Découverte, p. 10 (Coll. Repères ; 43).

Chapitre 8

Le personnel

Nous avons démontré qu'il est nécessaire, au sein d'un système de livraison des services, d'instaurer une véritable complémentarité entre la fonction de marketing et celle de la gestion de la production. Un concepteur de système de livraison des services se doit d'être spécialisé dans ces deux champs d'activité.

Nous étudions maintenant un autre « P » exclusif au marketing des services, le *personnel*; nous verrons que le lien entre les fonctions du marketing et de la gestion des ressources humaines est également complémentaire. Nous discuterons de notions de sélection, de formation et de motivation du personnel. Toutefois, l'objectif n'est pas de revoir les techniques et les caractéristiques théoriques propres à ces concepts; nos propos démontreront plutôt combien ces concepts influent sur la qualité des services offerts.

Précisons que le personnel dont nous parlons ici se limite aux employés et gestionnaires qui travaillent à l'étape de la réalisation du service proprement dit; est donc exclu le personnel du siège social, étant donné que les clients y ont rarement recours directement. Le passage suivant de Eiglier et ses collègues exprime notre point de vue:

> Au niveau de la réalisation du service, un point fondamental est à prendre en compte : la responsabilité de la

qualité du service rendu repose en dernier ressort sur les épaules du personnel en contact, et du supérieur hiérarchique de ce dernier, le premier niveau de management, celui de l'unité de servuction. Un important investissement doit être fait en matière de formation de ce personnel, de sa motivation, et de la reconnaissance du rôle primordial qu'il joue en matière de qualité[1].

8.1 LA SÉLECTION

D'après Albrecht et Zemke, trop de gens occupant des emplois liés au service ne devraient pas s'y trouver. Nombre de dirigeants sont convaincus, encore de nos jours, que n'importe qui peut occuper un emploi de contact avec le client[2].

Selon nous, les qualités les plus significatives des employés de première ligne sont l'**adaptabilité**, la **polyvalence** et la **connaissance**. Nous désignons ces trois termes par l'acronyme APC, ou encore par l'expression « aide pertinente à la clientèle ».

L'**adaptabilité** est la faculté qui permet à l'employé de répondre aux besoins particuliers d'un client. Cela exige qu'il soit attentif aux **facteurs situationnels** ; en reconnaissant la situation du client (voir la section 5.2.1), l'employé est en mesure de réagir et d'adapter son service en conséquence[3]. Cette personnalisation du service exige que l'employé soit à l'écoute du client, qu'il ait un bon jugement et qu'il ait des aptitudes en relations humaines.

Autrement dit, le personnel en contact doit « se mettre dans la peau du client ». Malheureusement, de nombreux préposés et vendeurs ne font pas cet effort et, consciemment ou non, imposent leur vision, ou celle véhiculée par les collègues et le supérieur hiérarchique. Un agent de voyages, par exemple, pourrait ne pas recommander la Floride et Acapulco comme destinations touristiques, parce qu'il juge la première trop « commune » et la seconde trop « commerciale ». Un conseiller en vins pourrait défavoriser le Mouton Cadet, parce que cette marque existe depuis des années, qu'elle est « traditionnelle » et qu'elle ne représente pas le produit *hot* de l'heure. Cette façon de faire ne correspond pas à l'approche marketing ; elle fait fi des intérêts et de la personnalité du client et, par conséquent, nuit à l'image de l'entreprise.

Comme le précisent Albrecht et Zemke, le fait que tant d'employés n'aient aucune aptitude pour les contacts sociaux dépend d'un problème de sélection et non de formation[4]. L'entrevue traditionnelle devrait comporter des questions précises qui permettraient à l'entreprise d'embaucher des candidats possédant déjà le comportement recherché[5].

Bien entendu, la sélection d'employés soucieux de l'intérêt du client n'est guère utile si l'entreprise adopte des politiques qui n'évoluent pas dans cette direction. Par exemple, un préposé dans un magasin de produits électroniques mentionnait qu'un de ses collègues se vantait d'avoir vendu un magnétoscope très perfectionné à un couple de personnes âgées. Le modèle étant plus coûteux, la commission fut meilleure. Toutefois, incapables de faire fonctionner l'appareil et ne comprenant rien aux instructions, les clients ont appelé régulièrement le vendeur pour obtenir de l'information supplémentaire. Las de répondre aux questions de ses clients, le vendeur leur offrit un appareil plus simple, mieux adapté à leurs besoins. Le vendeur n'était pas nécessairement incompétent, mais comme il travaillait à commission, il commit l'erreur d'oublier les besoins de ses clients.

Nous nous permettons, ici, **de remettre en question la pertinence d'une politique salariale basée sur une commission au prorata des ventes** pour les employés de première ligne. À notre avis, l'existence de commissions favorise les ventes, certes, mais à court terme, tandis que l'absence de commissions contribue, au contraire, à la satisfaction du client, donc à sa fidélité, ce qui signifie un rendement à long terme pour l'entreprise.

La **polyvalence** des employés représente un autre atout de l'**aide pertinente à la clientèle**. Deux chercheurs dans le domaine des services, Y. Guerrier et A. J. Lockwood, qualifient la polyvalence de « flexibilité fonctionnelle » et la définissent comme étant la capacité des employés à s'affairer à différentes tâches ou à différents postes de travail[6]. À leur avis, il est souhaitable d'encourager cette mobilité par une politique de recrutement favorisant, d'une part, les candidats dévoués au service à la clientèle et, d'autre part, les individus qui se considèrent comme des employés de l'établissement dans son ensemble (ex. : un hôtel), et non seulement d'une division ou d'une discipline particulière (ex. : activités sportives, cuisines[7] ; voir la section 3.1.4).

Enfin, l'employé modèle doit **connaître** les services et produits offerts par son organisation. De nombreux gestionnaires responsables d'une unité de servuction embauchent des candidats sans que ceux-ci connaissent quoi que ce soit au domaine particulier de l'entreprise ou du commerce. Afin d'épargner sur la formation, des dirigeants préfèrent, par exemple, embaucher des candidats qui ont de l'expérience avec une caisse enregistreuse. Il est pourtant plus avantageux, en ce qui concerne la qualité du service, d'engager un employé qualifié dans le domaine du vêtement, de la musique, des vins, de la chaussure, des médicaments ou des poissons tropicaux, plutôt qu'un candidat qui ne connaît que le fonctionnement de la caisse enregistreuse d'un commerce de détail de ce genre !

Encadré 1

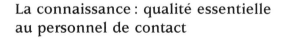

La connaissance : qualité essentielle au personnel de contact

Un bon vendeur doit connaître son produit

Avec fougue, Ginette Roger, directrice du département des ventes chez Citadelle, à Longueuil, dénonce ceux qui disent qu'un bon vendeur est un bon menteur. « Ce n'est pas vrai. Un bon vendeur, aujourd'hui, doit connaître son produit sur le bout de ses doigts. Il doit aussi connaître les produits concurrents. »

Lorsqu'elle a commencé à vendre des meubles de jardin, il y a cinq ans, elle a appris par cœur le code de tous les meubles, l'endroit où chacun a été fabriqué et leur garantie respective. « Je voulais être bonne.» Dès qu'elle voit un parasol, par exemple, elle connaît son code et sa description complète. «Un bon représentant n'ira pas voir le gérant à tout moment, dit-elle. Il doit maîtriser l'information. Sinon, cela prend du temps et cela décourage les clients.»

Les consommateurs étant très exigeants, les vendeurs doivent connaître leur marchandise, renchérit Maria Di Quinzio, assistante-gérante de la boutique Stitches, au Centre Rockland. «Ce n'est pas suffisant de dire que telle chose est belle, précise-t-elle. Il faut tout savoir sur les tissus, l'entretien du cuir et du suède, ou encore les autres vêtements avec lesquels on peut agencer une jupe ou un pantalon sélectionné.» Un bon vendeur, ajoute Paola Cliunak, gérante de la boutique, sera en mesure de suggérer différentes choses au client.

Julie Patry, qui «fait» son barreau et travaille à temps partiel chez Franc Jeu, sur Saint-Denis, croit en la nécessité de connaître son produit. Dès qu'un nouveau jeu de société est introduit dans le magasin, elle l'apporte à la maison et l'essaie avec ses amis. «Je suis obligée, dit-elle. Sinon, j'ai l'air d'une folle quand je suis avec les clients. Si je ne sais pas de quoi je parle, je ne donnerai pas un bon service au client et il le sentira, ajoute-t-elle. Cela brisera le lien de confiance que j'essaie d'établir avec lui.»

Source: Adapté de Danielle Bonneau, *La Presse*, Montréal, 22 décembre 1990, p. K3.

Précisons que l'adaptabilité, la polyvalence et la connaissance sont trois qualités interdépendantes. Comme nous le verrons, plusieurs entreprises éprouvent des difficultés à les doser adéquatement. En voici un exemple : un jeune couple décide d'acheter des appareils électroménagers et se rend dans un grand magasin spécialisé et reconnu. La première phrase du préposé est : «Je viens d'être engagé, je ne connais pas encore grand-chose de ces appareils, mais au moins je suis aimable.» Devant une telle incompétence, le couple quitte le magasin sans y effectuer d'achat! Malgré une volonté sincère d'adaptation, le manque de connaissances a compromis la transaction potentielle.

Autre exemple : un jeune homme, deux mois avant ses vacances, désire régler le renouvellement de son assurance automobile. Avant d'appeler son courtier actuel, il téléphone, par curiosité, à une autre compagnie d'assurances afin de connaître le montant éventuel d'une prime. L'employé refuse de lui soumettre une évaluation, prétextant que le début du contrat n'aurait lieu que deux mois plus tard. Le mois suivant, l'employé de la compagnie d'assurances rappelle le jeune homme, confiant de vendre une nouvelle police d'assurance ! Il se fait répondre qu'il est trop tard et que son entreprise a raté une occasion. En raison du manque de volonté d'adaptation, la firme a perdu un nouveau client.

Un manque de connaissance peut être en soi un frein puissant à la polyvalence. Ainsi, le fait de répondre au téléphone peut représenter un véritable défi pour un employé sous-formé, surtout s'il n'y a aucun collègue plus expérimenté dans les environs. De nombreuses tâches pourraient être accomplies par plus d'un intervenant si l'information et la connaissance étaient partagées. Par exemple, lorsqu'un photocopieur tombe en panne dans un magasin à grande surface, il s'écoule un temps fou avant que l'on réussisse à trouver une personne qui en connaît l'entretien (connaissance non partagée, polyvalence paralysée). Dans nombre d'entreprises de services, le client se fait sèchement répondre « Adressez-vous plutôt à M. Untel » ou encore « Je regrette, ce n'est pas mon travail ». Dans ces cas, en plus d'une carence en connaissances, les employés font preuve d'un manque d'adaptation aux besoins du client. Ceux-ci, en effet, pourraient au moins diriger le client au bon endroit, ou vers la bonne personne.

L'**aide pertinente à la clientèle** ne concerne pas uniquement les employés de première ligne, mais s'applique également aux gestionnaires dirigeant les unités de servuction. Malheureusement, bon nombre d'entreprises de services placent aux postes de direction des personnes possédant des aptitudes techniques, plutôt que des qualités sur le plan des relations humaines[8]. Ces dirigeants, par leur manque de tact, sont doublement inefficaces. D'une part, leur attitude pressée ou inattentive bouscule la clientèle, de sorte qu'ils ne prêchent pas par l'exemple. D'autre part, dans leur relation avec les employés, ils éprouvent de la difficulté à assumer leur rôle de leader et de motivateur de troupes. Ainsi, en matière de sélection d'employé cadre, l'organisation doit savoir que... *l'homme qui n'aime pas ne doit pas ouvrir boutique!* Lorsque la tâche d'un tel employé exige beaucoup de contacts avec la clientèle et que ses principales faiblesses sont justement relatives aux contacts sociaux, il est préférable de lui assigner un travail de bureau.

Encadré 2

Dans les services, les connaissances, à elles seules, sont insuffisantes

Les médecins savent rarement annoncer aux parents que leur nouveau-né est trisomique

Des parents d'enfants trisomiques reprochent aux médecins de leur avoir annoncé le diagnostic avec une franchise brutale, sans ménagement, allant même jusqu'à leur recommander un placement. C'est ce que révèle une étude effectuée chez 34 familles montréalaises par des chercheurs d'ici en collaboration avec le Centre français d'étude et de recherche sur le handicap et les inadaptations. Dans chacune de ces familles, il y avait un enfant trisomique dont l'âge ne dépassait pas huit ans.

Dans l'ensemble, les parents se plaignent de n'avoir pas trouvé de réconfort à l'hôpital après la naissance de leur enfant. « Le pédiatre m'a annoncé que ma fille était mongole et qu'il n'y avait pas grand-chose à faire avec elle. À son avis, j'étais mieux de la placer », raconte une mère. Une autre ajoute : « Le pédiatre est entré dans la chambre. Il a lâché ça comme une bombe et il est reparti. » [...] Une autre se souvient qu'après lui avoir annoncé le diagnostic, le pédiatre a ajouté : « Vous n'êtes pas obligée de partir avec l'enfant, vous pouvez le laisser ici. »

Cette étude démontre que les médecins et le personnel infirmier semblent mal préparés à annoncer ce genre de nouvelles aux parents. « Pour les parents, l'annonce du diagnostic est pourtant celui dont ils se souviendront toute leur vie », explique Diane Pelchat, professeur adjoint en sciences infirmières à l'Université de Montréal et cochercheur. [...]

Selon elle, il devrait y avoir dans l'hôpital un membre du personnel formé pour aider les parents lors de l'annonce du diagnostic. « Il est vrai que le médecin n'a pas beaucoup de temps. Il serait important qu'une infirmière l'accompagne pour encourager et soutenir les parents après l'annonce de la triste nouvelle. »

Elle insiste sur le fait que le diagnostic doit être communiqué aux deux parents en même temps et, si possible, en présence de l'enfant. L'étude révèle que dans la majorité des cas étudiés, seule la mère était présente. De plus, c'est un pédiatre attaché à l'hôpital, souvent inconnu des parents, et non le médecin traitant, qui annonce le diagnostic. [...]

Sur les 34 cas, il n'y en a que deux où les parents songent à un placement éventuel de leur enfant. Dans les autres, on parvient à surmonter les difficultés, surtout lorsque le réseau familial collabore. D'après certaines études, l'arrivée d'un enfant handicapé est souvent une cause de tensions, de conflits et même de rupture. Le risque de divorce est très élevé dans la première année qui suit la naissance.

Source : Adapté de Martha Gagnon, *La Presse*, Montréal, 12 décembre 1992, p. A14.

La sélection planifiée et rigoureuse du personnel de contact facilite la gestion de ce « P ». En effet, lorsqu'une firme a le privilège de compter maints postulants, une sélection soignée maximise la valeur du capital humain et réduit d'autant le fardeau budgétaire d'une formation ultérieure. Delta Air Lines, par exemple, est bien placée puisqu'elle n'accepte qu'une quarantaine d'agents de bord sur les 20 000 demandes mensuelles qu'elle reçoit[9]. Bien sûr, toutes les entreprises ne jouissent pas du même privilège, étant donné que le marché des emplois dans l'industrie des services n'est pas toujours attirant. Souvent, les tâches offertes sont peu valorisantes et la rémunération n'est guère loin du salaire minimum. Dans de telles conditions, il n'est pas étonnant que certaines organisations souffrent d'un fort **taux de roulement du personnel**, les gestionnaires étant constamment aux prises avec la formation de nouveaux employés.

• Quels sont vos critères d'embauche en ce qui concerne le personnel de contact, c'est-à-dire ceux et celles qui représentent l'entreprise au cours des milliers de moments de vérité hebdomadaires? Vos critères tiennent-ils compte des trois qualités analysées, c'est-à-dire l'adaptabilité, la polyvalence et la connaissance?

8.2 LA FORMATION

La formation exige un investissement financier, certes, mais celui-ci devient rentable sur le plan de la motivation et de la productivité des troupes ainsi que pour la satisfaction de la clientèle[10]. Si, dans le monde des affaires, on reconnaît de plus en plus l'importance de la formation des employés de première ligne, en revanche, l'unanimité n'existe pas lorsqu'il s'agit d'établir l'**étendue** et le **contenu** de la formation.

Dans certaines entreprises, les nouveaux employés doivent voler de leurs propres ailes dès qu'ils maîtrisent les tâches élémentaires qu'ils ont à faire. La suite de l'apprentissage s'effectue sur le tas, parfois au grand déplaisir des clients-cobayes.

Pour d'autres organisations, la formation est étendue dans le moindre détail. Par exemple, les aspirants agents de bord de la compagnie Singapore Airlines apprennent l'art du maquillage et du service aux convives pour des plats raffinés et, parfois, méconnus de la plupart des gens. Ils doivent cesser de boire de l'alcool ou de manger des oignons, 10 heures avant le travail. Avant de devenir agents de bord, ils doivent accomplir diverses tâches, comme le nettoyage des cabines d'appareils ou l'accompagnement des représentants des ventes, à l'occasion de leurs visites aux agents de voyages. L'objectif visé consiste à former des agents de bord qui connaissent les activités fondamentales du transporteur aérien[11].

Le contenu de la formation varie également d'une industrie à l'autre, voire d'une firme à l'autre. Parfois, le contenu est exclusivement axé sur la compétence technique et la connaissance des produits et des services offerts. On tient pour acquis que tout le monde sait se comporter avec les clients, ce qui n'est pas toujours le cas. Par exemple, de nombreux spécialistes reconnus pour leurs compétences respectives déçoivent leur clientèle par leur attitude parfois arrogante. À l'inverse, certaines organisations attachent beaucoup d'importance aux valeurs et aux comportements des employés, négligeant la dimension technique. Dans plusieurs commerces de détail, par exemple, le sourire et la motivation resplendissent sur tous les visages, mais lorsque vient le temps de répondre au problème du client, les phrases confuses et nébuleuses abondent.

Entre ces extrêmes, l'entreprise doit déterminer sa **politique de formation**. Pour ce faire, il lui faut harmoniser la compétence de son personnel — l'adaptabilité, la polyvalence et la connaissance — avec les besoins et les attentes de son marché cible. Par exemple, il est normal de fournir moins de connaissances à des employés qui évoluent dans des magasins de type généraliste. L'accent sur la politesse et le degré de minutie est excellent dans la formation du serveur d'un restaurant haut de gamme. Dans un snack-bar, c'est la vitesse et l'habileté d'exécution qui prévaudront.

Encadré 3

Notre industrie touristique a encore du progrès à faire...

Le service au Québec : gentillesse et médiocrité

En avril dernier, Anne-Marie Lecomte (journaliste à Radio Canada International) et son conjoint achètent un forfait d'une nuit dans une petite auberge de l'Estrie. À la fin de leur séjour, ils règlent la facture avec leur carte de crédit. De retour à Montréal, Mme Lecompte s'aperçoit que les frais de service de 15 % qu'il est d'usage d'ajouter sur la portion « repas » pour ce genre de forfait ont été calculés sur le montant total. Surprise, elle s'informe et se fait confirmer que cette surcharge est imposée pour défrayer les pourboires des serveurs à la salle à manger et ne doit pas être comptée sur la location de la chambre. Elle s'empresse alors de rappeler l'auberge où son interlocuteur tombe des nues. « Mais madame, nous faisons cela depuis 14 ans et personne n'a jamais rouspété ! »

L'été dernier, Jean-Michel Perron, président du grossiste Kilomètre Voyages, conclut un accord avec un établissement des Laurentides et l'incorpore dans sa brochure d'hiver qui répertorie une série de forfaits au Québec. « Quelques semaines après le lancement du programme, je me suis aperçu que l'hôtelier réclamait le montant des pourboires à l'arrivée des clients, raconte-t-il. Un pourboire est un montant qu'on remet en appréciation, après avoir reçu le service auquel il se rapporte ! »

Ces deux aubergistes n'avaient aucune intention malveillante. Le problème tient au fait que ce ne sont pas de véritables professionnels formés selon les règles de l'art. « L'industrie du taxi est réglementée, mais pas celle de l'hébergement », déplore Adèle Girard, directrice générale du Conseil québécois des ressources humaines en tourisme (CQRHT). « Au Québec, il est plus facile d'ouvrir une auberge ou un restaurant que de faire du taxi. Et les gens qui veulent entreprendre une seconde carrière ne s'en privent pas. Or, ils n'ont pas la formation adéquate et ils embauchent du personnel qui n'est pas formé, lui non plus. » Faut-il s'étonner si, particulièrement en région, le personnel de table tutoie allègrement la clientèle, qu'il est souvent incapable de répondre aux questions concernant le menu, la carte des vins ou les sites touristiques des environs ?

Même quand il a fréquenté les bonnes écoles, les résultats ne sont pas toujours concluants. Au début des années 1990, je dînais au restaurant du Gîte du Mont-Albert (parc de la Gaspésie). Le service était assuré par des élèves fraîchement diplômés de l'Institut de tourisme et d'hôtellerie du Québec, qui y effectuaient un stage d'été. J'avais commandé une bouteille de Saint-Émilion (un bordeaux !) et le garçon m'est revenu avec un bourgogne, en s'excusant parce que mon choix n'était plus disponible. Et celui qu'il m'a proposé coûtait deux fois plus cher ! [...]

Consultante en tourisme, Marie-André Delisle animait un atelier intitulé *Qualité et service à la clientèle* au Forum de l'industrie touristique qui s'est tenu à Montréal, en mars dernier. « Il y a beaucoup de bonne volonté, mais peu de professionnalisme dans l'industrie québécoise, observe-t-elle. » Claude Foussard, professeur à L'ITHQ, abonde dans le même sens. « Les étudiants ont un sens inné de l'accueil, mais il est difficile de leur faire comprendre que le service, c'est beaucoup plus que cela. »

Source : Adapté de André Désiront, *La Presse*, Montréal, 17 mai 1997, p. H8.

En général, les standards établis déterminent la voie à suivre quant à la sélection et à la formation du personnel de l'entreprise. Plus les standards sont élevés, plus l'entreprise se bute à un bassin restreint de candidats. En fait, lorsque les standards sont très élevés, les employés doivent constituer l'élite de leur profession. Pour créer une véritable synergie, la variable *personnel* se doit d'être cohérente avec tous les autres « P » du mix marketing. Aussi évident que cela puisse paraître, plusieurs gestionnaires n'appliquent pas ce principe. Ainsi, de nombreux établissements se définissent comme étant les « pros », les « connaisseurs » ou les « spécialistes » de leur profession, alors que leurs employés ne sont ni meilleurs ni pires que chez leur concurrent. À l'inverse, on rencontre des employés surqualifiés pour des emplois peu spécialisés.

Compte tenu de la multitude de services qu'offre le monde moderne, il est difficile de préciser le contenu idéal d'un programme de formation pour toutes les organisations. Toutefois, les éléments de l'**aide pertinente à la clientèle** demeurent des guides très utiles.

Pour favoriser l'**adaptabilité**, par exemple, les bijouteries J. B. Robinson (maintenant une filiale de Kay Jewelers) forment leurs vendeurs en utilisant la technique du jeu de rôle. Pour accentuer la valeur de l'activité, ils proposent un thème différent, à chaque séance, tel que l'accueil du client, la prise de contact avec le client, la recherche de ce qu'il désire, la conclusion de la vente ou la manière de faire face aux réclamations[12].

Pour les services professionnels (médecins, dentistes, avocats, psychologues, etc.), l'adaptabilité peut se concrétiser sous plusieurs formes et quelques-unes des propositions de C. Jeanne Hill et Sue E. Neeley semblent particulièrement intéressantes. Ces auteurs proposent, entre autres, de discuter ouvertement avec le client afin de réduire les risques perçus, réels ou imaginaires. Pour diminuer la perception des risques financiers, ils suggèrent d'offrir des consultations initiales et des rencontres d'évaluation gratuites. Ils mentionnent également l'utilité, pour les professionnels, de se doter d'un système de référence complet et continuellement mis à jour. À défaut de ne pouvoir répondre eux-mêmes aux besoins des clients, ils pourront diriger ces derniers vers une personne ou à une entreprise correspondant davantage aux besoins de la situation[13].

Une autre façon de s'adapter aux besoins des clients consiste à **tenir un langage compréhensible**. Parfois, lorsque l'on consulte un employé, celui-ci répond dans le jargon de sa profession, de sorte qu'on ne comprend rien. Les médecins, les mécaniciens et les consultants sont particulièrement sujets à ce comportement, compte tenu de la nature de leur profession. La tâche de l'employé consiste à interpréter les demandes du client et à y répondre avec plus ou moins de finesse, selon le degré de compréhension du client. Nous ne disons pas qu'il est déconseillé d'éduquer la clientèle, **mais il faut prioritairement obtenir son attention et s'assurer de sa compréhension**. Ce raisonnement, aussi logique soit-il, n'est pas toujours mis en pratique. Certains préposés tentent d'impressionner les clients, tandis que d'autres, sans scrupule, profitent de la spécificité de leur jargon pour détourner une conversation ou réfuter une plainte. Ingénieux, pensent-ils. Pourtant, il n'en est rien! Ce genre de subterfuge entraîne l'insatisfaction du client et sa perte éventuelle.

Tenir un langage compréhensible implique également que l'on s'assure qu'un terme donné signifie la même chose pour l'employé et le client. Cette précaution évite de nombreux malentendus. Dans l'industrie des agences de voyages, par exemple, saviez-vous qu'un «vol direct» ne signifie pas nécessairement un vol sans escale? Un vol direct est un vol entre deux points qui peut comporter des arrêts, mais qui n'oblige pas le voyageur à changer d'appareil. Considérant qu'environ 40 % des Nord-Américains éprouvent des craintes face au transport aérien[14], les conseillers en voyages ont tout intérêt à être précis à ce sujet!

Dans l'industrie touristique, le niveau de langage et la langue utilisée sont des éléments primordiaux, en particulier pour les attractions touristiques de calibre international. Les vendeurs, les guides de sites et les conducteurs de navettes, entre autres, doivent parler plus lentement et être très audibles, puisqu'une partie de la clientèle ne maîtrise pas nécessairement la langue du pays. Bien entendu, si le service est automatisé, l'entreprise devrait être en mesure d'offrir ses prestations en plusieurs langues. C'est possible, par exemple, dans le cas des tours audioguidés avec l'aide de cassettes. Certaines entreprises ont même le mérite d'offrir aux malentendants une copie imprimée du texte de la prestation. **Voilà un bel exemple d'adaptabilité**.

Le respect quotidien des droits fondamentaux des clients témoigne de la faculté d'adaptation de l'employé. Par exemple, l'une des règles d'or consiste à valoriser la venue ou l'appel d'un client. Ce n'est pas toujours facile. Lorsque les employés font face à une personne « difficile », on distingue rapidement ceux et celles qui ne peuvent contenir leurs émotions.

En ce qui a trait au degré de **connaissance** technique du personnel, il est de mise, comme nous l'avons déjà dit, que l'employeur soit consistant par rapport aux autres éléments du mix marketing de l'organisation. Ajoutons que l'employeur doit faire de la formation un processus sans fin. Les employés de contact risquent de perdre leur motivation et leur enthousiasme s'ils ne suivent aucun cours de recyclage, aucune session avancée ou aucun nouvel exercice pratique[15]. Afin d'encourager l'idée que l'apprentissage de ses employés n'a jamais de fin, la chaîne de détaillants de lunettes Iwaki Optical Co., de la région de Tokyo, refuse d'attribuer un certificat à ses employés ayant suivi un programme de formation. Bien qu'il s'agisse d'une position extrême, cette entreprise veut démontrer l'importance d'une formation continue aux yeux de ses gestionnaires[16].

La formation n'est pas nécessairement un programme formel, complexe ou coûteux. Dans bien des cas, une bonne communication interne au sein de l'entreprise se révèle très efficace. Par exemple, l'implantation d'un journal interne, l'installation de babillards ou l'utilisation de notes de service à l'intention des employés suffisent à nombre d'entreprises, pour assurer la formation continue. Dans un poste d'essence de type libre-service, le responsable peut laisser de petites brochures explicatives ou des avis à l'intention de son personnel. Après la lecture de la note, l'employé n'a qu'à apposer ses initiales sur le document et à appliquer les nouvelles directives. Ainsi, la communication interne peut éviter bien des ennuis, par exemple le cas embarrassant où le client semble mieux informé, par la voie des médias, que le personnel par l'entremise de ses supérieurs!

On a vu que la **polyvalence** d'un employé exige que celui-ci ait les connaissances suffisantes pour changer de tâche. Cependant, la polyvalence dépend également de l'attitude de l'employé. Les gens considèrent souvent que leur propre ouvrage est le plus important de tous, perdant ainsi de vue le cycle de service franchi par le client. Ainsi, le schéma de services (voir la section 6.4) est un outil de formation intéressant en ce qui a trait à la polyvalence. Il indique aux nouveaux employés les cheminements possibles d'un client dans l'organisation et rappelle aux vétérans qu'ils ne sont pas seuls dans l'entreprise.

Quelques minutes de réflexion

- Dans de nombreuses entreprises de services, on se dote de nouveaux outils de travail: des logiciels, des formulaires, des téléphones, des caisses enregistreuses, des appareils divers, etc. Êtes-vous conscient qu'en épargnant un dollar en formation (frais de prévention), vous vous exposez à en payer le double, peut-être le quintuple, en manque de productivité (frais de défaillance interne, notamment)? Voilà un autre exemple de frais cachés propres à l'entreprise fantôme (voir la section 3.2).

- «On estime qu'à peine 10 % des quelque 100 milliards de dollars investis annuellement dans la formation, en Amérique du Nord, résulte en un transfert des compétences en milieu de travail[17].» Quelles mesures prenez-vous pour que ce pourcentage soit plus élevé dans votre entreprise?

8.3 LA MOTIVATION ET LA PERFORMANCE

La motivation dans l'entreprise a fait l'objet de nombreux débats. Selon trois chercheurs américains, la présence de salariés motivés ne garantit pas systématiquement la performance, mais l'absence de motivation entraîne à coup sûr une faible performance à long terme[18]. Si bon nombre de gestionnaires reconnaissent l'importance de compter sur des employés motivés, certains d'entre eux éprouvent des difficultés à créer et à maintenir un environnement de travail stimulant. Pour réussir, les dirigeants de l'entreprise doivent d'abord commencer par évaluer l'état d'esprit général dans leur société (voir la section 5.1.2) pour ensuite apporter les modifications nécessaires, s'il y a lieu.

Bien sûr, les sources de motivation, positives ou négatives, peuvent venir de plusieurs facteurs extérieurs à l'entreprise. L'attente d'un enfant, l'achat récent d'une maison, le licenciement du conjoint, l'approche des vacances, des procédures de divorce ou la perte d'un être cher en sont autant d'exemples. Néanmoins, il existe un lien étroit entre les attitudes des employés (satisfaction au travail, motivation) et le comportement de ces derniers à l'ouvrage (efforts fournis, degré de performance). Selon Albrecht et Zemke, pour atteindre un degré élevé de service, il est nécessaire de créer et de maintenir un **environnement motivant**, au sein duquel les employés peuvent trouver des raisons personnelles de consacrer leur énergie à la satisfaction du client[19]. Cet extrait met en relief la réalité suivante : **des intérêts divergents ne sont jamais productifs sur une longue période** ; il est donc souhaitable de s'attarder sur la dynamique en cours.

Figure 1

La dynamique des intérêts conciliants

L'employeur et ses conditions de travail

1. L'environnement social : la supervision, les relations avec les collègues, les relations patronales-syndicales, etc.
2. L'environnement physique : le bruit, la température, l'espace, la propreté, les risques d'accidents, etc.
3. Le travail lui-même : la posture, les mouvements, les efforts, l'attention, les décisions, etc.
4. Les avantages sociaux : les régimes d'assurance, les vacances, les congés, etc.
5. L'environnement organisationnel : la rémunération, l'évaluation, la promotion, la formation, la communication, etc.

Les employés : leurs besoins...

1. Les besoins physiologiques : se loger, nourrir, se vêtir... en fonction du salaire obtenu
2. Les besoins de sécurité : par exemple, la stabilité de l'emploi
3. Les besoins sociaux : la fraternité, le travail d'équipe ; notamment dans les « cercles de qualité »
4. Les besoins de reconnaissance : primes, trophées d'excellence, etc.
5. Les besoins de réalisation : par exemple, contribuer à l'amélioration de la qualité par des programmes de suggestions, de zéro défaut ou de cercles de qualité

... et leurs attitudes

- La satisfaction au travail, la satisfaction de ses besoins personnels
- Le désir de maintenir, voire d'améliorer son sort
- La motivation

Les comportements des employés

- L'effort, la performance et la minutie au travail : la qualité des services

Les résultantes

Satisfaction de la clientèle → Retour de la clientèle → Survie et progrès de l'organisation

N.B. Les éléments relatifs aux conditions de travail proviennent de : Laurent Bélanger, André Petit et Jean-Louis Bergeron, *Gestion des ressources humaines : une approche globale et intégrée*, Chicoutimi, Gaëtan Morin, Paris, Éditions Eska S.A.R.L., 1984, p. 314.

La partie supérieure de la figure 1 démontre que l'employeur ou l'organisation offre un certain encadrement, qu'il est possible de décomposer sous forme de conditions de travail. Si le personnel en contact doit s'adapter aux attentes de la clientèle pour être efficace, l'entreprise doit aussi rechercher ce genre d'efficacité en tenant compte des aspirations et des attentes de son personnel. Comme nous l'avons illustré, ces attentes ont trait à l'ensemble des conditions de travail, soit l'environnement social, l'environnement physique, le travail lui-même, les avantages sociaux et l'environnement organisationnel. Bien entendu, par l'intermédiaire de son travail, l'employé tente de satisfaire ses besoins personnels : les besoins physiologiques et sociaux, les besoins de sécurité, de reconnaissance ou de réalisation de soi.

Les employés doivent comprendre que la satisfaction de leurs propres besoins dépend de la qualité des services qu'ils sont prêts à offrir. À titre d'exemple, le salaire permet de combler les besoins physiologiques de l'individu ; toutefois, pour recevoir un salaire, il faut un emploi dont l'existence tient souvent aux ventes effectuées par l'entreprise. Les employés ont donc intérêt à offrir des services de qualité s'ils veulent protéger le chiffre d'affaires de l'organisation.

La survie financière et le progrès économique de l'organisation permettent à l'employeur d'ajuster les conditions de travail de ses employés. Ce type d'ajustement fait souvent la une des médias, surtout lorsque l'organisation est pourvue d'un syndicat. En général, si les ventes vont bien, les employés soupçonnent les hauts dirigeants de s'approprier la grosse part des profits. En situation difficile, les employés prétendent qu'ils sont surpénalisés et prennent un malin plaisir à dévoiler toutes les dépenses superflues de leurs supérieurs. De tels ennuis peuvent être réduits si l'entreprise opte pour une **gestion participative**. Cette option, précisons-le, n'est pas seulement pertinente en temps de crise, mais, également, en période de prospérité. L'exploiter dans les bons comme dans les mauvais moments ne fait que rehausser la bonne foi et la crédibilité des parties.

Nous présentons une courte série d'anecdotes, dans lesquelles vous pouvez reconnaître les facteurs de motivation et les facteurs de démotivation.

- Bon nombre d'entreprises de services font appel à des employés réguliers, mais à temps partiel. Certains gestionnaires ne se gênent pas pour faire des reproches à ces derniers, et prétextent que leur rendement est inférieur à celui des employés à temps plein. Dans de telles circonstances, il n'est pas rare d'entendre le qualificatif «bouche-trou» et de constater des situations où l'on applique le principe de «deux poids deux mesures». On voit aussi des cas où ces injustices sont entérinées à la fois par l'employeur et par le syndicat, et inscrites dans la convention collective. Comment expliquer, par exemple, que des employés à temps partiel ayant atteint 2, 5, voire 10 ans d'ancienneté doivent repartir totalement à zéro à partir du moment où ils atteignent le statut d'employé à temps plein ? Est-ce à dire que leur travail ne comptait pas, qu'il n'avait aucune valeur ? D'une part, ces attitudes et ces règles sans fondement suscitent le favoritisme et la jalousie ; à la limite, une cloison s'installe entre les deux classes d'employés. D'autre part, tout cela démotive les employés laissés de côté. On entend parfois : «Tant qu'on va me considérer comme un partiel, ils vont avoir un rendement partiel !» Ce raisonnement semble fort justifiable. Selon Guerrier et Lockwood, on peut mieux utiliser ce personnel si l'on prend les moyens de rapprocher celui-ci de l'organisation. Les employés à temps partiel n'ont pas à se sentir secondaires et ne méritent pas que l'on ne s'occupe d'eux qu'à temps partiel[20] !

- De plus en plus, la grande entreprise se dote de programmes axés sur la qualité ou l'excellence dans l'espoir d'exalter les troupes. En général, on utilise des bandes vidéo illustrant un employé se surpassant pour la cause d'un client ; aussi, on placarde, à la vue des clients, des affiches démontrant des employés souriants et attentifs. Certaines entreprises vont plus loin et convoquent leurs employés, le soir ou le samedi — en les rémunérant, on l'espère ! — à une grandiose séance de motivation. Ces approches théâtrales n'ont vraiment de succès que si l'entreprise s'engage réellement en ce sens (songeons aux notions sur la crédibilité vues à la section 5.1.4). Comme le mentionnent Albrecht et Zemke, certains responsables parlent et agissent comme si les employés ne réfléchissent pas sur ce qui se passe autour d'eux, comme s'ils ne se concertent jamais. Combien d'employés ayant connu « un thème du mois » après l'autre ont compris qu'il ne fallait pas s'attendre à ce que les dirigeants aillent jusqu'au bout des vastes campagnes ou programmes annoncés[21] ?

Il arrive que l'élément qui empêche le « virage service » est le **cadre intermédiaire**, c'est-à-dire le responsable de l'unité de servuction. Ce leader, plutôt que de s'adapter à la nouvelle culture d'entreprise, continue par habitude ou par conviction, de valoriser le travail répondant aux anciennes valeurs de l'organisation.

- De nombreuses entreprises de services doivent un jour déménager, agrandir, réaménager ou renouveler leur aire de services. À moins qu'il s'agisse d'un concept préétabli, une franchise par exemple, il est étonnant de constater à quel point les principaux concernés ne sont guère consultés. Le travail des employés de première ligne s'effectue pourtant dans cet environnement physique, dans cette zone de servuction ; les consulter peut contribuer au succès de l'organisation. Non seulement l'aire de services en sera mieux conçue, mais, en outre, on contribuera à un meilleur climat de travail.

- Dans un emploi de service, un employé expliquait sa lassitude à peu près dans les termes suivants : « Qu'est-ce que ça me donne de plus si je me force ? Le patron a, semble-t-il, des primes, mais moi, je n'obtiens rien d'autre que ma paie habituelle. » Ce raisonnement reflète l'opinion de bon nombre de gens. Aussi, certaines entreprises se munissent-elles d'un système d'évaluation et de récompense, variant de l'ingéniosité à l'absurdité. Par exemple, on instaure parfois un système de points, accompagné d'un répertoire de cadeaux. Toutefois, si le responsable alloue ces points aux membres de son personnel selon son humeur, si le nombre de points nécessaires pour obtenir un cadeau est trop élevé, ou si le temps requis pour obtenir ce cadeau est excessif, cela n'améliore pas la qualité du service. Selon Étienne, pour être efficace, un système d'évaluation et de récompense doit comporter les caractéristiques suivantes[22] :

- Le système doit être juste et équitable.

- Le stimulant doit avoir un effet ; un téléviseur, par exemple, crée plus d'effet qu'une épingle commémorative.

- Il faut opter pour un cycle court entre l'évaluation de la prestation et la récompense.

- L'effet doit agir seulement dans la bonne direction, c'est-à-dire en fonction des standards. Il ne faut pas confondre « système d'évaluation et de récompense », et « politique salariale à commission ». Le premier concerne la qualité du travail, alors que le second s'arrête trop souvent à la quantité de travail abattu.

- Les gens qui reçoivent la compensation doivent contrôler la situation ; une réussite ou un échec ne doit pas être le fruit d'un élément extérieur.

- Il faut maintenir l'intérêt dans le programme.

- Ajoutons à ces éléments que le but ou l'objectif fixé ne doit pas être hors de portée, mais réaliste et atteignable.

Encadré 4

Système d'évaluation et de récompense : quantité par rapport à qualité

Une mauvaise installation peut tout gâcher

L'installation d'une piscine est cruciale, car peu importe la qualité du matériel, un mauvais installateur peut tout gâcher... Et les rêves de brasse tranquille ou de clapotage bruyant des enfants se transformeront en cauchemar.

Pendant la courte période d'installation des piscines, ce n'est pas toujours évident d'avoir un service hors pair. Certains installateurs peuvent travailler au rythme de trois par jour, alors qu'une installation bien faite prend au bas mot quatre heures, et doit être suivie d'une visite le lendemain pour s'assurer que tout est en ordre. Les équipes sont souvent récompensées pour le volume de travail et pas nécessairement pour la qualité.

Les principaux risques sont une installation qui n'est pas au niveau, ce qui fera forcer la structure de façon inégale. De même, une toile trop tendue au moment de l'installation perdra son élasticité. L'installation a aussi un effet sur les garanties. Une mauvaise installation peut les rendre sans effet à moins que le vendeur se porte garant de l'installateur, comme c'est souvent le cas, d'ailleurs. Cependant, le problème ne se pose pas chez les vendeurs qui font leur propre installation.

Faut-il pour autant éviter la sous-traitance? Josiane Perrin, de Piscines Perrin, estime que oui, «à moins d'exiger une garantie particulière du vendeur». Chez R. F. Gilbert, Réal Faubert emploie des sous-traitants, mais affirme garantir leur travail. «Je préfère protéger ma clientèle que de protéger un sous-traitant qui aurait mal fait son travail», dit-il.

Source: Adapté de Charles Côté, *La Presse*, Montréal, 19 avril 1997, p. K3.

- À Rochester, dans l'État de New York, les supermarchés Wegmans saisissent bien les préoccupations de leurs employés. Bon nombre de ceux-ci sont aux études et reçoivent un faible salaire; la direction a instauré un programme permettant aux employés performants et travaillant dans cette chaîne depuis au moins un an, d'obtenir le paiement de la moitié de leurs frais de scolarité. Les résultats sont une baisse du taux de roulement du personnel, et les employés, motivés, fournissent le meilleur service de leur industrie, selon le Consumer Network of Philadelphia, un groupe composé de 3 500 acheteurs[23].

Quelques minutes de réflexion

- Compte tenu des caractéristiques nécessaires que doit comporter un système d'évaluation et de récompense, évaluez le système en place dans votre entreprise. S'il n'y en a pas, y aurait-il lieu d'en instaurer un?

- Lorsqu'un gestionnaire d'une unité de servuction prend pour habitude de ne pas remplacer un employé en congé ou en maladie, quelles en sont les répercussions ? Quel message est envoyé ? Quel climat de travail cette politique entraîne-t-elle ?

CONCLUSION

Le **système de livraison des services** ainsi que la variable **personnel** constituent deux « P » fort importants en marketing des services. Comme nous venons de le voir, un personnel de contact et des employés cadres bien sélectionnés, formés et motivés sont nécessaires au succès des entreprises de services. L'adaptabilité, la polyvalence et la connaissance, appelées également l'**aide pertinente à la clientèle**, sont autant de qualités recherchées par les entreprises de services actuelles.

Toutefois, il importe encore d'arborer des **évidences physiques** pour convaincre la clientèle de la qualité des services offerts. Cet aspect est analysé dans le prochain chapitre.

NOTES

1 EIGLIER, Pierre, Eric LANGEARD et Catherine DAGEVILLE (1989), « La qualité de services », *Revue française du marketing*, n° 121, p. 99.

2 ALBRECHT, Karl et Ron ZEMKE (1987), *La dimension service*. Traduit de « Service America ! Doing Business in the New Economy » par Claudine Bataille ; préface de Paul Dubrule et Gérard Pelisson, co-présidents de ACCOR. Paris, Les Éditions d'Organisation, p. 103 (Coll. Forum International du Management).

3 THOMPSON, Alicia (1989), « Customer Contact Personnel : Using Interviewing Techniques to Select for Adaptability in Service Employees », *The Journal of Services Marketing*, vol. 3, n° 1, hiver, p. 58.

4 ALBRECHT, Karl et Ron ZEMKE, *op. cit.*, p. 112.

5 Concernant l'adaptabilité, voir les trois techniques d'interview proposées par : Alicia THOMPSON, *op. cit.*, p. 57-65.

6 Ces propos sont basés sur diverses études. Pour de plus amples détails, consulter : GUERRIER, Y. et A. J. LOCKWOOD (1989), « Managing Flexible Working in Hotels », *The Service Industries Journal*, vol. 9, n° 3, juillet, p. 407, 419.

7 GUERRIER, Y. et A. J. LOCKWOOD, *op. cit.*, p. 416, 417.

8 BERRY, Leonard L., A. PARASURAMAN et Valarie A. ZEITHAML (1988), « The Service-Quality Puzzle », *Business Horizons*, vol. 31, n° 5, septembre-octobre, p. 42.

9 UTTAL, Bro (1987), « Companies that Serve You Best », *Fortune*, vol. 116, n° 13, 7 décembre, p. 98-116.

10 BERNHARD, Harry B. et Cynthia A. INGOLS (1989), « Formation : six points à retenir », *Harvard-L'Expansion*, n° 53, été, p. 104.

11 UTTAL, Bro, *op. cit.*, p. 100.

12 ROBINSON, Larry J. B. (1988), « Le jeu de rôle : une formation pour les vendeurs », *Harvard-L'Expansion*, n° 48, printemps, p. 103.

13 HILL, C. Jeanne et Sue E. NEELEY (1988), « Differences in the Consumer Decision Process for Professional vs Generic Services », *The Journal of Services Marketing*, vol. 2, n° 1, hiver, p. 22-23.

14 « Voyager, un monde d'opportunités sans frontière », brochure de l'entreprise *Bon Vol*, qui offre des séminaires pour les voyageurs anxieux de voler. Tél. : (450) 452-2821 ; Télec. : 452-1116.

15 BERRY, Leonard L., A. PARASURAMAN et Valarie A. ZEITHAML, *op. cit.*, p. 42.

16 (1988), « Total Quality Control in Retailing », *Quality Digest*, vol. 8, n° 5, mai, p. 30-37.

17 (1995), « Comment maximiser vos efforts de formation en matière de service ? », *Publicité de Dimension Clientèle, Association québécoise du service à la clientèle*, sur un Petit-déjeuner-causerie et atelier de formation avec M. Daniel Lacombe, Président de la firme SAGE formation-conseil, le mercredi 8 mars.

18 Les trois chercheurs américains sont : Steger, Manners et Zimmer. Voir à ce sujet l'article suivant : BLOCH, Philippe, Ralph HABABOU et Dominique XARDEL (1986), « Le client est l'avenir de l'entreprise », *Harvard-L'Expansion*, n° 41, été, p. 112.

19 ALBRECHT, Karl et Ron ZEMKE, *op. cit.*, p. 109.

20 GUERRIER, Y. et A. J. LOCKWOOD, *op. cit.*, p. 417.

21 ALBRECHT, Karl et Ron ZEMKE, *op. cit.*, p. 110.

22 Notions élaborées par Eisenhower C. ÉTIENNE dans le cadre de son cours « Gestion des opérations ; les entreprises de service », Code 3-505-84, École des hautes études commerciales, Montréal, 22 mars 1989, à la suite de l'analyse du cas « Fantastic Airlines » tiré de : *Case Problems in Air Transportation*, Karl M. Ruppenthal, University of Columbia, 1979, p. 9-15.

23 UTTAL, Bro, *op. cit.*, p. 104.

Chapitre 9

Les évidences physiques

Aux yeux des consommateurs, quoi de plus évident qu'un produit tangible que l'on peut voir, toucher et parfois même sentir. Néanmoins, les multiples attributs et caractéristiques techniques d'un produit peuvent compliquer le choix des consommateurs. Peu d'individus, par exemple, prennent le temps d'analyser et de comparer la valeur nutritive de différentes marques de craquelins. Pour simplifier la vente, les gestionnaires de marketing de biens de consommation positionnent leurs produits en les associant à une image, à des valeurs ou à des concepts abstraits. Ainsi, une marque de craquelins évoque la santé ; une automobile, l'affirmation de soi ; et un grille-pain, la fiabilité d'un honnête fabricant.

En ce qui concerne les services, la figure 1 démontre que les spécialistes du marketing doivent effectuer la démarche contraire, c'est-à-dire **passer de l'abstrait au concret**. En effet, les clients d'entreprises de services pallient le caractère intangible des services en se reportant aux évidences tangibles qu'ils peuvent percevoir au moyen des cinq sens. Ils sont donc à l'affût d'indices leur permettant de mieux évaluer la nature et la qualité du service[1]. Selon Leonard Berry, l'une des responsabilités fondamentales du gestionnaire de marketing de services consiste à gérer les évidences tangibles, de façon à transmettre des signaux qui correspondent adéquatement au service[2]. Par exemple, un fauteuil sale dans un restaurant chic ou une ligne d'attente interminable dans un établissement soi-disant rapide perturbent les efforts déployés en matière de qualité de service. C'est pourquoi, le « P » **évidences physiques** doit être cohérent, lui aussi, avec les autres « P » du marketing, afin d'atteindre une synergie efficace.

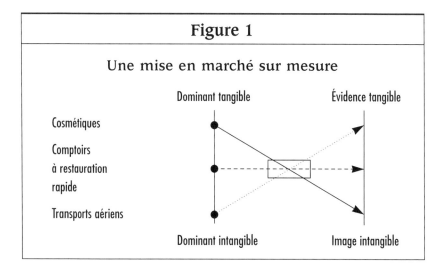

Figure 1

Une mise en marché sur mesure

Source : Traduit de G. Lynn Shostack, « Breaking Free from Product Marketing », *Journal of Marketing*, vol. 41, n° 2, avril 1977, p. 79, American Marketing Association.

Pour déterminer quels sont les indices utilisés par la clientèle d'une entreprise de services, une façon de faire consiste à jouer le rôle du client et à parcourir le cycle du service à l'aide du schéma de services. Une autre méthode plus rigoureuse réside dans l'analyse des résultats d'une étude de marché.

> Dans un cas comme dans l'autre, il faut prêter attention aux évidences physiques **avant, pendant** et **après** la visite du client, comme en témoignent les exemples suivants.

- *Avant la visite du client.* À longueur d'année, les consommateurs reçoivent dans leur boîte aux lettres un volume effarant de brochures, feuillets et dépliants de tout genre. Plusieurs petites entreprises offrent leurs services par l'intermédiaire de ces annonces : nettoyage de tapis, entretien ménager, rédaction de déclaration de revenus, etc. Bien que les termes « satisfaction garantie » et « qualité du service » soient utilisés à profusion, la présentation matérielle de ces dépliants démontre souvent l'inverse : fautes d'orthographe, photographies floues, présentation peu soignée, etc. Comme le précise G. Lynn Shostack, un service se soumet généralement au jugement du consommateur avant son achat ou son utilisation, par le biais d'indices tangibles, qu'on appelle les évidences tangibles[3]. Les managers ont donc intérêt à respecter la concordance entre leur offre de services et les promesses qu'ils véhiculent.

  L'absence d'éléments tangibles, avant la visite du client, est une autre erreur qu'on rencontre fréquemment. Lorsqu'un motel, par exemple, omet d'envoyer un dépliant à un client potentiel qui en fait la demande, il maintient le caractère intangible de son établissement et diminue les chances d'héberger ce client un jour. De la même façon, si l'hôtelier se limite à envoyer une lettre, sans illustration, il entretient l'inconnu quant à ses prestations.

- *Pendant la visite du client.* Vous désirez acheter des poissons tropicaux et vous vous rendez chez un grand détaillant spécialisé. Un préposé vous explique les préférences alimentaires d'un piranha, les caractéristiques techniques d'une eau non polluée, etc. Soudain, vous constatez que, dans quelques aquariums, des poissons morts gisent dans le fond ou flottent en surface ! Voilà un exemple qui démontre que la gestion des évidences physiques est importante, sur le plan de la perception du client, pendant la prestation du service.

- *Après la visite du client.* Vous vous rendez chez un concessionnaire d'automobiles pour l'entretien périodique de votre véhicule. Après ces travaux mineurs, vous repartez en souhaitant que tout a été fait correctement. De nombreuses prestations de services ne nous donnent pas, en effet, l'occasion de déterminer si les tâches ont été accomplies, ne fût-ce que par l'existence tangible d'un reçu détaillé. La facture, ou une tache de graisse, ou tout autre élément percevable, revêt alors une dimension critique.

À notre avis, le « P » **évidences physiques** fait figure de parent pauvre dans le marketing de services. Peut-être est-ce dû au fait qu'une telle gestion de détails semble superflue aux plus incrédules. Peut-être, également, parce que les recherches à ce sujet sont peu nombreuses et très théoriques. Le manque d'intérêt peut aussi provenir de l'incroyable variété des services qui nous sont offerts, ce qui multiplie d'autant les évidences physiques et, de là, la difficulté à synthétiser le tout. C'est pourtant à cet exercice que nous nous sommes prêtés, puisqu'une revue des écrits à ce sujet nous a permis de découvrir qu'il est possible de regrouper les évidences physiques en quatre grandes familles : l'apparence du personnel, les éléments tangibles, les installations physiques et l'environnement. Une description de chacune de ces familles, agrémentée d'exemples, constitue le contenu des prochaines pages.

Quelques minutes de réflexion

• De quelle façon votre entreprise pourrait-elle matérialiser ses services avant même la visite du client ?

9.1 L'APPARENCE DU PERSONNEL

La simultanéité de la production et de la consommation comporte un autre défi en matière de qualité de service, et ce, particulièrement dans les entreprises intensives en main-d'œuvre. Par exemple, si un travailleur dans une usine manufacturière a de la difficulté à s'exprimer, est pauvrement vêtu ou dégage des odeurs, le client ne le saura pas. En revanche, dans la plupart des services, les aptitudes linguistiques du travailleur, ses vêtements, son comportement, sa posture, son attitude, son expression faciale, sa gestuelle, son regard, sa propreté et ses odeurs **font partie de l'expérience du client**[4].

Comme le précise Shostack, le marketing traditionnel des produits tangibles ne tient pas compte de l'**évidence du personnel** pour élaborer la stratégie de positionnement[5]. Pour le marketing d'un service, il faut, au contraire, gérer cet aspect. L'on doit planifier l'apparence du personnel, de façon à véhiculer un message conforme au type de service offert. Ainsi, les gestionnaires de marketing doivent guider les efforts des couturiers, designers ou créateurs, lorsque vient le temps de concevoir ou de renouveler la tenue vestimentaire du personnel en contact.

Encadré 1

Un gros exemple !

Ne devient pas père Noël qui veut !

Cet automne, Henri Paquet, président de l'Association des pères Noël du Québec, a été appelé par 200 nouveaux aspirants qui désiraient faire partie de sa grosse équipe. Il n'en a sélectionné que 20. L'association compte déjà 85 membres actifs et 200 pigistes qui, en moyenne, ont cinq ans d'expérience. Mais surtout, M. Paquet a une vision bien précise de ce que doit être le père Noël. « Il faut qu'il soit gros », insiste-t-il fermement.

Les hommes qui mesurent moins de cinq pieds huit pouces sont automatiquement éliminés. Les élus, de leur côté, pèsent au moins 200 livres. S'ils ne sont pas suffisamment bien en chair, ils recevront l'aide d'une fausse bedaine. Ils ont plus de 18 ans et préférablement possèdent une voiture. Ils sont aussi — au moins — bilingues : « S'ils sont dans un centre commercial et qu'ils ne comprennent pas un enfant, ils sont faits à l'os ! » s'exclame M. Paquet. [...]

Être en forme

Trois des quatre Centres à la mode qui ont un père Noël (Galeries d'Anjou, Promenades Saint-Bruno et Carrefour Laval) ont par ailleurs confié à la Bande Élastique le soin de le sélectionner. La compagnie, qui se spécialise dans l'organisation d'événements spéciaux et l'animation d'activités diverses, a choisi six pères Noël. De ce nombre, trois faisaient déjà partie de l'équipe l'an dernier (aux Promenades Saint-Bruno, le père Noël est même à son poste depuis trois ans).

Pour dénicher les trois autres pères Noël, Paule Vaillancourt, porte-parole de l'entreprise, a posé des questions pièges à la quarantaine de postulants. Ce qui lui a permis de savoir, par exemple, s'ils aiment les enfants. [...]

Selon elle, le père Noël doit être en forme. « C'est exigeant physiquement, dit-elle. Il faut lever chaque enfant. Et les heures sont assez longues. Les pères Noël restent assis longtemps. C'est rare qu'ils puissent se lever. » Le père Noël, par ailleurs, doit bien s'exprimer. Dès qu'il a enfilé son costume, il ne peut fumer ni boire de boissons alcoolisées ou manger lorsqu'il est assis sur le trône. Et il ne peut faire des gestes déplacés ; en tout temps, ses deux mains doivent être visibles.

Un grand soin est également apporté à l'apparence des pères Noël. Une employée ne s'occupe ainsi que de l'entretien des costumes et des perruques. Celles-ci sont lavées et frisées aux deux jours. [...]

Source : Adapté de Danielle Bonneau, *La Presse*, Montréal, 21 décembre 1991, p. K3.

Nous avons regroupé, au tableau 1, quelques exemples en ce qui concerne la planification vestimentaire. Vous constaterez que le dicton « L'habit ne fait pas le moine » n'a guère sa place en marketing des services ! C'est le cas chez Disney, chez les transporteurs aériens et dans les grands casinos, endroits où les employés doivent respecter, depuis des années, de nombreux standards, non seulement en ce qui a trait au costume, mais également quant à leur apparence générale. À ce sujet, de nombreux éléments peuvent faire l'objet de règles précises : les cheveux, les ongles, la barbe, la moustache, les favoris, le parfum, le désodorisant, la lotion après-rasage, le maquillage, les bijoux, les perruques, le chapeau, les lunettes de soleil, la longueur des jupes, le style de chaussures, de même que la plaque d'identification.

L'apparence du personnel concerne également les employés qui effectuent un service *chez* le consommateur. Pensons aux consultants, aux réparateurs d'électroménagers et aux livreurs de pizza. Dans ces cas, le comportement, le langage et la tenue de l'employé constituent des indices de qualité importants aux yeux du client.

Tableau 1

En marketing des services, l'apparence du personnel ne doit pas relever du hasard

- Dans certaines colonies de vacances pour jeunes, on maintient l'ambiance d'une thématique donnée par l'entremise de nombreux costumes originaux et loufoques.

- Le Parc botanique Cypress Gardens, en Floride, enrichit ses jardins luxuriants de jeunes demoiselles vêtues de superbes robes. Chaque immense costume est fabriqué à la main, est unique, et présente des détails authentiques propres au début du XXᵉ siècle.

- Dans l'industrie du sport, au hockey par exemple, l'emblème de l'équipe évoque la ville d'appartenance, le dynamisme ou encore la tradition.

- La World Wrestling Federation, qui présente des spectacles de lutte, pousse le concept à l'extrême puisque chaque costume contribue à renforcer la personnalité du « personnage ».

- Au World Showcase d'Epcot Center (Disney), chaque pays est représenté par des employés provenant réellement de ces dits pays. Bien que cette politique rende les sites très crédibles, la priorité tient uniquement quant à la perception de la clientèle. Un restaurateur français, au Québec, pourrait par exemple compter sur des serveurs algériens de souche française sans même que la clientèle ne s'en rende compte.

- Au lieu du traditionnel complet, certaines agences de publicité préconisent la non-conformité de l'apparence du personnel. Par cette évidence supplémentaire, on accentue l'impression de créativité[a].

- Dans plusieurs boutiques de vêtements, la direction encourage les vendeurs à acheter des vêtements du magasin, puis à les porter sur le plancher de vente. Cette pratique accroît la visibilité de la marchandise et permet aux employés de se vêtir à moindres frais.

- Dans le milieu artistique, plusieurs vedettes telles que Madonna et Michael Jackson savent très bien tirer parti de ce principe. L'habillement contribue pour beaucoup à l'image de l'artiste.

- Dans de nombreuses professions, l'apparence du personnel doit également respecter des normes relatives à la santé et à la sécurité. Pensons, entre autres, aux pompiers et aux escouades tactiques de certains corps policiers.

a: G. Lynn Shostack, « Breaking Free from Product Marketing », *Journal of Marketing*, vol. 41, nº 2, avril 1977, p. 79.

Nombre d'entreprises de services n'ont pas les ressources finan-cières pour fournir un costume ; d'autres n'ont pas la conviction qu'un costume standard serait profitable à l'image de l'entreprise. Dans ces cas, les dirigeants peuvent établir des balises informelles et indiquer ce qui est acceptable et ce qui ne l'est pas. Par exemple, dans les hôpitaux, on prie souvent les infirmières de ne pas utiliser de vernis à ongles rouge, parce que ce dernier évoque la couleur du sang. De la même façon, on invite les infirmières qui prodiguent des soins à domicile à se vêtir de façon classique ; on leur suggère, pour l'image de l'organisation et pour leur propre sécurité, d'éviter les tenues suggestives, telles que les jupes à mi-cuisses et les chemisiers à décolleté plongeant.

Quelques minutes de réflexion

• Pensez à une photo d'un groupe d'employés d'une succursale bancaire, au cours des années 1970. Vous vous rendez compte que le facteur temps joue sur la pertinence du choix des vêtements ! Qu'en est-il de vos propres employés ? Leur tenue vestimentaire reflète-t-elle toujours l'image de marque que vous désirez promouvoir ?

9.2 LES ÉLÉMENTS TANGIBLES

Nous savons que l'**intangibilité** est un élément clé des services. Selon le *Webster's New World Dictionary of American English* (1988), ce terme signifie notamment : qui ne peut être touché, impalpable, et qui ne peut être aisément défini, formulé ou mentalement saisi.

Cette particularité des services complique le processus décisionnel des consommateurs (ses choix, ses craintes envers une nouvelle expérience, son évaluation postachat, etc.). Afin de remédier à cet état de choses, les gestionnaires de marketing doivent orienter leurs efforts vers la mise en valeur des évidences tangibles (figure 1). Cela signifie, entre autres, qu'ils doivent **matérialiser** le service, c'est-à-dire le représenter physiquement à l'aide d'objets tangibles. Ainsi, à défaut d'être expert pour un service donné, les clients pourront, à tout le moins, se fier aux indices qui leur seront présentés. Voyons cela plus en détail.

9.2.1 Les principales catégories d'éléments tangibles

Les cartes. Par sa couleur et son design, la carte de crédit personnalisée Visa Desjardins, par exemple, représente matériellement le service Visa. Qu'il s'agisse d'une carte professionnelle, de crédit, de guichet automatique, de vidéoclub, d'entretien automobile, de club automobile, de centre de conditionnement physique, de parti politique, d'abonnement à un magazine ou de garantie internationale pour un appareil photo, le principe demeure le même.

Regarder, toucher ou utiliser une carte de bibliothèque rappelle à l'usager ses droits aux nombreux services offerts. L'apparence de la carte doit donc aller de pair avec le type de service qu'offre l'organisation. Du point de vue de la sécurité, par exemple, la majorité des cartes de crédit comportent maintenant un hologramme. Pour les services haut de gamme, les cartes sont habituellement dorées, plastifiées et robustes. Bien que les gestionnaires ne soient pas des experts en création artistique, le choix du message véhiculé par l'intermédiaire de ces cartes relève de leur responsabilité.

Encadré 2

Un gadget ou un apport pertinent à l'élément tangible ?

Et maintenant, la carte de crédit avec photo !

Après la carte d'assurance maladie et le permis de conduire, voilà maintenant la carte de crédit avec photo. C'est la Citibank qui en a fait le lancement, hier.

« Nous pensons que ce produit sera très apprécié de ceux qui recherchent une plus grande sécurité contre la fraude », a commenté depuis Toronto, hier, Carolyn Baird, vice-présidente de la carte de crédit Citibank Visa. Les commerçants pourront effectivement comparer non seulement les signatures, comme ils le font présentement, mais aussi la physionomie des utilisateurs qui leur présentent la carte.

Cette nouvelle carte sera offerte gratuitement — mais en option — aux clients actuels et futurs de la banque. Autrement dit, les clients auront le choix d'y faire apposer leur photo ou non. Filiale du géant américain de services financiers Citicorp, Citibank est une banque à charte canadienne de petite taille qui ne compte que quatre succursales au pays (en Ontario et en Colombie-Britannique). Citibank est le principal émetteur de cartes Visa et MasterCard au monde.

Aujourd'hui, « plusieurs centaines de milliers d'Américains ont leur photo sur leur carte de crédit », note Carolyn Baird, sans vouloir donner des chiffres plus précis pour des raisons concurrentielles. Selon elle, la carte avec photo a fait ses preuves de l'autre côté de la frontière dans le combat contre la fraude. À New York, par exemple, la carte avec photo, combinée à d'autres mesures, aurait contribué à diminuer le nombre de fraudes de 67 %.

Un mouvement ?

Aurons-nous tous une photo sur notre carte de crédit un jour ? Aux États-Unis, d'autres institutions financières, dont la Bank of America, ont suivi Citibank en émettant leurs propres cartes avec photos. Au Canada, d'autres institutions envisagent cette possibilité, a dit hier Mme Sian Owen, responsable du marketing chez Visa. « Mais ces institutions n'ont pas encore pris de décision à ce sujet. » Selon elle, nous sommes encore loin du jour où toutes les institutions offriront ce produit.

En tout cas, Jules Gagné, vice-président cartes de crédit à la Banque Nationale, est catégorique : « C'est un gadget de marketing. Bien d'autres moyens peuvent être pris pour combattre la fraude. Chez nous, on mise davantage sur les moyens de contrôle informatiques. La Banque Nationale, dit-il, n'envisage pas d'offrir éventuellement ce produit. »

Source : Adapté de Dany Doucet, *Le Journal de Montréal*, Montréal, 11 août 1994, p. 37.

Les horaires des prestations. Dans le domaine du transport, l'intangibilité du service se matérialise, entre autres, par la publication des horaires à l'intention du public. Toutefois, les caractères des chiffres inscrits dans ces horaires sont souvent trop petits pour les personnes du troisième âge, et les trajets représentés prêtent à confusion pour nombre de clients. Dans le transport aérien, par exemple, on sert un véritable amalgame de codes laissant perplexe plus d'un usager. Comme le mentionne Clare Comm, ces horaires devraient être réalistes et faciles à lire[6].

La correspondance. La correspondance est un type d'évidence dont l'importance n'est pas toujours prise en compte[7]. Pourtant, le choix du papier, le caractère utilisé, les couleurs employées et la présentation générale des lettres peuvent en dire long sur la qualité du service proposé. Par exemple, une dame reçoit d'un grand constructeur automobile un avis à propos du prochain entretien de son véhicule. Malgré l'attention soignée et le service personnalisé que garantit la lettre, la perception de la « bonne » qualité du service est ébranlée par la piètre qualité de l'impression et par le fait que le numéro de série du véhicule précède le nom de la propriétaire. Si celle-ci n'est qu'un « numéro » pour les besoins du courrier, comment peut-elle s'attendre à un traitement personnalisé à l'atelier ? Les lettres, les bons de commande, les catalogues, le matériel didactique des cours par correspondance et la présentation des colis postaux envoyés régulièrement par les clubs de lecture et de disques doivent faire l'objet d'une attention particulière. En effet, ces envois constituent souvent l'unique lien entre l'entreprise et sa clientèle.

Outre les éléments déjà mentionnés, on doit éviter principalement quatre erreurs au moment d'une correspondance : 1) le colis ou le magazine endommagé en raison d'un emballage inadéquat ; 2) une erreur d'adresse, à cause de l'absence d'un système de vérification ; 3) l'utilisation d'une *autre* langue de correspondance que celle du client, bien que celui-ci traite avec l'entreprise depuis des années ; et 4) l'annonce d'une promotion ou d'un événement ayant déjà eu lieu au moment de la réception de l'envoi. Aussi surprenant que cela puisse paraître, de nombreuses entreprises, et non des moindres, tombent régulièrement dans l'un de ces pièges. Voici un exemple concernant la Société de l'assurance-automobile du Québec : récemment, l'un des auteurs de cet ouvrage constatait que son permis de conduire portait l'inscription Chomedey, bien que cette municipalité n'existe plus depuis la création de Laval en 1965 !

Les factures. Grâce à l'informatique, les factures sont mieux présentées et comportent plus de renseignements qu'auparavant. Le problème, toutefois, consiste à synthétiser cette information et à la présenter de la façon la plus conviviale possible. C'est précisément l'exercice auquel s'est prêté Bell Canada, au cours de l'été 1997. Le relevé de compte mensuel de l'entreprise est beaucoup plus simple que la version précédente. Bell offre même, depuis novembre 1996, une version en braille du relevé. Cela démontre qu'il faut adapter les éléments tangibles au segment de clientèle visé. Les hôteliers le prouvent du fait qu'ils portent plus attention aux suites qu'aux chambres à vocation économique.

Les certificats de services avant-besoin ou pré-utilisation. Les chèques-cadeaux de magasins ou de restaurants (version papier ou carte à puce), les billets de spectacle, les contrats d'assurance ou de garanties prolongées, les forfaits-cadeaux à l'hôtel et les bons d'échange en tourisme (ou *vouchers*) sont des éléments tangibles. Puisque ces services sont achetés **avant-besoin**, l'entreprise doit éviter les malentendus et préciser, sur le certificat, les conditions de l'entente, et ce, dans un langage accessible. Là encore, la présentation matérielle du certificat doit être cohérente avec l'image de l'organisation.

Les billets de réclamation. Ces billets sont les coupons remis aux clients, au moment où ceux-ci apportent un produit défectueux, pour réparation, dans un commerce de détail ou dans un centre de service autorisé. La présentation matérielle de ces billets laisse parfois à désirer, ce qui, une fois de plus, ne sécurise guère le client quant à la qualité de la prestation. Les billets devraient inclure, au minimum, les coordonnées de l'entreprise, le montant du dépôt (s'il y a lieu), le numéro de modèle et de série de l'article, le numéro de la transaction, les heures d'ouverture de l'établissement et la date où l'article sera réparé.

Les schémas et la documentation. Doris Van Doren et Paul Relle proposent plusieurs moyens concrets de **pallier l'intangibilité** du service[8]. Mentionnons les brochures explicatives, la documentation, les photographies du type « avant/après » et une liste de références d'anciens clients. Ces auteurs suggèrent également de joindre à la documentation descriptive un schéma représentant le processus du service. Il n'est évidemment pas nécessaire d'utiliser un modèle complet comme celui suggéré à la section 6.4 ; le consultant peut s'en servir partiellement pour présenter, par exemple, un échéancier. Il est vrai que l'on voit mal le coiffeur utiliser cette technique, car les gens connaissent pertinemment le processus de ce service. Toutefois, le caractère dynamique d'un tel schéma fait en sorte qu'il se révèle utile pour les services dispendieux, ceux qu'on ne fréquente que rarement ou pour ceux où les clients perçoivent un certain degré de risque. Par exemple, à l'occasion de séances d'information destinées aux nouveaux étudiants, certains établissements universitaires fournissent un schéma leur permettant de mieux saisir le cheminement qu'ils auront à parcourir au cours de leurs études de baccalauréat. D'autres formes de documentation peuvent être envisagées. À titre d'exemple, Walt Disney World distribue régulièrement et gratuitement des vidéocassettes présentant la destination à ceux et celles qui planifient de s'y rendre.

Les plans de sites. À l'inverse des schémas, le plan des lieux est de nature statique. Il permet de matérialiser les services en représentant, sur papier, les installations physiques de l'organisation. Les plans sont d'usage courant dans de nombreuses industries. Lors de l'inauguration d'un marché d'alimentation, par exemple, il est de mise de remettre aux clients un plan des rayons afin de faciliter leur recherche. Chez Réno-Dépôt, de tels plans sont offerts au comptoir du service à la clientèle, étant donné la taille du plancher de vente. Dans de nombreux parcs thématiques, les clients reçoivent un plan au moment de l'achat du billet d'entrée ; cela permet de repérer les attractions, les services, et l'endroit où ils se trouvent eux-mêmes !

Enfin, nombre d'établissements hôteliers joignent un plan à leur brochure, de façon que le client choisisse le type de chambre dont il a besoin. Les centres commerciaux, les bibliothèques et les musées se servent également de cette stratégie. Bien entendu, la présentation matérielle de cet élément tangible doit être cohérente avec le type de service qu'offre l'organisation. Si un plan imprimé en noir et blanc convient à une bibliothèque publique, le même procédé nuit à l'image d'une entreprise haut de gamme.

Les cadeaux non durables. Cette catégorie comprend, par exemple, les menthes, les bonbons ou les chocolats que les restaurateurs offrent aux clients au moment de payer la note ; les cartons d'allumettes, à l'effigie de l'établissement ; et les échantillons de fromages ou de bières, à la suite de la visite d'une usine. Notez que ces cadeaux ne doivent pas être considérés comme une sorte de promotion par l'objet. Il ne s'agit pas, ici, d'une activité à court terme cherchant à stimuler directement la vente[9]. Ces cadeaux, offerts sur une base régulière, après la visite du client, ont pour but de consolider agréablement l'expérience du client par quelque chose de tangible.

L'objet-souvenir. Rien de tel que des souvenirs pour représenter physiquement une prestation de service. Ces articles tangibles suscitent des conversations et de la publicité de bouche à oreille[10]. Par exemple, les cartes postales de Terre des Hommes — exposition internationale de Montréal en 1967 — et les multiples produits dérivés de la trilogie *Star Wars* ont contribué respectivement à l'industrie touristique montréalaise et au producteur du film. La photo-souvenir, prise par des machines ou par des employés et placée dans un présentoir en carton, fait également partie de cette catégorie. Comme sur les porte-clés et autres marchandises promotionnelles de ce genre, l'entreprise prend soin d'indiquer ses coordonnées ou, du moins, son emblème de marque.

Un élément tangible est donc, en général, un article de petite dimension. Pour cette raison, le client peut en prendre possession lorsque l'entreprise lui offre, en l'achetant à la boutique de l'établissement, ou lorsqu'il prend le risque... de le voler, un phénomène baptisé « démarque inconnue », et particulièrement courant dans les industries aériennes, ferroviaires et hôtelières[11].

9.2.2 La gestion des éléments tangibles

Après avoir défini ce qu'est un élément tangible, voyons ce qu'il en est de la gestion de ce dernier. Les responsables en marketing doivent savoir que :

Les éléments tangibles peuvent être standardisés. Dans l'hôtellerie, certains clients craignent de devoir «hériter des vestiges» de leurs prédécesseurs. Les hôteliers respectables établissent des standards à ce sujet, leurs gestionnaires étant conscients que la propreté d'une chambre constitue un minimum requis. Les verres emballés, les serviettes bien pliées, le bain sec et les cendriers reluisants constituent des indices que la chambre a été soigneusement nettoyée.

Les éléments tangibles doivent être conviviaux et à l'épreuve des utilisateurs (voir la section 6.4.5). Puisque les éléments tangibles aboutissent souvent entre les mains des utilisateurs, ils se doivent d'être **conviviaux** (*user friendly*) et **résistants** (*user proof*). Quoi de plus désagréable, par exemple, qu'un plan ou un horaire dont on ne comprend rien ? CAA Québec a bien fait en remplaçant le traditionnel autocollant, identifiant cette organisation, par une étiquette électrostatique que l'on appose dans l'habitacle de l'automobile. Ainsi, l'étiquette ne nuit pas à la peinture du véhicule et ne s'abîme pas sous les intempéries (*user proof*). Une esthéticienne a également eu une bonne idée en concevant des cartes professionnelles qui se plient. Non seulement on y prend connaissance de l'ensemble des traitements, mais une section est consacrée à l'inscription des rendez-vous (*user friendly*). Pratique !

Les éléments tangibles contribuent à l'efficience du SLS. Deux exemples permettent d'illustrer cette notion. À l'été de 1997, Bell Canada a fait parvenir aux abonnés du service TéléRéponse une petite carte plastifiée permettant de lire d'un coup d'œil les fonctions accessibles pendant l'écoute des messages téléphoniques. Il est permis de croire que, depuis, les utilisateurs exploitent mieux ce service. Dans le domaine de l'éducation, les enseignants remettent un plan de cours dès la première séance. Compte tenu des renseignements qui y sont inscrits, le plan de cours devient un guide d'utilisation du service et, à ce titre, il contribue aux succès des étudiants.

Les éléments tangibles peuvent véhiculer une promotion. La plupart d'entre nous recevons régulièrement des échantillons promotionnels par la poste, tel le traditionnel petit contenant de shampooing. Les entreprises de services exploitent la même technique. Sears, par exemple, joint régulièrement à ses relevés de comptes des communiqués proposant des périodes d'essai gratuites, notamment en matière d'assurances. Desjardins a utilisé une approche similaire pour promouvoir son nouveau relevé de compte. Dans ce dernier cas, l'élément tangible était non seulement la lettre de présentation (voir l'encadré 3), mais aussi un exemplaire réel du service proprement dit. Inutile de dire que des lacunes dans cet échantillon auraient tôt fait de miner la crédibilité du service proposé.

Encadré 3

Un exemple d'élément tangible comme moyen promotionnel

La caisse populaire Desjardins

LA CAISSE POPULAIRE
[Coordonnées de la succursale]

[Nº de compte du client]   Le 3 septembre 1996

BENOÎT PAQUIN
[Adresse du client]

Le NOUVEAU relevé de compte Desjardins : pour suivre de près
ses affaires financières en toute tranquillité d'esprit !

Cher membre,

Que diriez-vous si votre caisse Desjardins vous offrait la possibilité d'obtenir **sur un seul document** tout le détail des transactions courantes réalisées dans vos comptes d'un même folio, toutes les informations concernant vos prêts et vos épargnes, sans oublier évidemment votre marge de crédit ?

Attrayant, n'est-ce pas ? Une seule institution financière vous en offre autant : votre caisse Desjardins grâce à son nouveau relevé de compte. Et pour vous le démontrer, nous vous faisons parvenir aujourd'hui un exemple de ce que vous recevriez si vous adoptiez le relevé de compte Desjardins. Un exemple bien concret puisqu'il s'agit du relevé de vos transactions courantes réalisées au cours du mois d'août dans les comptes d'épargne de votre folio ainsi que l'état des produits que vous détenez à la caisse pour ce même folio.

Allez-y, consultez votre livret de caisse, retracez vos transactions du mois dernier et comparez ! Vous constaterez **la précision** et surtout **la quantité d'informations** que vous offre le relevé de compte Desjardins par rapport à votre livret.

Finies les nombreuses mises à jour, les annotations dans vos livrets, la recherche de vos contrats de prêts, de vos certificats d'épargne. Désormais vous pouvez retrouver, chaque mois*, toutes ces informations sur un seul document.

Consultez le dépliant ci-joint afin de prendre connaissance des nombreux avantages du relevé de compte Desjardins. Pour y adhérer, il suffit de vous présenter à la caisse ou de communiquer dès aujourd'hui avec un conseiller ou une conseillère au numéro de téléphone (514) [XXX-XXXX].

Cordialement,

LA DIRECTION DE VOTRE CAISSE DESJARDINS

* Le relevé de compte hebdomadaire est également offert moyennant des frais minimes.

Source : Desjardins.

Les éléments tangibles doivent être exempts d'erreurs ou d'ambiguïtés. Les défauts, sur les éléments tangibles, même légers, nuisent à l'image de l'entreprise. Le pâtissier, par exemple, qui inscrit « Félicitation » au singulier, sur le gâteau, commet une bévue susceptible de déplaire au client. Le billet de cinéma, acheté à l'avance, où l'on indique « le mardi

19 mars 1997», prête à confusion, puisque la date et le jour ne concordent pas. Une lettre envoyée par Desjardins est un exemple de ce genre d'erreur : on mentionne sur celle-ci que, avec la nouvelle carte multiservices permanente (sans date d'échéance), « aucune autre pièce d'identité n'est nécessaire» pour s'identifier auprès d'un préposé[12]. L'objectif de simplicité et de rapidité que comporte cette annonce est toutefois compromis, puisque, sur les lieux, le préposé persiste à exiger, comme auparavant, deux pièces d'identité !

Quelques minutes de réflexion

● Peut-on faire d'un élément tangible sa propre « marque de commerce » ? Que pensez-vous des emballages des boutiques *Dans un Jardin* ?

9.3 LES INSTALLATIONS PHYSIQUES

Les installations physiques constituent la troisième famille des évidences physiques. Précisons que les installations physiques se divisent en deux groupes, les installations externes et les installations internes. Le tableau 2 fait état des principales composantes de chaque groupe.

La première chose à constater, dans ce tableau, est la *séquence* des éléments qui le composent, en particulier sur le plan externe. Imaginez que vous êtes en voiture, sur une autoroute, et que vous prend une «attaque de Big Mac»! Votre réflexe sera de chercher l'arche dorée typique aux établissements McDonald's. Puis, vous prendrez la route menant au restaurant, vous apercevrez la bâtisse, garerez votre véhicule, et ainsi de suite, de sorte que votre opinion sur le restaurant se formera au contact de l'ensemble des installations physiques que vous aurez remarquées.

Cela signifie que le rôle que joue chaque installation excède la vocation technique ou fonctionnelle à laquelle elle est destinée. En effet, quelles que soient leur nature ou leur taille, les installations physiques

Tableau 2

Les principales installations physiques pouvant influer sur l'image de l'organisation

GROUPE EXTERNE

Visibilité des logos et panneaux	Terrain
Accès routier	Taille et forme de l'établissement
Éclairage extérieur	Matériaux de construction utilisés
Disponibilité d'un stationnement	Façade de l'établissement
Véhicules de livraison	Entrée

GROUPE INTERNE

Logos et écriteaux	Matériaux utilisés
Largeur des allées	Dispositions possibles, agencements
Éclairage	Matériel de support (ex.: accessoires de bureau)
Disponibilité de paniers	Sièges
Chauffage et ventilation	Poubelles et cendriers
Climatisation	Toilettes
Équipement, bureaux	

Sources: Traduit et adapté de Donald W. Cowell, *The Marketing of Services*, Oxford, Heinemann Professional Publishing, 1990, p. 236 (The Marketing Series); A.J. Magrath, «When Marketing Services, 4Ps Are Not Enough», *Business Horizons*, vol. 29, mai-juin 1986, p. 48-49.

facilitent la création et le maintien d'une image, en plus de contribuer à la «personnalité» d'une organisation. En outre, cette «personnalité» peut constituer le point de différenciation clé par rapport aux concurrents, particulièrement dans un marché très compétitif, caractérisé par des services indifférenciés[13].

Le gestionnaire de marketing doit comprendre que les installations physiques, par leur nombre et par leur genre, font partie de l'expérience du client. Il doit donc veiller à ce que ces installations, en plus d'avoir un mandat fonctionnel et de véhiculer l'identité de l'organisation, soient conviviales et à l'épreuve des utilisateurs, au même titre que le sont le SLS et les éléments tangibles.

Prenons une boutique, par exemple, dont la façade donne sur la rue principale du village. Certains clients jugeront leur expérience d'achat déplaisante, s'ils ne trouvent pas d'endroit pour garer leur véhicule, parce que la direction n'a pas jugé bon de communiquer la présence d'un vaste stationnement municipal, bien entretenu, mais situé à l'*arrière* de l'établissement. Chez Walt Disney World, par exemple, où l'on mise beaucoup sur la convivialité, chaque parc prend ses *invités* en charge avant même qu'ils n'atteignent l'entrée. Outre les superbes panneaux indicateurs, les routes et l'éclairage, le processus de stationnement suit un protocole simple et productif.

Bien sûr, le stationnement et les autres éléments du tableau ne représentent pas toujours un moment de vérité pour le client. Cependant, étant donné que la plupart de ces éléments font partie du cycle de service du client, certains éléments peuvent *effectivement* être concernés dans un moment de vérité. Voilà pourquoi l'entreprise ne doit pas considérer le terme *service* comme étant exclusivement la prestation des préposés : **un service inclut l'expérience totale du client.**

Le tableau 2 constitue, en conséquence, une piste de départ intéressante quant à la gestion des installations physiques. Bien que les éléments du tableau relèvent du commerce de détail et de la restauration, ils peuvent se transposer, à notre avis, à la grande majorité des entreprises de services. Prenons deux de ces éléments : l'**établissement**, du groupe externe, et la **largeur des allées**, du groupe interne. Le premier élément, par exemple, pourrait être *mobile*. L'établissement peut donc être un avion de ligne, un taxi, un bateau de croisière, etc. De la même façon, les allées ne sont pas exclusives à Provigo ! Il y en a à l'intérieur des trains et dans les parcs thématiques, sans compter les kilomètres de pistes cyclables, de pistes de ski de fond et de randonnées pédestres. Parfois, ce sont les automobiles qui dictent la largeur des allées. C'est le cas pour les stations-services et pour les ciné-parcs. En somme, ces exemples démontrent que la dénomination *interne*, dans le tableau, ne signifie pas nécessairement « à l'intérieur, sous un toit », mais « interne au site ».

Les deux principaux défis relatifs à la gestion des installations physiques portent sur le choix de celles-ci et sur l'entretien qui s'ensuivra. Si les tâches d'entretien peuvent être aisément standardisées et faire l'objet de routines de travail, l'achat des installations comporte des choix plus difficiles. Comment décider entre des éléments qui présentent performance, convivialité et robustesse égales ? Une bonne partie de la solution consiste à tenir compte de l'environnement que l'on désire créer. Voyons maintenant les principaux facteurs qui composent l'environnement.

- Quels sont les avantages, sur le plan du marketing, à ce qu'une compagnie aérienne comme Air Canada se dote d'appareils plus récents ?

- En vous inspirant du tableau 2, croyez-vous qu'un traversier ou un monorail puissent faire partie du groupe externe, à titre « d'accès routiers » ?

- Supposons que les drapeaux disposés à la façade d'un établissement sont déchirés et décolorés. Cela peut-il avoir un effet sur le plan du marketing ? Dans un sondage, croyez-vous qu'une question à ce sujet révélerait réellement le psychisme du répondant ?

- Les acheteurs de votre entreprise suivent-ils une politique d'achat relevant uniquement du service de la comptabilité ? La division du marketing réussit-elle à imposer sa vision quant au style des installations physiques ?

9.4 L'ENVIRONNEMENT

L'environnement représente la dernière famille des évidences physiques. Dans le dictionnaire *Larousse* (1988), on définit ce mot, sous la rubrique « zoologie », comme l'« ensemble des éléments du milieu qu'un animal peut percevoir ». Ainsi, nous pouvons définir l'environnement d'un établissement de services comme étant l'atmosphère, ou l'ambiance, qui s'en dégage, par un ensemble d'indices perceptibles par la clientèle.

Étant donné que la perception fait référence au domaine sensoriel, c'est donc par le toucher, le goût, la vue, l'ouïe et l'odorat qu'une personne prend conscience de son environnement[14], c'est-à-dire de l'endroit où elle se situe, ce que nous avons appelé la zone de servuction. En raison de l'importance du champ perceptuel, les entreprises de services peuvent tenter de biaiser le jugement neutre et objectif des clients en les bombardant d'indices favorables à l'image de l'organisation. Au restaurant japonais Beni Hana, par exemple, les cris des serveurs, le spectacle de la préparation des mets, puis les arômes qui se dégagent des plaques de cuisson aménagées sur les tables attirent l'attention du client dès son arrivée. L'aspect détente et le confort des chaises perdent de leur importance. L'environnement de ce restaurant est donc ajusté aux attentes du segment de clientèle visée.

Manifestement, l'entreprise de services dispose, pour une fois, d'un avantage sur l'entreprise manufacturière. Dans l'industrie manufacturière, les fabricants ont recours à un circuit de distribution plus ou moins étendu, de sorte qu'ils n'ont guère le pouvoir de gérer l'environnement des points de vente. Dans le secteur des services, à l'inverse, le client se déplace à l'intérieur de l'unité de servuction, de sorte que la mise en scène de celle-ci influe grandement sur sa perception de la réalité.

La gestion de l'environnement physique doit donc être l'une des priorités des gestionnaires de marketing[15]. En fait, l'environnement physique doit être conçu afin de créer l'atmosphère recherchée. Les gestionnaires doivent utiliser différents signaux afin de stimuler certaines perceptions et comportements particuliers chez les consommateurs[16]. Étant donné que, par l'approche marketing, on tente principalement de susciter la fidélité du client, la mise en scène devra être axée sur la qualité du service (ne confondez pas avec haut de gamme !) ; autrement dit, le client doit percevoir l'environnement de la zone de servuction comme étant conforme ou supérieure à ses attentes, de sorte que la trilogie qualité du service — satisfaction du client — retour du client puisse s'appliquer.

Concrètement, cela signifie que l'environnement, au même titre que les autres évidences physiques, doit être cohérent avec l'ensemble des éléments du mix marketing, à savoir l'offre de services, le prix, la distribution, la communication, le SLS et le personnel. Un cabinet de dentistes, par exemple, offrira un environnement confortable afin d'augmenter les chances de visites ultérieures[17], alors qu'un établissement de restauration rapide utilisera un mobilier moins confortable, afin d'accentuer le roulement des clients — une politique rationnelle, compte tenu de la vocation de l'entreprise.

Qu'advient-il si les gestionnaires négligent de concevoir un environnement approprié ? La réponse est simple et déconcertante : l'avantage de l'entreprise de services sur l'entreprise manufacturière risque de se retourner en inconvénient. En effet, que l'environnement soit planifié ou non, **toute entreprise de services dégage une atmosphère** ; imaginez les conséquences lorsque le résultat n'est pas conforme à l'image de l'entreprise ! Pour cette raison, nous croyons que la planification d'un environnement approprié est indispensable, et ce, particulièrement dans les quatre circonstances suivantes[18] :

Lorsqu'il y a un grand nombre de concurrents. Voyez le succès des restaurants Planet Hollywood, par exemple. Inspiré du cinéma et de la télévision, présentant une cuisine californienne, chaque établissement est unique et affiche une impressionnante collection d'objets, comme le fait en particulier le restaurant situé à Downtown Disney (Orlando). Entre les concessionnaires automobiles, la concurrence est tout autant omniprésente. C'est pourquoi le projet 2000, lancé en 1992 par General Motors, vise, entre autres objectifs, à redessiner les établissements en vue d'améliorer et uniformiser leur apparence, tant extérieure qu'intérieure. « Cela va de la couleur de la moquette au mobilier du représentant. Même l'emplacement de la porte d'entrée sera le même pour tous les concessionnaires[19]. »

Lorsqu'il est difficile de se différencier quant aux services ou au prix. L'environnement, en effet, peut favoriser un cabinet de dentistes, s'il est relaxant, une épicerie, si elle est chaleureuse, un grand magasin, s'il est bien décoré et proprement rangé, etc.

Lorsque l'offre de services vise une classe sociale distincte ou un style de vie particulier. C'est le cas, notamment, de certaines «discothèques» et de nombreux commerces de vêtements. Même l'hôtellerie n'y échappe pas. À titre d'exemple, mentionnons le Fantasyland de l'immense West Edmonton Mall, qui dispose de près de 120 chambres thématiques (romaines, victoriennes, polynésiennes, etc.), de même que le Jules' Undersea Lodge, situé à 10 mètres de profondeur dans une lagune du sud de la Floride[20]!

Lorsque le statu quo *ne suffit plus.* L'évolution des besoins exige que les entreprises s'y adaptent rapidement. Aujourd'hui, par exemple, les petites salles de cinéma — à moins d'offrir un répertoire particulier — et les stations d'essence mal ordonnées ne sont plus viables. Il n'est pas étonnant d'assister à de multiples rénovations, tant chez Cinéplex Odéon et Famous Players, que chez Shell et Esso. Par ailleurs, l'entreprise doit également s'adapter aux **particularités** de son environnement social (local), notamment les **fêtes** importantes pour ce milieu. Il s'agit, *grosso modo*, de respecter un degré de minimum requis (voir la section 4.5). À Noël, par exemple, imaginez l'opinion des clients sur un commerce de détail si ce dernier n'exposait aucune décoration. Quant aux particularités locales, même McDonald's capitalise sur celles-ci, bien que la firme soit reconnue pour ses standardisations d'un endroit à l'autre. Par exemple, le restaurant situé dans le quartier financier de New York étonne par son élégance : portier, piano à queue et pianiste, tables de marbre et cotes de la Bourse affichées sur babillard électronique ne sont qu'un avant-goût de cet environnement sur mesure[21]. De même, l'établissement de Titusville dispose, sur son terrain, d'une navette spatiale servant de parc aux enfants, le Kennedy Space Center étant situé à proximité.

9.4.1 Les facteurs composant l'environnement

Heureusement, les facteurs qui composent l'environnement d'un établissement de services demeurent, à peu de choses près, les mêmes d'une industrie à l'autre. Il s'agit, pour chaque entreprise, d'harmoniser ces éléments pour créer l'effet final. Nous allons définir les facteurs composant l'environnement, suivant les cinq sens propres à l'être humain[22].

Le toucher. La plupart des matériaux transmettent des sensations qui contribuent à l'atmosphère. Le contact d'une chaise en plastique, par exemple, n'est pas le même que celui d'un canapé en cuir. Marcher sur un plancher en marbre crée une impression différente que si ce plancher était recouvert de tapis ou de bois. Enfin, manger sur une table ornée d'une belle nappe crée un plaisir différent de celui que procure une table recouverte de napperons en papier. Par ailleurs, certains commerces exposent des échantillons pour encourager les gens à les manipuler, alors que d'autres affichent des écriteaux pour interdire un tel comportement[23].

Le goût. Le goût peut contribuer à l'environnement d'une entreprise de services. En mai 1994, par exemple, Disney offrait gratuitement un morceau de gâteau aux clients de Pleasure Island, pour célébrer le cinquième anniversaire de ce site de boîtes de nuit. Après la dégustation, les clients se rendirent compte, dans l'hilarité générale, que leur langue était devenue noire. Les échantillons, dans les fromageries, puis les repas et boissons, dans les *Dinner Show*, contribuent aussi, et parfois grandement, à l'atmosphère régnant dans la zone de servuction.

La vue. L'expression *visual merchandising* est utilisée en commerce de détail pour décrire les facteurs visuels pouvant exercer une influence sur la perception des clients dans un magasin. Cette catégorie comprend, en particulier, l'ameublement, les couleurs, l'éclairage, les dispositions possibles (*layout*), de même que l'apparence du personnel, sujet dont nous avons traité au début de ce chapitre. Deux objectifs sont visés : la vente, bien entendu, ainsi que tout ce qui a trait à la formation de l'image de l'entreprise. Pour atteindre ces objectifs, et de là, accroître les chances de fidélité du client, ces signaux visuels doivent être omniprésents dans toute la zone de servuction[24].

La décoration appuie l'effet produit par l'**ameublement**. Par exemple, nombre de médecins encadrent leurs diplômes dans leur bureau de consultation, certaines salles de montre de concessionnaires automobiles exposent les derniers tests effectués par des chroniqueurs, des garages sont fiers d'afficher qu'ils sont reconnus par diverses associations et, enfin, plusieurs restaurants, hôtels et succursales bancaires disposent des plantes vertes dans les lieux. Le design et la décoration des magasins de style « entrepôt », par exemple, ne doivent pas dégager une atmosphère trop luxueuse ni trop « marché aux puces ». Dans le premier cas, les clients ne croiraient pas pouvoir faire des économies et, dans le second, ils pourraient estimer qu'il est impossible de se procurer de la marchandise de qualité[25].

En ce qui a trait aux **couleurs**, les résultats de l'étude de Bellizzi et ses collègues démontrent que le rouge, par exemple, est considéré comme actif et énergique, le jaune, comme gai et stimulant pour l'esprit, le vert, comme calme et frais, et le bleu (la couleur favorite de la plupart des gens), comme sécurisant et reposant[26]. On mentionne également que les couleurs produisent un **effet physiologique**. Ainsi, la lumière rouge, à l'inverse du bleu, accroît la pression sanguine, la vitesse de respiration et la fréquence du clignotement des yeux[27]. Que l'on tienne compte ou non de ces effets physiologiques, les organisations peuvent exploiter les couleurs pour établir une **symbolique** aux yeux des usagers. La signalisation routière en est un exemple éloquent. Les bancs peints en bleu pour indiquer une zone d'éclaboussement dans le Shamu Stadium du parc Sea World en constituent un autre exemple.

Encadré 4

Le pouvoir symbolique et suggestif des couleurs

Des expériences scientifiques réalisées auprès de milliers de personnes ont mis en évidence que la plupart d'entre elles, sans s'être le moins du monde concertées, réagissaient globalement de la même façon à une couleur [...] donnée. On a pu en tirer des conclusions, sans pouvoir établir que tous percevaient la même chose : plusieurs réponses ont été avancées pour chaque [...] couleur, et n'ont été retenues que celles qui reflétaient une majorité représentative.

Le bleu (couleur préférée, à 50 % en Europe occidentale et aux États-Unis)

- Symboles positifs : ciel, air, vent, mer, nuit calme, immatérialité, pureté, idéal, paix, rêve, infinie sagesse divine, habitat des dieux, perfection morale, loyauté, fidélité, romantisme, féminité (associée à la mer).

- Symboles négatifs : mélancolie, blues, « bleu à l'âme ».

- Effet : rafraîchit, apaise, incite à la méditation, crée la magie.

Le vert (deuxième couleur préférée en Europe occidentale et aux États-Unis)

- Symboles positifs : monde végétal, eau (avant le bleu jusqu'au XVIe siècle), origine de la vie (chlorophylle), bourgeonnement, printemps, jeunesse, expansion, espérance, régénération spirituelle, résurrection, victoire, confiance, tolérance, permission (feu vert), liberté.

- Symboles négatifs : froideur (reptilienne), indifférence, porte-malheur, suicide, libertinage, amour infidèle, folie (associé au jaune), envie, rage, satanisme.

- Effet : repose, calme, acidifie, angoisse parfois (vert sombre).

Le rouge (la couleur par excellence, la préférée des enfants, en troisième position pour les adultes)

- Symboles positifs : feu, sang, cœur, action, dynamisme, amour, passion, désir, érotisme, joie, fête.

- Symboles négatifs : violence, guerre (feu + sang), signal, interdiction (feu rouge), crime, colère, péché, prostitution, danger, satanisme.

- Effet : dynamise, attire, agresse.

Le jaune (deuxième couleur préférée des enfants, *ex æquo* avec l'orange)

- Symboles positifs : soleil, lumière, or, chaleur, énergie, richesse, prospérité, joie, vivacité.

- Symboles négatifs : tromperie, mensonge, perfidie, trahison, folie (associé au vert), satanisme (soufre).

- Effet : stimule l'œil et l'intellect, provoque la bonne humeur.

L'orange

- Symboles positifs : gloire, splendeur, progrès.

- Symboles négatifs : vanité, violence (à dominance rouge).

- Effet : rend créatif, joyeux, crée chaleur et bien-être.

Le violet

- Symboles positifs : dignité, sérieux, profondeur spirituelle, cérémonie.

- Symboles négatifs : mélancolie, crainte, demi-deuil.

- Effet : « en impose », crée la gêne, le désagrément.

Le marron (couleur ambiguë, mêlant systématiquement positif et négatif)

- Symboles positifs : terre, gravité, solidité, tradition, matérialisme, conservatisme.

- Symboles négatifs : contrainte, boue, excréments, matérialisme, conservatisme.

- Effet : déprime et ennuie (seul) ; repose le regard (associé).

Le blanc

- Symboles positifs : lait, neige, vide, pureté, virginité, innocence, perfection, aristocratie, paix, simplicité, discrétion, hygiène, propreté.

- Symboles négatifs : manque d'âme, impersonnalité.

- Effet : calme, refroidit, peut donner une sensation de vide.

Le noir

- Symboles positifs : solennité, distinction, caractère officiel.

- Symboles négatifs : mort, ténèbres, deuil, solitude, vieillesse, austérité, peur, malheur, péché.

- Effet : donne de la classe, déprime (seul).

Le gris

- Symboles positifs : sérieux, convenance.

- Symboles négatifs : austérité, pauvreté (clair), désespoir (foncé).

- Effet : déprime, attriste.

Source : Michèle Jouve, *Communication et publicité : théories et pratiques,* 2ᵉ édition, Rosny, Éditions Bréal, 1994, p. 117, 123, 124 (Coll. Synergies).

L'**éclairage** et ses divers agencements sont également de puissants signaux visuels. Un éclairage tamisé n'a pas la même connotation qu'un éclairage stroboscopique. Chaque type d'éclairage, incandescent, fluorescent, direct et indirect, a ses propres effets ; il suffit de consulter un spécialiste pour y voir plus clair ! Quant aux **dispositions possibles**, là encore, tous les meubles, équipements et marchandises devront être agencés en fonction du marché visé par l'organisation.

L'ouïe. Le son, en particulier la musique, fait l'objet d'études depuis plus de 20 ans[28]. L'encadré 5 présente d'ailleurs les résultats de l'une de ces études les plus récentes. Bien que ces recherches scientifiques soient sérieuses, il ne faut pas généraliser trop rapidement. De toute façon, il faut éviter de compter uniquement sur une musique appropriée pour séduire la clientèle ! En outre, la gestion du niveau sonore comporte d'autres éléments que le type de musique, comme en font foi les exemples suivants :

- Dans un centre de location de voitures, les gestionnaires doivent veiller à ce que leurs véhicules n'émettent pas de multiples cliquetis à la moindre secousse. Faut-il préciser, aussi, que les haut-parleurs ne doivent pas émettre de « crissements » ?

- Dans bon nombre de magasins et de restaurants, la chaîne radiophonique est mal synthonisée, ce qui est fort désagréable. Par ailleurs, le personnel choisit parfois une chaîne qui diffuse dans une autre langue que celle adoptée par la majorité des acheteurs.

Encadré 5

La musique joue sur les perceptions

La musique a une influence sur le montant dépensé par les clients

En choisissant le bon rythme musical et le bon volume, les commerçants peuvent augmenter le temps que passent les consommateurs dans leur magasin et même l'argent qu'ils dépensent. Selon les auteurs d'un article tiré du *Journal of Services Marketing* de 1994 (volume 8), qui fait un survol des diverses recherches sur le sujet, les individus préfèrent un air musical lorsque son rythme approche 147 battements à la minute ; la musique des commerces, quant à elle, devrait avoir un rythme entre 68 et 178 battements à la minute, puisque, en dehors de ces zones, on tend à avoir une perception négative de la musique. Chose certaine, rappellent-ils, les clients d'un restaurant mangent plus rapidement lorsque la musique a un tempo rapide.

Musique-cible

Avant toute chose, les commerçants devraient tenir compte de la préférence musicale de leurs consommateurs. « Par exemple, une étude a démontré que la musique classique pouvait faire augmenter les ventes de vins et spiritueux dans des commerces comme la SAQ », a indiqué JoAnne Labrecque, professeur de marketing à l'École des HÉC. Aussi, les gens perçoivent que les airs musicaux composés en mode mineur et à rythme lent sont tristes, tandis que les airs en mode majeur à rythme plus rapide sont joyeux. Il faut tenir compte de ces éléments, sachant que les airs joyeux influent positivement sur la disposition psychologique des consommateurs à acheter.

Par ailleurs, la majorité des consommateurs estiment que leur perception à l'égard des vendeurs est meilleure lorsqu'il y a musique de fond. Une musique appropriée augmenterait la productivité des employés et diminuerait l'absentéisme, en raison de ses effets sur leur état psychologique. Par conséquent, la musique de fond est susceptible d'améliorer la disposition des vendeurs par rapport aux clients et le service à la clientèle.

En outre, les consommateurs perçoivent que le temps d'attente dans une file est moins long lorsqu'il y a musique de fond qu'autrement. Enfin, les recherches quant au type de musique à diffuser selon la clientèle sont plus difficiles à interpréter. En règle générale, la musique que préfèrent les individus est celle qui était populaire lorsqu'ils avaient environ 24 ans. Les commerces qui visent les consommateurs de 40 à 50 ans pourraient en tenir compte en diffusant la musique qui était populaire il y a 20 ans.

Source : Adapté de Francis Vailles, *Les Affaires*, 30 septembre 1995, p. 24.

- Les spécialistes en stéréophonie haute-fidélité vous diront que certains éléments dans une pièce peuvent jouer sur la qualité du son. Pensons, entre autres, à la hauteur du plafond, aux matériaux utilisés et à la présence ou non de tapis, de meubles, de diffuseurs, etc.

- Dans les casinos, les machines à sous sont pourvues d'un réceptacle amplifiant le bruit de la monnaie qui tombe. Ce tintamarre crée rapidement une atmosphère gagnante !

- Dans les centres de conditionnement physique, les téléviseurs sont souvent branchés sur les chaînes Musique Plus et RDS, un choix cohérent avec la vocation de l'entreprise.

- Dans les boutiques Disney Store, on diffuse sur écran géant des films produits par l'entreprise. Quoi de mieux pour mettre tout le monde dans l'ambiance ?

- À la World Wrestling Federation, chaque lutteur populaire a son propre hymne lors de son entrée en scène. Ces hymnes sont d'ailleurs offerts sur disque compact !

- À l'instar des couleurs, on peut associer une symbolique au son. L'individu moyen reconnaît aisément, par exemple, le timbre de la fin d'une période de hockey et le sifflement des véhicules d'urgence. D'autres industries, également, peuvent exploiter ce procédé. Au restaurant Johnny Rockets du Fishermans Wharf de San Francisco, lorsqu'une pièce musicale particulière commence à jouer, la plupart des employés abandonnent subitement leur tâche pour se livrer à un petit spectacle qui en surprend plus d'un. Par ailleurs, le parc aquatique Typhoon Lagoon de Disney (Floride) fait retentir, toutes les demi-heures, la sirène du bateau *Miss Tilly*, afin d'indiquer aux baigneurs un changement dans la séquence et la hauteur des vagues.

- Le langage et le ton de voix des employés en contact figurent aussi parmi les éléments qui relèvent du niveau sonore. Un conférencier qui ne parle pas assez près de son microphone, un préposé au langage «coloré», ou deux vendeurs qui se chamaillent contribuent négativement à l'expérience du client.

L'odorat. Les odeurs contribuent aussi à l'environnement et font de plus en plus l'objet d'une attention particulière de la part des gestionnaires. Selon Donald W. Cowell, les odeurs de cuir et de bois verni dans les cabinets et bureaux de professionnels évoquent à la fois le luxe et la solidité. L'auteur suggère même aux boulangeries d'utiliser des éventails afin de propulser l'odeur du pain à l'extérieur du commerce[29]. Nombre de restaurants et de magasins spécialisés peuvent également exploiter les arômes qui leur sont favorables.

La gestion des odeurs comporte un second volet : celui de réduire ou d'éliminer les effluves désagréables. La majorité des cabinets de dentistes, par exemple, dégagent des odeurs de produits chimiques, rappelant au client la nature du traitement qu'il va subir. Il y aurait lieu de revoir cette situation ! En revanche, nombreuses sont les compagnies aériennes qui interdisent l'usage du tabac sur leurs vols ; le port du parfum, chez le personnel ou la clientèle, fait également, parfois, l'objet d'une réglementation dans l'entreprise.

Bien que sans odeur, certains polluants peuvent provoquer des maux de tête, la perte de l'appétit, de la nervosité, l'irritation des yeux, du nez ou de la gorge, et déranger les personnes allergiques ou souffrant de maladies respiratoires. Les employés en contact, qui contribuent à l'environnement, sont souvent les premiers éprouvés. Un psychologue, par exemple, travaillerait-il réellement au meilleur de ses connaissances s'il était affecté par de telles conditions ? C'est pourquoi, dans les lieux de travail, il est nécessaire de ne pas négliger l'entretien des canalisations du système de ventilation.

Il semble, également, que certaines plantes ont la propriété de purifier l'air. Selon une étude dévoilée par la NASA en 1989, le fait de placer une plante par neuf mètres carrés de surface habitable peut éliminer bon nombre de contaminants. Il n'est pas étonnant, dans ces circonstances, que les directeurs d'écoles prévoient augmenter la présence de plantes vertes dans leurs établissements[30].

Notons également que, bien que nous ayons analysé les cinq sens séparément, il va de soi que ces derniers agissent en harmonie.

Encadré 6

Walter Elias Disney : la référence en matière d'environnement

La majorité des sujets traités dans cet ouvrage contribuent directement ou indirectement à l'environnement. Prenons les installations physiques, compte tenu de leur apport prépondérant, et voyons comment Walt Disney a su manipuler ces dernières afin de créer les environnements qu'il avait imaginés.

Dans les années 1930, Disney éprouva des difficultés à trouver pour ses filles des jeux publics à la fois propres et sans danger, qui soient aussi passionnants pour elles que pour lui. En outre, les parcs d'amusement, à cette époque, étaient plus souvent qu'autrement mal entretenus, hasardeux, et certains employés étaient débraillés et grossiers. Ces facteurs comptèrent pour beaucoup dans les plans de Disney qui rêvait d'un site convenable à toute la famille. Après une étude de marché, il acheta donc une ancienne orangeraie à Anaheim, en Californie, lieu qui deviendra Disneyland le 17 juillet 1955, considéré aujourd'hui comme le premier parc thématique du monde.

Au départ, les plans préliminaires que lui soumettaient les architectes conformistes de Los Angeles le déçurent. Il opta donc pour une équipe d'artistes de son propre studio et qualifia ces gens d'« imagénieurs », un croisement des termes imagination et ingénieur. « Ainsi, pendant les travaux de construction du parc d'Anaheim, les ouvriers du chantier travaillaient souvent à partir de perspectives et de maquettes plutôt que de plans traditionnels[a]. » Les résultats ont été et sont encore spectaculaires puisque le *Magic Kingdom*, grâce aux simulations architecturales des imagénieurs, évoque avec succès des époques passées (le Far West), imaginaires (Fantasyland) voire utopiques (Tomorrowland). Voyons, en vrac, quelques-unes des idées innovatrices de Disney quant à la gestion des installations physiques.

- *Faire constamment du « plussing ».* Disney inventa ce terme pour qualifier le processus d'actualisation consistant à « en faire plus..., à améliorer les attractions et bâtiments existants, et à en créer de nouveaux pour remplacer ou compléter les anciens[b]. »

- *Utiliser des « wienies » pour faciliter le déplacement des invités.* Les *wienies* sont les immenses accroches visuelles qui promettent aux visiteurs une activité excitante et qui permettent à ces derniers de mieux s'orienter à l'intérieur du parc. C'est le rôle du château à Fantasyland, du bateau à aubes à Frontierland, etc. Habituellement, ces accroches sont disposées à l'extrémité de chacun des « pays ». C'est le cas, par exemple, du Hollywood Tower Hotel aux studios MGM en Floride.

- *Ne pas exposer ce qui peut nuire à l'environnement.* Le déplacement du personnel, des fournitures et des ordures s'effectue grâce à un vaste réseau souterrain de couloirs baptisés *Utilidor*. Lorsqu'une attraction est rénovée, de multiples panneaux cachent les travaux. Bien souvent, ces murs de bois comportent des dessins et une affiche expliquant la nature des changements.

- *Personnaliser les façades afin de bien identifier les « pays ».* Une fois rendus à la place centrale circulaire (*Circular Hub*), tous les « pays » sont accessibles et reconnaissables grâce à leur façade distinctive : le portail en bambou d'Adventureland, le pont-levis du château de Fantasyland, etc.

- *Le procédé de la perspective accélérée.* Les bâtiments de la rue Principale (Main Street USA) ont un rez-de-chaussée s'élevant à environ 5/8 d'une hauteur normale, et les deux autres étages sont encore plus petits. L'ensemble donne un effet de ville-jouet, l'impression d'un lieu clos et rassurant, ce qui « [...] donne aux enfants comme aux adultes un sentiment de maîtrise qui évoque les joies de la maison de poupée ou du train modèle réduit[c]. »

- *Le monorail.* En 1959, un véritable symbole contribua à la personnalité de la section Tomorrowland : un monorail. Cette innovation fut en fait le premier système de monorail construit aux États-Unis. Aujourd'hui, peu de gens savent que la version *Mark VI*, utilisée en Floride depuis décembre 1989, est fabriquée par nul autre que Bombardier[d].

- *Le procédé Audio-Animatronics.* Ces robots permettent d'accroître le réalisme des simulations architecturales et paysagères. Révélé au public en 1964, ce système synchronise à la fois les voix, la musique, le son et les mouvements. La technologie se révèle particulièrement efficace pour les animaux de l'attraction *Jungle Cruise*.

Croyez-le ou non, malgré tout ces efforts, Disney n'était pas réellement satisfait de son contrôle sur l'environnement. Selon lui, les motels et les établissements de restauration rapide, qui se sont rapidement construits aux pourtours du parc, nuisent à l'expérience que devraient vivre les invités. Voilà pourquoi il fit preuve de prudence, en Floride, en achetant un terrain ayant 150 fois la superficie de Disneyland. Dès 1972, Walt Disney World accueillit plus de gens, en un an, que le Royaume-Uni, l'Autriche ou l'Allemagne[e].

---

a, b, c : Ces trois citations de même que la majorité de nos propos sont tirés de : *L'Architecture du réconfort, les parcs thématiques de Disney*, Montréal, Centre Canadien d'Architecture, 1997, 47 p.

d : *Walt Disney World Monorail System*, Bombardier Inc., UTDC Systems Division, 2 p.

e : *Walt Disney World, 20 Magical Years*, The Walt Disney Company, code 12710003, p. 9, 16.

L'environnement d'un établissement de services ne doit pas être laissé au hasard. Trop souvent, on apporte des modifications fort onéreuses, sans se soucier des répercussions que cela peut avoir dans l'esprit du client. De plus, nombre de gestionnaires, peu accoutumés au marketing des services, donnent entièrement la responsabilité des modifications à des spécialistes en décoration[31]. Ces gens, bien qu'ils soient créatifs et qu'ils puissent effectuer un excellent boulot, doivent être **guidés** sur le type d'ambiance à créer. Nous partageons l'avis de R. Doswell et P. R. Gamble, à savoir que la planification de l'environnement devrait faire l'objet d'une consultation multidisciplinaire, c'est-à-dire réunir des architectes et des dessinateurs, des gestionnaires de marketing, des psychologues, des sociologues et des économistes[32].

- Un site naturel, comme les chutes du Niagara, est-il une installation physique ou un environnement ?

- Quelles couleurs éviteriez-vous d'utiliser pour peindre les murs d'une garderie ? Les cellules de détenus ? Le décor d'un restaurant ?

- Quel avantage une épicerie a-t-elle à fabriquer et à cuire son propre pain ?

- À quel sens fait appel la perception de l'humidité ? Sur le plan marketing, quelles sont les industries touchées par cet élément ?

- Quelles distinctions établissez-vous entre l'éclairage, en tant qu'installation physique, et l'éclairage, comme élément de l'environnement ? Serait-il vrai d'affirmer que toutes les installations physiques du tableau 2 contribuent, de près ou de loin, à l'environnement de la zone de servuction ?

CONCLUSION

La tactique des évidences physiques est un outil additionnel que les gestionnaires doivent exploiter afin d'améliorer la qualité des services proposés. Un article de Leonard Berry résume notre point de vue avec beaucoup de pertinence :

Un pédiatre de Richmond, en Virginie, a décoré son bureau avec des tapis de couleurs resplendissantes, les murs sont parsemés d'images du monde merveilleux de Disney et un gros ballon de Superman est suspendu au plafond d'une des chambres d'examen. Ce bureau dispose en plus d'une aire de jeu dans un coin de la salle d'attente et d'une boîte à surprises grâce à laquelle chaque enfant peut choisir et apporter à la maison un jouet bon marché. Ce pédiatre porte habituellement des chemises à couleur criarde et un nœud papillon de très grande dimension ; il évite le traditionnel sarrau, de sorte que l'enfant perçoit moins qu'il est en visite chez le docteur[33].

Ce chapitre met fin à la première section de la partie III, intitulée *Avant la visite du client*, ce qui constitue l'étape la plus importante en marketing des services. Nous avons d'abord démontré l'insuffisance des 4 « P » traditionnels, et nous avons illustré qu'il était nécessaire de maîtriser trois nouveaux « P », afin d'accroître la productivité du secteur tertiaire. Ces trois « P », le système de livraison des services, le personnel et les évidences physiques, ont fait l'objet d'une analyse, et plusieurs exemples ont été fournis, afin de faciliter l'apprentissage du lecteur.

Bien que la lecture complète de cet ouvrage soit recommandée, seuls les chapitres 6 à 9 traitent de la prévention, en matière de qualité. Le lecteur aura remarqué que ces chapitres constituent une partie imposante de ce livre ; ils suivent, en cela, l'enseignement du vieux dicton qui préconise « qu'il vaut mieux prévenir que guérir ».

Comme son titre l'indique, le prochain chapitre, intitulé « La gestion de la qualité durant la servuction », fournit des outils qui ne peuvent être applicables que lorsque les clients sont déjà en contact avec l'organisation.

NOTES

1 SHOSTACK, G. Lynn (1977), « Breaking Free From Product Marketing », *Journal of Marketing*, vol. 41, n° 2, avril, p. 73-80. À ce sujet, rappelons la hiérarchie parcourue au cours du second volet du chapitre 5. Pour chaque critère d'évaluation, les gens ont recours à des signaux (ou indices) de tout acabit. Aussi ardu que cela puisse paraître, l'organisation doit d'abord connaître les principaux signaux utilisés par sa clientèle et, par la suite, contrôler la qualité du service à l'aide de standards appropriés.

2 BERRY, Leonard L. (1980), « Services Marketing is Different », Reproduit dans le volume *Services Marketing : Text, Cases & Readings*, Englewood Cliffs, N. J., Prentice-Hall, 1984, p. 33.

3 SHOSTACK, G. Lynn, *op. cit.*, p. 77.

4 Voir notamment Leonard L. BERRY, Valarie A. ZEITHAML et A. PARASURAMAN (1985), « Quality Counts in Services, Too », *Business Horizons*, vol. 28, n° 3, mai-juin, p. 47.

5 SHOSTACK, G. Lynn, *op. cit.*, p. 79.

6 COMM, Clare L. (1988), « Efficient Scheduling Can Create Marketing Opportunities for Service Industries as Illustrated by the Airline Industry », *Journal of Professional Services Marketing*, vol. 4, n° 1, p. 54.

7 SHOSTACK, G. Lynn, *op. cit.*, p. 79.

8 VAN DOREN, Doris C. et Paul B. RELLE (1987), « Confronting Intangibility : A Practical Approach », *Journal of Professional Services Marketing*, vol. 2, n° 3, printemps, p. 31-40. Voir aussi les suggestions de HILL, C. Jeanne et Sue E. NEELEY (1988), « Differences in the Consumer Decision Process for Professional vs Generic Services », *The Journal of Services Marketing*, vol. 2, n° 1, hiver, p. 21-22.

9 Notre définiton d'une promotion est tirée de : PETTIGREW, Denis et Normand TURGEON (1996), *Marketing*, 3ᵉ édition, Montréal, Chenelière/McGraw-Hill, p. 282-284.

10 HAYWOOD, K. Michael (1989), « Managing Word of Mouth Communications », *The Journal of Services Marketing*, vol. 3, n° 2, printemps, p. 63.

11 ANNOUCHI, Marc, Associated Press (1992), « Les vols de "souvenirs" coûtent cher », *La Presse*, Montréal, 1ᵉʳ août, p. G11.

12 Lettre portant le numéro de référence CF-11100-503, version 95-02 et 96-11.

13 COWELL, Donald W. (1990), *The Marketing of Services*, Oxford, Heinemann Professional Publishing, p. 236-237 (The Marketing Series).

14 PETTIGREW, Denis et Normand TURGEON, *op. cit.*, p. 104.

15 SHOSTACK, G. Lynn, *op. cit.*, p. 78.

16 WILKIE, William L. (1986), *Consumer Behavior*, New York, John Wiley & Sons, p. 401.

17 Si désiré, voir l'étude suivante concernant l'effet de l'environnement — chez le dentiste — sur la satisfaction du service. ANDRUS, David (1986), «Office Atmospherics and Dental Satisfaction», *Journal of Professional Services Marketing*, vol. 1, n° 4, été, p. 77-85.

18 Les trois premières circonstances sont tirées du volume de Donald W. COWELL, *op. cit.*, p. 239.

19 (1996), «Concessionnaires : une espèce menacée?», *Touring*, automne, p. 39.

20 VINCENT, Pierre (1997), «Nager jusqu'à son hôtel... dix mètres sous la mer», *La Presse*, Montréal, 1er mars, p. H5.

21 De LAFONTAINE, Sonia (1996), «Escapade à New York», *Magazine Tourisme Jeunesse*, vol. 14, n° 1, automne-hiver, p. 14.

22 Cette façon de faire, à notre avis, est plus réaliste que si on se limitait aux facteurs *ameublement*, *couleur*, *dispositions possibles* et *niveau sonore*, comme le suggéraient Booms et Bitner. Voir à ce sujet le tableau des trois nouveaux «P», présenté immédiatement avant le chapitre 6.

23 Ce paragraphe s'inspire des propos de Donald W. COWELL, *op. cit.*, p. 238, 239.

24 Ce paragraphe provient, en quasi-totalité, des propos de Donald W. COWELL, *op. cit.*, p. 238. Voir aussi le tableau des trois nouveaux «P» précédant le chapitre 6.

25 Presse Canadienne (1991), «Les "magasins d'entrepôt" gagnent du terrain», *La Presse*, Montréal, 29 décembre, p. B9.

26 BELLIZZI, Joseph A., Ayn E. CROWLEY et Ronald W. HASTY (1983), «The Effects of Color in Store Design», *Journal of Retailing*, vol. 59, n° 1, printemps, p. 21-45. Voir aussi William L. WILKIE, *op. cit.*, p. 397.

27 WILKIE, William L., *op. cit.*, p. 376.

28 MILLIMAN, Ronald E. (1982), «Using Background Music to Affect the Behavior of Supermarket Shoppers», *Journal of Marketing*, vol. 46, été, p. 86-91 ; voir aussi LINSEN, M.A. (1975), «Like Our Music Today, Ms. Shopper?», *Progressive Grocer*, octobre, p. 156 puis William L. WILKIE, *op. cit.*, p. 428-429.

29 COWELL, Donald W., *op. cit.*, p. 238.

30 GAGNÉ, Stéphane (1997), «Ces plantes qui purifient l'air», *Protégez-vous*, mai, p. 31, 32.

31 SHOSTACK, G. Lynn, *op. cit.*, p. 78.

32 DOSWELL, R. et P. R. GAMBLE (1979), *Marketing and Planning Hotels and Tourism Projects*, Hutchinson, London, pris dans Donald W. COWELL, *op. cit.*, p. 234, 240.

33 BERRY, Leonard L., *op. cit.*, p. 33-34.

Pendant la visite du client

Lorsque le client se fait servir, il se fait en quelque sorte *transformer*. Sa place au sein du système de servuction est comparable à celle du stock de produit en cours dans l'industrie manufacturière. Advenant un problème, toutefois, les individus ne se manipulent pas aussi facilement que des produits en processus de fabrication. La prestation de services ne se corrige pas aussi aisément que s'il s'agissait d'une machinerie défectueuse. Malgré cela, diverses avenues peuvent être envisagées par le gestionnaire de la qualité des services. S'il y a défaut au cours de la servuction, il est possible et, bien sûr, souhaitable de résoudre les problèmes.

Chapitre 10

La gestion de la qualité durant la servuction

Nous avons vu que la servuction est, pour l'industrie tertiaire, ce que la production est pour l'industrie manufacturière. La servuction se définit comme un système de fabrication organisé autour d'un processus de transformation des intrants en extrants[1]. Nous définirons d'abord ce qu'est la **transformation**, puis nous décrirons deux approches de **contrôle transformationnel**. Ensuite, nous présenterons une analyse du temps d'attente ainsi que deux techniques permettant de réduire ce dernier, soit l'affectation des tâches et l'éducation de la clientèle. Nous poursuivrons par l'étude des liens interclients. Enfin, nous traiterons des principaux avantages qu'apporte le management baladeur.

10.1 QU'EST-CE QUE LA TRANSFORMATION ?

Dans un système de fabrication de biens, la transformation est physique ou chimique, de sorte qu'il est possible de la mesurer et de la calibrer. En outre, cette transformation est homogène, c'est-à-dire pareille d'une unité à l'autre. Dans le cas d'un système de service, la transformation est beaucoup moins mesurable et souvent hétérogène[2].

Selon Étienne, l'industrie tertiaire fait appel à cinq procédés de transformation. Il peut s'agir d'une transformation de nature physique, informationnelle, de lieu, physiologique ou psychologique. Le défi du gestionnaire consiste à gérer ces types de transformation, de sorte qu'ils se renforcent mutuellement[3]. Le tableau 1 fournit quelques exemples de chacun de ces types de transformation. Notons que, dans chaque cas, il est malheureusement possible d'obtenir un extrant inchangé, voire affaibli. Ainsi, l'automobile qu'on a réparée peut présenter de nouveau des difficultés, le chauffeur de taxi peut s'égarer et, comme cela arrive souvent, le météorologue peut se tromper. En pareilles circonstances, il n'est pas difficile d'imaginer le degré de satisfaction de la clientèle !

Tableau 1

Les 5 types de transformation dans un système de livraison des services

1. La transformation physique (d'un objet, d'une personne ou d'un animal)

Exemples Les aliments d'un restaurant parviennent à l'état brut, sont transformés en repas, puis sont consommés par le client. Un coiffeur effectue une coupe de cheveux. Un mécanicien change une pièce défectueuse dans votre automobile. Un nettoyeur repasse des vêtements.

2. La transformation informationnelle (d'une personne)

Exemples Les météorologues observent les phénomènes atmosphériques. L'information vous est transmise à la télévision et vous vous réjouissez qu'il n'y ait pas un seul nuage. Un enseignant divise sa classe en petits groupes. Pour faire suite aux conseils personnalisés du maître, l'équipe numéro un se penche sur les instabilités de l'industrie pétrolière et diffuse son savoir aux autres étudiants.

---

3. La transformation de lieu (d'une personne, d'un animal ou d'un objet)

Exemples   L'industrie du taxi, les autobus publics, l'industrie ferroviaire, le transport routier, aérien, aérospatial, de même que les services postaux.

4. La transformation physiologique (relatif aux *fonctions* organiques chez une personne ou un animal)

Exemples   Vous éprouvez des difficultés visuelles et une légère opération de la cornée résoudra le problème. Un repas au restaurant procure calories et énergie... qui seront dépensées au centre de conditionnement physique. Votre chatte subit une « hystéro-ovariectomie ».

5. La transformation psychologique ou d'attitude (d'une personne ou d'un animal)

Exemples   L'ambiance tropicale d'un hôtel vous apaise, ce parc à thèmes vous redonne la joie de vivre. Dans un hôpital, le soutien d'un psychiatre puis l'attention des infirmières transforment l'état mental de nombreux individus. Un cours de dressage pour chiens.

Compte tenu de la multiplicité de services qu'offre une organisation (services de base, services périphériques), il est normal que plusieurs processus de transformation s'effectuent en parallèle. Par exemple, le vétérinaire « transformera » physiologiquement des animaux et préparera des médicaments à leur intention (transformation physique). On rassurera leurs propriétaires par le biais du téléphone (transformation psychologique) et on prendra soin de leur promulguer certains conseils relatifs à la santé des bêtes (transformation informationnelle).

Quelques minutes de réflexion

• Déterminez les procédés de transformation effectués par votre entreprise. Comme le mentionne Étienne, le défi du gestionnaire est de gérer tous ces processus de façon qu'ils se renforcent mutuellement (note 3). Quels moyens prenez-vous pour arriver à cette fin ? Avez-vous l'habitude de ne considérer que le procédé de transformation dominant ?

• Une transformation physique engendre-t-elle nécessairement une transformation physiologique ? Analysez les cas suivants : une chirurgie esthétique du nez, un entraînement au centre de conditionnement physique et une consultation auprès d'une diététiste.

10.2 LE CONTRÔLE TRANSFORMATIONNEL

Les contrôles pendant la visite du client — c'est-à-dire durant sa transformation — sont de deux types. Le premier consiste à *restreindre* le pouvoir discrétionnaire du personnel en contact, par le biais d'une procédure de travail préplanifiée ; le système à technologie douce en vigueur chez McDonald's en est un bon exemple. Habituellement, cette approche s'accompagne d'une supervision de la servuction par l'emploi de diverses techniques, dont le management baladeur et l'inspection, deux types de contrôle que nous exposerons ultérieurement.

À l'opposé, le deuxième type de contrôle transformationnel *élargit* la liberté d'action des employés, sur la base des notions élaborées au chapitre 5. Ainsi, adoptant la philosophie de la gestion intégrale de la qualité, on supprime les inspections effectuées par des contremaîtres — qu'on appelle inspecteurs — et on met plutôt l'accent sur la responsabilisation de chacun à l'intérieur de son ouvrage respectif. Cette philosophie met en pratique la maxime selon laquelle il faut concevoir et fabriquer la qualité, au lieu de se contenter de l'inspecter[4]. De cette façon, l'adoption et le respect, par les employés, d'une culture organisationnelle orientée vers la qualité totale font accroître non seulement leur effort discrétionnaire, mais également leur autocontrôle. À la limite, si chacun effectuait son ouvrage parfaitement, les contrôleurs ne seraient plus utiles et feraient chuter la productivité[5].

L'organisation prestataire de services doit-elle favoriser le **contrôle formel** ou le **contrôle informel** ? Albrecht et Zemke mentionnent que, dans le secteur des professions libérales, l'autocontrôle ne manque pas d'intérêt[6]. Pour les services plus « élémentaires », comme la restauration rapide, le contrôle formel donne de bons résultats. Faut-il y voir un lien avec le mode de livraison des services ? Peut-être. Les recherches spécialisées sur le sujet n'affluent pas[7]. La plupart des entreprises optent pour les deux types de contrôle, ce que nous préconisons également. Nous présenterons donc une variété de moyens d'exercer les contrôles appropriés.

10.3 LE TEMPS D'ATTENTE

De nombreuses études ont tenté de déterminer les facteurs pouvant produire un effet sur la satisfaction des consommateurs. Ainsi, la recherche de David Andrus conclut que la musique classique et une température de 20 °C (68 °F), chez le dentiste, n'ont pas d'effet significatif sur la satisfaction de la clientèle. L'auteur mentionne que les consommateurs ne sont pas conscients de ces facteurs, dans la mesure où la musique choisie est apaisante et que la température ne connaît pas de variations trop importantes[8]. De façon similaire, Trawick et Swan ont analysé l'effet du temps de service, dans un restaurant, sur la satisfaction et l'intention de retour des clients. L'une de leurs conclusions indique que le temps de service n'est pas un facteur aussi crucial qu'on le supposait, pourvu que les clients reçoivent le service dans un temps raisonnable[9].

Bien que ces études aient contribué à la recherche en gestion, nous sommes d'avis que les résultats n'ont guère d'intérêt puisque les variables mentionnées n'ont pas été suffisamment manipulées par les chercheurs. Qu'il s'agisse de la musique, de la température ambiante ou du temps de service, les gens demeurent satisfaits tant et aussi longtemps qu'une certaine frontière n'a pas été franchie. C'est donc cette marge de manœuvre, une sorte de minimum requis, que les praticiens doivent déterminer, afin de ne pas décevoir irrémédiablement la clientèle. Ainsi, les clients éviteraient probablement la «congélation» dans les salles de cinéma et les douleurs aux jambes lorsqu'ils font interminablement la file pour payer leurs achats dans certains marchés d'alimentation.

Nous traitons ici particulièrement du temps d'attente, étant donné que ce facteur est un des plus importants en ce qui concerne la satisfaction de la clientèle. Selon Étienne, « [...] le temps d'attente, c'est lorsque le client arrive dans le système de service, mais que l'organisation n'est pas prête à le servir parce qu'il y a, d'une façon temporaire ou permanente, une pénurie de capacité. Le temps d'attente est un facteur important que le client ou utilisateur utilise pour évaluer la performance du système de service[10] ».

Pourquoi le temps d'attente est-il un facteur si important ? Dans les pays occidentaux, les gens ont de moins en moins de temps à perdre. Selon Garfein, le temps libre moyen, chez les Américains, a chuté, passant d'environ quatre heures par jour en 1973 à deux heures et demie en 1985[11]. En outre, un temps d'attente trop long implique également que les employés sont débordés et qu'ils risquent de considérer les clients comme de simples numéros.

Toutefois, il ne faut pas associer automatiquement faible temps d'attente et satisfaction, ni long temps d'attente et insatisfaction. Le temps d'attente approprié dépend du type de service offert et du **degré de patience** de ses utilisateurs[12]. Afin d'harmoniser la relation entre l'attente et la patience des clients, ce qui n'est pas toujours aisé, nous proposons une **démarche en quatre étapes**.

1. La première étape consiste à évaluer le degré de patience des clients de l'organisation. Un guide des principaux déterminants qui influent sur le degré de patience des gens est présenté au tableau 2. Nous conseillons de considérer chaque facteur, non seulement par rapport à l'organisation, mais également pour des entreprises d'autres secteurs de services. Ainsi, on accentue la probabilité d'avoir une plus juste perception des choses.

2. La deuxième étape consiste à calculer la structure de la demande et les caractéristiques de la capacité du système de servuction (voir le chapitre 7). L'objectif est de déterminer le nombre de clients arrivant dans le système, chaque heure, ainsi que le nombre de clients que le système est en mesure de servir au cours de cet intervalle.

Tableau 2

Quelques déterminants importants
de la patience manifestée par l'utilisateur

1. Les facteurs reliés aux utilisateurs

- Âge : plus une personne est âgée, plus elle est patiente.

- Sexe : en général, les femmes sont plus patientes que les hommes.

- Statut socio-économique : les personnes des couches sociales plus élevées sont moins patientes.

- Résidence : les personnes habitant la campagne sont plus patientes que celles qui résident dans de grandes villes.

2. Les facteurs reliés au service

- Valeur du service : on est prêt à attendre plus pour un service de haute valeur.

- Est-ce que le service est discrétionnaire ou non ?

- Est-ce qu'on peut remettre à plus tard l'utilisation du service ?

3. Les facteurs reliés au système de livraison des services (SLS)

- Le climat du SLS : si les lieux sont plaisants, on est plus patient.

- L'image projetée par les préposés au service : les gens sont plus prêts à attendre s'ils ont l'impression que le personnel est compétent.

- Où en est le client dans le SLS ? Les personnes qui sont déjà dans le système sont plus prêtes à attendre que les personnes qui viennent d'arriver.

- Organisation du SLS : quand le SLS est divisé en étapes, le temps d'attente peut être davantage tolérable s'il est divisé en plusieurs moments d'attente.

4. Les facteurs reliés à la compétition

- L'existence des substituts : le client est moins patient s'il existe un substitut au service en cause.

- Le degré de concurrence : plus il y a de concurrence, moins le client est prêt à attendre.

Source : Adapté de Eisenhower C. Étienne, « La gestion de la production des services publics », *Recueil de textes et de cas : École des hautes études commerciales*, Montréal, Code 3-505-84, n° 516, 1988-89, p. 82-83 (Texte commandité par l'ÉNAP).

La connaissance du taux d'arrivée des clients dans le système et du taux de rendement de chacun des postes de service ravira les amateurs de recherche opérationnelle. En effet, la théorie des files d'attente permet de calculer le temps moyen d'attente dans la file avant le service, le temps moyen d'attente de l'utilisateur dans le système, le nombre moyen de clients avant le service, le nombre moyen de clients dans le système, le pourcentage d'utilisation de la capacité du système, la probabilité que le service soit inactif et, enfin, la probabilité d'avoir un certain nombre de clients dans le système. Les formules à utiliser se compliquent lorsque le gérant d'une épicerie, par exemple, décide d'employer un second caissier, ou lorsqu'il est impossible pour le client de se joindre à la file d'attente en raison de divers règlements (par ex. : être âgé de plus de 18 ans). Nous laissons aux intéressés le soin d'approfondir les possibilités de cette technique dans les ouvrages spécialisés[13].

3. La troisième étape, et sans aucun doute la plus difficile, a pour objet d'évaluer si le temps d'attente exigé correspond ou non au degré de patience des utilisateurs. Le problème est que le temps d'attente peut être calculé de façon relativement précise (étape 2), alors que le degré de patience n'est habituellement décrit que de façon qualitative (étape 1). Pour appuyer son évaluation, le gestionnaire de marketing a donc intérêt à poser quelques questions à propos du temps d'attente, à l'intérieur d'enquêtes sur la satisfaction de la clientèle. De cette façon, et avec l'aide des résultats obtenus par l'entremise du tableau 2, le responsable devrait être en mesure de voir s'il lui faut apporter des mesures correctives (étape 4).

Tableau 3

Quelques solutions pour changer la perception du temps d'attente

- Certains restaurants, dont le Strombolis du Disneyland Hotel (Californie), fournissent un téléavertisseur à ceux et celles qui attendent qu'on leur assigne une table. Au lieu de ne rien faire, les gens peuvent alors se promener dans les environs... entre autres au magasin de l'établissement situé à proximité! Le téléavertisseur signalera que la table est fin prête.

- Une ligne d'attente en forme de zigzag paraît plus courte[a]. Les stations de ski alpin et les institutions bancaires utilisent fréquemment cette façon de faire.

- La musique, les journaux et les revues sont appréciés des gens qui attendent. Cela semble d'ailleurs la norme dans les salons de coiffure. Dans certaines salles d'attente de concessionnaires automobiles, les gens ont même droit à un téléviseur couleur.

- En hiver, la patience des gens qui attendent à l'extérieur est limitée. Certains restaurants aménagent donc un abri chauffé à leur intention et de plus en plus de stations pétrolières libres-services disposent d'un kiosque chauffé pour faciliter le paiement.

- Dans certaines caisses populaires Desjardins, des calculatrices ont été encastrées sur les comptoirs longeant la file d'attente. Non seulement sont-elles pratiques, mais le simple fait de les employer contribue à réduire l'ingratitude de l'attente... Évidemment, les appareils doivent toujours être en état de fonctionner!

- Un administrateur d'hôtel a installé des miroirs dans le hall central de chaque étage, de sorte que les clients peuvent vérifier leur apparence pendant qu'ils attendent l'ascenseur[b].

- Le temps d'attente peut aussi être utilisé afin de fournir de l'information aux clients, ce que font parfois les pilotes avant l'envolée lorsqu'ils donnent des informations sur la durée du vol, l'altitude, etc.

- Dans de nombreuses attractions des parcs Disney, un « pré-show » est présenté de façon à « réchauffer » l'ambiance et à informer le client sur le contenu du spectacle principal. Plus souvent qu'autrement, les gens n'ont pas du tout l'impression d'attendre.

[a]: American Marketing Association, « Services Marketers Must Balance Customer Satisfaction Against Their Operational Needs », *Marketing News*, vol. 20, n° 21, 10 octobre 1986, p. 1, 14.

[b]: W. Earl Sasser, « Match Supply and Demand in Service Industries », *Harvard Business Review*, vol. 54, n° 6, novembre-décembre 1976, p. 138.

4. Un temps d'attente trop court, pour un service donné, signifie le gaspillage de ressources. Si la surcapacité est temporaire, il est possible que l'organisation doive en accepter les frais (ex. : dans la sécurité publique, à cause de la convention collective, etc.). Si le temps d'attente est trop long — le problème classique de sous-capacité — il se peut que l'entreprise ne dispose pas du temps et des ressources nécessaires pour modifier la demande et/ou ajuster la capacité de service. Dans ce cas, on peut mettre de l'avant quelques solutions, telles que celles présentées au tableau 3, afin de gérer la patience de la clientèle. À défaut de diminuer le temps d'attente, ces solutions de rechange ont le mérite de produire un effet positif sur la perception des usagers. Quelle que soit la méthode employée, le but ultime de cette démarche est de concilier le temps d'attente propre au système de servuction et le degré de patience de la clientèle. Comme nous le verrons, une telle harmonie repose également sur la performance de l'entreprise quant à l'affectation des tâches et à l'éducation de la clientèle.

• Appliquez à votre entreprise les quatre étapes de la démarche proposée.

10.4 L'AFFECTATION DES TÂCHES

Dans la majorité des unités de servuction, malgré ses tentatives de synchroniser la capacité et la demande, le gestionnaire de services manque toujours de personnel, à un moment ou à un autre, durant la semaine de travail. À plus forte raison si celui-ci doit constamment réduire son personnel au strict minimum, en raison de contraintes budgétaires.

Lors d'une journée normalement achalandée, le manager peut modifier l'affectation des tâches, aux fins de la formation ou pour découvrir de nouveaux potentiels. Mais lorsque le « feu » est pris, chaque « joueur » doit occuper la meilleure position afin d'augmenter au maximum l'efficience de toute l'équipe. Bien sûr, le gestionnaire connaît ses employés et la compétence de chacun d'eux. Néanmoins, si, parmi les 5, 10 ou 15 employés qu'il dirige, 2 ou 3 d'entre eux sont de compétences égales pour une certaine tâche ou si l'un d'eux est incommodé, la solution optimale n'est pas simple. La méthode d'affectation, qui est une technique décisionnelle en recherche opérationnelle, se révèle, dans ce cas, d'un grand secours.

L'affectation des tâches est une méthode mathématique permettant d'optimiser l'efficience du système en fonction des employés disponibles. Celle-ci passe par 7 étapes :

1. Il faut n employés pour combler n tâches, la matrice mathématique devant être carrée. Ex. : quatre employés pour quatre postes de travail.

2. Il faut évaluer sur une note de 100 la performance de chaque employé pour chacune de ces tâches. Ex. : 90 % à Danielle à la caisse enregistreuse, 68 % pour l'entretien et ainsi de suite.

3. Puisque la méthode d'affectation sert normalement à réduire les frais, il faut d'abord inverser les notes de façon à minimiser l'inefficacité. Dans l'exemple précédent, Danielle obtiendra donc 10 % d'inefficacité à la caisse et 32 % à l'entretien.

4. Pour chaque rangée de la matrice, les données doivent être réduites du plus petit nombre de cette rangée. Par exemple, si une rangée donnée se lit comme suit : [10 32 20 30], le 10 sera le plus petit nombre de cette rangée et on obtiendra [0 22 10 20].

5. L'étape précédente est répétée, mais pour chaque colonne.

6. Un minimum de traits horizontaux ou verticaux doit être dessiné afin de couvrir tous les zéros. La solution est optimale quand n traits sont requis pour couvrir les chiffres zéro d'une matrice $n \times n$; on passe alors à l'étape 7. S'il faut moins de traits pour couvrir les zéros qu'il y a de tâches ou d'employés (ex. : 3 traits, alors qu'il y a

4 employés pour 4 tâches), la solution n'est pas optimale et les sous-étapes suivantes devront être appliquées :

A) Déterminer la plus petite donnée non couverte par un trait ;

B) Soustraire ce nombre pour chaque élément non couvert d'un trait ;

C) Ajouter le même nombre aux endroits où les traits s'entre-coupent.

Le processus A, B et C est répété jusqu'à l'obtention d'une solution optimale.

7. Dès lors, c'est la position des zéros qui détermine le poste optimal pour chacun des employés.

Appliquons cette technique au directeur d'une franchise de commerce de détail qui doit assigner cinq tâches à cinq employés. Les étapes 1 et 2 ont été franchies, de sorte que les notes de performance sur 100 sont telles que l'indique la matrice **A***.

MATRICE A	Caisse principale	Caisse secondaire	Mise en tablette	Service aux clients	Tâches diverses
Aline	80	65	45	70	50
Bernard	55	75	60	70	65
Clément	75	65	85	55	45
Danielle	90	60	75	80	70
Émile	65	65	85	65	70

Puisque la méthode minimise l'inefficacité, le directeur doit inverser les notes (étape 3). Les résultats obtenus figurent dans la matrice **B***. Par la suite (étape 4), il doit soustraire le plus petit élément de chaque rangée

---

* Adapté du problème n° 1 de : Yvon G. Perreault, *Recherche opérationnelle : techniques décisionnelles*, 4ᵉ édition, Chicoutimi, Gaëtan Morin, Paris, Éditions Eska S.A.R.L., 1979, p. 113-114. Les matrices suivantes sont adaptées du même problème.

de toutes les données de cette rangée (ces plus petits éléments étaient en caractères gras dans la matrice **B**). Il obtient alors la matrice **C***.

MATRICE B	Caisse principale	Caisse secondaire	Mise en tablette	Service aux clients	Tâches diverses
Aline	**20**	35	55	30	50
Bernard	45	**25**	40	30	35
Clément	25	35	**15**	45	55
Danielle	**10**	40	25	20	30
Émile	35	35	**15**	35	30

MATRICE C	Caisse principale	Caisse secondaire	Mise en tablette	Service aux clients	Tâches diverses
Aline	<u>0</u>	15	35	10	30
Bernard	20	<u>0</u>	15	<u>5</u>	<u>10</u>
Clément	10	20	<u>0</u>	30	40
Danielle	0	30	15	10	20
Émile	20	20	0	20	15

La cinquième étape consiste à soustraire le plus petit nombre de chaque colonne de tous les éléments de cette colonne. En employant les données soulignées à la matrice **C**, on obtient, par voie de calculs, la matrice **D***.

MATRICE D	Caisse principale	Caisse secondaire	Mise en tablette	Service aux clients	Tâches diverses
Aline	0	15	35	5	20
Bernard	20	0	15	0	0
Clément	10	20	0	25	30
Danielle	0	30	15	5	10
Émile	20	20	0	15	5

Pour déterminer si la solution est optimale ou non (étape 6), il faut tracer le minimum de traits afin de couvrir tous les zéros. Pour faire les traits, il faut commencer par la ligne ou la colonne qui contient le plus de zéros et ainsi de suite, en ignorant la rangée ou la colonne déjà couverte. Cette démarche peut être effectuée à même la matrice **D**. Dans notre exemple, on constate que seulement trois traits sont nécessaires, au lieu de cinq, afin de couvrir les zéros. La solution n'est donc pas optimale et les sous-étapes 6A, 6B et 6C devront être effectuées.

MATRICE E	Caisse principale	Caisse secondaire	Mise en tablette	Service aux clients	Tâches diverses
Aline	0	15-5	35	5-5	20-5
Bernard	20 + 5	0	15 + 5	0	0
Clément	10	20-5	0	25-5	30-5
Danielle	0	30-5	15	5-5	10-5
Émile	20	20-5	0	15-5	5-5

MATRICE F	Caisse principale	Caisse secondaire	Mise en tablette	Service aux clients	Tâches diverses
Aline	0	10	35	0	15
Bernard	25	0	20	0	0
Clément	10	15	0	20	25
Danielle	0	25	15	0	5
Émile	20	15	0	10	0

La matrice **D** indique que la plus petite donnée non couverte par un trait est 5. Les calculs nécessaires aux sous-étapes 6B et 6C figurent par conséquent à la matrice **E***, de sorte que la matrice **F*** est obtenue. Cette fois, cinq traits sont nécessaires pour couvrir les zéros. La solution est optimale et l'emplacement des zéros détermine les postes possibles pour chaque employé ; le positionnement des zéros a été reporté à la matrice **G*** pour faciliter l'analyse des résultats.

MATRICE G	Caisse principale	Caisse secondaire	Mise en tablette	Service aux clients	Tâches diverses
Aline	X			X	
Bernard		**X**		X	X
Clément			**X**		
Danielle	X			X	
Émile				X	X

H	Solution 1	Notes de départ	Solution 2	Notes de départ
Aline	= Caisse principale	80 %	= Service aux clients	70 %
Bernard	= Caisse secondaire	75 %	= Caisse secondaire	75 %
Clément	= Mise en tablette	85 %	= Mise en tablette	85 %
Danielle	= Service aux clients	80 %	= Caisse principale	90 %
Émile	= Tâches diverses	70 %	= Tâches diverses	70 %
	MOYENNE OPTIMALE =	78 %	MOYENNE OPTIMALE =	78 %

Afin de déterminer le poste retenu pour chacun des employés, il faut prioritairement se servir des lignes et des colonnes où il n'y a qu'un seul « **X** ». Dans l'exemple, les résultats indiquent qu'il faut nécessairement affecter Bernard à la caisse secondaire et Clément à la mise en tablette, de sorte qu'Émile devra assumer les tâches diverses. Finalement, tel qu'on le voit au tableau **H***, le manager aura le choix entre deux solutions optimales, car Aline et Danielle pourront interchanger leur fonction sans changer la moyenne du système. Si le directeur de cette franchise avait voulu que Clément ne soit pas assigné à une tâche particulière (par exemple la mise en tablette à cause d'un mal de dos), il n'aurait eu qu'à lui accorder, dès le départ (étape 2), une note d'efficacité de $-\infty$ et lui inscrire cette note négative dans la matrice **A**. Au moment de la première transformation de la matrice (étape 3), l'efficacité de $-\infty$ serait devenue une inefficacité de $+\infty$, car $100 - (-\infty) = \infty$. La suite des étapes aurait été inchangée.

Cette technique de recherche opérationnelle peut sembler éprouvante aux praticiens peu familiers avec les mathématiques. Nous l'avons néanmoins vulgarisée dans l'espoir qu'elle puisse servir aux gestionnaires. Ainsi, si l'on consent à suivre attentivement les étapes susmentionnées, aucune difficulté ne devrait survenir. Nous tenons enfin à préciser que cet outil est également valable pour nombre d'autres types de problèmes. Pour de plus amples détails, le lecteur est invité à consulter l'ouvrage de Yvon Perreault[14].

Quelques minutes de réflexion

- Avant d'avoir lu ce qui précède, saviez-vous qu'il était possible de maximiser mathématiquement la performance totale de votre équipe de travail ?

- Évaluez sur une note de 100 la performance de chacun de vos employés pour chacune des tâches. Effectuez la technique mathématique et comparez les résultats avec vos habitudes de travail.

10.5 L'ÉDUCATION DE LA CLIENTÈLE

Dans l'industrie manufacturière, des employés dévoués et une usine à la fine pointe de la technologie n'assurent pas systématiquement la satisfaction des consommateurs. Pourquoi ? Parce que ces derniers ne lisent pas toujours le mode d'emploi du produit. Dans ce cas, cependant, ils sont eux-mêmes la cause de leur insatisfaction !

Afin d'aider les consommateurs à assumer leur part de responsabilité en la matière, les gestionnaires doivent imaginer et mettre en œuvre toutes sortes de solutions. Par exemple, une firme de produits électroniques appose sur le dessus des boîtes une inscription rouge indiquant «Lorsque tout a échoué, passez au livret d'instructions[15] ». De même, nombre d'entreprises possèdent un centre d'information à l'intention de leur clientèle. Les gens appellent gratuitement et obtiennent des réponses aux questions qui les préoccupent.

10.5.1 Un guide d'utilisation

Le guide d'utilisation et d'entretien, habituellement annexé au produit au moment de l'achat, n'a malheureusement pas toujours son égal dans le secteur des services. En fait, lorsqu'un client expérimente un service pour la première fois, il se rend compte que bon nombre de directives s'avèrent déconcertantes! Pourtant, les avantages qu'apportent l'expérience et la connaissance d'un service sont remarquables : les clients prennent de meilleures décisions, utilisent le service plus rapidement et avec plus d'efficience, et contribuent ainsi à la productivité et à leur propre satisfaction. L'entreprise de services doit donc éduquer sa clientèle : cela permet d'obtenir une attitude ou un comportement approprié, comme le démontrent les cas suivants :

- *Déplacer les foules*. Exemples : les flèches de circulation dans les centres d'alimentation ; les empreintes d'animaux imprimées, ici et là, à la surface des parcours des parcs zoologiques ; les clôtures et les paravents que l'on retrouve dans une exposition.

- *Modifier l'environnement*. Exemples : le tableau indicateur d'une patinoire intérieure qui affiche « Bruit » ou « Applaudissez ». Les pancartes « Silence » dans les bibliothèques. L'enseignant d'une école secondaire qui punit un élève indiscipliné pour créer un climat plus propice aux études.

- *Favoriser une participation efficace des clients.* Exemples : dans les stations de ski alpin, des dessins montrent aux skieurs la procédure à suivre pour descendre d'un télésiège sans incident. Dans les restaurants qui arborent un concept de théâtre interactif, les animateurs de soirées « Meurtre et mystère » doivent indiquer les règles du jeu.

- *Améliorer les perceptions de qualité du service*. Il est parfois nécessaire d'expliquer aux clients les causes exceptionnelles d'une situation donnée (ex. : « Fermé temporairement à la suite d'un incendie ») ou la raison d'être de politiques pouvant provoquer le mécontentement au premier abord. Dans les institutions bancaires, par exemple, nombre de précautions sont prises pour des raisons de sécurité et de confidentialité. Lorsque l'application d'une nouvelle politique risque de créer des frictions entre les clients et les préposés, l'organisation devrait expliquer qu'il en va de l'intérêt même de la clientèle[16].

- *Informer le client des moments où il est préférable ou permis d'utiliser un service.* Cet aspect est particulièrement intéressant pour les organisations prestataires de services invisibles, notamment ceux qui sont offerts sur une base continuelle. Exemples : certaines entreprises publiques encouragent les gens à utiliser davantage leurs services en dehors des périodes de pointe ; diverses municipalités rappellent aux citoyens les heures et les jours où ils peuvent arroser leurs pelouses.

Quelques minutes de réflexion

- Définissez les attitudes et comportements de votre clientèle « idéale ». Quels moyens utilisez-vous, à l'heure actuelle, pour promouvoir et valoriser ces attitudes et comportements ?
- Définissez les types de conduite qui nuisent au SLS de même que les types de conduite que vous jugez inacceptables.

10.5.2 Les sources d'information

Les clients d'une entreprise de services peuvent généralement exploiter trois sources d'information dans l'espoir de parfaire leurs connaissances : les ressources matérielles, les ressources humaines et les autres clients. Ces sources d'information doivent, dans la mesure du possible, être gérées par l'organisation, afin d'améliorer, dans le sens voulu, l'éducation de la clientèle.

10.5.2.1 Les ressources matérielles

Bien qu'elles puissent être onéreuses, les ressources matérielles n'en sont pas moins un moyen communicationnel indispensable. Ces ressources prennent diverses formes. En ski de fond, par exemple, le balisage des pistes peut constituer l'unique source d'information des skieurs aventureux. Dans les commerces de détail, certains comptoirs-caisses sont pourvus d'un système lumineux ou d'un jeu de pancartes bien visibles qui permettent aux clients de repérer les caisses ouvertes, celles qui permettent l'utilisation de cartes de crédit ou de débit et celles, plus rapides, qui limitent le nombre d'articles.

Les écriteaux peuvent jouer un rôle considérable en matière d'information. Songeons, par exemple, aux vertus des grands panneaux électroniques indiquant aux usagers de la route les incidents et les travaux. En communiquant avec sa clientèle, Transports Québec réussit à « déplacer les foules » et à « améliorer les perceptions de qualité du service », un exploit qu'il lui était difficilement possible il y a à peine quelques années. Songeons aussi aux avantages d'une simple pancarte affichant les heures de projection d'une salle de cinéma. D'une part, cette pancarte renseigne adéquatement des centaines de clients ; d'autre part, elle évite aux employés de répondre inlassablement aux mêmes questions. Cela démontre le potentiel de productivité des ressources matérielles. Si l'entreprise n'exploite pas ces ressources, elle gaspille de l'argent : Où sont les toilettes dans ce restaurant ? À quel endroit y a-t-il des téléphones dans ce centre commercial ? Où a-t-on rangé les dictionnaires dans cette bibliothèque ? Dans quelle section trouve-t-on les films de science-fiction dans ce vidéoclub ? Heureusement, la plupart des gestionnaires ont déjà compris qu'une pancarte vaut mille mots.

À notre avis, les ressources matérielles demeurent néanmoins sous-exploitées. Imaginez que vous êtes dans une pâtisserie comptant quatre préposés et pas moins d'une dizaine de clients. Vous désirez choisir un gâteau pour la fin de semaine ; vous aimeriez connaître le nom des produits étalés, leur prix et les principaux ingrédients qui les composent. Si ces renseignements ne sont pas affichés, vous les demanderez à un préposé et le service de toute la clientèle en sera retardé. C'est ce qu'ont compris les boutiques Brookstone, un détaillant de produits électroniques et d'articles de jardin inusités. Devant chacun des produits exposés, une petite affiche indique le nom du produit, son prix, son utilité, de même que la mention « *Flip this open for more information* » : les curieux et les acheteurs potentiels découvrent alors un complément d'information fort pertinent. Le tout est convivial pour le client, et productif pour l'organisation, puisque les renseignements écrits agissent à titre de commis additionnels.

Notons que les ressources matérielles peuvent revêtir un caractère à la fois informatif et éducatif. C'est dans cet esprit que le personnel de nombreuses succursales de la Société des alcools du Québec remplit et affiche régulièrement une fiche de dégustation à l'intention de la clientèle. Certaines caisses Desjardins et agences de voyages offrent des vidéocassettes instructives que les clients peuvent emprunter gratuitement.

Parfois, les moyens utilisés sont plus audacieux. Par exemple, une petite salle de cinéma projette un court métrage incitant les clients à placer leurs déchets dans les poubelles plutôt que sous leur chaise. Le film montre des clients désobéissants expulsés de la salle par un monstre semblable aux créatures des films d'horreur. L'assistance rit de bon cœur et la salle de cinéma est remarquablement propre[17].

Les panneaux d'affichage, signes, avis, pancartes ou courts métrages doivent être clairs et exempts d'ambiguïté, à la fois sur les plans *linguistique* et *visuel*. Ils doivent également être disposés convenablement, c'est-à-dire à la *bonne hauteur*, sous le *bon angle* et au *meilleur endroit* possible.

Encadré 1

Quelques affiches insolites

On retrouve partout dans le monde des affiches insolites. En voici quelques exemples retenus par le *Philadelphia Enquirer*.

• Une buanderie italienne annonce : « Mesdames, laissez votre linge ici et amusez-vous tout l'après-midi. »

- Un tailleur grec : « Nous sommes débordés. Nous exécuterons donc les clients rigoureusement chacun à son tour. »

- Dans un hôtel d'Acapulco : « Le gérant est personnellement passé par l'eau qui est servie ici. »

- La carte d'un restaurant suisse : « Nos vins ne vous laissent rien espérer. »

- Sur la porte d'un ascenseur parisien : « Veuillez laisser vos objets de valeur au comptoir. »

- Dans un hôtel d'Oslo : « Les dames sont priées de ne pas avoir d'enfants dans le bar. »

Source : *La Presse*, Montréal, 22 décembre 1991, p. C8.

L'entreprise doit concevoir des ressources matérielles de façon à rendre le système entier convivial. Souvent, des services périphériques sont sous-utilisés simplement parce que les clients n'osent s'y aventurer. Selon Carol A. King, en prévoyant et en dirigeant les actions des clients, le système peut réduire leurs erreurs et le mécontentement qui en résulte, de même que les répercussions de ces erreurs sur le système. L'auteur ajoute, et nous laissons cette phrase en anglais parce qu'elle est très percutante : « We cannot "idiot proof" the customer, but we can try to "idiot proof" the system[18]. »

Quelques minutes de réflexion

- De quelles façons les ressources matérielles pourraient être utilisées afin d'améliorer la perception de la qualité du service dans une salle d'attente de l'urgence d'un hôpital ?

- Quelles sont les conséquences si de superbes pancartes indiquant le plan d'une nouvelle bibliothèque sont installées adéquatement et à de bons endroits... mais quelques mois après l'ouverture officielle de l'établissement ?

10.5.2.2 Les ressources humaines

Les clients recourent également aux ressources humaines de l'entreprise, c'est-à-dire au personnel en contact, afin de répondre à leurs demandes. Ces derniers doivent être en mesure d'aider adéquatement la clientèle. À l'occasion de visites touristiques, par exemple, on peut imaginer ce que pensent les voyageurs de la qualité du service lorsque les représentants ont de la difficulté à répondre aux questions. Dans un magasin à grande surface, si les préposés ne peuvent indiquer de façon précise l'emplacement des rayons, comment est-il possible pour un nouveau client de s'y retrouver ?

Les employés doivent pouvoir donner des réponses justes et consistantes. À cet égard, la formation du personnel et la qualité de la communication interne sont importantes. Dans certains cas, il est préférable de définir des réponses standard.

Dans les cas où le degré d'implication du client est élevé, et à plus forte raison si le service est de personne à personne[19], le prestataire de services est la personne idéale pour renforcer positivement les comportements adéquats du consommateur. Par exemple, un fiscaliste pourrait aisément mentionner à un client concerné que sa nouvelle façon de classer et de conserver ses documents est bien pensée et fort pratique[20].

Quelques minutes de réflexion

- Quels éléments de formation doit-on mettre en place, afin que les employés contribuent adéquatement à l'éducation de la clientèle ? Outre la courtoisie et les renseignements techniques sur les produits et services vendus, le personnel de première ligne est-il en mesure de promouvoir les attitudes et comportements recherchés chez la clientèle ?

- Un client entre dans votre commerce muni de patins à roues alignées, bien qu'il y ait un autocollant apposé sur la porte d'entrée qui l'interdit. Les préposés sauront-ils intervenir sans blesser l'ego de l'acheteur ?

- À la section 5.1.4, nous avons vu que la consistance des dires et des gestes des dirigeants est importante pour les employés. Est-ce que le même principe s'applique entre les employés en contact et la clientèle ?

10.5.2.3 Les autres clients

Un client peu expérimenté peut tenir compte du comportement et des recommandations des autres clients. Cela est possible dans les cas où le degré d'implication du client est élevé et, bien sûr, s'il y a d'autres consommateurs sur les lieux[21].

Afin d'encourager les clients expérimentés à partager leurs connaissances, l'entreprise de services doit effectuer ce qu'il est convenu d'appeler du **management de compatibilité**. Cette pratique s'avère avantageuse, notamment lorsque l'entreprise ne peut, pour des raisons de budget, offrir elle-même toutes les informations. La section suivante démontre les avantages et la pertinence de ce type de management.

10.6 LE LIEN ENTRE LES CLIENTS[22]

La figure 1 illustre l'ensemble des relations communicationnelles qui existent dans une entreprise. Nous avons étudié jusqu'à présent la relation entre le personnel et les clients ainsi que les communications internes. Il reste maintenant à examiner la nature et l'importance des relations entre les clients.

Voici quelques exemples qui permettent de démontrer l'effet que les relations interclients ont sur la perception de la qualité du service.

- Vous regardez un film dans une salle de cinéma et, soudain, le dossier de votre siège se transforme en vibromasseur parce que le spectateur derrière s'y appuie les genoux !

- Vos enfants vont à la patinoire extérieure d'un grand parc. Si aucun gardien ou leader respecté n'est présent, il y a neuf chances sur dix qu'une discussion animée survienne entre les joueurs de hockey et les amateurs de patin libre.

- Vous dégustez un bon repas dans un grand restaurant. Soudainement, un client, seul à sa table, se met à enguirlander un interlocuteur invisible... par téléphone cellulaire !

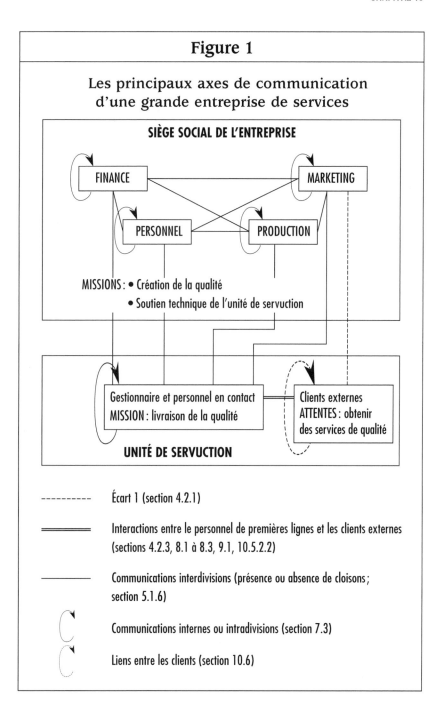

Figure 1

Les principaux axes de communication d'une grande entreprise de services

SIÈGE SOCIAL DE L'ENTREPRISE

FINANCE

MARKETING

PERSONNEL

PRODUCTION

MISSIONS : • Création de la qualité
• Soutien technique de l'unité de servuction

Gestionnaire et personnel en contact
MISSION : livraison de la qualité

Clients externes
ATTENTES : obtenir des services de qualité

UNITÉ DE SERVUCTION

---------- Écart 1 (section 4.2.1)

Interactions entre le personnel de premières lignes et les clients externes (sections 4.2.3, 8.1 à 8.3, 9.1, 10.5.2.2)

Communications interdivisions (présence ou absence de cloisons; section 5.1.6)

Communications internes ou intradivisions (section 7.3)

Liens entre les clients (section 10.6)

Exception faite de la majorité des services à domicile, les clients n'évoluent pratiquement jamais seuls lorsqu'ils traitent avec une organisation prestataire de services. Les autres clients font alors, d'ordinaire, **partie du service**. Leur présence produit un effet principalement sur le plan de l'environnement, notion que nous avons abordée à la fin du chapitre précédent. Par exemple, durant les spectacles, dans les parcs d'attraction ou à l'occasion d'une joute de baseball professionnel, l'atmosphère dépend pour beaucoup de l'attitude des gens. On dit parfois qu'il y a de la «magie» ou de «l'électricité» dans l'air. La constitution d'un environnement ne nécessite cependant pas la présence d'une foule. Chez un concessionnaire automobile, un client mécontent de la facture et du service suffit pour créer des turbulences.

D'autres clients à l'intérieur d'une unité de servuction peuvent servir de signaux quant à la qualité du service. Par exemple, les résultats d'une étude ont démontré que l'absence de clients dans une banque donne l'impression que celle-ci n'est pas prospère ou qu'elle offre un service de mauvaise qualité. Inversement, la présence de nombreux clients indique qu'il s'agit d'une banque florissante, bien qu'une file d'attente trop longue soit l'indice d'un service de moindre qualité[23]. De la même façon, nombre de consommateurs évaluent la qualité d'un restaurant au nombre d'automobiles garées dans le stationnement.

Charles L. Martin et Charles A. Pranter se sont intéressés à répertorier les comportements d'autrui appréciés et non appréciés pendant la livraison d'un service ; le tableau 4 indique les résultats de leurs recherches. À la lecture de ce tableau, on constate que le succès ou l'échec des rencontres interclients influe directement ou indirectement sur la perception de la qualité du service et, par conséquent, sur le degré de satisfaction. L'organisation doit, par conséquent, exercer un *management de compatibilité*. Selon ce type de management, l'on doit attirer des consommateurs homogènes dans l'aire de services. Il est alors possible de gérer à la fois l'environnement physique et les rencontres interclients, de façon à mettre en valeur les rencontres satisfaisantes et à minimiser celles qui ne le sont pas[24].

Tableau 4

Des exemples de comportements satisfaisants et insatisfaisants

Éléments insatisfaisants	Éléments satisfaisants
• Nourrissons qui crient	• Gens qui ont l'air de bien s'amuser
• Enfants indisciplinés	• Tenue appropriée
• Fumée de cigare et de cigarette	• Conduite amicale et détendue
• Impolitesses et mauvaises manières	• Bonnes manières, comportement courtois
• Tenue inadéquate	• Expérience/style de vie apparemment similaire
• Milieu bondé	• Absence d'éléments insatisfaisants
• Endroit vide	
• Autres clients qui coupent la ligne	
• Autres clients qui prennent *mon* espace de stationnement	
• Comportement bruyant et tapageur	
• Comportement éhonté	
• Couple ou famille en dispute	
• Affichage en public de comportement affectueux	
• Égoïsme (c'est-à-dire refuser de partager la place ou les articles de cette place)	

Source : Traduit de Charles L. Martin et Charles A. Pranter, « Compatibility Management : Customer-to-Customer Relationships in Service Environments », *The Journal of Services Marketing*, vol. 3, n° 3, été 1989, p. 11, 12.

L'importance de la compatibilité et des pratiques de gestion qui en découlent varie d'une organisation à l'autre. En effet, plus le SLS d'une organisation correspond aux situations de consommation proposées par Martin et Pranter (page suivante), plus l'organisation doit recourir au management de compatibilité.

- *Les clients sont rapprochés physiquement les uns des autres*. Par exemple, l'individu en état d'ébriété dans un wagon de métro gêne davantage ses voisins immédiats, que s'il était au cœur d'un parc national.

- *Les probabilités d'interaction verbale entre clients sont élevées*. Pensons aux écoles, aux salles de danse, aux bars, etc.

- *Les clients sont engagés dans des activités nombreuses et variées, de sorte qu'il est souvent préférable d'instaurer de nouvelles réglementations*. Dans une bibliothèque, par exemple, il y a ceux qui étudient seuls et ceux qui travaillent en groupe. Des aires de travail seront réservées à ces deux clientèles.

- *L'organisation de services attire des gens hétérogènes*. Songeons, entre autres, aux piscines municipales et aux transports publics.

- *Le service principal a précisément trait à la compatibilité*. L'organisme *Les Grands Frères*, les agences de rencontres et les services de placement en sont des exemples éloquents, puisqu'ils reposent sur l'harmonie entre les intervenants. Nous excluons toutefois les agences d'escortes et les services de gardiennage, car il s'agit d'un lien préposé-client et non client-client.

- *Les clients doivent attendre avant l'obtention du service*. C'est souvent le cas chez le concessionnaire automobile lors d'une réparation mineure ou d'un entretien périodique. C'est également le cas dans les hôpitaux, au cinéma, dans les aéroports, etc. Parfois l'expérience est ennuyeuse, parfois des discussions intéressantes surviennent entre les clients.

- *Les clients doivent partager du temps, de l'espace ou des appareils*. Dans un hôtel, par exemple, les gens partagent la piscine, le bain tourbillon et les ascenseurs. Il en est de même au restaurant, au billard, au golf, aux quilles et dans les centres de conditionnement physique. Ce phénomène est accentué en période de grande affluence ou lorsque le service est fondé sur l'existence d'un groupe,

Encadré 2

La compatibilité contribue à la sécurité

Les passagers indisciplinés de moins en moins tolérés dans les avions

Chaque année, des gens irascibles ou en état d'ébriété prennent l'avion et sèment la perturbation, mettant en danger la vie des autres passagers. Devant ce fléau, les compagnies aériennes durcissent le ton. [...] Kathy Lord-Jones, de l'Association des stewards et hôtesses professionnels (APFA), a, par exemple, rapporté le cas d'un homme qui avait tenté de mettre fin à ses jours en ouvrant une porte en plein vol, mettant ainsi en péril la vie des autres voyageurs.

Le cas le plus célèbre est celui de cet homme d'affaires américain ivre qui avait déféqué sur un chariot ambulant dans un vol Buenos Aires-New York en 1995. Il avait écopé de deux ans avec sursis et d'une amende de 5 000 dollars.

Au total, pas moins de 174 cas de perturbations causées par des passagers ont été recensés par l'Aviation civile américaine en 1995. Un chiffre en deçà de la réalité, car les compagnies préfèrent souvent rester discrètes à ce sujet. En fait, dans bien des cas, aucune plainte n'est déposée contre les perturbateurs, qui s'en tirent ainsi à bon compte. Mais lorsque la justice est saisie, de lourdes peines sont souvent prononcées à leur encontre. Gary Lougee, un Américain de Géorgie, a été condamné à quatre ans de prison pour s'être battu avec un steward qui avait refusé de lui servir de l'alcool. L'appareil avait dû rebrousser chemin. Deux Suédois qui refusaient d'éteindre leur cigarette à bord d'un vol non fumeur entre Stockholm et Chicago se sont retrouvés... menottes aux poignets. Leur avion a ensuite été détourné sur Montréal où ils ont été appréhendés. Libérés le lendemain, ils se sont vu interdire l'accès au territoire américain.

Une autre fois, c'est un passager ivre qui a été arrêté pour avoir perturbé le vol Londres-Chicago. Condamné à une peine avec sursis, il a été banni de l'aéroport international O'Hare de Chicago.

Source : Adapté de Associated Press (Washington), *La Presse*, Montréal, 24 mai 1997, p. H13.

comme à l'église, à l'école, dans les camps de vacances pour jeunes et dans diverses activités récréatives, telles que la cabane à sucre et la descente de rapides.

Bien que les gestionnaires de services ne puissent pas toujours intervenir directement auprès des clients qui ne respectent pas les règles, qui sont en retard ou bruyants, ils doivent tout de même exercer une influence positive sur les relations interclients, ce dont beaucoup d'entreprises ne se soucient guère. Le tableau 5 présente sept recommandations à ce sujet.

Tableau 5

Le management de compatibilité

- *Soyez sensibles à la position qu'occupe votre entreprise dans le marché.* En essayant d'être « tout à la fois pour tout le monde », une clientèle trop hétéroclite est attirée, de sorte que vous ne mettez pas les chances de votre côté.

- *Groupez vos clients compatibles ensemble.* Dans les restaurants, par exemple, les fumeurs seront séparés des non-fumeurs. On retrouve cette pratique chez la plupart des hôteliers lorsqu'ils attribuent leurs chambres et, maintenant, dans plusieurs agences de location d'automobiles.

- *N'ayez pas peur d'établir, de communiquer et de renforcer des codes de conduite à l'intention de vos clients.* En général, le respect par les clients de ces codes de conduite dépend largement des efforts de votre organisation en matière d'**éducation de la clientèle**.

- *Utilisez les installations physiques afin d'encourager de bonnes relations entre les clients.* Un propriétaire de discothèque pourrait aménager, par exemple, une zone moins bruyante et plus confortable afin de favoriser les conversations.

- *Sondez les anciens clients.* L'objectif est de relever les raisons pour lesquelles ils ne profitent plus des services de votre entreprise. Parfois, l'incompatibilité pourrait en être la cause. En comprenant la nature des situations conflictuelles qui ont pu survenir, les gestionnaires peuvent entreprendre des mesures correctives propres à retenir davantage la clientèle.

- *Promouvoir la compatibilité en utilisant les habiletés interpersonnelles et les événements spéciaux.* C'est ce que la plupart des professeurs font en incitant leurs élèves à se présenter brièvement lors de la première séance de cours.

- *Récompensez les clients qui affichent des comportements compatibles.* Martin et Pranter citent un établissement de soins pour enfants où l'on accorde certains privilèges à ceux qui partagent leurs jouets. L'idée semble tout aussi valable à l'égard des garderies et des écoles maternelles.

Source : Traduit et adapté de Charles L. Martin et Charles A. Pranter, « Compatibility Management : Customer-to-Customer Relationships in Service Environments », *The Journal of Services Marketing*, vol. 3, n° 3, été 1989, p. 13, 14.

L'organisation doit faire preuve d'une certaine prudence en ce qui a trait à la mise en application de ces recommandations. En effet, les chercheurs soulignent que des codes de conduite qui conviennent à une organisation peuvent être inadéquats pour une autre. Par exemple, s'il est de mise d'inciter les spectateurs à hurler dans un match de base-ball, l'encouragement d'une telle attitude serait ridicule pendant une pièce de théâtre !

 **Quelques minutes de réflexion**
- Comment gérez-vous la compatibilité de vos clients ? Pourriez-vous exploiter le tableau 5 afin d'accroître la qualité de vos services ?

10.7 LE MANAGEMENT BALADEUR

Combien y a-t-il de grands patrons qui acceptent de quitter le confort de leurs bureaux pour se rendre sur le terrain, afin de prendre le pouls de leurs troupes et de leurs clients ? Combien peuvent affirmer tout savoir sur la façon qu'a l'entreprise de traiter ses clients ? Combien ont perdu, par négligence, toute notion de la clientèle et, subséquemment, de service[25] ?

Nous connaissons pourtant les conséquences fâcheuses, quant à la qualité du service, qu'entraîne la perte de contact avec la réalité de tous les jours. Pour éviter ce genre d'éloignement, le management baladeur (*Management by Wandering Around*), sans être une panacée, semble toutefois une approche de gestion intéressante pour les buts recherchés.

Le management baladeur exige que les cadres circulent dans leur entreprise, et cet exercice comporte deux facettes. Tout d'abord, les dirigeants doivent s'afficher, puis donner l'exemple afin d'accentuer la crédibilité de leurs propos en matière de service. Les managers d'entreprises — particulièrement les gérants de district, de zone ou de secteur — ne doivent pas se limiter aux présentations d'usage, aux poignées de main et aux tapes dans le dos. Non seulement ils n'en retirent guère d'information, mais encore cela indispose et même irrite les employés de première ligne, qui connaissent bien le faible effet de ces visites sur l'amélioration de leur sort et celui de la clientèle. Il est beaucoup plus enrichissant de discuter avec les employés en contact, et même de prendre temporairement leur place[26]. Les managers pourraient aussi envisager de participer à des sessions de formation ou de les animer, de présenter les priorités de l'entreprise et de répondre aux questions des employés[27].

La deuxième facette du management baladeur revêt également un caractère informationnel. Il s'agit, pour le manager, de se mettre dans la peau du client et d'essayer lui-même le service de son entreprise. Comme le précise Garfein, il faudra qu'il s'immerge dans les détails afin d'acquérir le plus d'expérience possible sur le terrain[28]. Ainsi, s'il travaille au siège social d'une compagnie aérienne, qu'il utilise ses transporteurs! S'il travaille pour une institution bancaire, qu'il effectue diverses transactions, qu'il se serve des guichets automatiques et qu'il appelle le service à la clientèle. Cette façon de procéder permet aux dirigeants de constater personnellement les forces et les faiblesses du système de livraison des services, du personnel et des évidences physiques. Elle fournit également l'occasion, pour le dirigeant, d'**estimer** la nature et l'importance relative des signaux et des dimensions clés utilisés par la clientèle. Le résumé du film *Le docteur,* présenté à l'encadré 3, nous donne à penser que nous devrions tous goûter à notre propre médecine !

Encadré 3

L'essai de son propre service : une expérience souvent révélatrice

Le docteur (*The Doctor*)

Film américain (1991) de Randa Haines. Avec William Hurt, Christine Lahti, Elizabeth Perkins, Mandy Patinkin, Adam Arkin. 123 min.

Drame psychologique. Jack Mackee est un chirurgien froid et cynique. Il se contente de traiter les patients de manière professionnelle, sans éprouver pour eux la moindre compassion. Sa façon d'envisager les choses change du tout au tout lorsque Jack tombe gravement malade. Hospitalisé dans sa propre clinique, il découvre l'envers de la médaille : les traitements humiliants, les attentes interminables, la bureaucratie, l'absence de soins adéquats, etc. Il devient le compagnon d'une jeune patiente prénommée June, dont le courage et la volonté lui serviront de modèles durant son long rétablissement.

Source : *La Presse*, Montréal, 29 février 1992, p. D8.

S'ils veulent renforcer la validité d'une telle expérience, les dirigeants doivent faire abstraction de la « voie royale » que leur procure leur position hiérarchique. Par exemple, la plupart des hauts dirigeants des compagnies d'automobiles disposent sans frais de voitures neuves chaque année. De plus, la réparation de leur véhicule est assurée, au cours de leurs heures de travail, par un centre de services exploité par la compagnie. Ainsi, ces dirigeants n'expérimentent jamais le service octroyé par un concessionnaire appartenant à leur réseau. Ils ne connaissent pas les expériences vécues par les acheteurs de leurs produits[29].

Le management baladeur est, en quelque sorte, un outil de la dernière chance. Il est possible, à ce stade, d'interrompre la livraison d'un service et de rectifier l'erreur en cours, avant que le client ne quitte l'unité de servuction.

CONCLUSION

Cela met fin à ce chapitre sur la gestion de la qualité **pendant** la visite du client. Comme on le constate, la plupart des outils présentés sont accessibles à plus d'une entreprise, qu'elle soit petite ou grande, privée ou publique. Nous sommes d'avis qu'une meilleure gestion du temps d'attente et de l'affectation des tâches de même qu'une meilleure prise en charge de l'éducation de la clientèle et des liens interclients amélioreraient de beaucoup l'expérience et la satisfaction de maints utilisateurs de services. Si l'on considère que ces outils peuvent être imaginés, calculés, conçus, fabriqués et implantés au cours des périodes creuses des semaines normales de travail, on peut concevoir qu'il est inutile de s'en passer.

NOTES

1 ÉTIENNE, Eisenhower C. (1988-89), « La gestion de la production des services publics », *Recueil de textes et de cas : HÉC Code 3-505-84, n° 516 (88-89)*, p. 48 (Texte commandité par l'ÉNAP).

2 ÉTIENNE, Eisenhower C., *op. cit.*, p. 48.

3 ÉTIENNE, Eisenhower C., *op. cit.*, p. 48-53 puis HANDFIELD, Roger et Mattio O. DIORIO (1979), « Les services dans l'économie », *Recueil de textes et de cas : HÉC Code 3-505-84, n° 516 (88-89)*, p. 17-19.

4 HAYWOOD-FARMER, John, Anthony ALLEYNE, Balteano DUFFUS et Mark DOWNING (1985-86), « Controlling Service Quality », *Business Quarterly*, vol. 50, n° 4, hiver, p. 66-67.

5 ISHIKAWA, Kaoru (1983), « Le père des cercles de qualité met en doute leur longévité dans les pays occidentaux », *Qualité, Industrie, Contrôle*, vol. 19, n° 1, mars, p. 35-37.

6 ALBRECHT, Karl et Ron ZEMKE (1987), *La dimension service*. Traduit de « Service America! Doing Business in the New Economy » par Claudine Bataille ; préface de Paul Dubrule et Gérard Pelisson, co-présidents de ACCOR. Paris, Les Éditions d'Organisation, p. 136 (Coll. Forum International du Management).

7 Voir néanmoins MILLS, Peter K. (1985), « The Control Mechanisms of Employees at the Encounter of Service Organizations », *The Service Encounter*, John A. Czepiel *et al.*, eds. Lexington, MA, Lexington Books, p. 163-177.

8 ANDRUS, David (1986), « Office Atmospherics and Dental Satisfaction », *Journal of Professional Services Marketing*, vol. 1, n° 4, été, p. 83.

9 TRAWICK, I. Fredrick et John E. SWAN, « Satisfaction Related to Objective vs Subjective Waiting Time », *Progress in Marketing Theory and Practice*, Proceedings of the Annual Meeting of the Southern Marketing Association, Atlanta, Georgia, 11-14 novembre 1981, Ronald D. TAYLOR, John H. SUMMEY and Blaise J. BERGIEL, editors, p. 161.

10 ÉTIENNE, Eisenhower C., *op. cit.*, p. 50.

11 GARFEIN, Richard T. (1988), « Guiding Principles for Improving Customer Service », *The Journal of Services Marketing*, vol. 2, n° 2, printemps, p. 38.

12 ÉTIENNE, Eisenhower C., *op. cit.*, p. 39-90.

13 Voir PERREAULT, Yvon G. (1979), *Recherche opérationnelle : techniques décisionnelles*, 4ᵉ édition, Chicoutimi, Gaëtan Morin ; Paris, Éditions Eska S.A.R.L., p. 187-198.

14 PERREAULT, Yvon G., *op. cit.*, p. 93-116.

15 GOODMAN, John (1989), « The Nature of Customer Satisfaction », *Quality Progress*, vol. 22, n° 2, février, p. 39.

16 L'idée d'expliquer les motifs d'une politique pouvant être « frustrante » provient de : BERRY, Leonard L., Valarie A. ZEITHAML et A. PARASURAMAN (1985), « Quality Counts in Services, Too », *Business Horizons*, vol. 28, n° 3, mai-juin, p. 51.

17 GOODWIN, Cathy (1988), « I Can Do It Myself : Training the Service Consumer to Contribute to Service Productivity », *The Journal of Services Marketing*, vol. 2, n° 4, automne, p. 76.

18 KING, Carol A. (1985), « Service Quality Assurance is Different », *Quality Progress*, juin, p. 16.

19 Voir la cellule 4 de la classification 2.2.5.

20 GOODWIN, Cathy, *op. cit.*, p. 78.

21 Voir la cellule 2 de la classification 2.2.5.

22 Pour cette section, nous nous sommes grandement inspirés de MARTIN, Charles L. et Charles A. PRANTER (1989), « Compatibility Management : Customer-to-Customer Relationships in Service Environments », *The Journal of Services Marketing*, vol. 3, n° 3, été, p. 5-15.

23 CRANE, F. G. et T. K. CLARK (1988), « The Identification of Evaluative Criteria and Cues Used in Selecting Services », *The Journal of Services Marketing*, vol. 2, n° 2, printemps, p. 58.

24 MARTIN, Charles L. et Charles A. PRANTER, *op. cit.*, p. 7.

25 BLOCH, Philippe, Ralph HABABOU et Dominique XARDEL (1986), « Le client est l'avenir de l'entreprise », *Harvard-L'Expansion*, n° 41, été, p. 110.

26 BLOCH, Philippe, Ralph HABABOU et Dominique XARDEL, *op. cit.*, p. 105-113.

27 BERNHARD, Harry B. et Cynthia A. INGOLS (1989), « Formation : six points à retenir », *Harvard-L'Expansion*, n° 53, été, p. 96-104.

28 GARFEIN, Richard T. (1987), « A Company Study : Evaluating the Impact of Customer Service Delivery Systems », *The Journal of Services Marketing*, vol. 1, n° 2, automne, p. 24.

29 KEISER, Thomas C. (1988), « Strategies for Enhancing Services Quality », *The Journal of Services Marketing*, vol. 2, n° 3, été, p. 67.

Après la visite du client

Malgré tous les efforts déployés pour prévenir les erreurs, certaines lacunes dans la livraison du service se produiront inévitablement. La gestion de la qualité comporte cependant un volet sur le contrôle réactif, de sorte que nous tenterons, dans le dernier chapitre, de répondre à la question suivante : Que peut faire l'organisation prestataire de services après la visite du client ?

Chapitre 11

Les contrôles réactifs de la qualité

N ous répondrons à la question posée à la page 377 en présentant quelques approches et techniques appropriées. La première de ces techniques est la gestion des plaintes et des compliments. Cette approche exige une certaine ouverture d'esprit, puisque nous verrons qu'il est à l'avantage de l'entreprise de recevoir une plainte, à condition de la considérer comme une occasion d'améliorer le service.

Nous allons aussi traiter des cartes-commentaires. Très utilisée dans l'hôtellerie et dans la restauration, cette technique est peu coûteuse et permet de recueillir des réactions de la clientèle. Nous démontrerons ensuite qu'il est avantageux de garder contact avec les clients de l'entreprise, ce que nous appelons le **suivi de l'achat**. Nous expliquerons également le rôle que joue le questionnaire traditionnel. Puisque la complexité de cette technique exige l'utilisation d'ouvrages spécialisés au moment de son application, nous limiterons nos commentaires aux avantages et aux inconvénients qu'elle représente.

Malgré la pertinence des diverses méthodes mentionnées, certaines entreprises préfèrent s'autocontrôler par le biais de l'inspection. Nous discuterons de cette technique. Finalement, si l'organisation ne tient pas compte des propos de ses clients ou si l'inspection révèle de multiples lacunes, l'entreprise risque de *devoir* procéder à des ajustements, à cause des médias ou d'un jugement de la cour. Heureusement, l'évaluation externe peut également être de nature positive, ce qui contribue à mettre en valeur l'image de l'organisation. Nous discuterons des récompenses et des pénalités externes en fin de chapitre.

11.1 LA GESTION DES PLAINTES ET DES COMPLIMENTS

L'attitude d'une entreprise à l'endroit des plaintes et des compliments est révélatrice de son potentiel en matière de qualité de service. Les firmes qui démontrent une attitude ouverte dans ce domaine présentent généralement un potentiel de qualité de service supérieur. À l'inverse, les organisations fermées, ou introverties, ne considèrent pas les plaintes et les compliments comme une source de renseignements et se privent ainsi d'un moyen d'améliorer la qualité.

11.1.1 La gestion des plaintes

11.1.1.1 L'attitude négative des entreprises en ce qui a trait aux plaintes

Qui n'a jamais vécu l'expérience de s'être plaint en vain ? Le personnel en contact d'un grand nombre d'entreprises considère le client qui émet une plainte comme une source de dérangement[1]. De même, nombre de gestionnaires considèrent que les plaintes diminuent l'efficience des opérations ; ils essaient, par conséquent, de décourager les clients d'exprimer leur mécontentement[2]. Ces clients comprennent rapidement que leurs commentaires ne sont pas bienvenus, de sorte qu'ils abandonnent leurs démarches (voir la section 3.1.6).

Les entreprises qui font fi des plaintes de leurs clients ne se rendent pas compte du dommage qu'elles se causent. Non seulement elles risquent de perdre ces clients, mais elles s'exposent à une publicité négative par le bouche à oreille. Le tableau 1 regroupe des données fort intéressantes à ce sujet.

Tableau 1

L'importance de gérer les plaintes et les compliments

- Les lettres de compliments et de plaintes sont une source de profit incomparable pour l'entreprise de services. Ceux qui écrivent ont fourni un effort psychologique. En fait, entre 55 % et 70 % de ces personnes reviendront si on leur répond, et ce taux monte à 95 % si la réponse est rapide[a].

- Les études portant sur le bouche à oreille ont démontré qu'une personne ayant eu une mauvaise expérience le dirait en moyenne à neuf ou dix autres individus ; 13 % le diraient à 20 personnes ou plus[b].

- Si un individu a un léger problème puis devient satisfait, il vantera le produit donné auprès de cinq autres personnes. S'il demeure insatisfait, il parlera de la piètre qualité du produit à 10 autres personnes[c].

- Il est souvent mentionné dans la littérature portant sur le service à la clientèle que les clients insatisfaits partageront davantage leur expérience que les clients satisfaits. De toute évidence, cela demeure vrai pour certaines industries et non pour d'autres. Dans une recherche effectuée auprès des membres d'American Express, on a découvert que les clients très satisfaits partageaient autant leur expérience que les clients très insatisfaits. Les deux groupes, à leur tour, le disaient à bien plus de gens que les clients neutres, c'est-à-dire ceux qui ont obtenu ce à quoi ils s'attendaient[d].

Sources :

a : Jacques Horovitz, « La non-qualité tue », *Harvard-L'Expansion*, n° 41, été 1986, p. 60.

b : Eugenia S. Hunter, « Quality : A Consumer Perspective », *Quality Digest*, vol. 8, n° 11, novembre 1988, p. 31.

c : John Goodman, « The Nature of Customer Satisfaction », *Quality Progress*, vol. 22, n° 2, février 1989, p. 38.

d : Richard T. Garfein, « A Company Study : Evaluating the Impact of Customer Service Delivery Systems », *The Journal of Services Marketing*, vol. 1, n° 2, automne 1987, p. 20.

Lorsqu'un client se plaint, l'organisation doit considérer qu'il est possible de réparer les pots cassés et de regagner sa confiance. Cette approche repose sur un principe discuté fréquemment dans les manuels de comportement du consommateur : les entreprises qui prennent des mesures pour obtenir des évaluations *post*-achats positives sont les mieux placés pour recevoir d'excellentes évaluations *pré*-achats[3]. Ce cercle virtuel rejoint les propos que nous avons tenus au quatrième chapitre, en ce qui a trait à l'importance de la satisfaction des consommateurs[4].

Les plaintes sont habituellement émises sous une base volontaire. Elles peuvent être formulées en personne, par le biais d'une lettre ou par l'intermédiaire du téléphone. La gestion des plaintes varie grandement d'une firme à l'autre. Dans certains commerces, par exemple, les plaintes sont traitées au fur et à mesure qu'elles se présentent et aucune compilation n'en est tenue. Ailleurs, des systèmes sont mis en place : on compile des données sur le volume, la fréquence et le type de plaintes, on élabore un manuel de procédures et on établit des échéanciers standard en vue de la résolution[5]. Les commerçants qui désirent planifier, implanter et appliquer un programme de gestion des plaintes ont avantage à tenir compte des conseils judicieux de Henry Vanderleest et Shaheen Borna à ce sujet[6].

Encadré 1

Une attitude positive face aux plaintes

Hydro-Québec attentive aux plaintes de sa clientèle

Hydro-Québec s'efforce d'offrir à sa clientèle un service de qualité. Lorsque des motifs d'insatisfaction surviennent, les clients savent maintenant qu'ils peuvent téléphoner au bureau de Service à la clientèle du secteur où ils habitent. Le numéro de téléphone et l'adresse figurent toujours sur la facture d'électricité.

À cette étape, les représentants d'Hydro-Québec effectuent toutes les démarches susceptibles de satisfaire le client. Ils parviennent la plupart du temps à fournir l'information demandée ou à résoudre le problème. Si, toutefois, une insatisfaction subsiste, le client peut passer à une deuxième étape : la plainte écrite. Celui-ci peut alors se prévaloir d'une procédure légale d'examen des plaintes. Il formule sa requête par écrit au gérant de son secteur soit en remplissant un formulaire fourni par Hydro-Québec, soit en rédigeant une lettre expliquant clairement les faits.

Pour obtenir une copie du formulaire et pour connaître le nom du gérant concerné, on s'adresse à son bureau de Service à la clientèle. Le gérant est alors en mesure d'étudier le dossier à fond. Il doit communiquer sa réponse par écrit dans les 30 jours. Si le client croit que le règlement proposé n'est pas satisfaisant, il dispose d'un recours additionnel. Pour cette troisième étape, il adresse directement sa plainte au Commissaire aux plaintes, Me William Schwartz.

Source : *La Presse*, Montréal, 31 octobre 1992, p. L9.

Quelques minutes de réflexion

• Quels liens établissez-vous entre la culture d'entreprise et l'attitude de cette dernière à l'endroit des plaintes ?

11.1.1.2 Le nombre de plaintes en tant qu'indicateur de la qualité

Les éléments du tableau 1 comprennent les trois idées maîtresses en ce qui concerne la gestion des plaintes : d'abord, récupérer les clients insatisfaits ; puis, éviter le bouche à oreille négatif ; et, enfin, susciter, si possible, une publicité positive par le bouche à oreille. Malheureusement, la majorité des dirigeants d'entreprises exploitent la nature et le nombre de plaintes pour une cause supplémentaire : l'évaluation de la qualité. Un sondage américain réalisé auprès de cadres supérieurs représentant 698 entreprises, industrielles et de services, a révélé que 64 % des gestionnaires adoptent cette approche[7]. Cette façon de faire est inadéquate, car le nombre de plaintes ne reflète pas nécessairement le pourcentage réel de consommateurs insatisfaits. En effet, un mauvais service n'entraîne pas automatiquement la réception d'une plainte. Selon un chercheur américain, cinq facteurs influent sur la décision du client de se plaindre ou de se taire[8] :

• *Le degré de l'insatisfaction.* Le consommateur est-il légèrement déçu ou fort mécontent ?

- *L'importance qu'il accorde au service.* S'agit-il d'une coupe de cheveux ou d'une chirurgie ?

- *Le rapport coût/bénéfice.* À ses yeux, vaut-il la peine ou non de se plaindre ?

- *Ses caractéristiques personnelles.* Les personnes très instruites expriment leurs commentaires plus facilement que les autres, ainsi que les gens qui disposent de temps libre. Des traits de personnalité comme l'agressivité sont également indicateurs de la probabilité qu'une personne puisse exprimer son mécontentement.

- *L'attribution du blâme.* Le client est moins tenté de se plaindre s'il croit que le problème relève de sa propre faute.

L'effet combiné de ces facteurs réduit donc considérablement le nombre de plaintes émises par les consommateurs. Les plaintes reçues par les organisations ne représentent que la pointe de l'iceberg, comme le démontrent les résultats du TARP[9] :

Cinquante pour cent des clients aux prises avec un problème ne se plaindront jamais. Un autre 45 % se plaindra auprès du personnel en contact, à un vendeur ou au détaillant. Dans la plupart des cas, cette plainte sera traitée avec plus ou moins d'efficacité, mais le fabricant ne saura jamais qu'il y a eu un problème. Et moins de 5 % des gens feront appel au fabricant ou à l'un des membres de sa direction[10].

Quelques minutes de réflexion

- Faites-vous partie des gestionnaires qui évaluent la qualité de leurs produits et services en se fiant au nombre de plaintes ?

11.1.1.3 Six règles pour tirer profit des plaintes

Dans le traitement des plaintes, la plupart des entreprises consacrent 95 % du temps à régler les problèmes et 5 % du temps à essayer de comprendre l'origine de ces difficultés[11]. Compte tenu du rôle claustrophobe habituellement réservé à la division du service à la clientèle (section 3.1.4), ces chiffres ne sont guère étonnants ! Ils démontrent que les entreprises ont la volonté de corriger leurs erreurs de manière à satisfaire les clients, mais qu'elles effectuent peu d'analyses qui permettraient d'éviter que de telles erreurs ne se perpétuent. L'emploi des quelques règles suivantes peut redresser cette situation[12].

1. *Accepter les plaintes des clients.* Nous le répétons, les plaintes doivent être considérées comme des *occasions,* puisqu'elles représentent des sources de renseignements. Ainsi, au lieu de les dénigrer, il faut démontrer une attitude positive et les accepter avec ouverture d'esprit.

2. *Acheminer les plaintes à qui de droit.* Les plaintes sans réponse ne sont pas le fruit du hasard. Bien souvent, les clients mécontents n'ont aucune idée de l'endroit approprié pour acheminer une plainte, de sorte qu'ils s'adressent au premier employé qui tend l'oreille. Lorsque celui-ci ne sait que faire, lorsqu'aucun système n'est mis en place pour transmettre les plaintes du bas vers le haut de la pyramide, la qualité du service ne peut s'améliorer. L'écoute attentive n'est pas suffisante, il faut que la plainte atteigne les autorités.

   Les organisations ont avantage à mettre en place un système efficace, permettant facilement aux clients de se faire entendre, sans détour. Dans un hôtel franchisé par exemple, le client mécontent de sa chambre peut entrer en rapport avec l'employé de la réception et celui-ci veillera à rectifier la situation. Ultérieurement, le client peut communiquer avec le service à la clientèle de la chaîne hôtelière et faire part de son insatisfaction ; ainsi, un dossier sur le franchisé sera mis à jour afin de permettre au responsable de la chaîne d'apporter les mesures appropriées.

3. *Analyser les plaintes et en retirer le maximum d'information.* Dans un premier temps, il est souhaitable d'examiner les caractéristiques des plaignants. Peut-être, par exemple, serez-vous soulagé de constater qu'un certain nombre de ces plaintes proviennent de

clients qui ne font pas partie de votre marché cible ; dans ce cas, il y a lieu de ne pas tenir compte de ces plaintes. Des mesures correctives seront apportées aux plaintes formulées par les clients de votre groupe cible.

Dans un second temps, l'analyste doit repérer la cause de l'erreur. Est-ce la maladresse d'un employé, un manque de formation chez le personnel, une étape déficiente du système de livraison des services ou le bris technique d'un équipement ?

4. *Régler les problèmes.* Sur le plan externe, l'organisation doit répondre aux clients dans les plus brefs délais, l'objectif, bien entendu, étant de *récupérer* ces clients. À l'interne, elle doit retourner à la source de chaque problème et prendre les mesures pour que l'erreur ne se reproduise plus.

Encadré 2

Répondre *dans les plus brefs délais*, c'est une chose. Répondre *adéquatement* en est une autre...

25 $ pour deux jours de vacances perdus !

Un problème banal de climatisation dans la cabine de pilotage d'un avion peut créer un grand désordre dans les horaires d'une compagnie aérienne et engendrer bien des désagréments dans la vie des vacanciers. « Nous avons perdu une nuit et une journée de vacances, écrit Carolle Ducharme Demers, de Boucherville, qui parle en son nom et au nom de trois amis. Ce n'est pas rien quand on ne dispose que d'une toute petite semaine de vacances. »

Ce soir-là de l'hiver dernier, le vol de Canada 3000 pour Cayo Largo devait partir de Montréal à 19 h 05. Une défectuosité dans le système de climatisation a entraîné un premier retard dans l'embarquement des passagers, et d'autres retards ont suivi. Les passagers ont dû patienter de longues minutes à bord avant d'apprendre qu'ils allaient plutôt s'envoler vers Toronto. « Le message du *captain*, déplore Mme Ducharme Demers, fut aussi sec que bref. Et uniquement en anglais. Que les clients du Québec se démerdent ! » Pourquoi Toronto ? Parce que Canada 3000 a le gros de ses installations et de ses ateliers dans la Ville reine. Une fois rendus, les passagers sont restés à bord le temps de la réparation. L'avion a fini par décoller à 1 h du matin pour atterrir à Cayo Largo à 5 h 30.

Quelques semaines après avoir exprimé leur mécontentement au président de Canada 3000, les quatre voyageurs ont reçu une lettre d'excuses du service aux passagers de Canada 3000 ainsi qu'un chèque de 100 $. À partager à quatre. « Faudra un petit peu plus que 25 $ pour nous fermer la bouche, ajoute Mme Ducharme Demers. Nous n'espérons pas obtenir des milliers de dollars en guise de compensation pour notre mésaventure, mais nous aimerions bien que cette compagnie, qui doit faire pas mal d'argent avec la clientèle québécoise, sache que nous n'apprécions pas faire rire de nous. Ce fut notre premier voyage avec Canada 3000 et ce sera notre dernier. »

Source : Adapté de Pierre Vincent, *La Presse*, Montréal, 28 juin 1997, p. G8.

----

5. *Aller au-delà des apparences.* Les plaintes sont rarement le fruit d'une situation fortuite. Le phénomène de la pointe de l'iceberg indique qu'une seule plainte peut cacher un problème beaucoup plus sérieux qu'il ne le paraît.

6. *Apprendre de ses erreurs et diffuser les solutions.* C'est ce que pratique la chaîne de détaillant de lunettes Iwaki Optical Co. Les employés qui traitent les plaintes soumettent un rapport écrit précisant la façon dont le problème fut résolu ; ainsi, chaque rapport peut éventuellement être utilisé dans un programme de formation[13]. Cette idée très utile est valable pour toute entreprise qui veut améliorer la formation de son personnel par le biais de cas vécus.

Pour comprendre davantage la nature de ces six règles, nous proposons, dans le tableau 2, l'exemple fictif d'une plainte traitée adéquatement. Notons que le processus nécessaire pour appliquer ces règles nécessite une période de temps plus ou moins longue, selon le type d'organisation et le type de plainte.

Tableau 2

Un exemple d'application des 6 règles : le cas d'un conducteur dont l'antenne de sa voiture vient de se briser dans un lave-auto robotisé

1. Le conducteur malchanceux fait d'abord une plainte verbale au préposé du poste d'essence. Ce dernier ne peut rectifier la situation sur-le-champ. Il accepte néanmoins la plainte et fait remplir au client un rapport d'accident conçu à cet effet.

2. La plainte écrite est mise de côté à l'intention de son supérieur et ce dernier l'achemine par courrier dès le lendemain au service à la clientèle de l'entreprise.

3. L'employé responsable des plaintes constate que le client possède une carte de crédit de la compagnie pétrolière depuis quatre ans. Aussi, il réalise que le nombre de plaintes à l'égard des lave-auto tend à augmenter.

4. Suivant la politique de l'entreprise, il envoie promptement au client une lettre lui priant de remplacer son antenne et d'envoyer une copie de la facture. Le client procède comme convenu et un remboursement intégral sous forme de chèque-cadeau lui est aussitôt envoyé. Pendant ce temps, l'entreprise fait installer une pancarte à l'entrée du lave-auto demandant aux usagers de bien vouloir baisser leur antenne avant le lavage.

5. On profite de l'occasion pour poser une affiche similaire dans les autres stations munies d'un lave-auto robotisé.

6. Finalement, une note interne est envoyée au service du marketing à l'effet que les seules mentions « entrée » et « sortie » ne sont pas suffisantes en matière d'éducation de la clientèle.

11.1.2 La gestion des compliments

La documentation sur les compliments est beaucoup moins abondante que celle sur les plaintes. Pourtant, les compliments représentent une source d'information qu'il vaut la peine de bien gérer.

L'étude de Larry Robinson et Robert Berl, effectuée avec la coopération de la chaîne hôtelière Days Inns of America, indique que le profil des individus qui font des compliments s'apparente au profil des gens qui composent le marché cible. En fait, il semble que les compliments soient en général le fait de loyaux clients. La recherche démontre cependant qu'on ne doit pas conclure que les quelques compliments qu'on reçoit représentent l'état de satisfaction de toute la clientèle ou même de segments de marché importants[14]. La compilation des compliments souffre donc du même problème de non-représentativité que la compilation des plaintes.

Bien que les compliments ne soient pas, eux aussi, un bon indicateur de la qualité des services, l'entreprise a intérêt à exploiter cette source d'information. Les six règles proposées pour tirer profit des plaintes peuvent être adaptées pour les compliments.

11.1.2.1 Six règles relatives aux compliments

1. *Accepter les compliments des clients.* Cette règle ne pose généralement pas de difficulté.

2. *Acheminer les compliments à qui de droit.* Les clients ne sont pas toujours en mesure d'adresser leurs éloges aux individus concernés. Par conséquent, l'organisation doit mettre en place un système de collecte permettant aux clients d'exprimer leurs opinions. Dans bon nombre d'entreprises, on assigne ce rôle d'intermédiaire à la division du service à la clientèle. Dans les petites entreprises, la tâche peut être assumée par le propriétaire ou le gérant.

3. *Analyser les compliments et en retirer le maximum d'information.* Si possible, on doit examiner le profil des gens qui font les compliments. Il serait inquiétant de constater que les éloges reçus ne proviennent que de clients qui ne font pas partie du marché cible de l'entreprise. Inversement, il est rassurant d'obtenir un compliment de la part d'un fidèle client.

Le gestionnaire doit déterminer le nom des gens faisant l'objet de félicitations. Si le client ne mentionne personne en particulier, il est bon, dans ce cas, de féliciter toute l'équipe !

4. *Donner suite aux situations réussies.* Il est important de répondre aux gens qui ont pris la peine de faire part de leur heureuse expérience. C'est une simple question de savoir-vivre.

À l'interne, l'on doit transmettre les félicitations à ceux qu'elles concernent. Cela procure deux avantages : d'abord, il s'agit d'une source de renforcement positif auprès des méritants. Selon Horovitz, toutes les études de motivation du personnel de service sont d'accord sur un point : ce qui motive le plus une personne en contact avec un client, c'est un compliment de la part de ce dernier[15]. Pourquoi ne pas en profiter ? La compagnie Singapore Airlines, par exemple, reçoit 4,6 lettres de compliments par 10 000 passagers. Ces lettres sont directement envoyées à l'agent de bord et mises dans son dossier[16].

Les compliments permettent aussi d'améliorer l'offre de services. En effet, ils sont parfois le fruit d'un geste additionnel de la part d'un employé, geste qui pourrait être ultérieurement normalisé puis standardisé. Précisons néanmoins que la prudence est de rigueur. Ce n'est pas parce qu'un client a apprécié un certain geste, qu'il en sera de même pour tous les clients de l'entreprise.

5. *Aller au-delà des apparences.* Le gestionnaire doit aller au-delà de la joie spontanée que suscite un compliment et réfléchir sur la cause première de ce succès. Par exemple, il n'est pas rare qu'un compliment découle d'une performance exceptionnelle d'un employé. Si celui-ci vient d'être embauché, et que le responsable du service des ressources humaines a récemment modifié les critères de sélection, il y aurait lieu d'accorder une partie du mérite à ce responsable.

6. *Apprendre de ses succès et les diffuser.* L'entreprise doit constituer une banque de cas vécus et la transmettre au gestionnaire de la formation. Dans le cas où l'organisation dispose de plusieurs unités de servuction (multisites), l'information pourrait être diffusée par le journal interne.

11.2 LES CARTES-COMMENTAIRES

Les cartes-commentaires sont les petites fiches qu'on trouve dans la plupart des restaurants et des hôtels. Malgré leur popularité, il n'existe que très peu de documentation à ce sujet.

Les clients utilisent ces cartes pour exprimer leur opinion sur la qualité des services reçus. Leur utilisation procure aux entreprises au moins cinq avantages :

- Elles permettent d'offrir un dédommagement aux clients insatisfaits qui ont inscrit leurs coordonnées. D'ailleurs, lorsqu'un client prend la peine d'indiquer son adresse, c'est qu'il attend au moins une lettre d'excuses. Une réponse satisfaisante et rapide augmente les chances de conserver la fidélité de ce client.

- Elles fournissent l'occasion de connaître les réactions de clients insatisfaits, ce qui permet, à court terme, de corriger un défaut et, à long terme, d'améliorer la qualité du service[17].

- Certains clients écrivent des suggestions intéressantes, parfois aisément applicables, qui valent la peine qu'on les considère.

- Si les commentaires sont élogieux, ils doivent être rapportés aux personnes à qui ils s'adressent, car cela constitue une source de motivation importante.

- Enfin, les cartes-commentaires contribuent à donner l'image d'une entreprise qui s'occupe de ses clients. À titre d'exemple, les fiches-commentaires de l'Impériale Esso et des restaurants Da Giovanni s'intitulent : « Aidez-nous à mieux vous servir. »

Afin d'augmenter le taux de réponse aux cartes-commentaires, nous proposons trois moyens :

- *Augmenter l'accessibilité aux cartes-commentaires*. Il ne suffit pas de déposer une pile de cartes près d'un comptoir pour y parvenir ! Dans certains hôtels, le personnel veille plutôt à déposer une fiche d'appréciation sur le mobilier de chacune des chambres. De même, les tables de certains restaurants sont pourvues d'un présentoir spécial. Chez Ponderosa, à la fin du repas, le serveur dépose sur la table un petit napperon circulaire, avec quelques bonbons. D'un côté du napperon, l'établissement exprime ses remerciements ; de l'autre, on trouve une carte-commentaires et les coordonnées du siège social de l'entreprise.

Pour accroître le taux de réponse, le meilleur endroit pour placer les cartes-commentaires tient à trois critères. Tout d'abord, il faut que le client les voie et qu'elles lui soient facilement accessibles ; il est donc nécessaire de choisir un endroit très passant. Puis, il faut que le client ait le temps et la possibilité d'en prendre un exemplaire. Par exemple, si elles sont placées sur un comptoir-caisse, les clients risquent de les ignorer, puisqu'ils ont en main portefeuille, sacs à main et parapluie ! Il faut également prévoir un endroit où le client se sent à l'aise. Si les cartes sont disposées sur le comptoir de réception situé juste en face des préposés au service, cela peut être embarrassant d'en saisir une.

- *Offrir un incitatif ou une compensation à ceux qui remplissent une carte.* Aux motels Budgetel Inns, par exemple, la direction ne recevait qu'une carte par 100 clients. Pour remédier à cette situation, elle a procédé au tirage mensuel d'un téléviseur couleur parmi les répondants. Résultat : le taux de réponse a triplé[18].

- *Prévoir différents types de collecte.* Même si la carte est accessible et pourvue d'un incitatif, le client peut hésiter s'il n'atteint pas une certaine tranquillité d'esprit lorsque vient le temps de la remplir et de la remettre. Les boîtes où le client dépose la carte après l'avoir remplie doivent donc être placées dans des endroits qui respectent l'intimité. Par ailleurs, certains clients apprécient de poster la fiche. Celle-ci pourrait donc être préadressée et préaffranchie.

 **Quelques minutes de réflexion**

- Quels moyens utilisez-vous pour augmenter le taux de réponse aux cartes-commentaires? Serait-il possible de faire mieux à l'aide des idées exposées dans cette section?

11.2.1 L'analyse et l'interprétation des cartes-commentaires

De nombreuses entreprises de services, probablement par souci d'économie, utilisent et interprètent les résultats des cartes-commentaires comme s'il s'agissait de véritables enquêtes. Même si l'informatique permet de compiler les données de ces cartes sur une longue période (par secteur, par franchise, par service, etc.), il faut interpréter les résultats avec précaution, car l'échantillon recueilli n'est pas représentatif. En effet, certaines recherches indiquent que ce sont surtout les personnes réellement insatisfaites, ou à l'opposé, comblées, qui remplissent ces cartes[19]. La majorité silencieuse n'étant pas représentée, l'échantillon s'en trouve biaisé et il devient hasardeux d'évaluer, par exemple, le degré de satisfaction de la clientèle à partir des résultats obtenus. L'approche conseillée, en matière de compilation statistique, est de repérer les tendances durant une longue période[20]. Par exemple, on peut constater que, depuis un mois, les clients relèvent un mauvais accueil, ou que des commentaires positifs affluent à la suite de l'introduction d'un nouveau menu.

11.2.2 Le contenu idéal d'une carte-commentaires

L'objectif des cartes-commentaires est de permettre, d'une part, d'indemniser rapidement les clients insatisfaits et, d'autre part, de rectifier dans les plus brefs délais un système de service qui a probablement été fautif. Cette double mission exige de connaître les coordonnées du client ainsi que la source de son insatisfaction. Une bonne carte-commentaires devrait donc comporter les caractéristiques regroupées au tableau 3.

Tableau 3

Le contenu recommandé d'une carte-commentaires[a]

- Nom et adresse du client avec la mention « Si vous le désirez ». Cela, aux fins de dédommagement ou de remerciement selon les circonstances.

- Services ou produits commandés. À ce sujet, une question ouverte requiert bien moins d'espace que l'élaboration, même partielle, de ce qui est offert. Aussi, en demandant l'heure et la date de la visite, il sera plus aisé de retracer l'élément ou l'individu qui est en cause dans la transaction.

- L'espace alloué pour l'évaluation des services et des produits devrait tenir compte de leur poids relatif.

- Puisque la dimension d'une carte-commentaires est limitée, les questions choisies ne doivent faire référence qu'aux éléments critiques du marché cible. De cette façon, on pourra faire place à une échelle de notation plus nuancée.

- Une question de type « Est-ce que notre publicité reflète la réalité de votre séjour ? »[b] permet de contrôler l'écart 4 du modèle de la qualité des services. Ce contrôle, bien entendu, souffre cependant du problème de non-représentativité inhérent à la méthode.

- Les questions retenues doivent être simples, claires et précises. Si une réponse défavorable n'indique pas explicitement l'élément fautif, la question est inutile et doit être reformulée.

- Deux ou trois questions sur l'identification du répondant sont à suggérer. Dans la restauration, par exemple, l'évaluation de la portion servie pourrait varier suivant le sexe du convive. Aussi, le gestionnaire pourra accorder une plus grande attention aux commentaires des clients qui représentent le plus fidèlement le marché cible visé.

- Un minimum de trois lignes devrait être accordé pour les commentaires et observations du répondant.

- Le temps nécessaire pour remplir une carte-commentaires ne devrait pas excéder cinq minutes.

- Dans le cas d'un établissement franchisé ou faisant partie d'une chaîne, le numéro ou le sceau de celui-ci devra être apposé sur la carte.

- Le client devrait avoir le choix entre poster sa fiche préaffranchie, ou la déposer dans une boîte à commentaires à même l'unité de services.

- Pour qu'une action corrective soit rapidement apportée au service, il est préférable que l'adresse de retour soit celle de l'établissement en cause et non celle du siège social de l'organisation.

Sources :   *a* : Certains de ces éléments ont été développés dans le cadre du cours de Eisenhower C. Étienne : « Gestion des opérations ; les entreprises de service », École des hautes études commerciales, Montréal, Code 3-505-84.

  b : Cette question fort pertinente est tirée de la carte-commentaires du restaurant-auberge Chez Girard, situé à Sainte-Agathe-des-Monts, Québec.

Il est important de noter que ces fiches-commentaires visent à améliorer la fréquence et l'efficacité de la communication entre les consommateurs et les entreprises. Afin d'atteindre cet objectif avec plus de succès, certaines entreprises ont adopté les lignes d'appels sans frais de type 800. La firme Whirlpool fut la pionnière en ce domaine en introduisant un tel système dès 1969 pour le service après-vente[21]. Aujourd'hui, nombre d'entreprises de services comptent sur une ligne 800. Toutefois, la mise en place d'un service téléphonique ne porte fruit que s'il répond à certaines exigences. Par exemple, le client s'attend à ce que l'employé au bout du fil connaisse les services et rouages de l'organisation et qu'il utilise un langage clair. La formation de ces représentants est non seulement souhaitable mais indispensable (voir les sections 7.2 et 8.2).

Les cartes-commentaires et les lignes sans frais sont des outils avant-gardistes, en comparaison de la simple gestion des plaintes et des compliments. Plutôt que d'attendre passivement les réactions et les commentaires des clients, on crée des occasions de communication. Ces outils possèdent le mérite d'être aisément applicables dans bon nombre d'organisations prestataires de services et même de services après-vente.

- Évaluez le contenu de votre carte-commentaires en vous servant des recommandations exposées au tableau 3.
- Observez le contenu des cartes-commentaires de vos principaux concurrents. Si la carte de votre entreprise est en tous points semblable à celle de l'un de vos concurrents, il y a lieu de vous interroger sur les facteurs qui *distinguent* vos services des leurs...

11.3 LE SUIVI DE L'ACHAT

Contrairement aux deux sections précédentes, où les clients partagent leurs opinions sous une base volontaire, l'entreprise prend cette fois l'initiative d'aller au-devant des consommateurs, en s'informant de ces derniers et en donnant de ses nouvelles, le tout d'une façon beaucoup plus systématique et rigoureuse.

Cette démarche est particulièrement intéressante lorsqu'il est difficile ou impossible de juger immédiatement de la qualité finale du service rendu. Les dentistes et les chirurgiens, par exemple, ne peuvent pas toujours connaître le succès de leur prestation avant que quelques heures, voire quelques jours, ne se soient écoulés.

- Les cabinets où sont offerts des services professionnels disposent habituellement d'un fichier-client. Si cela concerne votre organisation, dans quelle mesure exploitez-vous ce fichier afin de suivre l'achat?

11.3.1 Quelques objectifs du suivi de l'achat

Ces contacts systématisés permettent d'atteindre plusieurs types d'objectifs. En plus de ceux énumérés dans les pages précédentes, c'est-

à-dire **dédommager les clients insatisfaits** et **rectifier le service**, mentionnons les objectifs additionnels suivants :

- *Réduire la dissonance cognitive des clients*[22]. Pour les services comme
  pour les produits, un client peut douter du bien-fondé de ses choix
  (par exemple : Ce garagiste est-il digne de confiance ? Les réparations proposées sont-elles vraiment pertinentes ?). Cette incertitude
  est particulièrement susceptible de se produire à la suite de l'achat
  d'un service avant-besoin, ou encore, lorsque le client s'engage dans
  de multiples rencontres avec un prestataire de services professionnels. Les gestionnaires de marketing doivent donc rassurer leurs
  clients, les ramener en état d'équilibre, c'est-à-dire en état de **consonance cognitive**. Pour y parvenir, ils ne doivent pas hésiter à faire
  usage de félicitations, d'appui et de renforcement à l'endroit de
  leurs clients.

- *Maintenir la relation vendeur/acheteur.* La relation vendeur/acheteur
  peut être de longue durée, particulièrement pour les services indus-
  triels. Le tableau 4 illustre les divergences d'intérêt qui existent
  entre les deux parties et les conséquences fâcheuses qu'entraîne
  l'indifférence du vendeur. Afin de construire des liens de longue
  durée, il est important pour le vendeur de faire régulièrement le
  point sur ses relations avec le client. Il doit vérifier si celles-ci pro-
  gressent ou se détériorent, si les engagements sont respectés dans
  leur totalité et si rien n'est négligé. Il doit également évaluer sa
  position par rapport à ses concurrents[23].

Ces exercices de relation commerciale, aussi fastidieux soient-ils,
consolident la vente et contribuent à guider l'acheteur pour son
prochain achat[24]. En fait, l'entreprise a le choix entre offrir de bons
services et maintenir ses relations, ou être constamment à l'affût
de nouveaux clients.

Tableau 4		
La relation vendeur/acheteur		
Étapes de la vente	**Vendeur**	**Acheteur**
1 Avant	Espoirs réels	Vague intérêt
2 Pendant	Impatient et empressé	Vigilant et plein d'espoir
3 Vente	*Mission accomplie*	Attend les résultats
4 Après	Son attention se porte ailleurs	*Je suis là !*
5 Longtemps après	Indifférent	*Ne pouvez-vous pas mieux faire ?*
6 Prochaine vente	*Une autre ?*	*Vraiment ?*

Source : Theodore Levitt, « Après la vente... », *Harvard-L'Expansion*, n° 34, automne 1984, p. 25.

- *Démontrer la valeur des services offerts.* Selon Levitt, pour conserver un client qui achète des biens immatériels, il est important de lui rappeler régulièrement ce qu'il obtient de l'entreprise, de sorte qu'aucun incident ne prenne une importance démesurée[25]. Cela est particulièrement valable en ce qui concerne les services invisibles offerts sur une base continuelle. Il n'est pas souhaitable pour un courtier d'assurances, par exemple, de donner signe de vie uniquement lorsque vient le temps de renouveler le contrat.

- *Manifester sa présence dans l'espoir d'augmenter la fréquence de visite.* Nombre d'entreprises de services prennent l'habitude d'entrer en relation régulièrement avec leurs clients. Ce type de suivi de l'achat a comme objectif de susciter davantage de consommation. Depuis un certain nombre d'années, par exemple, de nombreuses organisations expédient des cartes de Noël. Bien que ces cartes ne comportent d'ordinaire ni promotion ni incitatif, elles contribuent à développer une relation avec le client.

11.3.2 Les outils permettant de suivre l'achat

Les entreprises joignent habituellement leurs clients par l'entremise du courrier ou du téléphone. À propos du courrier, Eldon Wirtz et Kenneth Miller ont réalisé une étude fort intéressante en collaboration avec Valley TV, un commerce de détail situé à Alamogordo dans l'État du Nouveau-Mexique[26]. Ils ont d'abord envoyé une lettre personnalisée à des clients qui venaient d'acheter un téléviseur (voir le tableau 5).

Tableau 5

Lettre envoyée aux clients de Valley TV

Dear (customer),

THANK YOU for your recent purchase of a Quasar Television from our store. Your decision to buy a Quasar was indeed a wise one. Quasar is a leader in the TV industry, because of their technical expertise, wide range of styling and expert workmanship. You may expect many years of enjoyable viewing with this set.

We want to take this opportunity to remind you that VALLEY TV stands behind its merchandise and our store is ready and able to provide any servicing your set may require. We are a small family-owned business who takes pride in giving personal service to our customers. If you have a question or any problems with your TV, just pick up the phone and give us a call.

Again from all of us at VALLEY TV, THANKS.

Owner-Manager

Source : Eldon M. Wirtz et Kenneth E. Miller, « The Effect of Postpurchase Communication on Consumer Satisfaction and on Consumer Recommendation of the Retailer », *Journal of Retailing*, vol. 53, n° 2, été 1977, p. 40-41.

Quelques jours plus tard, on a effectué des interviews auprès d'acheteurs qui avaient reçu une lettre et d'autres à qui l'on n'avait rien envoyé. Les résultats : des écarts significatifs entre le groupe testé et le groupe contrôle. Parmi ces résultats, il est fascinant de noter que ceux qui ont reçu la lettre se sont déclarés davantage satisfaits de leur achat et plus enclins à recommander Valley TV à leurs proches et amis.

Une expérience semblable, mais par le biais du téléphone, s'est déroulée chez M&M Jewelers, un petit bijoutier indépendant de New Braunfels au Texas. L'étude visait à déterminer si un renforcement positif auprès des clients pouvait accroître le chiffre d'affaires du commerce. On partagea 400 clients en trois groupes. On téléphona aux personnes du premier groupe pour les remercier de leur encouragement ; on appela et remercia également celles du deuxième groupe, mais on les avisa d'une vente spéciale ; celles du troisième groupe furent utilisées comme groupe contrôle et ne reçurent aucun appel[27].

Les résultats furent impressionnants. Même si les ventes de l'année en cours étaient à la baisse, les ventes du mois courant bondirent de 27 % par rapport à celles de l'année précédente. Près de 70 % de la hausse fut attribuable aux membres du premier groupe. Les achats par les clients du groupe contrôle demeurèrent inchangés et, apparemment, le message à l'endroit du deuxième groupe fut perçu plutôt comme un geste promotionnel qu'une simple appréciation.

Une troisième étude relative aux communications posttransactionnelles a été réalisée avec la coopération d'un grand magasin de la région métropolitaine de Detroit. Les personnes ayant récemment acquis un réfrigérateur furent classées en trois groupes : un groupe contrôle, un groupe dans lequel les sujets reçurent une lettre et un autre dans lequel les sujets reçurent un appel téléphonique. Dans cette étude, la lettre et l'appel comportaient le même message. Il s'agissait de remercier le client, et surtout de le rassurer au sujet du magasin et du modèle d'appareil choisi.

Quelques jours plus tard, on effectua des interviews pour déterminer l'effet de ces communications. Les résultats de la lettre furent positifs, contrairement à ceux des appels téléphoniques. Pis encore, comparativement aux personnes du groupe contrôle, les membres du groupe ayant reçu l'appel téléphonique ont eu davantage de dissonance cognitive, avaient des attitudes moins favorables envers le magasin et présentaient des intentions d'achats moins élevées. L'appel en question fut à la fois inefficace et même contre-productif[28]. En guise d'explication, l'auteur de l'étude avance que les appels téléphoniques ont probablement dérangé les gens à un moment inopportun. De plus, il précise que certaines personnes interprètent ces appels comme étant une tactique de vente. Il conseille donc aux détaillants et fabricants d'être très prudents avant d'entreprendre un programme destiné à réduire la dissonance de leurs clients.

Compte tenu des résultats de ces études, nous croyons que les appels téléphoniques auprès des clients devraient être utilisés de nouveau uniquement si l'on souhaite s'enquérir du degré de leur satisfaction. Ce type de contact est à la fois rapide et bidirectionnel, l'objectif est simple et il demeure possible de prendre immédiatement des mesures correctives, advenant qu'il y ait eu erreur dans la prestation du service. L'envoi d'une lettre semble l'outil le plus approprié pour réduire la dissonance du client, démontrer la valeur du service offert ou manifester sa présence.

Les lettres et les appels ne sont pas les seules façons de rejoindre systématiquement les clients. Hydro-Québec, par exemple, a offert gratuitement, de décembre 1990 à l'hiver 1994, un magazine trimestriel portant sur l'efficacité énergétique. L'entreprise a renouvelé l'expérience à partir de novembre 1996 avec le *Bulletin HydroContact*: plus petit et moins coûteux, il est publié bimestriellement et se révèle aussi efficace sur le plan du marketing. Bien que l'intention première soit reliée à l'éducation de la clientèle, ces publications permettent d'accroître la visibilité de l'entreprise.

Theodore Levitt offre également plusieurs suggestions afin d'améliorer les relations entre l'entreprise et ses clients. Parmi celles-ci, mentionnons l'envoi régulier d'un rapport de mise à jour et les visites éclair chez les clients[29].

11.4 LE QUESTIONNAIRE D'ENQUÊTE

Comme nous l'avons vu, les lettres de plaintes, les cartes-commentaires et les appels des clients ne permettent pas d'évaluer à sa juste mesure le taux de satisfaction des consommateurs. De l'avis de nombreux théoriciens, le questionnaire, au contraire, est l'un des meilleurs outils de contrôle réactif de la gestion de la qualité, en raison de son caractère structuré, systématique et scientifique. Voilà pourquoi les résultats obtenus à l'aide d'un questionnaire s'avèrent généralement fort différents des résultats obtenus par la compilation des plaintes. À ce sujet, Jacques Horovitz mentionne l'exemple d'une entreprise qui évaluait auprès de tous ses clients le service rendu, au moyen d'un questionnaire, envoyé à domicile. Environ 30 % de ses clients répondaient, et le taux d'insatisfaction était de 20 %. Pourtant, si l'entreprise s'était limitée aux lettres envoyées spontanément par les clients, elle aurait compté un taux d'insatisfaction de 1 %, soit 3 500 lettres par an pour 350 000 clients[30].

Les entreprises qui reconnaissent depuis plusieurs années les vertus de l'approche marketing savent tirer parti du questionnaire ; elles effectuent systématiquement et fréquemment des enquêtes sur la qualité de leurs services. L'exemple de la compagnie Swissair est éloquent. Cette compagnie donne à ses passagers un questionnaire sur le service à l'aéroport : il porte sur l'enregistrement (accueil, informations, installations), l'heure du décollage, le service des renseignements et l'assistance en cas de retard. Une enquête mensuelle à bord auprès de 8 000 passagers (22 par vol) complète l'évaluation de la performance du service à bord[31].

Quelques minutes de réflexion

• Le questionnaire est le meilleur moyen de satisfaire l'écart 1 du modèle de la qualité des services. Votre entreprise effectue-t-elle régulièrement des sondages ? Sinon, pourquoi ? Si oui, dans quelle mesure utilisez-vous les résultats ?

11.4.1 Les objectifs et le contenu du questionnaire d'enquête

Le questionnaire se compare, grossièrement, au *suivi de l'achat*, sauf que les questions sont plus nombreuses, plus détaillées et de nature plus fermées. Selon Garfein, les objectifs d'une enquête de ce genre devraient être les suivants[32] :

- mesurer les perceptions et la satisfaction des clients[33] ;

- mesurer les changements d'attitudes à l'égard de l'entreprise à la suite d'une expérience de service ;

- mesurer l'intention d'achat et, si possible, les nouveaux achats de la clientèle[34].

L'emploi du questionnaire devrait fournir aux gestionnaires des renseignements pertinents. En premier lieu, à la suite de la livraison d'un service auprès d'un certain groupe de clients, il devrait être possible d'estimer la fréquence de réachat de ceux-ci. En deuxième lieu, l'entreprise devrait être en mesure d'adopter des décisions plus éclairées en ce qui concerne les allocations de ressources, les standards, les politiques de service à la clientèle, les procédures et les programmes de formation. En troisième lieu, le caractère dynamique de ces enquêtes devrait permettre de tester diverses solutions de rechange, en ce qui concerne le service. Par exemple, on pourra soumettre la moitié d'un groupe de clients à un niveau de service et l'autre moitié à un niveau différent. Par après, le degré respectif de satisfaction des deux groupes devrait être testé par voie d'enquête[35].

11.4.2 Les avantages et les inconvénients du questionnaire

Il est normal de s'interroger sur la perception des clients à l'endroit des services offerts. Dans nombre d'organisations, l'emploi du questionnaire est d'ailleurs la norme et non l'exception. Selon Bro Uttal, la plupart des compagnies reconnues pour leur qualité de service n'utilisent les cartes-commentaires et les lignes téléphoniques sans frais qu'à titre de suppléments aux enquêtes effectuées sur une base régulière[36].

Dans le tableau 6, nous présentons les principaux avantages et inconvénients du questionnaire comme outil de contrôle réactif de la qualité. De façon générale, cet outil est apprécié pour sa précision. Les résultats obtenus par le questionnaire devraient permettre aux dirigeants d'ajuster leur offre de services en fonction des attentes exprimées par la clientèle.

Toutefois, il s'agit d'une technique complexe. Pour obtenir des résultats fidèles et valides, on doit prendre de multiples précautions. Si les grandes firmes disposent généralement d'une équipe de spécialistes en la matière, les plus petites, quant à elles, devraient faire appel à des consultants externes.

Tableau 6

Les avantages et les inconvénients du questionnaire

AVANTAGES

- Conforme à l'approche marketing.

- Lorsque bien appliqué, les résultats sont représentatifs de l'ensemble des clients à l'étude.

- Source d'information inestimable.

- Augmente les chances de succès des décisions managériales.

- Selon son ampleur, peut être appliqué sur une base mensuelle ou trimestrielle.

- Il est possible d'obtenir des données à même l'aire de service, sans pour cela trop contrarier les clients.

INCONVÉNIENTS

- Les enquêtes ne sont valables que si la méthodologie suivie est logique. Bon nombre de gens peuvent faire des études, mais peu d'entre eux obtiennent réellement des résultats fidèles et valides.

- La mise au point d'un bon questionnaire demande une grande expertise.

- Dans certains établissements de services (par exemple, un restaurant indépendant), les enquêtes sont pratiquement inapplicables, car leur coût est souvent trop élevé compte tenu des ressources disponibles.

11.5 L'INSPECTION

Le terme *inspection* n'est guère prisé. Il a une connotation négative : il suppose audience, entrevue, contrôle, examen, expertise, fouille, ronde, descente et perquisition ! Malgré cette réputation, l'inspection constitue une excellente méthode de contrôle pour les entreprises de services.

Tout d'abord, et contrairement aux cartes-commentaires, l'inspection ne requiert pas la participation du client. Ainsi, au lieu de se contenter de recueillir les éloges des gens ravis et les réprimandes des mécontents, la méthode de l'inspection est appliquée systématiquement et régulièrement, ce qui lui confère une représentativité supérieure. Deuxièmement, l'utilisation adéquate de l'inspection crée un climat propice à stimuler les troupes. En effet, bon nombre d'entreprises exercent périodiquement des inspections dans leurs unités de services et les gérants et employés connaissent fort bien les conséquences d'une bonne ou d'une mauvaise évaluation. À quoi bon, d'ailleurs, établir des standards précis et mesurables si personne ne s'assure de leur mise en application ? Enfin, l'inspection est une technique d'auto-évaluation pour l'entreprise. En suivant au fil du temps la qualité réelle du service offert, l'entreprise se crée une base de référence fort utile lorsque vient le moment d'interpréter les causes de satisfaction ou d'insatisfaction de la clientèle. En ce sens, il est avantageux d'employer l'inspection de façon complémentaire aux autres techniques présentées dans ce chapitre.

11.5.1 Les types d'inspecteurs marketing

Comme l'inspecteur financier, l'**inspecteur marketing** doit se déplacer d'unité de servuction en unité de servuction. Dans chacune d'elles, sa tâche est d'évaluer si les standards de qualité préalablement établis sont respectés. Rappelons-le, ces standards ont trait au contenu de l'offre de services, au respect de la politique de prix, à la distribution et à la communication, au système de livraison des services, au personnel ou aux évidences physiques, donc à toutes les variables « P » relatives au marketing de services. Puisqu'ils sont souvent quantitatifs et aisément mesurables, les standards facilitent l'ouvrage de l'inspecteur et laissent moins de place à l'interprétation subjective. Un coup d'œil chez American Airlines permet de constater le sérieux de l'organisation en matière de contrôle de la qualité.

> La prochaine fois que vous utiliserez les services de la compagnie American Airlines, peut-être remarquerez-vous la présence d'un homme muni d'un chronomètre et d'un cartable près des comptoirs. Il est là afin de surveiller combien de temps il vous faudra patienter avant d'obtenir un billet — selon le standard de l'entreprise, le temps d'attente ne devrait pas dépasser 5 minutes pour 85 % des passagers. Lorsque l'avion atterrit, peut-être remarquerez-vous un autre inspecteur dont la tâche consiste à mesurer le temps nécessaire pour sortir les bagages de l'appareil.

> Les employés de la compagnie American Airlines sont constamment surveillés et doivent respecter des douzaines de standards. Par exemple, on doit répondre aux appels pour une réservation dans les 20 secondes, 85 % des vols doivent décoller dans les 5 minutes suivant l'heure de départ et atterrir avec 15 minutes de retard tout au plus. Chaque avion doit posséder suffisamment de magazines et de journaux. Enfin, des comptes rendus mensuels doivent informer les dirigeants du succès de l'entreprise et des principales sources de problèmes[37].

L'organisation prestataire de services peut utiliser deux types d'inspecteurs marketing. Le premier type est constitué d'employés de l'entreprise, et le second fait appel à des acheteurs secrets ne faisant pas partie de l'organisation. Habituellement, les grandes firmes, offrant des services dans plusieurs succursales, ont recours au premier type d'inspecteurs, puisqu'elles disposent de leur propre équipe de contrôleurs. Ces derniers ont reçu une bonne formation et connaissent la façon d'évaluer une unité de services. Ces inspecteurs sont employés dans la majorité des compagnies pétrolières ainsi que dans plusieurs chaînes d'hôtels et de restaurants à service rapide.

Encadré 3

Les inspections peuvent aussi être coordonnées en fonction des plaintes

Médecins sous surveillance

Dès septembre 1997, en France, les généralistes qui font l'objet de plaintes de la part de leurs patients seront mis à l'épreuve : ils pourront recevoir la visite de comédiens ou de volontaires jouant les malades en présence d'un observateur. Si leur diagnostic est incorrect ou que les médicaments prescrits sont inappropriés, ils recevront une sanction disciplinaire.

— *L'Actualité médicale*, 6 novembre 1996, Québec

Source : *Protégez-vous*, mai 1997, p. 48.

Les inspecteurs à la pige peuvent être employés par des organisations plus modestes. Ces clients secrets se présentent au hasard dans les commerces et exigent divers services afin de tester le système. Ils mesurent et rapportent la qualité du service obtenu à l'aide d'une fiche d'évaluation. Certaines grandes entreprises préfèrent également utiliser les services d'une firme spécialisée en ce domaine. La Société des alcools du Québec, par exemple, a recours depuis quelques années à la firme Ténox. Les résultats des inspections reflètent les efforts accomplis, puisque la note moyenne de la SAQ est passée de 71 % en 1991 à 89,6 % en 1996[38].

Les petites organisations, qui ne disposent pas des ressources humaines ou financières pour effectuer de telles inspections, ne sont cependant pas en reste. Le propriétaire indépendant d'un dépanneur ou d'un restaurant, par exemple, peut faire appel à quelques-unes de ses connaissances pour visiter l'entreprise en secret. En ce cas, il doit expliquer attentivement la façon dont il faut remplir la fiche d'évaluation.

Peu importe le statut de l'inspecteur, les chances de succès du programme seront meilleures si les visites s'effectuent à l'improviste. Le fait de connaître à l'avance la venue éventuelle d'un contrôleur peut provoquer un véritable branle-bas de combat, de telle sorte que les résultats de l'inspection sont surévalués. Il est également préférable que le personnel en contact ne puisse reconnaître les inspecteurs, quels qu'ils soient. Ainsi, les employés agissent de façon naturelle et ne peuvent imputer leur succès ou leurs erreurs à la visite de l'inspecteur.

Lorsqu'on utilise des inspecteurs à la pige, on doit prendre une précaution supplémentaire. Puisque ceux-ci ne sont pas familiers avec le secteur de service qu'ils inspectent, l'on doit éviter qu'ils se consultent l'un l'autre. Cela peut entraîner une uniformité dans les résultats des évaluations[39].

Quelques minutes de réflexion

• Comparez les résultats des inspections au taux de satisfaction des clients recueilli au moyen de sondages. Si les notes d'inspection sont en hausse, mais que vos clients n'y voient aucune différence, il y a lieu de vous poser des questions sur la pertinence des standards sélectionnés !

11.5.2 La fiche d'évaluation

Afin d'évaluer le respect des standards et de mesurer, au fil du temps, les variations dans le degré de qualité du service rendu, il est nécessaire d'élaborer une fiche d'évaluation, également appelée « feuille d'inspection » ou « rapport d'évaluation ». Selon Franco Grasso et Jean Saine, la fiche d'évaluation doit permettre de différencier deux établissements offrant une qualité de service différente ; c'est ce qui est appelé le *pouvoir discriminant* de la fiche. Cette fiche doit également faire preuve d'un *pouvoir de reproductibilité* : cet objectif est atteint lorsque deux individus différents font sensiblement la même évaluation des services d'un établissement donné[40].

Il est impossible de préciser le contenu de la fiche d'évaluation idéale, car cela dépend du type de service offert. Toutefois, elle devrait comprendre les principaux éléments suivants :

- une partie réservée aux renseignements généraux (nom de l'inspecteur, date, heure, nom du préposé au service, etc.) ;

- une colonne indiquant les standards à respecter ;

- une section servant à inscrire les résultats obtenus ;

- une colonne de pointage afin d'attribuer des notes ;

- une dernière partie réservée pour les recommandations de l'inspecteur.

Si l'on veut que la méthode de l'inspection soit efficace, les résultats de l'inspection doivent être associés à des récompenses ou à des pénalités. La responsabilité et les conséquences de ces résultats incombent soit au responsable de l'unité de services, soit aux employés en place, selon l'entreprise, le jour et l'heure de l'inspection ou tout autre facteur retenu. De plus amples détails sur les systèmes d'évaluation et de récompenses vous ont été soumis à la section 8.3.

Quelques minutes de réflexion

- La pondération des standards de votre fiche d'évaluation est-elle représentative des priorités de votre clientèle ?
- Savez-vous que la pondération des standards envoie un message sans équivoque au personnel de contact de l'organisation ?

11.6 LES RÉCOMPENSES ET LES PÉNALITÉS EXTERNES

Il existe un autre type d'évaluation auquel les entreprises ne peuvent échapper. Il s'agit des évaluateurs externes que sont les médias, les inspecteurs gouvernementaux, les journalistes et les spécialistes en consommation. Que l'entreprise évalue ou non son propre service, d'autres se chargeront tôt ou tard de le faire et en diffuseront les résultats. Par exemple, dans les journaux, il est commun de retrouver diverses chroniques sur la restauration et sur les voyages. Les lecteurs constatent alors que certains restaurateurs négligent la salubrité de leurs installations et sont poursuivis en justice. À l'inverse, certains restaurateurs reçoivent des éloges sur leur fine cuisine et leur service hors pair. Il en va de même dans l'industrie du transport. Chaque année, des transporteurs aériens remportent des prix, alors que d'autres essuient régulièrement les foudres des chroniqueurs et des clients mécontents.

Encadré 4

La qualité des services de nombreuses entreprises figure souvent dans les journaux et revues spécialisées

Un coin de paix gourmand

Le Vrai Chablis est un charmant restaurant dans une jolie petite maison de la belle banlieue. Quand on y entre, on a l'impression d'être transporté dans une petite auberge de province française. Ce n'est certainement pas pour rien que l'enseigne porte le nom de Vrai Chablis. La maison est celle d'un cuisinier qui habite là avec sa famille. Un cuisinier qui vient... de Chablis.

Sous les arbres et sous les parasols, la terrasse a le charme des vacances. On peut y prendre l'apéritif. On peut s'y attabler. Mais ce serait dommage de ne pas aller faire un petit tour à l'intérieur. Là, tout n'est que tranquillité, aussi bien dans le décor, dans le mobilier que dans le style du service, un service professionnel et qui a le temps d'être aux petits soins. Les asperges étaient au menu, les vertes autant que les blanches. Ces dernières ont le charme des denrées rares. Déployées en éventail, accompagnées d'une sauce mousseline d'une délicatesse aérienne, elles composaient une entrée chaude raffinée.

En entrée froide, le fondant de ris de veau avait autant d'élégance et de délicatesse, coupé en deux tranches fines couchées sur l'assiette, accompagné d'une sauce fraîche parfumée à la ciboulette. Le cheval ne court pas les cartes de restaurant. Cette belle viande rouge a pourtant des attraits. Le Vrai Chablis la servait en faux filet et l'accompagnait d'une sauce assez corsée, pour faire contrepoids à la douceur un peu sucrée de cette chair. Quel beau poisson, dans l'assiette, que la morue fraîche !

Elle est devenue rare. Le saumon d'élevage l'a remplacée. On finira peut-être par l'élever dans nos eaux, elle aussi. Servie maître d'hôtel, se détachant en beaux copeaux miroitants, elle avait toutes les qualités.

Au dessert, les sorbets étaient de vrais sorbets, à peine sucrés, faits de vrais fruits et gardant tout le parfum des framboises, du cassis. Sur un fond d'assiette joliment décorée, servi en deux tranches fines qui permettaient d'apprécier le biscuit autant que le chocolat, le Palais Royal terminait le repas sur une note claire.

Le Vrai Chablis propose un plateau de fromages aussi simple que bien composé. C'est la meilleure façon de finir une bouteille de vin et d'étirer le temps. La maison s'y prête bien et le pain de la corbeille est bon.

Ce restaurant honore les vins de Chablis et les sert dans des verres qui leur sont réservés.

LE VRAI CHABLIS
52, rue Aberdeen
SAINT-LAMBERT
(450) 465-2795

Asperges blanches, sauce mousseline
Fondant de ris de veau
Faux filet de cheval aux cinq poivres
Morue maître d'hôtel
Palais Royal
Trio de sorbets
Cafés

Menu pour deux, avant vin, taxes et services : 40 $

Source : Adapté de Françoise Kayler, *La Presse*, Montréal, 6 juillet 1996, p. D16.

Les critiques et les journalistes spécialisés sont des leaders d'opinion ayant le pouvoir d'afficher au grand jour l'expérience qu'ils ont vécue ; l'organisation a donc intérêt à bien les repérer. Selon Michael Haywood, le gestionnaire a la tâche de vérifier la véracité du reportage. En ce sens, les médias doivent être encouragés à engager des journalistes qualifiés. Dans la mesure du possible, le gestionnaire doit veiller à ce que les critiques fassent plus d'une visite pour appuyer leur évaluation et qu'ils tiennent compte du type de clientèle visée par l'organisation[41].

Encadré 5

Toutes ces entreprises peuvent mettre en valeur leur prix fort bien mérité

Prix d'excellence du tourisme à Normand Legault

Le prix de l'excellence des Grands Prix du tourisme québécois a été décerné à Normand Legault, président-directeur général du Grand Prix de Formule 1 du Canada, en raison des énormes retombées suscitées par l'événement qui attire plus de 288 000 personnes et entraîne des retombées de l'ordre de 50 millions de dollars.

Les Grands Prix du tourisme québécois 1997 ont été remis vendredi dernier à Hull pour couronner les réalisations exceptionnelles en matière de tourisme.

Le prix spécial du jury a été attribué à l'hôtel Holiday Inn Saguenay, à Jonquière, pour l'excellence et le souci du détail du service qui y est offert.

Le prix de l'accueil et du service à la clientèle Desjardins a été remis au Centre Sheraton de Montréal, un des modèles de la chaîne internationale à laquelle il appartient.

Le prix du développement touristique Hydro-Québec a été accordé au golf Le Géant, à Mont-Tremblant, qui, dès sa première année d'activité, a connu une fréquentation élevée et a engendré des retombées économiques de 5,5 millions de dollars dans l'économie régionale.

Le prix de l'entreprise publique a été adjugé à la Ville de Rivière-du-Loup qui, en période d'austérité, a investi près de 8 millions de dollars dans le réaménagement de deux endroits à fort potentiel touristique, les parcs de la Pointe et de la Chute. [...]

Source : Adapté de Presse Canadienne de Hull, *La Presse*, Montréal, 10 mai 1997, p. H11.

Les gestionnaires considèrent généralement les **récompenses externes** comme une arme supplémentaire dans leur matériel promotionnel. Le restaurateur, par exemple, est ravi d'obtenir une critique élogieuse dans le journal, est enchanté de remporter un prix ou de figurer dans un guide de bonnes tables. Les organisations sont fières d'afficher leurs trophées. Néanmoins, peu d'entre elles s'interrogent sur l'effet de ces récompenses sur les clients. En effet, certains honneurs représentent de grandes sources de motivation et de fierté pour le personnel de l'entreprise, mais restent méconnus du grand public. Ainsi, lorsque l'entreprise expose un trophée ou le certificat d'un prix méconnu, il y aurait avantage à l'accompagner d'une notice explicative afin de renseigner la clientèle. D'autres récompenses externes, à l'inverse, ne stimulent guère les troupes, mais sont reconnues et valorisées par le marché cible. Certains garages, par exemple, sont recommandés depuis plusieurs années par le CAA. Puisque cet organisme jouit d'une grande notoriété, le propriétaire devrait prendre les moyens pour mettre en valeur cette certification.

Les récompenses externes constituent de véritables publicités gratuites. Elles ont le pouvoir d'influer sur les attitudes et les comportements de la clientèle. Roger Callan, un chercheur britannique, a tenté de mesurer cet effet. Son analyse porta sur 62 petits hôtels, munis de 8 à 25 chambres, tous récipiendaires d'au moins un prix, le British Tourist Authority (BTA) Commendation. Dans son questionnaire, Callan a demandé aux répondants d'estimer le pourcentage de nuitées obtenues grâce à leur prix. Il semble clair que, pour un bon nombre d'hôteliers, une partie significative de leur chiffre d'affaires est attribuable à l'obtention de ce prix ou de ces prix[42].

Dans les cas où l'entreprise fait, au contraire, les frais d'une **pénalité externe**, la démarche est fort différente. Par exemple, advenant la parution d'un reportage non fondé ou injuste, les gestionnaires pourraient décider de l'ignorer s'ils croient que la critique n'aura pas d'effet sur la clientèle. Si les gestionnaires décident qu'une réplique est de mise, cette dernière devra être juste et objective pour avoir un effet sur les clients[43].

Encadré 6

... mais lorsque le reportage semble fondé, imaginez les conséquences sur le chiffre d'affaires !

Tomates au jus de poisson

Du jus de poisson cru dégouttant dans des tomates tranchées ; des raviolis farcis au fromage entreposés dans un réfrigérateur dont la température était de 16 degrés ; des restes de pommes de terre moisies dans une trancheuse et des appareils de cuisson entièrement recouverts d'une épaisse couche d'aliments calcinés, voilà un aperçu seulement du tableau qui s'offrait aux inspecteurs de la CUM lorsqu'ils se sont présentés, le 3 septembre 1996, au **Restaurant Del-Rey** du 1455, rue Peel. Hier matin, le juge Jean-Pierre Bessette, de la cour municipale de Montréal, a condamné la compagnie à numéros propriétaire du restaurant de 186 places et de 15 employés à une amende totale de 3700 $.

Selon les rapports des fonctionnaires du service de l'environnement de la Communauté urbaine de Montréal, division des aliments, qui ont été déposés en preuve devant la cour, les raviolis et les tomates ont été confisqués par les inspecteurs. Le rapport précise que le plancher de la cuisine était sale sur toute sa surface et qu'il y avait une accumulation de débris d'aliments sous les appareils. Toutes les tables de travail ainsi que les planches à découper étaient noircies et les tablettes d'entreposage étaient collantes, graisseuses et poussiéreuses. Les contenants à ustensiles étaient crasseux, collants et gommés.

Toujours d'après le rapport des inspecteurs, le préposé au nettoyage du tranchoir angulaire ne savait pas comment démonter l'appareil pour le nettoyer, malgré le fait que cet appareil était recouvert d'une croûte d'aliments séchés. [...]

Source : Adapté de Raymond Gervais, *La Presse*, Montréal, 27 octobre 1997, p. A13.

- De quelles façons exploitez-vous les récompenses externes obtenues par votre organisation ?
- Que ferez-vous si l'un de vos employés vous avise à la hâte qu'il a reconnu un journaliste susceptible d'écrire une critique sur votre établissement ? Devez-vous vous contenter d'agir comme si de rien n'était ? Pensez *d'avance* à cette éventualité et inscrivez l'approche préconisée dans votre Répertoire de cas d'espèces (voir la section 5.2.1).

CONCLUSION

Nous avons présenté dans ce chapitre deux familles de techniques de contrôle réactif de la qualité. D'une part, certaines techniques nécessitent la participation des clients ; cela permet de déterminer la performance de l'entreprise quant à la qualité des services offerts. D'autre part, la technique dite de l'inspection procède à l'inverse, puisqu'elle exige de l'entreprise une auto-évaluation. Quelle est la meilleure approche ?

Certains gestionnaires croient que l'inspection est plus simple et moins coûteuse que de s'en remettre sans cesse à l'opinion subjective des clients. À notre avis, il y a du vrai et du faux dans cet argument. Bien entendu, il est rassurant d'avoir recours à des évaluateurs formés, car cela crée l'impression que l'on maîtrise le système. Cependant, l'usage de cette technique comporte le risque, à moyen ou à long terme, que l'on s'enlise dans les normes, au point que celles-ci ne reflètent plus les exigences des clients du marché cible. Les gestionnaires qui privilégient l'inspection devront donc, tôt ou tard, s'informer directement de l'avis des principaux intéressés.

Chaque approche et chaque méthode comporte des avantages et des inconvénients. L'entreprise doit faire des choix en fonction de ses **croyances**, de ses **compétences** et de ses **ressources**.

La **maturité** de l'organisation, en matière de contrôle réactif, est également un facteur déterminant. En effet, tant et aussi longtemps que le gestionnaire de services n'aura pas assimilé et mis en pratique les vertus de la simple gestion des plaintes et des compliments, il lui sera difficile d'exploiter avec rigueur une technique plus élaborée.

NOTES

1 TAKEUCHI, Hirotaka et John A. QUELCH (1983-1984), « La qualité : un autre problème que fabriquer », *Harvard-L'Expansion*, n° 31, hiver, p. 73-80.

2 PARASURAMAN, A. (1987), « Customer-Oriented Corporate Cultures are Crucial to Services Marketing Success », *The Journal of Services Marketing*, vol. 1, n° 1, été, p. 45.

3 WILKIE, William L. (1986), *Consumer Behavior*, New York, John Wiley & Sons, p. 550.

4 Voir en particulier la figure 6 à la section 4.4.

5 BURNS, Roy (1989), « Customer Service vs Customer Focused », *Retail Control*, vol. 57, n° 3, mars, p. 25-35.

6 VANDERLEEST, Henry et Shaheen BORNA (1988), « A Structured Approach to Handling Customer Complaints », *Retail Control*, vol. 56, n° 8, octobre, p. 14-19. Avant l'implantation d'un tel programme, il est nécessaire de former le personnel en ce qui concerne la réception et la résolution des plaintes. La technique du jeu de rôle semble tout à fait appropriée (William L. Wilkie, *op. cit.*, p. 567).

7 KÉLADA, Joseph (1989), « La qualité : tout le monde y gagne », *Qualité : La revue de la gestion intégrale de la qualité*, vol. 10, n° 1, printemps, p. 10 ; voir aussi REIP, Robert W. (1989), « Make the Most of Customer Complaints », *Productivity Digest*, février, p. 6-7.

8 Ce chercheur est E. Laird Landon. Voir William L. Wilkie, *op. cit.*, p. 562, 563, 581.

9 Technical Assistance Research Programs (TARP), Consumer Complaint Handling in America : Final Report. Washington, D.C., White House Office of Consumer Affairs, 1978.

10 GOODMAN, John (1989), « The Nature of Customer Satisfaction », *Quality Progress*, vol. 22, n° 2, février, p. 38.

11 GOODMAN, John, *op. cit.*, p. 37.

12 Ces règles découlent, entre autres, des conseils de Robert W. Reip, *op. cit.*

13 (1988), « Total Quality Control in Retailing », *Quality Digest*, vol. 8, n° 5, mai, p. 33.

14 ROBINSON, Larry M. et Robert L. BERL « What About Compliments : A Follow Up Study on Customer Complaints and Compliments », *Refining Concepts and Measures of Consumer Satisfaction and Complaining Behavior*, Proceedings of the 4ᵗʰ annual CS/D & CB conference, 3-5 octobre 1979, H. Keith HUNT and Ralph L. DAY, editors (1980), p. 144-148.

15 HOROVITZ, Jacques (1986), « La non-qualité tue », *Harvard-L'Expansion*, n° 41, été, p. 60.

16 HOROVITZ, Jacques, *op. cit.*, p. 60.

17 GRASSO, Franco et Jean SAINE (1980), « La qualité dans les services, une application dans la restauration », *Commerce*, mars, p. 105.

18 STRATTON, Brad (1988), « The Low Cost of Quality Lodging », *Quality Progress*, vol. 21, n° 6, juin, p. 49.

19 UTTAL, Bro (1987), « Companies That Serve You Best », *Fortune*, vol. 116, n° 13, 7 décembre, p. 98-116.

20 KING, Carol A. (1987), « A Framework for a Service Quality Assurance System », *Quality Progress*, vol. 20, n° 9, septembre, p. 27-32.

21 NORRIS, Eileen (1984), « Applying Know-How to Appliances », *Advertising Age*, 30 août, p. 19.

22 Ce paragraphe s'inspire en partie des propos de William L. WILKIE, *op. cit.*, p. 557 et de DARMON, R.Y., M. LAROCHE et J.V. PETROF (1982), *Le marketing: fondements et applications*, 2ᵉ édition, Montréal, McGraw-Hill, p. 145 (Collection administration de McGraw-Hill).

23 LEVITT, Theodore (1984), « Après la vente... », *Harvard-L'Expansion*, n° 34, automne, p. 24-25.

24 LEVITT, Theodore, *op. cit.*, p. 21.

25 LEVITT, Theodore (1981-82), « Pour vendre vos produits intangibles, matérialisez-les ! », *Harvard-L'Expansion*, n° 23, hiver, p. 113.

26 WIRTZ, Eldon M. et Kenneth E. MILLER (1977), « The Effect of Postpurchase Communication on Consumer Satisfaction and on Consumer Recommendation of the Retailer », *Journal of Retailing*, vol. 53, n° 2, été, p. 39-46.

27 CAREY, J. R., S. H. CLICQUE, B. A. LEIGHTON et F. MILTON (1976), « A Test of Positive Reinforcement of Customers », *Journal of Marketing*, vol. 40, n° 4, octobre, p. 99.

28 HUNT, Shelby D. (1970), « Post-Transaction Communications and Dissonance Reduction », *Journal of Marketing*, vol. 34, n° 3, juillet, p. 50.

29 LEVITT, Theodore, *op. cit.*, « Pour vendre... », p. 107-115.

30 HOROVITZ, Jacques, *op. cit.*, p. 59.

31 HOROVITZ, Jacques, *op. cit.*, p. 59.

32 GARFEIN, Richard T. (1987), « A Company Study : Evaluating the Impact of Customer Service Delivery Systems », *The Journal of Services Marketing*, vol. 1, n° 2, automne, p. 23.

33 Le cycle de service étant complexe, il est préférable d'élaborer un questionnaire qui mesurera l'expérience du service en son entier plutôt que quelques-unes de ses parties (HAYWOOD-FARMER, John, Anthony ALLEYNE, Balteano DUFFUS et Mark DOWNING (1985-86), « Controlling Service Quality », *Business Quarterly*, vol. 50, n° 4, hiver, p. 65).

34 Cet aspect s'avère intéressant, car maintes fois les gens se déclarent satisfaits mais n'ont aucunement l'intention de revenir. Il faut donc poser une question relative au réachat, ou encore, demander au répondant s'il recommanderait l'unité de services en question (GOODMAN, John, *op. cit.*, p. 37-40).

35 GARFEIN, Richard T., *op. cit.*, p. 23-24.

36 UTTAL, Bro, *op. cit.*, p. 116.

37 MAIN, Jeremy (1981), « Toward Service Without a Snarl », *Fortune*, vol. 103, 23 mars, p. 61. Voir aussi BERRY, Leonard L., Valarie A. ZEITHAML et A. PARASURAMAN (1985), « Quality Counts in Services, Too », *Business Horizons*, vol. 28, n° 3, mai-juin, p. 51.

38 DUCHESNE, Bernard (1996), « L'entrevue du mois : Roland Prud'homme », *L'Équipe, journal du personnel de la Société des alcools du Québec*, mai, p. 4.

39 GRASSO, Franco et Jean SAINE, *op. cit.*, p. 104-112.

40 GRASSO, Franco et Jean SAINE, *op. cit.*, p. 108-109.

41 HAYWOOD, K. Michael (1989), « Managing Word of Mouth Communications », *The Journal of Services Marketing*, vol. 3, n° 2, printemps, p. 63.

42 CALLAN, Roger J. (1989), « Small Country Hotels and Hotel Award Schemes as a Measurement of Service Quality », *The Service Industries Journal*, vol. 9, n° 2, avril, p. 242.

43 HAYWOOD, K. Michael, *op. cit.*, p. 63.

Index

A

Adaptabilité 172, 274, 284, 286
Affectation des tâches 256, 350
AFNOR 94
Ambiance (voir « Environnement, à titre d'évidence physique »)
Ameublement 324
Analyse
    concurrentielle 63, 99 (note 18)
    de la valeur 127
    opérationnelle 62
Apparence du personnel 302
Approche
    marketing 105, 108, 163, 201, 275, 320, 402
    matricielle 66
    production 105
Arrière-scène 200, 211
Atmosphère (voir « Environnement, à titre d'évidence physique »)
Attentes des clients 108, 244
Autocontrôle 140, 216, 344
Automatisation 76, 192, 201
Avant-scène 200

B

Bas de gamme 95, 128
Bibliographie 38 (notes 18 et 19)
Billets de réclamation 310

C

Cadeaux non durables 312
Capacité de servuction 47, 238, 248, 253
    Partage de la 251
Cartes diverses 307
Cartes-commentaires 391
    Analyse et interprétation des 393
    Contenu des 393, 394
Certificats 310
Chaîne de la qualité 150, 153, 266
Charte
    des droits des clients 130
    québécoise de la qualité totale 103, 104
Choix d'un prestataire 53, 89
Classification
    des produits 48
    des services 48
    et pondération des déterminants 168
    Utilité de la 61
Client roi 130
Clients externes 150
Clients internes 150, 266
Climat de travail 143, 160, 288, 292
Cloisons 154, 161, 291, 365
Commission 275, 280, 293
Communication
    interdivision 154, 365
    interne 111, 114, 154, 266, 286, 363, 365
    marketing 41, 84, 114, 126, 243, 247, 314
Compliments 86, 388
    Les six règles des 389
Concentration 79
Conditions de travail 289, 290, 330
Connaissance 276, 286
Consistance 148, 292, 363
Consonance cognitive 397
Contact, degré de 26, 48
Contexte situationnel
    des clients 118, 169, 171, 274
    Sondage 181 (note 43)
Correspondance 309, 314
Couleurs 324, 325

Coûts
  d'évaluation 91
  de défaillances externes 91
  de défaillances internes 91
  de la non-qualité 90, 190
  de la qualité 90
  de prévention 91
  et stratégie de marketing 79
Critères d'évaluation (voir « Dimensions clés »)
Culture organisationnelle 138
  Avantages 139, 344
  Mise en œuvre 156
  Mise en place 145
Cycle du service 215, 300, 318

D

Décoration 324
Degré de patience 346, 347
Demande, structure de la 47, 235, 248, 252
Démarketing 247
Déréglementation 29
Design du SLS 76, 209
  Conception 210
  Contrer les problèmes 213
  Temps standard 214, 239
Détails 151, 211, 227, 268, 302, 372
Déterminants (voir « Dimensions clés »)
Détournement de la clientèle 248
Diagramme relationnel client-fournisseur 267
Différenciation 79
Dimensions clés 164, 372
Dispositions possibles 327
Dissonance cognitive 397, 400
Distribution 42, 43, 247
Diversification 30
Domination 53

E

Écart 1 108, 171, 174, 217, 365
Écart 2 111, 175
Écart 3 113
Écart 4 113, 394
Écart 5 115, 119
Éclairage 327
Économie 28

Éducation de la clientèle 221, 358, 370
    Les autres clients 364
    Les ressources humaines 362
    Les ressources matérielles 359
Efficacité 107, 190
Efficience 75, 106, 190, 191, 193, 209, 222, 256, 351, 358
Effort discrétionnaire 140, 162, 179 (note 5), 214, 288, 344
Éléments tangibles 306
Emploi 28, 280
Employés à temps partiel 249, 291
Enseignement 33
Entreprise publique 81
Environnement 63, 87, 105, 125, 322
    à titre d'évidence physique 118, 319, 366
Ergonomie 228, 257, 269
Évaluation 46
Évaluation et récompense, système d' 292, 409
Évidences physiques 299, 300
Évolution des besoins 125, 322
Expériences du client 40, 41, 86, 89, 125, 215, 302, 317, 358
Extrant d'une prestation (voir « Résultante d'une prestation »)

F

Facteurs de qualité (voir « Dimensions clés »)
Factures 310
Fiche d'évaluation 408
Formation 76, 249, 255, 281, 350, 363, 372, 387, 390
    Ampleur de la 281
    Contenu de la 281
    et communication interne 286
    et standards de qualité 284, 363
    Lien avec la motivation 286
    Politique de 282
    Téléphone 259, 395
Franchise 29, 292

G

Gestion
    intégrale de la qualité 139
    participative 154, 159, 180 (note 28), 290
Gestionnaire subversif 159
Goulots d'étranglement 213, 217, 238
Goût 323

H

Haut de gamme 95, 128
Hétérogénéité 44, 113, 191
Heures supplémentaires 251
Horaires de travail 251
Horaires des prestations 308

I

Implication du client 58, 363, 364, 381
Indices (voir « Signaux »)
Information circonstancielle 234, 267
Inspecteurs 344
Inspection 405
Installations physiques 316, 317
    Plan au client 311
Intangibilité 40, 89, 94, 262, 299, 300, 306
Intégration 30
Intensif
    en équipement 49, 242
    en personnel 49, 113, 140, 191, 197, 252, 302
Internationalisation 61
Interrelations entre les clients 43, 59, 118, 364, 365
Intrant, transformation, extrant 43, 52, 341
    Gestion de la qualité 185, 186, 344
Inventaire 47, 234, 256, 271 (note 34), 339
Investissement 255

L

Langage 285, 310, 395
Leader
    Donner l'exemple 158, 278, 372
    Motiver ses employés 163, 278, 292
Livraison
    de personne à personne 59, 363
    par groupe (voir « Interrelations entre les clients »)

M

Management
    baladeur 371
    de compatibilité 364, 366

Marketing 95, 106
    aux entreprises 50, 397
    concentré 79
    de consommation 50
    différencié 79
    indifférencié 79
    interne 139, 159
    science 77
Matérialiser un service 306
Minimum requis 125, 221, 322, 345
Mix marketing 187, 188, 321
Mobilisation 156
Mode
    Choix d'un 204
    intégratif 202
    manufacturier 192
    segmental 199
    traditionnel 191
Modèle de la qualité des services 107, 117
Modèle moléculaire 23, 48
Moment de vérité 215, 233, 318
Monoservice 64
Motivation de la clientèle 226
Motivation du personnel 76, 148, 159, 160, 288, 390, 391, 413
Multisites 113, 390, 406

O
Objets-souvenirs 312
Odorat 330
Offre de services 64, 113, 127, 202, 390, 404
Ordonnancement des commandes 43
Ouïe 327, 328

P
Participant à la qualité 152
Participation des clients 43, 52, 198, 217, 255
Pénalités externes 114, 409
Perception du client 113, 216, 320
Périssabilité 47
Personnel 273
Plaintes 86, 88, 380
    Les six règles des 384
Plan de site 311
Polyvalence des employés 256, 275, 287
Positionnement 62, 66, 77

Prise de conscience 141, 158, 162
Prix 42, 245, 247, 322
Problème (voir « Services non routiniers »)
Processus
    décisionnel 60, 306
    d'une prestation 56, 91, 139, 191
Productivité 75, 190, 358, 360
Produits purs 40
Promotion (voir « Communication marketing »)
Publicité (voir « Communication marketing »)

Q

Qualité
    par rapport à la satisfaction 118
    Priorité de l'entreprise 73
    Selon le client 94, 115, 119
Qualité totale 139
    Temps requis 177
Quantification 44
Questionnaire 402

R

Récompenses externes 114, 409
Relation client-fournisseur 51, 52
Repères (voir « Signaux »)
Répertoire de cas d'espèces 54, 172, 415
Réservation 244
Responsabilisé à la qualité 152
Résultante d'une prestation 56, 91, 139, 191
Risque perçu 60, 224, 284, 306, 310, 311
Rituel 88, 143, 148, 198, 292
Rôle conflictuel 149
Rotation des tâches 193

S

Schéma de services 164, 209, 215, 231 (note 26), 256, 300
    Documentation au client 311
    Outil de formation 287
    Sigles utilisés 212, 239
Segmentation 77, 169, 238, 243, 247, 386, 389
    et éléments tangibles 310
Segments de marché (voir « Segmentation »)

Sélection 274
    de la clientèle 245, 247
    et standards de qualité 284
    lien avec la formation 255, 280
Service
    à la clientèle (division du) 85, 153, 385, 389, 395
    de base 64, 129
    global 64
Services
    au besoin 60
    avant-besoins 60, 252, 310, 397
    -conseils 61
    invisibles 114, 201, 211, 359, 398
    non routiniers 54, 140, 172, 216
    périphériques 65, 129, 244, 362
    professionnels 60, 284, 330, 397
    purs 23, 40
    routiniers 54
    visibles 211
Servitude 75, 229 (note 1)
Servucteur 42
Servuction 42, 52, 341
Signaux 173, 299, 307, 320, 324, 366, 372
Simultanéité production-consommation 42, 91, 117, 185, 255, 302
Sous-capacité 234, 236, 240, 253, 350
Sous-traitance 252, 253
Spécialisation 82
Standardisation 44, 192
Standards de qualité 111, 153, 175, 234, 241, 259, 293, 382, 390, 405
    et éléments tangibles 313
Stock (voir « Inventaire »)
Stratégie
    de capacité 240, 248
    de marketing 77
    Implantation d'une 87, 198
Structure hiérarchique 85, 111, 151, 227, 385
Suggestions 88
Suivi de l'achat 396
    les outils 399
Surcapacité 234, 236, 240, 251, 350
Système de livraison des services 189
    et éléments tangibles 313

T

TARP, études du 97
Technologie 29, 191, 193, 197, 256
Technologies
    douces 196, 344
    dures 194, 265
    hybrides 197
Téléphone 258
Temps d'attente 43, 244, 245, 248, 345
Toucher 323
Tour 30, 286, 312

U

Université (voir « Enseignement »)
User friendly 219, 310, 313, 318, 362
User proof 219, 313, 318
Usine dans l'usine 26, 201

V

Valeur ajoutée 125
Vue 323

Z

Zone de servuction 117, 164, 171, 292, 320